BASTEI LÜBBE

Von Jill Steinberg sind bei BASTEI-LÜBBE erschienen:

14131 Die unverbesserliche Miss Lucie
10365 Neue Geschichten von Miss Lucie
10948 Miss Lucie zieht in den Süden
11517 Immer Ärger mit Charly

Jill Steinberg

Oh, diese Quälgeister

Stoßseufzer einer geplagten Mutter

Mit Illustrationen von
Ingeborg Haun

BASTEI
LÜBBE

BASTEI-LÜBBE-TASCHENBUCH
Band 11 801

Allen, die eine Ähnlichkeit mit lebenden Personen
feststellen, empfiehlt sich herzlich
die ganze Familie Sonnemann:
Mutter Bea, Vater Gero,
die Töchter Katrin und Laura,
Sohn Kevin und Dackel Cromwell

Erstveröffentlichung

Printed in Germany März 1992
Einbandgestaltung: Roland Winkler
Titel- und Innenillustrationen: Ingeborg Haun
Satz, Druck und Bindung: Ebner Ulm
ISBN 3-404-11801-4

Der Preis dieses Bandes versteht sich einschließlich
der gesetzlichen Mehrwertsteuer

Samstag, 12. Mai

Morgen ist Muttertag, der Tag der originellen Geschenke ... Ich weiß noch, wie ich Cromwell bekam, unseren Drahthaardackel. Das ist jetzt sieben Jahre her, und Gero spielte mit dem Gedanken an die Jägerprüfung.

Ein Jäger ohne Hund ist so unvorstellbar wie ein Wald ohne Bäume. Also bekam ich Cromwell. (Was lag näher!)

Profane Konsumgüter sind irgendwie aus der Mode gekommen. Etwas Lebendiges muß es sein oder etwas Bleibendes, am besten beides in einem, so wie voriges Jahr.

Da bekam ich Kevin zum Muttertag, den Sohn, mit dem ich bereits zweimal beglückt werden sollte. Beim ersten Anlauf vor neun Jahren kam statt seiner unsere Katrin, beim zweiten Mal vor sechs Jahren stellte sich Laura ein.

Dieses Jahr habe ich vorsichtshalber verlautbart, daß ich alles habe, was ich brauche, und, was das Lebendige angeht, auch alles, was ich verkraften kann.

Das ist die reine Wahrheit.

Ich denke ja sogar mit Schrecken an das vergleichsweise harmlose Muttertagsgeschenk von vor zwei Jahren, die Zimmerlinde, die unten herum ganz kahl geworden ist, obwohl ich sie alle Augenblicke umtopfe, gieße und dünge.

Alles andere treibt und wuchert wie wild in unserem Erker: Drachenbäume, Scheffleria, Efeu, Yukkapalmen, Bromelien, Begonien.

Nur die Linde kümmert dahin, und immer schwebt da ein leiser Vorwurf im Raum, so als schätzte ich sie nicht hoch genug. Dabei tue ich des Guten eher zuviel. Was für ein Schwachsinn! Demnächst stelle ich sie ins Bad, dann ist Ruhe.

Sonntag, 13. Mai · Muttertag.

Ich habe Befehl, bis halb neun im Bett zu bleiben.

Was für ein herrlicher Auftakt! Ganz nach meinem Herzen! Um ihn richtig genießen zu können, habe ich mir Watte in die Ohren gestopft.

Wer wohl den Muttertag erfunden hat? Wird der weltweit gefeiert oder nur hier bei uns?

Ich muß mich mal danach erkundigen.

Und was fällt mir, Beatrix Sonnemann, zu diesem denkwürdigen Tag ein? Beatrix. Wieso eigentlich? Kein Mensch hat mich jemals so genannt.

In der Schulzeit war ich Trixi – zuerst ganz gern, dann nur noch unwillig. Danach wurde ich Bea, und seit neun Jahren bin ich Mami.

Selbst Gero ertappe ich dabei, daß er Mami sagt, wenn er mich sozusagen im Namen der Kinder anspricht.

»Was weiß ich, wo eure Wintersachen eingemottet sind, dafür ist Mami zuständig, Mami! Wo sind die Schlittschuhstiefel?« Alles in einem Satz.

Hab' ich was dagegen? Macht mir das was aus?

Nein, ich glaube nicht, sonst hätte ich ja etwas anderes einführen können, so wie Antje, die von Anfang an für ihre Familie Antje war und blieb. Aber jedesmal, wenn ich ihre siebenjährigen Zwillinge »Antje« rufen höre, zucke ich zusammen. Für mich wäre das nicht das Richtige.

Ich habe entschieden, Mami zu sein, auch wenn es mehr ist als nur ein Name. Es ist ein Stempel, den man sich aufdrücken läßt. Aber sei's drum!

Bin nur mal gespannt, wann Kevin sich dazu aufrafft – sprechfaul, wie er ist – und ob er nicht vielleicht zuerst Papi sagt. Durchaus möglich.

Jetzt ist er schon ein Jahr alt, unser Nachzügler, der auch ohne Worte alles erreicht. Das heißt, er rüttelt an seinem Laufstallgitter, stößt Trompetentöne aus wie ein junger Elefant und spreizt alle zehn Fingerchen so lange, bis man ihm hineinsteckt, was er möchte.

Gleich halb neun. Ich darf mich erheben.

Montag, 14. Mai

Ein zauberhafter Muttertag war das gestern. Es gab nichts Lebendiges und nichts Bleibendes.

Statt dessen haben wir ein rauschendes Konsumfestival gefeiert mit Lakritz in jeder Form, der in meiner Kindheit meine Lieblingssüßigkeit war und in gewisser Weise auch geblieben ist, nur daß ich ihn mir heute meist versage.

Mittags fuhren wir zur Burg Elz, ließen den Wagen unten stehen und kraxelten hinauf.

Kati tat mir leid, sie ist erbarmungswürdig erkältet und schniefte den ganzen Weg.

Laura erging sich in heftigen Anklagen gegen Frau Löhr, die übers Wochenende Schularbeiten aufgegeben hatte, aber im Grunde plagte sie wohl wieder nur die Eifersucht auf Kevin, der in seiner kleinen Kneipe auf Geros Rücken thronte und vor Vergnügen quietschte.

Wie erwartet, verschwand Cromwell sofort im Niederholz, und wenn Gero immer steif und fest behauptet, der Hund sei perfekt ausgebildet, dann kann ich nur lachen.

Der größte Teil der Menschen- und der Tierwelt leidet mit Sicherheit unter Fremdbestimmung, nur unser Cromwell nicht. Der läßt sich seine Selbstbestimmung nicht nehmen, komme, wer da wolle!

Übrigens ist es mit Cromwell nicht anders wie mit Katrin, Laura und Kevin: Wenn ich mit ihm allein bin, ist er sanft wie ein Lämmchen, ausgeglichen, anschmiegsam, brav.

Das ändert sich schlagartig, wenn die Familie vollzählig versammelt ist. Fast möchte ich sagen: Das gilt auch für Gero.

Man fragt sich unwillkürlich: Was ist denn eigentlich so toll an einer Familie, wenn sie nur in Einzeldosen wirklich genießbar ist?

Ein ketzerischer Gedanke, gegen den man natürlich vieles einwenden könnte.

Jedenfalls dauerte es eine halbe Stunde, bis Cromwell endlich aus dem Dickicht herausgefegt kam, und er sah aus, als habe er sich im Schlamm gewälzt. Ein Glück, daß er hinten im Wagen sein eigenes Abteil hat, durch ein Netz abgetrennt vom Rücksitz.

Auf dem Heimweg gegen Abend gingen wir Pizza essen, und so, wie Cromwell immer noch aussah, konnten wir ihn nicht mit ins Lokal nehmen. Er mußte im Wagen bleiben. Das verdroß ihn natürlich, und Kati war so bedrückt seinetwegen, daß sie kaum essen mochte. Sie packte ihre halbe Salamipizza in die Serviette für Cromwell.

Die Diskussion darüber, ob gewürztes Essen wie zum Beispiel Salamipizza für Hunde auch dann Gift ist, wenn sie so was nur einmal im Jahr kriegen und ansonsten gesund ernährt werden, wurde mit Rücksicht auf mich und meinen Ehrentag schon bald wieder abgebrochen.

Cromwell fraß die Pizza binnen einer halben Minute.

Kevin schlief schon auf der Rückfahrt ein.

Ich habe von Gero ein Buch bekommen, das ganz oben auf meiner Wunschliste stand: »Tochter ihrer Mutter« von Marilyn French.

Ein Tausendseitenschmöker, wunderbar.
Und so passend zum heutigen Tag.

Mittwoch, 16. Mai

Wie es aussieht, komme ich über die ersten zwanzig Seiten meines Muttertagwälzers nicht hinweg.

Kati liegt seit Montag mit Fieber im Bett. Kevin hat Schnupfen und kriegt keine Luft durch die Nase. Ich hatte schon ganz vergessen, wie lange es dauert, bis sie sich selbst helfen und ausschnauben können. Er kapiert es einfach nicht. Sobald ich mich mit dem Taschentuch nähere, dreht er den Kopf weg und brüllt.

Ich darf nicht vergessen, Miriam morgen die schriftliche Entschuldigung für Katis Lehrer mitzugeben.

Hoffentlich steckt sich Laura nicht an.

Ich wünschte, wir hätten ein drittes Kinderzimmer.

Freitag, 18. Mai

Ich möchte bloß wissen, warum ich immer solche Hemmungen habe, Frau Doktor kommen zu lassen. Man will ja schließlich nichts umsonst. Die Krankenkasse wird doch wohl Hausbesuche bezahlen. Wenn es irgend möglich ist, bringe ich die Kinder natürlich in die Praxis, aber Katrin fiebert jetzt schon den vierten Tag, Kevin röchelt und schnieft, und draußen gießt es wie aus Kannen.

Kati hat einen Infekt. Sie ist geschwächt und muß gepäppelt werden. Kevin hat eine Kombination aus Erkältung und Zahnungsschub. Alle Schleimhäute sind angegriffen, auch die Bronchien. Frau Doktor kam erst am Spätnachmittag. Sie wirkte ziemlich abgehetzt. Immerhin gestand sie mir zu, daß es vernünftiger war, die Kinder nicht in die Praxis zu bringen, sondern sie zu Hause in der Wärme zu lassen.

Apropos Wärme!

Antje hat angerufen und gefragt, ob wir uns nicht Sonntagvormittag auf dem Flohmarkt in Euskirchen treffen können. (Geht natürlich nicht.)

Sie war zu Recht empört, denn bei ihnen im Haus ist doch tatsächlich am 15. Mai die Heizung abgestellt worden, obwohl sie nur 17 Grad in den Räumen haben. Das muß man sich mal vorstellen!

Im Vergleich dazu sind wir glücklich dran.

Es ist zwar nicht jedermanns Sache, auf dem Land zu leben, in einem siebzig Jahre alten Forsthaus mit Bruchsteinsockel, das saniert werden mußte, umgebaut, renoviert und immer noch etliche Wünsche offenläßt, zum Beispiel das dritte Kinderzimmer. Aber wir können wenigstens heizen, wann wir wollen und wie wir wollen. Seit die Kinder krank sind und es draußen so unfreundlich ist, hab' ich sogar wieder den Kachelofen an.

Dabei fällt mir ein: Ich muß Holz nachlegen.

Sonntag, 20. Mai

Wir sind doch nach Euskirchen gefahren, nur Laura und ich. Das Wetter wurde gestern schön, und den Patienten ging es heute morgen endlich besser. Kati war fieberfrei, und Kevin kam mir nicht mehr so verschnupft vor. Zumindest hat er diese Nacht durchgeschlafen, wofür ich kniefällig dankbar war. Die ganze Woche bin ich kaum aus dem Haus gekommen, weil ich mich nie darauf verlassen konnte, daß er mal ein Stündchen schlief, und mitnehmen konnte ich ihn nicht bei dem Regenwetter. Ihn Kati zuzumuten, wenn sie selbst so schlecht dran ist, hab' ich nicht übers Herz gebracht. Kevin, wenn er krank und übermüdet ist, macht einen wirklich fertig.

Gero meinte, es täte uns gut, nach Euskirchen zu fahren, Laura und mir, ja, ohne uns käme er sogar besser zurecht. (Ich weiß, was er denkt: Kati ist leicht zu beschäftigen, und Kevin macht bei Papi nur halb so viel Theater wie bei Mami.)

Laura war selig. Aber sie wollte unbedingt ihr buntes Flatterkleid anziehen mit nichts drüber, höchstens dem weißen Strickjäckchen, und ich sollte ihr Zöpfe flechten mit Schleifen drum. Eine haarsträubende Aufgabe, im wahrsten Sinne des Wortes! Aber Laura ist die ganze Woche zu kurz gekommen, weil die zwei andern mich rund um die Uhr auf Trab hielten, also hab' ich ihr am Hinterkopf den obligaten Scheitel gezogen und rechts und links mit Zopfspangen zusammengefaßt, was sich überhaupt zusammenfassen ließ. Viel war es nicht, aber ich band die Schleifen drüber, und das Kind fand sich toll.

An die Korrigierbrille hat sie sich inzwischen so gewöhnt, daß sie ihr nicht mehr auffällt. Dafür treibt sie mit den Haaren den reinsten Kult. Sie will unbedingt aussehen wie Pippi Langstrumpf, und Antje, Gott segne sie, sagte denn auch gleich: »Dir fehlt jetzt nur noch so ein getupftes Pferd und ein Affe.«

»Kleiner Onkel und Herr Nilsson!« riefen die Zwillinge, und meine Laura sah so geschmeichelt aus wie noch nie. Wir blieben zwei Stunden auf dem Flohmarkt, und wir brauchten uns um die Kinder kaum zu kümmern, Antje und ich. Es war so erholsam. Sie hockten dauernd vor großen Kartons und klaubten sich alte Schallplatten raus oder Kassetten, während sich Antje nach einem Waschgeschirr aus Großmutters Zeiten umsah, das sie schließlich auch fand, eine riesige Porzellanschüssel mit passendem Henkelkrug, beides mit Blumen bemalt. (Ich konnte mich beherrschen!)

Die Zwillinge schleppten alles mögliche ab, Mickymaushefte, Malbücher, ein kleines Aquarium und etliche TKKD-Kassetten. Laura wollte nur eine einzige Schallplatte, und zwar die mit den Pippi-Langstrumpf-Liedern, die einzige, die ihr in ihrer Sammlung noch fehlte.

Sie ist zwar einen ganzen Kopf kleiner als die Zwillinge, die nur ein halbes Jahr älter sind, aber ich fand es doch beachtlich, daß sie nicht in diesen Kaufrausch verfiel.

Und noch was: An der Kuchentheke im Café, wo wir einkehrten, bediente ein sehr beleibter Mann.

»Guck mal, der ist schwanger«, sagte Till allen Ernstes. Sein Bruder Mark widersprach nicht, und Antje versank fast in den Erdboden.

Laura nahm ihren Windbeutel auseinander und erklärte ernst und völlig sachlich: »Ein Mann kann überhaupt nicht schwanger sein.«

Die Zwillinge wollten sich das nicht sagen lassen, aber Antje zischte sie an, und Laura aß in aller Ruhe ihren Windbeutel. Für sie war das Thema erledigt.

Wir fuhren am frühen Nachmittag zurück, denn es sah schon wieder nach Regen aus.

Für Gero haben wir einen Zimmermannshammer mitgebracht und für Kati ein Buch von Lise Gast.

Laura legte sofort ihre Schallplatte auf, und die werden wir jetzt so lange hören, bis sie alle Lieder auswendig kann.

Gero sagte, er hätte lange keinen so ruhigen Sonntag gehabt, und von Kevin hätte er kaum was gemerkt.

Aber er schnappte sich verdächtig schnell die Hundeleine und verschwand mit Cromwell bis zum Abendessen im Wald.

Dienstag, 22. Mai

Heute war Elternabend der vierten Grundschulklasse, der letzte vor der Versetzung. Ich hatte den Eindruck, daß Herr Derich mir gegenüber kürzer angebunden war als sonst, wahrscheinlich weil Kati jetzt schon eine Woche lang fehlte. Als ob ich etwas dafür könnte! Als ob sich das Kind den grippalen Infekt vorsätzlich eingefangen hätte, um ihn zu hegen und zu pflegen! Seit zwei Jahren ist dieser Derich jetzt schon ihr Lehrer. Da müßte ihm doch aufgefallen sein, wie gewissenhaft unsere Katrin ist, geradezu ängstlich besorgt um alles, was die Schule betrifft. Männer! Kein Einfühlungsvermögen. Keine Menschenkenntnis. Und verdammt leicht machen sie es sich! Der meine bildet da leider keine Ausnahme. Hätte er nicht ausnahmsweise heute abend einmal mitgehen können? Ach nein, bloß nicht!

Im Kohlensäurewerk ist zur Zeit wieder der Teufel los, und mein Gero braucht seinen Feierabend! Außerdem erwartete er halb und halb den Jagdpächter.

Und ich? Hab' ich vielleicht den ganzen Tag nur herumgetändelt? Abgesehen davon, daß Kevin mich schrecklich nervt, weil er nicht mehr im Laufstall bleiben will, hab' ich anfangen müssen, das Blumenbeet um den Sitzplatz herum zu jäten und mir dabei fast den Rücken ausgerenkt. Vorher die Bettwäsche von fünf Personen auf- und abgehängt, nachher tonnenweise Großeinkauf im Supermarkt: eine Palette Milch, eine Palette Hundefutter und ein Kasten Pils. Wahrlich, auch wenn ich nicht abends zwischen sieben und acht meinen toten Punkt hätte, wäre ich liebend gern zu Hause geblieben, statt in die Schule zu gehen und mich von der Seite ansehen zu lassen. Weil mein Kind eine Woche lang den Unterricht versäumt hat und mein Mann wie üblich bei Elternabenden durch Abwesenheit glänzt.

Morgen, wenn ich mich wieder gefangen habe, werde ich Gero klipp und klar darauf ansprechen, daß wichtige Termine, die Kinder betreffend, von ihm mitgetragen werden müssen. Dieser Elternabend heute war so ein Termin, denn in zwei Monaten ist nicht nur Versetzung, sondern auch der Übertritt zur weiterführenden Schule. Da hätte nicht nur die Mutter hingehört, sondern auch der Vater.

Und was tut Gero währenddessen? Sitzt mit Klose, dem Jagdpächter (der Mann ist unmöglich!), vorm Kamin und kippt Slibowitz. Es ist nicht zu fassen.

Mittwoch, 23. Mai

Mit Gero zu diskutieren bringt mich nicht weiter.

Die Grundschule, sagt er, sei für ihn kein Thema. Daß Katrin nach den Sommerferien das Gymnasium besuche, stehe außer Frage. Daran änderten weder sein Fernbleiben vom Elternabend etwas noch die lächerliche Tatsache, daß sie eine Woche Unterricht versäumt habe. Er könne diese Dinge beim besten Willen nicht so tierisch ernst nehmen, und auch mir täte es besser, mich nicht so ins Bockshorn jagen zu lassen. Katrin sei nicht nur intelligent, sondern auch strebsam, was fast noch wichtiger wäre. Er sehe keinen Grund zu irgendwelcher Aufregung. Übrigens habe der Jagdpächter angefragt, ob er zwei Ponies auf die untere Wiese stellen dürfe.

(Die Frage schwebt sozusagen im Raum, denn ich habe mich nicht dazu geäußert.)

Nachmittags hatten wir einen Privattermin bei Frau Doktor, die endlich grünes Licht gab. Ab morgen geht Katrin wieder zur Schule.

Donnerstag, 24. Mai

Es ist mir doch einfach nicht vergönnt, diese Schulgeschichte endlich abhaken zu können.

Heute mittag erklärte mir Katrin, sie wolle nicht aufs Gymnasium, und zwar deshalb nicht, weil weder Miriam noch Astrid mitgingen. Beide seien inzwischen an der Realschule angemeldet worden, ebenso wie die meisten Jungen ihres Jahrgangs.

Kein anderes Kind aus Kaltenborn wechsle dieses Jahr zum Gymnasium über. Die einzige zu sein, sagte Katrin, wäre ihr ein Graus und ein Horror, sie käme sich ja jetzt schon isoliert vor, richtig ausgestoßen. Alle, die in die Realschule wechselten, schlössen sich jetzt schon zu munteren Grüppchen zusammen, ebenso wie diejenigen, die in die Hauptschule gingen.

Ihr bliebe in Kaltenborn keine Freundin mehr, niemand, mit dem sie sich über die Schule unterhalten könne, niemand, der ihr, wenn sie krank sei, die Hausaufgaben brächte.

Ob ich sie nicht bitte, bitte auch in der Realschule anmelden könne, noch sei es nicht zu spät.

Als ich entschieden den Kopf schüttelte, brach sie in Tränen aus und verkroch sich in der Küche, während bereits Verstärkung nahte, nämlich Miriam.

Beide umklammerten weinend meine Hüften, und ich hätte weiß Gott nichts lieber getan, als das erlösende Wort zu sprechen, aber ich tat es nicht. Erstens weil Katrin nie die geringsten Schulprobleme hatte und mit einiger Sicherheit ein glattes Abitur machen wird, zweitens weil ich Gero einen solchen Sinneswandel nie hätte begreiflich machen können.

Aber der Jammer war so groß, daß Kevin davon aus seinem (für mich so kostbaren) Mittagsschlaf geweckt wurde.

Laura, die es hartnäckig ablehnte, Hosen zu tragen, erschien in ihrem wadenlangen rotkarierten Kleidchen auf der Bildfläche, um uns streng zurechtzuweisen. Ihrem blassen, erbitterten Gesicht sah man an, wie sehr sie alles mißbilligte: den Aufstand, den Kati und Miriam machten, mein unnachgiebiges Verhalten und Kevins Gebrüll.

Bei diesem Krach, rief Laura schrill, könne sie sich unmöglich auf ihre Rechenaufgaben konzentrieren. Wir seien unerträglich, widerlich und gemein.

Ihre Schwester versuchte sofort, sich lautstark zu rechtfertigen, wobei sie übertönt wurde von Cromwell, der sich plötzlich mit aller Kraft gegen die Haustür warf und wie wild zu kläffen begann.

Laura hielt sich die Ohren zu und stürmte die Treppe hinauf. Katrin und Miriam trafen Anstalten, mich weiter zu bearbeiten, während ich das Fenster aufriß und eine joviale Männerstimme rief: »Hallo, junge Frau!«

Ich kenne zwar kein weibliches Wesen, das diese plumpe Anrede zu schätzen wüßte, aber sie kommt einfach nicht aus der Mode. Klose, der Jagdpächter, ist ein leuchtendes Beispiel dafür, und ich hätte mir nie träumen lassen, ihn als Retter einer verfahrenen Situation zu erleben. Aber heute mittag traf der seltene Fall ein. Das lag allerdings nicht eigentlich an ihm, sondern vielmehr an den beiden Shetlandponies, die er neben unserem Eingang an zwei alten Tannen festband.

Die Wirkung der Tierchen, deren Schweife und Mähnen den Boden berührten, war verblüffend. Katrin und Miriam ließen augenblicklich von mir ab und stürzten hinaus. Laura schenkte mir ein verzeihendes Lächeln und folgte ihnen mit wehendem Rock. Kevin, den sie vorher aus seinem Bettchen gezerrt hatte, saß mit nassen Windelhosen stumm vor Entzücken auf meinem Arm. Nur Cromwell grollte noch eine ganze Weile.

Es blieb mir nichts anderes übrig, als Herrn Klose ins

Haus zu bitten und ihm Kaffee anzubieten. Seinen begehrlichen Blick auf die scharfen Wässerchen im Barfach ignorierte ich allerdings.

Die Ponies sind zehn Jahre alt. Sie haben seinen Kindern gehört, die inzwischen erwachsen sind. Der Standplatz am Kölner Stadtrand ist teuer und schlecht; die Tiere sind einerseits überflüssig geworden, andererseits tun sie ihm leid. Hier, wo er jetzt seine Jagd gepachtet habe, seien sie besser dran. Daher habe er mit Gero ausgemacht, halb und halb jedenfalls, daß sie auf unserer Wiese stehen dürften, der unteren, die an seinen Forst grenze.

Sein Mitleid mit den Ponies ehrt ihn zwar, aber bei diesem Klose ist immer alles halb und halb. Feste Vereinbarungen trifft er vermutlich nur unter Druck. Im übrigen setzt er voraus, daß alles schon irgendwie in Ordnung geht.

Ich kann mich nicht erinnern, daß mir etwas Verbindliches zu Ohren gekommen ist, die Ponies betreffend, und als Gero später kam, war er denn auch ziemlich erstaunt, sie zu sehen. Er tat so, als müsse er meine Zustimmung erst umständlich einholen, was natürlich Unsinn war. Denn wer könnte diesen Pferdchen widerstehen, ihren sanften dunklen Augen hinter weißen Mähnengardinen! Ich nicht.

Außerdem hätte ich die ganze Familie gegen mich gehabt, mit Ausnahme von Cromwell, der immer noch motzt.

Miriam wollte überhaupt nicht nach Hause gehen, sie mußte von ihrem Bruder abgeholt werden, und ich kann mir nicht vorstellen, daß sie Katrin nach den Sommerferien schnöde aufgibt. Ganz im Gegenteil.

Jetzt, wo sie über zwei Shetlandponies gebietet, wird unsere Kati wahrscheinlich mehr Gesellschaft kriegen, als ihr lieb ist.

Freitag, 25. Mai

Die Ponies sind Halbbrüder.

Billy ist ein Schimmel, Benny ein Grauschimmel.

Die untere Wiese hat Klose deswegen ausgesucht, weil dort der Bach entlangfließt, so daß man sie nicht zu tränken braucht. Aber ich habe mir doch gleich gedacht, daß es noch einige Punkte gibt, die frei nach Klose erst halb und halb geklärt sind.

Zum Beispiel die Umzäunung, die keinesfalls ausreicht, und in absehbarer Zeit brauchen die Tiere auch einen Unterstand. Ich höre zwar dauernd, daß Klose und Gero sich mit Pferden bestens auskennen und ich ihnen getrost alles überlassen kann. Aber ich mache mir doch meine Gedanken, um nicht zu sagen meine Sorgen, besonders im Hinblick auf unsere Ferienreise in die Toskana.

Cromwell nehmen wir mit, die Ponies bleiben hier, und Klose wird sich in bewährter Weise um sie kümmern: halb und halb.

Sonntag, 27. Mai

Den ganzen Tag über hat sich das ganze Dorf an unserem Wiesenzaun gedrängt, sämtliche Kleinkinder haben auf den Ponies gesessen, alle Opas haben gute Ratschläge erteilt, befreundete Kinder hingen an uns wie die Kletten.

Der arme Cromwell war so verwirrt, daß er sich einen Dorn in die Pfote trat, und Laura wurde der Trubel schon gegen Mittag zuviel. Gero, der durch die Arbeit im Werk ja die meisten Männer gut kennt, sah sich in endlose Gespräche verstrickt und war gegen Abend sichtlich erschöpft.

H©
92

Nur die Ponies blieben erstaunlich gelassen, und unsere Kati war in ihrem Element. Sie bestimmte, wer reiten durfte und wie lange, sie sortierte sorgfältig die reichlich mitgebrachten Leckerbissen für Billy und Benny und ließ kein Zuckerzeug zu.

Ich glaube, es war der größte Tag ihres Lebens.

Dienstag, 29. Mai

Schon wird's problematisch, denn nächstes Wochenende ist Pfingsten, und wo verbringen wir seit zehn Jahren die Feiertage? In Mainz, bei Geros Eltern. Das ist heilige Tradition, daran wird nicht gerüttelt, auch wenn uns die Kinder lamentierend in den Ohren liegen mit ihrem »Diesmal nicht!«.

Selbst mir graust es bei der Vorstellung, daß sich ganz Kaltenborn und die umliegenden Ortschaften in unserer Abwesenheit hemmungslos auf die Ponies stürzen werden.

(Klose hat sich mit besten Wünschen für die Feiertage nach Ungarn abgemeldet und scheint der Meinung zu sein, uns allen einen Lebenstraum erfüllt zu haben. Nächstens, hab' ich zu Gero gesagt, nimmt er noch Geld dafür, daß wir die Ponies auf unserer Wiese hüten dürfen.)

Gero fand, daß ich im Hinblick auf Klose immer ungerecht, um nicht zu sagen bissig reagiere, und das stimmt ja auch, denn leider habe ich gute Gründe dafür. Immerhin gab Gero zu, daß er zum gegenwärtigen Zeitpunkt nur sehr ungern wegführe, zumal der Ponyzaun erst notdürftig gerichtet sei. Wir müßten, meinte er, das alles noch einmal gründlich überdenken und besprechen. Dann ging er zum Dienstagsstammtisch, und seine Mutter rief an mit der berechtigten Frage, ob wir für Kevin das Reisebettchen mitbrächten oder er bei uns im großen Bett schlafen solle und ob er schon »vom Tisch« esse oder Babykost kriege, wenn ja, ob sie welche besorgen solle, und wann genau wir denn nun kämen und so weiter.

Kevin ist Omis und Opis ganz große Liebe. Um Katrin, das allererste Enkelkind, haben sie ähnliche Freudentänze aufgeführt, zumal sie Gero deutlich ähnlich sieht, eine echte Sonnemann von Anbeginn. Brünett, wie es die Omi nekkisch ausdrückt (dabei spitzt sie die Lippen), und vor allem: die schönen Locken!

Auch Kevins Löckchen werden ständig erwähnt, obwohl sie blond sind, aber Kevin könnte aussehen wie ein Flederwisch, der wäre der Hahn im Korb, denn er ist ein Junge, der Sohn, der Namensträger und ich weiß nicht was noch alles.

Nur Laura gegenüber hat sich die Begeisterung der Mainzer Großeltern stets in engen Grenzen gehalten, wobei sich der Opi wenigstens um einen gerechten Ausgleich bemüht. Die Omi jedoch zieht Katrin und Kevin schamlos vor.

»Die Omi ist ja sooo blöd«, sagte Laura denn auch bei jeder sich bietenden Gelegenheit, und ich muß zugeben, daß ich oft nur halbherzig widerspreche. Denn wenn unsere Laura auch nie das war, was man ein »niedliches Kind« nennt, so ist sie doch eine sehr eigenwillige, starke Persönlichkeit, die mit sechs Jahren mehr Interessen entwickelt als mancher Erwachsene. (Genauso werde ich es der Omi gegenüber demnächst ausdrücken.)

Sie hat an meinen zögernden Antworten am Telefon natürlich gleich gemerkt, daß ich unsicher bin, was die Pfingstfahrt angeht, und sie wollte unbedingt wissen, was eigentlich los sei. Wir hätten doch hoffentlich nicht etwas anderes vor?

Die Antwort darauf habe ich auf Gero abgewälzt. Morgen, sagte ich, würde er sie anrufen.

Mittwoch, 30. Mai

Gero hat einen Ausweg gefunden, der dem Ei des Kolumbus täuschend ähnlich sieht. (An ihm ist ein Diplomat verlorengegangen.)

Mit seiner Mutter wechselte er nur ein paar scherzhafte einleitende Worte und wünschte sodann seinen Vater zu sprechen. Den Opi zu ködern ist keine Kunst, denn der war in seinem früheren Leben ein Pferdenarr, und nichts lieber wollte er sehen als seine Enkelkinder auf dem Rücken der Ponies. In diesem Fall sei er gern bereit, Pfingsten nach Kaltenborn zu kommen, vorausgesetzt natürlich, daß die Omi einverstanden sei.

Darauf verabschiedete sich Gero auffallend rasch und winkte mich an den Apparat, wohl deshalb, weil sich inzwischen die Omi erbittert zu Wort meldete, um sich in heftigen Vorwürfen zu ergehen. Nicht nur habe sie inzwischen alle Vorbereitungen für unseren Besuch bei ihnen getroffen, sogar einen gelben Freßnapf für Cromwell gekauft, weil er den roten ablehne, sondern wir machten uns überhaupt rar genug, nicht wahr, außer zu Pfingsten ließe sich keiner von uns je in Mainz blicken, und nun nicht einmal mehr das! Von ihnen, obwohl sie beide alt und gebrechlich wären, werde aber selbstverständlich erwartet, daß sie sowohl zu Geros Geburtstag im September wie auch zu Weihnachten anreisten. Darüber sollten wir uns bitte mal Gedanken machen, bevor das letzte Wort in dieser Angelegenheit gesprochen werde.

Eine halbe Stunde später, als das Telefon wieder klingelte, war ich nicht zu bewegen, dranzugehen. Äußerst widerwillig nahm Gero den Hörer ab. Es war seine Mutter.

»Ich weiß gar nicht, was du willst«, sagte er, nachdem er wieder aufgelegt hatte, »sie war ganz friedlich. Sie kommen schon freitags abends an, allerdings nicht mit dem Wagen wegen des starken Pfingstverkehrs, sondern mit dem Zug. Ich hole sie dann an der D-Zug-Station ab. Überhaupt kein Problem.« Na, Gott sei Dank!

Aber es ist schon merkwürdig, daß die ärgerlichen Kommentare immer nur an meine Adresse gehen.

Freitag, 1. Juni

Es ist zwar erst zehn Uhr abends, und alle waren baß erstaunt darüber, daß ich »den Anfang machte«, wie die Omi das nennt, denn normalerweise bin ich die letzte, die ins Bad geht. Aber erstens hatte ich einen absolut hektischen Tag mit Großeinkauf und feierlichem Begrüßungsessen der Großeltern zwischen sieben und acht. Zweitens bin ich endlich gewitzter geworden. Einmal wollte ich den abendlichen Wettlauf gewinnen. In unserem beispielhaft schön renovierten Forsthaus (der Opi ist mal wieder restlos begeistert) gibt es zwar zwei Toiletten, aber aus unerforschlichen, heute nicht mehr nachvollziehbaren Gründen nur ein Bad.

Wenn wir unter uns sind, entsteht das Hauptgedränge morgens in der Frühe. Haben wir Logierbesuch, dehnt sich die kritische »Besetzt-Zeit« unter Umständen bis nach Mitternacht, je nachdem, wie spät einer »den Anfang macht«. Heute war ich das, und nach mir kam gleich die Omi. Sie sieht diesmal gar nicht gut aus, blaß und zerknittert, und neben ihrem Teller liegen jetzt zwei schmucke Pillendöschen. Früher reichte eines.

Samstag, 2. Juni

Gero schlägt vor, im vorderen, hellen Teil des Kellers, da, wo die Waschmaschine steht, ein Duschbad einzubauen. Muß ich mir in Ruhe überlegen, wenn ich wieder allein bin.

Im Augenblick bin ich zu jeder Tageszeit umlagert, in der besten Absicht natürlich, denn alle wollen mir helfen.

Die Omi, wie immer, ist Weltmeister im Tischdecken und Abräumen (worüber ich mich früher oft mokiert habe. Inzwischen weiß ich, daß man sich in einem fremden Haushalt sonst kaum etwas zu tun getraut).

Kevin klebt an Opi und Papi, die mir am meisten helfen, indem sie mir aus den Füßen gehen.

Der Opi ist rührend bemüht, jedem gerecht zu werden und seine Zeit gewissenhaft zu teilen zwischen Cromwell und den Ponies, Kevin und den Mädchen, Gero und mir. Er wollte auch gleich den Zaun in Angriff nehmen; aber es lohnt sich nicht, anzufangen, denn morgen ist Pfingstsonntag, da darf kein Hammerschlag fallen, und Montag auch nicht. Am Stadtrand mag das anders sein, aber hier auf dem Land herrschen eiserne Regeln. Zu Katis Entsetzen hatte der Opi Zuckerstücke für die Ponies in der Hosentasche, Bücher über die gesunde Ernährung von Mensch und Vieh wurden gewälzt, eine Grundsatzdiskussion jagte die andere.

Das Winterfutter kam ins Gespräch, verbunden mit der Frage nach Unterstand und Heustall. Für beides sind meiner Ansicht nach nicht wir zuständig, sondern Klose, aber der verläßt sich – siehe Zaunreparatur – gänzlich auf uns. Der Opi hat das bereits klar erkannt und ist ganz auf meiner Seite.

Pfingstsonntag, 3. Juni

Heute morgen rief Antje an, um frohe Pfingsten zu wünschen und sich darüber zu beklagen, daß sie überhaupt nichts mehr von uns gehört habe.

Ich muß mit einem unergründlichen Schuldgefühl geboren worden sein, denn sofort hatte ich ein schlechtes Gewissen und stammelte Entschuldigungen, obwohl sie sich ja ebensogut mal hätte melden können. Ich sagte also, wir hätten viel um die Ohren gehabt mit den Ponies, und sie war wie elektrisiert, hörte gar nicht weiter zu und rief nur: »Ponies habt ihr? Ist ja super! Wir kommen, wir kommen, wir sind schon unterwegs!« Mit Mühe und Not gelang es mir, sie auf morgen umzupolen. Im Grunde machte es zwar keinen Unterschied, denn morgen ist das Haus noch genauso voll wie heute, aber ich kann mich wenigstens seelisch darauf einstellen, mit elf Personen rechnen zu müssen statt mit sieben.

Dabei war unsere Wiese bereits heute nachmittag der reinste Rummelplatz. Auf dem Weg parkte ein Dutzend Autos mit dudelnden Radios, und Kati hätte am liebsten Karten verkauft an jeden, der sich über den Zaun schwang.

So jedenfalls geht das nicht weiter. So nicht!

Opi und Omi stärken mir den Rücken. Ein solides Gatter muß her, ein elektrischer Weidezaun mit Batterie, und mit Klose muß Klartext geredet werden. Eine Horde fremder Jugendlicher behauptete steif und fest, seine Erlaubnis zum Reiten zu haben. Ohne Gero und den Opi wären wir die Bande nicht losgeworden, und ich habe das ungute Gefühl, daß da auf Rache gesonnen wird. Nicht, daß man uns direkt attackiert. Aber uns kann man anders treffen, nämlich indem man den Ponies etwas antut. Mit Billy und Benny, obwohl – oder gerade weil – sie uns nicht gehören, sind wir verletzlich geworden. Den ganzen Abend war ich nervös und jagte die Männer hinaus, wenn Cromwell nur kurz anschlug.

Die Omi scheint Laura neuerdings mit anderen Augen zu sehen. Wahrscheinlich deswegen, weil Laura als einzige von uns allen Wert auf äußere Form legt. Heute morgen bestand sie darauf, ihr bestes Kleid anzuziehen, weil Pfingstsonntag ist, sie wünschte neue Schleifen ins Haar und Lackschuhe.

Kati dagegen, im Hinblick auf die Ponies, die sie zu striegeln vorhatte, erschien unbekümmert in ihren alten Jeans und den vergammelten Turnschuhen, nur ein frisches T-Shirt hatte sie sich gegönnt. Die Omi versagte sich jeden Kommentar, aber sie lobte Laura laut und lange.

Mit Kevin ist sie diesmal auch nicht uneingeschränkt zufrieden. Sie findet ihn »ein bißchen verwöhnt«, und sie ging auch nicht zum Laufstall, um ihm den dritten Zwieback zuzustecken, nachdem er die ersten beiden wütend auf den Teppich geschmissen hatte (Cromwell direkt vor die Schnauze).

Statt dessen roch sie demonstrativ an den Wiesenblumen, die Laura zur Feier des Tages auf den Frühstückstisch gestellt hatte, und ließ sich bewundernd über die hübsche Tischdekoration aus.

Einmal angestachelt, war Lauras Eifer nicht mehr zu bremsen. Sie erbot sich, die Omi mal anders zu frisieren, und schlug vor, ihr meine Ohrclips zu leihen, was die Omi ganz geniert ablehnte, aber ich habe sie noch nie so erfreut gesehen.

Pfingstmontag, 4. Juni

Was für ein Tag! Morgens stand das provisorische Gatter weit offen, und die Ponies waren verschwunden. Die ganze Familie außer Kevin und der Omi schwärmte in alle Himmelsrichtungen aus, um die Tiere zu suchen. Gero und der Opi waren ziemlich ergrimmt, Katrin und Laura in Tränen, und ich bebte vor Angst und Ärger. Nach zwei Stunden trafen wir uns am Bach wieder und kehrten unverrichteterdinge um. Auf halbem Weg kam uns aufgeregt, mit Kevin auf dem Arm, die Omi entgegen und berichtete, der Bürgermeister von Scheidweiler habe angerufen, in seinem Garten stünden zwei Shetlandponies, ein weißes und ein graues, und fräßen seinen Fliederbaum kahl.

Gero, der Opi und Katrin sprangen sofort in den Wagen und brausten nach Scheidweiler. Die Omi ließ es sich nicht nehmen, Kevin nach Hause zurückzuschleppen. Laura nahm Cromwell an die Leine, und ich wankte neben ihnen her, schwach vor Erleichterung. Wir setzten uns in die Küche und tranken eine ganze Kanne Kaffee leer und machten uns Luft über die Verantwortungslosigkeit gewisser Leute. Denn eins steht fest: Jemand hat das Gatter geöffnet. (Ich tippe auf die Horde, die angeblich von Klose die Reiterlaubnis hat!)

Der Opi fuhr den Wagen später im Schrittempo zurück, Gero führte Billy am Halfter, Katrin führte Benny, und zwar nicht auf die untere Wiese, sondern auf den Wäscheplatz dicht am Haus, wo wir die beiden leicht im Auge behalten können.

Bis wir gegessen hatten, war es nach zwei, und Antje und Lothar erschienen mit den Zwillingen. Omi und Opi zogen sich zurück, um ein Stündchen zu ruhen, was ich ihnen nur zu gut nachfühlen konnte. Aber viel werden sie nicht davon gehabt haben, denn die Zwillinge tobten lautstark durch den

Garten und über den Wäscheplatz. Alle meine Versuche, sie wenigstens vorübergehend etwas zu dämpfen, schlugen fehl, denn Antje unterstützte mich kein bißchen.

Von Lothar erwarte ich von vorneherein nichts in dieser Richtung. Der gibt sich ja immer so zerstreut, daß man annehmen könnte, der Rest seiner Familie ginge ihn nichts an. Vielleicht ist das Taktik, denn so kommt natürlich kein Mensch auf die Idee, ihm irgend etwas abzuverlangen. Es kann auch sein, daß durch seine Arbeit bei der Luftfahrt und seine häufigen Abwesenheiten von zu Hause die Verbindung zu seinen Kindern zwangsläufig lose ist. (Airliner, sagt Antje, sollten überhaupt nicht heiraten.)

Ich muß gestehen, daß er mir heute nachmittag maßlos auf die Nerven ging mit seinem gelangweilten Herumschlendern und Abseitssitzen, so als habe er sich nur geopfert, um uns einen Gefallen zu tun. Mit mir hat er sich nie viel zu erzählen, und nachdem etwa krampfig der Umbau im Keller erörtert worden war, wußte er auch mit Gero nichts mehr anzufangen. Irgendwann machte ich mich dann unbeliebt, indem ich die Zwillinge zur Ordnung rief, die sämtliche Büsche plünderten und wahllos Zweige abrissen, um damit die Ponies anzutreiben. Laura hatte sich bereits dieserhalb mit ihnen gestritten, und Kati war ganz bleich vor Wut. (»Die Zwillinge sind eine Pest, Mami!«)

Anderer Leute Kinder sind ja immer ein Kapitel für sich, das habe ich schon gewußt, als ich selbst noch keine hatte. Inzwischen bin ich schon viel toleranter geworden und auch einsichtiger. Die Zwillinge waren einfach außer Rand und Band, das kommt bei siebenjährigen Jungen eben vor.

Viel mehr irritierten mich Antje und Lothar. Er saß so unbeteiligt da, als ging ihn das alles nichts an, und sie redete unentwegt auf die arme Omi ein, ohne Punkt und Komma, hauptsächlich über ihr diesjähriges Ferienziel, die Kapverdischen Inseln, und daß sie so ungeheuer viel von der Welt zu sehen kriegen, weil Lothar Airliner ist (ein Begriff, mit dem die Omi nichts anfangen konnte, bis ich ihn ihr erklärte). Überhaupt verlief das Gespräch äußerst einseitig, denn die Omi wagte nur »ach wirklich« und »wie toll« zu sagen, denn sie wußte gar nicht, wo die Kapverdischen Inseln liegen.

Alles in allem war der Nachmittag noch anstrengender als der Vormittag, und mich plagt noch dazu im nachhinein die Frage, ob Antje und Lothar beleidigt sind. Denn kurz nachdem ich die Zwillinge zur Raison gebracht hatte, brachen sie abrupt auf und fuhren ab.

Gero, obwohl nicht so empfänglich für Schwingungen, die in der Luft liegen, hatte ebenfalls den Eindruck, als sei dies kein besonders gelungener Besuch gewesen. Aber man konnte die Jungen nicht einfach gewähren lassen. Hätte ich sie nicht gestört, sagt Gero, wäre er eingeschritten. Falls Antje darauf zu sprechen käme, solle ich damit nicht hinterm Berg halten, schließlich sei man doch befreundet.

Die Omi erzählte in diesem Zusammenhang, daß früher bei ihr manche Freundschaft der Kinder wegen auseinandergegangen sei.

Mittwoch, 6. Juni

Der Opi hat beschlossen hierzubleiben, bis alle Zäune in Ordnung sind. Er ist eine große Hilfe und offenbar der einzige, der wirklich etwas von Pferdehaltung versteht. Dafür kriegt er auch heute sein Lieblingsessen: grüne Bohnen mit Rindfleisch, als Eintopf gekocht. Katrin weicht ihm nicht von der Seite.

Freitag, 8. Juni

Jetzt haben wir schon seit einer Woche herrliches Sommerwetter. Mit andern Worten: Ich brauche nicht zu heizen. Was für eine Erleichterung!

Heute wurde Kevin dreizehn Monate alt. Er ist jetzt ziemlich sicher auf den Beinchen, aber er läuft immer noch seitwärts, wie ein kleiner schräger Vogel.

Unermüdlich zieht er mit der Omi durch Haus und Garten, wirft die Füßchen hoch und kräht vor Vergnügen. Ich finde, er ist noch so leicht glücklich zu machen, und die Omi findet das auch, obwohl sie ihn nach wie vor für »ein bißchen verwöhnt« hält.

Was sie im einzelnen damit meine, habe ich sie heute gefragt, und sie sagte, bei den Mädchen hätte ich mehr Prinzipien gehabt. Beide seien regelmäßig auf den Topf gesetzt und dazu angehalten worden, aus dem Becher zu trinken statt aus der Flasche, sie seien irgendwie manierlicher gewesen und nicht so ungebärdig. Ich habe nicht widersprochen, denn wir kommen diesmal so gut miteinander aus wie selten, und manches von dem, was die Omi vorträgt, stimmt ja auch. Aber nicht alles.

Katrin und Laura habe ich gar nicht dazu anhalten müssen, aus dem Becher zu trinken, dafür war ihr Nachahmungstrieb viel zu ausgeprägt. Da in unserem Haus niemand aus der Flasche trinkt, wollten sie es alsbald auch nicht mehr tun. Lieber schütteten sie sich die Milch aus dem Becher übers Gesicht.

Kevin dagegen ist ein Flaschenkind, das auch Tee und Saft eher saugt als schlürft. Wenn ich ihn dabei lasse, so auch deshalb, weil er mit der Flasche geschickt umgehen kann. Mit Bechern, Tassen und Gläsern spielt er nur, kippt sie aus und trampelt darauf herum.

Punkt zwei, die Erziehung zur Sauberkeit, kann die Omi für sich buchen.

Es stimmt, daß ich die Mädchen früh auf den Topf setzte, einfach nur so, ohne viel zu erwarten, um sie an die Prozedur zu gewöhnen. Trotzdem war Kati erst mit drei Jahren zuverlässig sauber, und auch Laura, die sich besonders eifrig zeigte, hatte viele Rückfälle.

Ich erinnere mich noch der betonten Lässigkeit, mit der ich Laura an ihrem zweiten Geburtstag ohne Windelpaket vorstellte. Antje, die mit den Zwillingen gekommen war, konnte es kaum fassen, denn beide, obwohl ein halbes Jahr älter, dachten nicht im Traum daran, im rechten Moment Bescheid zu geben.

In meiner erzieherischen Geltungssucht tat ich so, als habe mein tüchtiges Töchterchen diesen speziellen Punkt längst abgehakt. Aber Laura versetzte mir einen Dämpfer, indem sie sich an jenem Nachmittag gleich zweimal hintereinander so naß machte, daß ich eilig und reumütig auf Windelhosen zurückgriff und Antje sich mir wieder ebenbürtig fühlen konnte. Inzwischen habe ich zahllose Gespräche mit andern Müttern zu diesem Thema geführt, und die Quintessenz lautet: Egal, wie früh oder wie spät man damit beginnt, wie lasch oder wie energisch man die Sache betreibt, mit drei Jahren ist jedes gesunde Kind sauber. Da wird wohl auch unser Wonneproppen Kevin keine Ausnahme bilden.

Es stimmt, daß er ungebärdiger ist als seine Schwestern (vermutlich eine Sache des Temperaments), aber dafür ist er weniger wehleidig. Er brüllt und tobt eigentlich nur, wenn er sich eingesperrt fühlt, im Laufstall beispielsweise. Alles andere steckt er weg, und das will viel heißen, denn wie oft fällt er drinnen und draußen, stößt sich den Kopf, klemmt sich die Fingerchen! Kati, wenn sie sich weh tat, konnte sich stundenlang nicht beruhigen, und Laura hat geschrien bis zur Atemlosigkeit. Kevin ist längst nicht so empfindlich und trostbedürftig. Hautpsache, es darf sich frei bewegen. Das ist sein einziger Anspruch, den er mit allen Mitteln durchzusetzen versucht. Aber noch muß man ständig hinter ihm her sein, denn nichts ist vor ihm sicher.

Heute bin ich wieder dazu übergegangen, den Abfalleimer unerreichbar auf den Küchenschrank zu stellen (eine Maßnahme, die ich bereits bei Kati ergreifen mußte). Er scheint den Dingen nur auf den Grund gehen zu können, indem er sie beschnuppert, kaut und hinunterschluckt. Deshalb lasse ich ihn auch nur ungern in den Sandkasten auf dem großen Spielplatz, sondern schiebe ihn lieber ein Stück spazieren. Leider strebt er neuerdings aus seinem Wagen, und sobald ich ihn angurten will, bäumt er sich auf, macht sich steif wie ein Brett und brüllt. Der Opi sieht übrigens keinen Unterschied zwischen Kevin und seinen Schwestern, was Verhalten und Entwicklung angeht. »In diesem Alter sind sie doch alle anstrengend«, lautet seine Devise.

Samstag, 9. Juni

Klose ist übers Wochenende mit einer größeren Gesellschaft in seiner Jagdhütte und hat einen Eid darauf geschworen, niemandem eine Reiterlaubnis für die Ponies erteilt zu haben. Bei der jugendlichen Horde vom vorigen Sonntag habe es sich möglicherweise um frühere Freunde seiner Kinder gehandelt, die wir uns nur ja vom Leibe halten sollten.

Die Zäune und die neuen Gatter fanden seinen ungeteilten Beifall. Von einer Kostenbeteiligung war keine Rede.

Der Opi, der die Hauptarbeit geleistet hat, mischte sich in das Gespräch mit Klose nicht ein. Aber er bemerkte Gero gegenüber später beim Abendessen, daß die Dinge, so wie sie nun einmal lägen, auf die Dauer nur Ärger verursachten. Gero wandte ein, daß Klose grundstücksmäßig unser Nachbar sei, mit dem er keinen Streit wolle, und daraufhin schlug der Opi vor, die Ponies zu kaufen. Dann habe man nämlich nicht nur Pflichten, sondern auch Rechte, und man wisse wenigstens, woran man sei. Gero ging nicht darauf ein, denn er ist kein Freund von schnellen Entschlüssen. Ich habe mir verkniffen, ihm zuzureden, obwohl ich weiß, daß der Opi recht hat.

Montag, 11. Juni

Heute sind die Großeltern wieder abgefahren. Die Kinder haben gejammert, und auch mir kommt das Haus leer vor. Diesmal hatten wir uns richtig an sie gewöhnt, und jetzt im Sommer, wo man draußen sitzen konnte, trat man sich auch nicht so auf die Füße wie zur Weihnachtszeit, wo sich alles im Haus abspielt. Jedenfalls haben wir das Duschbad im Keller fest ins Auge gefaßt, wenn auch erst nach den großen Ferien.

Nach dem Mittagessen, als Kevin schlief, habe ich mir einen Grund gesucht, um Antje anzurufen. Ich mußte einfach wissen, ob sie eingeschnappt ist. Ich wäre sogar bereit gewesen, mich notfalls bei ihr zu entschuldigen, denn im Grunde war's doch nur eine Lappalie.

Wir haben uns in der Buchhändlerschule kennengelernt, Antje und ich, vor nunmehr zwölf Jahren. Da gab es noch keinen Lothar in ihrem und keinen Gero in meinem Leben, und von Kindern haben wir damals nicht mal geträumt. Eine Freundschaft, die so lange gehalten hat, setzt man wegen einer lächerlichen Dissonanz nicht aufs Spiel.

Ich rief sie also an und fragte sie wegen der Petunien, die

in ihren Balkonkästen immer besonders prächtig gedeihen. Sie sagte, man müsse die welken Blüten nicht nur abzupfen, sondern abknipsen, andernfalls würden Petunien blühfaul. Das Wort hatte ich noch nie vorher gehört, es erheiterte mich über alle Maßen, und ich ließ Antje es ein paarmal wiederholen. Sie selbst, sagte Antje, fühle sich ebenfalls blühfaul. Mit fünfunddreißig sei man kein feuriger Hase mehr, der Lack sei ab, die Konkurrenz sei groß, und irgendwann müsse sie sich wohl etwas einfallen lassen.

Seit wann sie derart dumme Sprüche klopfe, wollte ich wissen, und wovon sie überhaupt rede.

Von Lothar natürlich, sagte sie, und ob ich denn nicht gemerkt hätte, wie sternenfern er ihr und den Kindern sei. Das konnte ich nicht leugnen, aber ganz neu war mir das nicht, denn Lothar hat sich noch nie als treusorgender Familienvater dargestellt. Davon wollte sie aber nichts hören. Statt dessen fragte sie mich, ob mir schon einmal aufgefallen sei, daß unsere Männer ganz generell, also auch Gero, ausschließlich mit berufstätigen Frauen zusammenkämen, selbst wenn es Lehrlinge wären, Aushilfskräfte oder Putzfrauen. Außerdem natürlich mit weiblichen Managern, weiblichen Fachleuten, weiblichen Technikern, weiblichen Kreativen. Die hätten doch allemal mehr zu erzählen als unsereins, dessen Erlebnisgipfel der Wochenmarkt oder der letzte Elternabend ist.

Ich fragte sie, worauf sie hinauswolle. Soll ich etwa jeden Morgen mit dem 6-Uhr-Zug nach Köln fahren und Bücher verkaufen, nur um für Gero interessant zu bleiben?

Quatsch, sagte Antje, es gehe nicht um mich, sondern um sie. Und zwar könne sie während der Haupturlaubszeit eine Vertretungsstelle in der Nähe vom Hauptbahnhof bekommen, Fachbuchhandlung auf zwei Etagen, gut zu erreichen und mäßig bezahlt wie alles in unserem Beruf.

Falls sie der Sache nähertrete, müsse Lothar mit den Zwillingen allein auf die Kapverdischen Inseln fliegen, das täte ihm vielleicht ganz gut. Da sähe er mal, was es bedeute, täglich zwei muntere Siebenjährige um sich zu haben.

Ich widersprach sofort, denn in einem Nobelhotel mit ein paar Kilometern Sandstrand vor der Tür, wo alle Mahlzeiten serviert werden und kaum Wäsche anfällt, weil sie aus den Badehosen nicht herauskommen, bekäme er nie einen echten Einblick. Ganz im Gegenteil! Er könnte sich nämlich einbilden, das wär's tatsächlich, und mehr sei nicht dran am Pensum einer Hausfrau und Mutter.

Antje glaubte das nicht, sie blockte ab, aber ich warnte sie eindringlich. Denn der Schuß kann nach hinten losgehen, das ist meine feste Überzeugung.

Ich mußte dann ziemlich überstürzt Schluß machen, denn Kevin wurde wach, außerdem kam die Müllabfuhr, und ich mußte Cromwell zurückpfeifen, der sich immer vor die schweren Räder wirft, und Laura wollte unbedingt Waffeln backen, der Teig quoll schon aus dem elektrischen Eisen über den Tisch.

Später ging ich mit Kevin ins Dorf zur Sparkasse und zum Bäcker, schwätzte ein bißchen mit Miriams Mutter und schob Kevin auf dem Rückweg ganz langsam und gemächlich am Kohlensäurewerk vorbei, wo, wenn man Antje glauben darf, sein Vater von ganzen Heerscharen weiblicher Arbeitnehmer umgeben ist. Vielleicht führt er gerade einen wahnsinnig interessanten Dialog mit der Tagesschicht an der Abfüllanlage?

Mittwoch, 13. Juni

Ich kann ja nichts für mich behalten, es sei denn, ich bin ausdrücklich darum gebeten worden.

Also sprach ich gestern abend mit Gero über Antjes Gedankengänge, über Lothar, die Kapverdischen Inseln und die Fachbuchhandlung in der Nähe des Kölner Hauptbahnhofs.

Gero nahm das Problem erst einmal auseinander.

Wenn Antje darauf bestehe, Lothar mit den Zwillingen auf die Kapverdischen Inseln zu schicken, um während dieser Zeit beruflich zu arbeiten, so tue sie dies weniger, um Lothar eins auszuwischen, als um sich eine andere Lebenssituation zu schaffen. Vermutlich sei sie selbst diejenige, die sich als uninteressant empfinde und das Bedürfnis habe, sich aufzuwerten.

Ich hielt dagegen, daß man als Hüterin von Heim und Herd und Kindern dazu neige, sich von denen bespiegeln zu lassen, mit denen man zusammenlebt, das heißt, man empfindet sich über weite Strecken als Muttertier und hält es nicht für möglich, darüber hinaus als menschliches Wesen geschätzt zu werden. (Originalton Gero: »Jetzt halt aber die Luft an!«)

Er stellte die seltsame These auf, Frauen mit inneren Mangelerscheinungen erkenne man daran, daß sie hinter ausgedienten Porzellanwaschschüsseln und passenden Krügen und ähnlichem Plunder her seien. Solange ich kein solches Indiz anschleppe, dürften wir, was unsere Partnerschaft betreffe, unbesorgt sein. Im übrigen sollten wir uns jetzt mal statt mit Lothar, Antje und den Kapverden näher mit unseren eigenen Ferien befassen. Er hoffe doch, daß ich unsere genauen Ankunfts- und Abfahrtdaten durchgegeben hätte.

Das ist ja wohl keine Frage, denn im Grunde handeln unsere Drei-Minuten-Gespräche mit der toskanischen Verwandtschaft von nichts anderem. Normalerweise fahren wir einmal im Jahr hinunter, seitdem sich außer meiner Schwester Carla auch meine Mutter dort angesiedelt hat. Voriges Jahr fiel die Reise aus wegen Kevin, der ein Säugling war. Jetzt ist er ein Kleinkind, und ich gäbe viel drum, mit ihm gemütlich zu Hause bleiben zu können, hier, wo ich alles im

Griff habe und es im Juli herrlich ist, wenn alle meine Lupinen blühen.

Aber die Toskana ist ja nicht nur unser Ferienziel, sondern eben auch der Wohnsitz meiner Restfamilie, und ich muß schon froh sein, daß Gero gerne hinfährt und die Mädchen sich – noch! – darauf freuen.

Freitag, 15. Juni

Der Opi läßt nicht locker. Heute abend hat er angerufen und Gero gefragt, wie er sich in punkto Ponies entschieden habe. Falls wir sie kauften, käme er mit der Omi im Juli hierher, um Haus und Tiere zu hüten.

Gero läßt sich nicht gern drängen. Jeder Entscheidung gehen gewisse Phasen voraus: 1. die Ignorier-Phase, 2. die »Nein-ich-glaube-nicht-«Phase, 3. die Erwärmungsphase.

Hier endlich (um Gottes willen nicht vorher!) darf ich mich einschalten, ohne einen Rücklauf zum Punkt null befürchten zu müssen.

Dabei kommt es darauf an, so wenig Worte wie möglich zu machen. Also beschränkte ich mich auf die gemurmelte Bemerkung: »Dein Vater hat recht.«

Samstag, 16. Juni

Heute in einer Woche treffe ich mich mit Antje in Köln, um fehlende Sommersachen und Mitbringsel für die Toskaner zu kaufen. (Mutter und Carla schreien nach deutschen Büchern, ohne sich präzis auszudrücken. Mein Patenkind Lea Beatrice braucht Baumwollunterwäsche, und mein

Schwager Nino wünscht sich eine Stichsäge. Dafür ist allerdings Gero zuständig.)

Sonntag, 17. Juni

Kevin hat seit heute morgen Durchfall und Fieber. Ich habe ihm eine Kohletablette aufgelöst und gegen Abend ein Zäpfchen verabreicht. Frau Doktor sagt immer, drei Tage könne man abwarten, wenn keine anderen Symptome auftreten.

Noch sind es zweieinhalb Wochen bis zu den Ferien, aber ich denke an die anstrengende Fahrt und bin nervös. Notfalls müßten wir sie aufschieben, das wäre nicht so schlimm. Aber Gero will unbedingt das Hotel in Bellinzona buchen, wo wir eine Nacht Station machen. Jetzt, in der Haupturlaubszeit, können wir uns nicht darauf verlassen, auf gut Glück eine Übernachtung in der Schweiz zu finden.

Dienstag, 19. Juni

War heute mit Kevin bei Frau Doktor. Habe neue Medikamente für ihn bekommen und muß mich weiter in Geduld fassen. Gefällt mir alles gar nicht.

Würde die Reise am liebsten abblasen, Kevins wegen, meinetwegen und auch der Ponies wegen, um die sich kein Mensch kümmern wird, wenn Gero nicht allmählich Nägel mit Köpfen macht.

Freitag, 22. Juni

Kevin hat kein Fieber mehr, aber seine Verdauung ist immer noch nicht in Ordnung. Er ist auch noch ziemlich matt und mitgenommen, denn außer Frau Doktors komischer Diät (Salzstangen, Bananen, Würfelsuppen, Tee und Selterswasser) hat er ja seit Sonntag nichts gegessen.

Armer kleiner Spatz.

Sonntag, 24. Juni

Vorgestern und gestern hat Gero zäh mit Klose wegen der Ponies verhandelt. Heute endlich sind sie unser! Halleluja!

Ein Stein von meinem Herzen, eine Sorge weniger, großer Jubel bei den Kindern, und der Opi ist hochzufrieden.

Kevin holt jetzt wieder auf. Es kommt mir so vor, als sei er mindestens einen Zentimeter gewachsen in der letzten Woche. Jedenfalls hat er tüchtig abgenommen. Eigentlich wollte ich ihn Frau Doktor morgen noch einmal vorstellen, aber ich glaube, das ist nicht mehr nötig.

Nach langem Hin und Her wurden die beiden Ponies auf die Kinder verteilt, das heißt: der graue Benny gehört Katrin, der weiße Billy gehört Laura. Es folgten endlose Erörterungen der damit verbundenen Pflichten. Ich bin mal gespannt, wie lange der Eifer vorhält.

Die Baumwollwäsche für Lea sowie Schuhe und Sommersachen für unsere Kinder habe ich hier in Kaltenborn besorgen können, die Stichsäge für Nino liegt ebenfalls bereit. Jetzt geht es nur noch um die Bücher und ein paar Klamotten für mich (nicht gerade exklusive Modelle, aber wenigstens etwas, das mir nicht in Kaltenborn an jeder Straßenecke entgegenkommt).

Dienstag, 26. Juni

Über Nacht ist es kalt geworden, aber wie!

Ich hatte schon die Agaven draußen, die Yukkapalmen, den großen Figus und die Drachenbäume. Um ein Haar wäre mir alles umgekommen. Im Juni!

Jahre habe ich gebraucht, um mich an die Eisheiligen Mitte Mai als ernstzunehmende Termine zu gewöhnen, mit denen man rechnen muß – kleidungsmäßig, heizungsmäßig und überhaupt. (Sie tragen die schönen Namen Pankraz, Bonifaz und Kalte Sophie.)

Und was haben wir jetzt, wo schon Johannistag war und Mittsommerwende?

Das ist die Schafskälte, sagen die Eifler Bauern, die für jeden klimatischen Schicksalsschlag einen Namen haben. Die ganze Zeit habe ich den Toskana-Ferien nur halbherzig entgegengesehen. Jetzt kann ich sie kaum noch erwarten. Sengende Sonne, Grillengezirp, dürre Wiesenwege, heiße Felsblöcke – wenn wir nur schon dort wären!

Donnerstag, 28. Juni

Sosehr ich unser Schmuckstück liebe, unseren Ofen mit seinen matt glänzenden erdbraunen Kacheln, so sehr verabscheue ich um diese Jahreszeit die Heizerei. Ich kann kein

Feuerholz mehr sehen, keine Briketts, keine Kohlen. (Viel ist auch nicht mehr übrig. Wenn wir zurückkommen, müssen wir neuen Vorrat bestellen.)

Aber wenn wir uns nicht alle Mann erkälten wollen, muß ich wenigstens die Elektroheizung einschalten. Man sollte es nicht für möglich halten – Ende Juni!

Samstag, 30. Juni

Laura wäre gern mitgefahren nach Köln, aber ihre neuen Ponypflichten (Mähne und Schweif kämmen, striegeln, Hufe auskratzen usw.) ließen es nicht zu.

Im Grunde war es mir auch lieber so, denn Antje holte mich bereits an der Bahn ab und wollte gleich Probleme wälzen. Sie zeigte mir die Fachbuchhandlung von außen und gestand, noch keinen Entschluß gefaßt zu haben. Schwankend, wie sie ist, erwartete sie den entscheidenden Schubs von mir, egal in welche Richtung. Darauf wollte ich mich nicht einlassen, und ich mußte höllisch aufpassen bei allem, was ich sagte.

Um sich Klarheit über sich selbst zu verschaffen, begann sie mich auszufragen. Ob ich denn mit Gero immer in allem einig sei, wollte sie wissen, was keineswegs der Fall ist. Wir ziehen zwar an einem Strang, aber an verschiedenen Fäden. Man kann das nicht erklären.

Ganz bestimmt hat Gero weniger Menschenkenntnis als ich, beziehungsweise er ist argloser – siehe Klose. Positiv ausgedrückt: Er ist toleranter.

Ob mir Haushalt und Kinderkram denn nicht manchmal zum Hals heraushängen? Na sicher. Aber all das bleibt einem doch auch dann erhalten, wenn man berufstätig ist. Ich meine vor allem den Kinderkram. Schließlich verwandeln sich unsere lieben Kleinen ja nicht blitzartig in perfekte Selbstversorger, nur weil Mami plötzlich lieber Bücher verkauft, als Schularbeiten nachzusehen und Essen zu kochen.

Vielleicht hängt meine Einstellung auch damit zusammen, daß ich nie ins Berufsleben hineingewachsen bin.

Abgesehen von meiner Lehrzeit war ich nur anderthalb Jahre im Buchhandel tätig – Antje übrigens auch –, und wenn mir zu meinem Glück etwas fehlt, dann ganz bestimmt kein zusätzlicher Achtstundentag mit Kundenverkehr und Verantwortung für die Kassenabrechnung.

Dagegen würde ich gern öfter mal einen Stadttag einschieben, so wie heute, mich in der Menge treiben lassen ohne ein Kind an der Hand, mir etwas Ausgefallenes kaufen und mich im Gedränge der Rush-hour auf meinen ländlichen Frieden freuen.

Bei Antje liegen die Dinge ganz anders, deshalb bringt der Dialog mit mir sie auch nicht wesentlich weiter. Zudem war ich erpicht auf meinen Einkaufsbummel, das machte mich etwas kribbelig, denn endlos viel Zeit bleibt mir ja nicht bis zum frühen Nachmittag.

Außer den üblichen Kleinigkeiten – T-Shirts im Doppelpack und so weiter – habe ich mir eine pludrige Hose in diversen Lilatönen gekauft und ein passendes Oberteil mit Perlenstickerei (vermutlich nicht waschbar), alles für den Urlaub und sehr passend für den Bauernhof in den toskanischen Bergen, wo mich die achtzig Schafe meines sardischen Schwagers Nino bewundernd anstarren werden.

Dienstag, 3. Juli

Zeugnistag, Schuljahrsende, Ferienbeginn.

Laura bekam die nach der ersten Klasse übliche Gesamtbeurteilung, worin ihr besonders in der zweiten Jahreshälfte rege Anteilnahme am Unterricht und ein gewisser Ehrgeiz bescheinigt wurden.

Katrins Noten liegen über dem Durchschnitt. Sie hat nur eine Drei, nämlich in Sport. Ich möchte bloß mal wissen, warum Herr Derich neulich so viel Theater gemacht hat, als das Kind eine Woche mit Grippe im Bett lag.

Donnerstag, 5. Juli

Gott sei Dank ist es wieder wärmer geworden.

Heute mittag kamen die Großeltern an, und Kevin strebte sofort zur Omi.

Sie findet ihn blaß und »gar nicht wohl aussehend«. (Da hätte sie ihn mal vor zwei, drei Wochen sehen sollen!)

Der Opi klagte über den Wahnsinnsverkehr auf der Autobahn und machte düstere Prognosen, unsere Fahrt am Freitag betreffend. Beide Großeltern halten es für besser, Cromwell bei ihnen zu Hause zu lassen.

Gero wandte ein, daß wir den Hund bisher immer mitgenommen hätten, auch und besonders in die großen Ferien, und seine Mutter hielt dagegen: »Ja, aber da hattet ihr Kevin noch nicht.«

Ich lasse sie alle reden und höre kaum hin, denn solange sich die einzupackenden Sachen in allen Zimmern türmen, bin ich nicht ansprechbar. Ich habe mir eine Liste gemacht, die ich ständig verlege, und ich sage mir, schließlich ist es keine Katastrophe, wenn wir etwas vergessen, wir fahren ja nicht in die Wüste. Wichtig sind nur die Hausapotheke und Kevins Milchpulver.

Die Mädchen durchsuchen ihre Zimmer nach halbwegs komplettem Spielzeug für ihre Cousine Lea und bringen damit meine schön geordneten Stapel durcheinander.

Erstens stört mich das, zweitens werden damit fruchtlose Mammutdiskussionen vorprogrammiert. Meine Schwester Carla lehnt nicht nur Süßigkeiten für Kinder (und für Erwachsene!) strikt ab, sie ist auch gegen Spielzeug, das nicht als pädagogisch wertvoll gilt. Ich kann mir daher jetzt schon lebhaft vorstellen, wie sie auf den Minicomputer reagiert, den Laura unbedingt in ihrem Gepäck haben will, um Lea damit bekanntzumachen.

Nicht umsonst habe ich für mein vierjähriges Patenkind nichts gekauft außer der bestellten Baumwollwäsche und einem Holzpuzzle.

Sonntag, 8. Juli

Die ganze Zeit habe ich befürchtet, das Tagebuch sei im Abfahrtstrubel verschüttgegangen oder zu Hause liegengeblieben. Heute finde ich es im Karton mit der Hausapotheke. Es ist Mittagszeit.

Gero geht gerade mit Nino und den Mädchen hinauf auf den Berg zu den Schafen. Carla und Mutti bereiten sich auf die Invasion der sardischen Sippe vor, die am Nachmittag stattfinden wird.

Ich habe frei, ich habe Ferien.

Ich sitze in Shorts und ärmelloser Bluse unterm Blätterdach eines breitästigen Baumes an einem steinernen Tisch, trinke Limonade und habe mein spezielles Hochsommerge-

Presto

fühl, das immer mit dem Geruch nach Sonnenöl verbunden ist.

Wir wohnen diesmal nicht bei Carlas Familie, weil Lea inzwischen ein eigenes Zimmer hat und wir mit Kevin fünf Personen sind. Sie hätten einfach keinen Platz für uns.

Zu meinem Entzücken sind wir der fast erdrückenden Gastfreundschaft im Hause meiner Schwester diesmal entronnen und in einem abwärts liegenden, schlicht und schön restaurierten ehemaligen Stallgebäude einquartiert. Es hat einen riesigen Küchenraum mit Steinkamin, einem zwei Meter langen Tisch mit Kerben in der Platte und einem bunten Sammelsurium von Stühlen drumherum, Schränken mit Sprossenfenstern, die in die armdicken Mauern eingelassen sind, und zwei Schlafkammern. Die sanitären Anlagen sind spartanisch, aber ausreichend, gekocht wird mit Gas und gewaschen in einem Wännchen draußen vor der Tür, gleich neben den Wäscheleinen, die sich von Baum zu Baum schwingen.

Neben mir ragt in Tischhöhe ein Stab aus dem Boden, daran baumelt ein Schlauch mit niedlichem, kleinem Wasserhahn. Den brauche ich nur aufzudrehen, um pures bekömmliches Quellwasser abzufüllen.

Ich sehe alle meine Lieben regelmäßig, und ebenso regelmäßig bin ich für mich, so wie jetzt, und genieße die flirrende blaue Luft, die Stille und das Alleinsein. Laut darf ich das gar nicht äußern, sonst sind Mutti und Carla beleidigt. Schließlich sehen wir uns nur dieses eine Mal im Jahr, und dann, so die allgemeine Ansicht, sollte man so viel wie möglich zusammensein. (Zusatz von mir: aber nicht so dicht wie möglich!)

In den vergangenen Jahren waren wir immer im Haupthaus untergebracht, wo wir uns in der Küche gegenseitig auf die Füße traten und jede versuchte, die andere an Eifer und Einfällen zu überbieten: Mutti, Carla und ich. Es war zum

Weglaufen. Es ergab sich nämlich mit fataler Genauigkeit unser längst abgelegtes Rollenspiel: Carla befiehlt, Mutti ordnet sich fröhlich und achselzuckend unter, und ich laufe kopflos herum, finde mich nicht zurecht und bringe nichts zustande. (Belustigter Kommentar von Carla: »Ich möchte wirklich wissen, wie du deinen Haushalt versorgst!« und von Mutti versöhnliche Töne: »Jeder hat sein eigenes Konzept.«)

O ja! Das kann man wohl sagen.

Nur, daß mein Konzept schon früh ganz klar erkenntlich war. Hätte ich sonst mit vierunddreißig Jahren drei Kinder, das älteste knapp zehn? Wohl kaum.

Carla ist vierzig, und egal, was sie sich einfallen läßt: Sie ist und bleibt die Studienrätin, die sie von klein auf war, eine Stufe über Mutti, die es nur bis zur Grundschullehrerin gebracht hat.

Als sich Carla vor fünf Jahren entschloß, das Rückert-Gymnasium in B. aufzugeben und mit viel Aplomb auszusteigen, um, wie sie herausfordernd erklärte, die Frau eines sardischen Hirten zu werden, war ich natürlich starr vor Staunen.

Allerdings wäre ich viel stärker beeindruckt gewesen, hätte sich Mutti nicht sofort bereit erklärt, Carla in ihr neues, abenteuerliches Leben zu begleiten.

Wir hatten einen handfesten Krach deswegen, nicht so sehr in der Sache, sondern wegen des Ausdrucks »Steigbügelhalter«, den ich gebrauchte. Mutti fand das geschmacklos, aber ich kann mir nicht helfen: Bis heute kommt sie mir so vor, als Steigbügelhalter ihrer ältesten Tochter.

Damals, vor fünf Jahren, sahen sie einander noch verwirrend ähnlich, beide gleich groß mit den gleichen dunkelbraunen Hängehaaren und der selbstgeschnittenen Ponyfrisur, in schwarzen Strumpfhosen, schwarzen T-Shirts oder Pullovern und langen, weiten, meist dunkelroten Röcken.

Heute ist Mutti sechzig, fast ganz ergraut und leicht gebückt. Aber der Schwestern-Look wird eisern gewahrt, und selbstverständlich trägt auch Klein Lea dunkle Hängehaare und Ponyschnitt.

Ich mit meiner blonden Lockenfrisur falle gänzlich aus dem Rahmen und schlage wohl überhaupt unserem früh verunglückten Vater nach, an den ich mich leider kaum erinnern kann. Hätte ich gewußt, daß sie uns separat unterbringen und ich mein eigenes Reich habe, wäre ich nicht so halbherzig und bedenklich von daheim weggefahren. Ich fragte Mutti, warum sie nicht früher damit herausgerückt wären, und sie antwortete in ihrer halblauten, beschwichtigenden Art: »Wir wagten es nicht, es hätte euch enttäuschen können.«

O mein Gott.

Montag, 9. Juli

Heute haben Gero und Nino nicht nur die Mädchen mitgenommen, sondern auch Kevin.

Ich tändle inzwischen herum, denn Arbeit kann man das nicht nennen, was ich im Vorübergehen erledige: die Spülerei zum Beispiel und die Handwäsche im Wännchen draußen vor der Tür. Kaum aufgehängt, ist sie schon trocken.

Alles hat sich erstaunlich gut eingespielt. Mittags gibt es hier bei mir nur einen Imbiß (falls überhaupt jemand da ist), bestehend aus Obst, Kräckers, Joghurts und Kevins Babykost. Nachmittags tischt Carla täglich Kuchen auf, drüben im Hof vor der Scheune am langen Holztisch, und abends um sieben wird richtig gegessen, drei Gänge mit Wein dazu und allem Drum und Dran. Ich kaufe mich insofern frei, als ich mich anbiete, mit Gero die notwendigen Besorgungen zu machen (wir verbrauchen jeden Tag mindestens vier große Nudelpackungen, wobei mich die riesige Auswahl im dörflichen Supermarkt begeistert).

Ansonsten verrichte ich draußen im Hof nur die niederen Arbeiten wie Gemüseputzen, Salatzupfen oder Zwiebelschneiden. Dabei komme ich niemand ins Gehege, und ich muß gestehen, daß sowohl Carla wie auch Mutti kunstvoll kochen mit vielen frischen Kräutern, Knoblauch und Wein. Jeden Tag lasse ich mich gern überraschen und sehe zu meiner Erleichterung, daß es Kati und Laura genauso geht. Gero – keine Frage – schmeckt es immer und überall. Aber die Kinder haben vor zwei Jahren oft grundlos gemosert und »mit langen Zähnen« gegessen, wie Mutti das zu nennen pflegt.

Diesmal stürzen sie sich auf jede Pasta und jeden Salat, und es ist Lea, die quengelt und nur so tut, als äße sie, während das meiste übrigbleibt beziehungsweise unter den Tisch wandert, wo einer der Hütehunde sitzt und geduldig darauf wartet.

Das Sippentreffen gestern nachmittag war herrlich. Sardisches Fladenbrot wurde gemeinsam gebrochen, sardische Trinksprüche ausgesprochen und sardische Hirtenspiele vorgeführt.

Carla und Mutti tun sehr vertraut mit der Verwandtschaft, aber sie wirken trotzdem wie zwei Exoten.

Mich wundert, daß so viele sardische Familien hier siedeln, jeder begründet es anders. Am plausibelsten scheint mir die Erklärung meines Schwagers zu sein: daß einer den andern nach sich gezogen hat. Ihre Heimatinsel, die sie alle sehnsüchtig lieben, ist noch ärmer und karger als die toskanische Bergwelt, und mit der Schafzucht, der einzigen Erwerbsquelle neben dem Tourismus, kennen sich die meisten gut aus. Deshalb sind sie hier, halten eisern zusammen und heiraten meistens untereinander. Nino, der sich eine deutsche Frau nahm, ist eine große Ausnahme, die jedoch offensichtlich gebilligt wird.

Mittwoch, 11. Juli

Heute haben wir erstmals versucht, Kevin probeweise bei Mutti zu lassen, weil wir morgen ins Chianti-Gebiet fahren wollen (es liegt praktisch vor der Tür), um Wein zu kaufen.

Die Mädchen hüpften ein bißchen um Kevin herum, dann schwärmten sie aus wie immer, und Mutti nahm ihn auf den Arm, um ihm die Kaninchen zu zeigen, die in einem Drahtgehege auf der Wiese herumhopsen.

Gero und ich waren inzwischen in der Scheune untergetaucht. Aber statt den Hinterausgang zu benutzen, drängten wir uns vor der kleinen Luke, um zu sehen, was passiert.

Ungefähr fünf Minuten lang ging alles gut, dann warf Kevin seinen Blondkopf unruhig hin und her, rief »Mammamm«, verstummte und begann zu wimmern und zu schluchzen. Nichts half, nichts lenkte ihn ab, nichts konnte ihn beruhigen. Mutti wiegte ihn, Kati stürzte herbei und tätschelte ihn, aber er ließ nur den Kopf hin und her pendeln und weinte jämmerlich vor sich hin.

Hätte er trotzig aus Leibeskräften gebrüllt, wäre ich, wenn überhaupt, dann Muttis wegen weich geworden. So aber, angesichts seiner tiefen Verzweiflung, kamen wir uns wie zwei Verräter vor, Gero und ich. Kevins Trostlosigkeit brach uns das Herz. Gero schlug vor, ich solle morgen mit Nino und Carla fahren, er mache sich mit Kevin einen faulen Tag in der Casa.

Aber das ist schon deshalb Unsinn, weil ich von Wein absolut nichts verstehe und das Chianti-Gebiet sein Plan war, nicht meiner. Wir sind dann so verblieben, daß Gero mitfährt und ich mit Mutti bei den Kindern bleibe.

Als Kevin uns später im Hof auftauchen sah, traute er seinen verheulten Augen nicht. Sein Gesichtchen hellte sich zwar auf, aber er schluchzte noch lange weiter.

Mutti zeigte sich sehr erleichtert, als sie erfuhr, daß ich morgen hierbleibe. Es mache ihr nichts aus, die Kinder einen Tag lang zu hüten, aber Kevin fühlte sich verlassen. Er habe ihr in der Seele leid getan.

Carla hielt sich mit Kommentaren zurück.

Wahrscheinlich dachte sie genauso wie ich an eine ähnliche Situation mit Katrin vor acht Jahren. Da bin ich auch im letzten Moment umgeschwenkt, weil mir ein Ausflug – damals auf den Drachenfels – so viel Herzeleid meines kleinen Mädchens nicht wert war. Carla, empört ob meines Sinneswandels, hat die Oberlehrerin herausgekehrt und mich scharf zurechtgewiesen. Ich sei inkonsequent, ließe mich von den Kindern manipulieren und zeige viel zuwenig Rückgrat.

Ach ja.

Wie sich die Zeiten ändern!

Gott segne Klein Lea, die in der Abgeschiedenheit hier oben bis vor kurzem dermaßen auf Carla, Mutti und Nino fixiert war, daß sie sich auf dem Heuboden versteckte, wenn Besuch kam. Jetzt geht sie in den Tageskindergarten unten im Dorf, obwohl Carla vieles daran mißfällt, zum Beispiel, daß die Kinder während des Mittagessens fernsehen. Aber auch sie hat gelernt, Kompromisse zu schließen.

Donnerstag, 12. Juli

Heute waren wir also mit den Kindern allein, Mutti und ich, das heißt mit meinen Kindern, denn Lea hat es durchgesetzt, mit ins Chianti-Gebiet zu fahren. Sie klemmte sich frühmorgens hinter ihren Vater, der unfähig ist, seinem Schätzchen etwas abzuschlagen, und Carla, um die Schau abzukürzen, schob Lea nur unsanft in den Rücksitz und knallte die Tür zu.

Ich stand da und lächelte zuckersüß, aber Carla gurtete sich hastig und blicklos an. Nur Gero zwinkerte zurück.

Mutti witterte und wähnte mich in der Oberhand, was neuerdings öfters vorkommt (und früher – ich möchte sagen: zwanzig Jahre lang – nie vorgekommen ist), und sie zerbrach sich sichtlich den Kopf darüber, wie sie mich wieder an meinen angestammten Platz in der zweiten Reihe bringen könnte.

Endlich fiel ihr etwas ein, und darauf ritt sie stundenlang herum, nämlich Leas Zweisprachigkeit.

Natürlich finde ich es auch ideal, wenn ein Kind sich in zwei Sprachen gleich gut ausdrücken kann. Nur gehört in Leas speziellem Fall nicht viel dazu, denn sie ist ja nicht nur das Kind italienisch-deutscher Eltern, sondern auch das Produkt zweier Lehrerinnen.

Gegen Mittag ließ Mutti endlich vom Thema ab und kehrte zu ihrem betont fröhlichen Umgangston zurück, denn es gab ein treudeutsches Essen, das sie fünf Jahre lang bitter entbehrt hat: harte Eier in Senfsoße mit Petersilienkartoffeln. Kati bemerkte beiläufig, sie verstehe fast alles, wenn Lea mit ihrem Vater italienisch spreche, und Laura meinte, sie ginge gern mal mit Lea einen Tag lang in den Kindergarten. Mutti wußte nicht, ob das möglich ist, aber sie versprach, sich darum zu kümmern. Erstmals erkundigte sie sich ausführlich nach Katrins Schulübertritt nach den Sommerferien und ihren Zeugnisnoten, ebenso nach Lauras Beurteilung.

Mittags, als Kevin schlief und wir alle draußen unterm Baum saßen, ließ sie sich ausführlich über die Ponies berichten und zeigte sich sehr beeindruckt. Sie sagte kopfschüttelnd: »Jetzt seid ihr schon fast eine Woche hier, und ihr habt mir noch gar nichts erzählt!«

Das stimmte, denn bis jetzt war immer viel los, und im Gegensatz zu unseren früheren Aufenthalten hockten wir diesmal nicht pausenlos zusammen. (Ebendies macht mir die Ferien so lieb und erholsam.)

Die Kinder erklärten, sie vermißten Cromwell immer mehr. Anfangs sei ihnen das gar nicht so aufgefallen. Auch an die Ponies müßten sie dauernd denken. Laura wollte wissen, warum Lea keins habe, wo doch Ställe und Scheunen und reichlich Weideland vorhanden wären.

Mutti erwog sofort alle Möglichkeiten. Ich sah ihr an, wie sie sich für den Gedanken erwärmte.

Nachmittags fuhren wir mit unserem Wagen hinunter ins Dorf, parkten an der Piazza und belegten einen der runden Tische vor der Café-Bar. Mutti und ich tranken Cappuccino, die Kinder kauften sich Eis aus der Kühltruhe. Da sich alle Läden um den Platz gruppieren, konnte man gemütlich die draußen aufgebauten Auslagen betrachten: Margaritenbäumchen, Kräuterpflanzen, Pilze und grüne Bohnen in Spankästen, neue Kartoffeln, reife Melonen und alle möglichen anderen Früchte.

Wir kauften nur ein paar Zitronen und zwei Melonen, denn alles andere zieht Carla in ihrem Garten. Daran tat sie gut, wie ich inzwischen weiß, denn Obst und Gemüse sind sündhaft teuer, und, wie Carla mit schmalen Lippen gelegentlich bemerkte, die Frau eines Hirten hat nicht viel Geld zur Verfügung. Sie bringt zwar jeden Morgen die Schafsmilch zum Verkauf in die Molkerei und verdient neuerdings regelmäßig etwas dazu, indem sie Übersetzungen für ein Notariat macht, und natürlich kommt monatlich Muttis Rente rüber.

Trotzdem gibt mir Carla das Gefühl, sie lebe bescheiden und ich im Überfluß; deshalb weiß ich nicht, wie ich mich verhalten soll. Einerseits wäre es, wie Gero findet, nur recht und billig, Miete für unser Ferienhäuschen zu bezahlen, deren Erstbewohner wir sind. Es ist erst im Frühjahr fertig geworden und als touristische Nebenerwerbsquelle gedacht. Andererseits könnte man sich damit gründlich in die Nesseln setzen, denn wir sind keine Touristen, sondern Familienbesuch.

Ich fragte Mutti danach, und sie meinte nach längerem Überlegen, Carla sei sicher zugänglich. Nino allerdings dürfe man damit keinesfalls kommen. Gastfreundschaft gelte den Sarden als oberstes Gesetz, und die Familie sei heilig. Carla, wie gesagt, sei weniger anfechtbar, wenn man es geschickt mache.

Ich habe daraufhin beschlossen (auf meine Geschicklichkeit ist kein Verlaß), weder Carla noch Nino zu belasten, sondern Mutti das Geld in die Hand zu drücken.

Freitag, 13. Juli

Jetzt, wo ich das Datum schreibe, werde ich stutzig.

Den ganzen Tag über war ich mir nicht bewußt, daß heute Freitag, der Dreizehnte, ist. Aber gemerkt habe ich es!

Gero weckte mich in aller Herrgottsfrühe, warf seine Schlafanzugjacke auf den Boden und sagte, ich solle seinen Rücken untersuchen. Da störe ihn etwas, er könne nicht richtig liegen.

Draußen wurde es gerade hell. Ich zerrte ihn ans Fenster – und siehe da, unterhalb seines linken Schulterblattes saß ein dunkles Kügelchen, das sich nicht abstreifen ließ. Eine Zecke?

Zweifellos! Ich geriet sofort in Panik, denn die Zecken südlich der Alpen verursachten Hirnhautentzündung (hatte ich im Radio gehört) und müssen besonders sorgfältig entfernt werden, am besten von einem Arzt.

Ich trieb den armen Gero halb nackt zum Haupthaus hinauf und war froh, daß mein Schwager schon aufgestanden war.

Er warf nur einen schlaftrunkenen Blick auf Geros Rükken und wankte die Treppe hinauf, um meine Schwester zu wecken, die, wenn ich ihn richtig verstanden habe, im näheren Umkreis den Arzt ersetzt.

Carla erschien in knöchellangem Baumwolljersey (dunkelrot, ihrer lebenslänglichen Lieblingsfarbe), gähnte hinter vorgehaltener Hand und kramte aus einem der Wandschränke eine Pinzette hervor. Nino reichte ihr das Olivenöl, sie verteilte ein paar Tropfen davon auf dem schwarzen Kügelchen unterhalb Geros linkem Schulterblatt und bat uns, Platz zu nehmen.

Das Öl, so erfuhr ich, sollte eine Weile auf die Zecke einwirken, ihr die Luft zum Atmen nehmen und ihren Kopf in Geros Gewebe lockern. Wichtig war nämlich, daß nichts zurückblieb, wenn Carla die Pinzette angesetzt und das Tier gegen den Uhrzeigersinn herausgedreht hatte.

Genauso geschah es.

Gero blieb die ganze Zeit arglos und unbefangen, nur mir wurde flau. Ich bin ein Morgenmuffel, mein Kreislauf ist lahm in der Frühe, und die ganze Aktion schlug mir auf den Magen. Nino ermunterte mich, einen Grappa zu trinken und dann gleich noch einen. Carla goß Kaffee auf. Mutti und Lea erschienen auf der Bildfläche, alle versicherten mir wortreich, Gero sei außer Gefahr, der Grappa tue mir gut, ich solle noch einen nehmen. Mir wurde angenehm warm dabei, ich schwätzte ununterbrochen und erheiterte die ganze Tischrunde.

Irgendwann tauchte mit verstörtem Gesicht Kati auf, das machte mich schlagartig nüchtern.

Kevin und Laura waren aufgewacht und heulten um die Wette, weil ihre Eltern spurlos verschwunden waren, und aus Katis Stimme klang schwerer Vorwurf.

Mein Gewissen war schwarz, mein Kopf glasklar, aber meine Beine gehorchten mir nicht. Gero mußte mich am Arm den Hang hinunterführen, wobei er selbst vor Lachen dauernd stolperte.

Kati sah uns an wie zwei asoziale Fremdkörper, die sie am liebsten nicht gekannt hätte, und sie blieb den ganzen Tag stocksauer.

Laura gab sich nicht so unnachsichtig, denn sie interessierte sich lebhaft für Geros Zecke und Carlas Pinzette, und unser süßer Kevin hat uns schon nach fünf Minuten verziehen.

Dafür jagte er uns am Nachmittag den größten Schreck unseres Lebens ein, als er mit einem dürren Ast auf weichem Waldboden herumstocherte und eine Schlange weckte, die unter einem Blätterberg friedlich geschlafen hatte.

Gero, geistesgegenwärtig, bückte sich nach Kevin, riß ihn hoch auf seine Schulter, stieß die Mädchen und mich rückwärts auf den Weg und befahl uns zähneklappernd, dicht hinter ihm zu bleiben und keinesfalls auszuschwärmen. Ich konnte nicht umhin, mich noch einmal umzudrehen, aber die Schlange war längst wieder untergetaucht.

Abends erteilte uns Carla eine Lektion über Schlangen in der Toskana, die zum Teil durchaus giftig, aber niemals aggressiv sind, vorausgesetzt, man reizt sie nicht.

In der Nähe menschlicher Behausungen halten sie sich in

der Regel nicht auf, dort ist es ihnen zu unruhig. Aber in Wäldern und Niederholz fühlen sie sich sicher.

Von nun an werden wir uns das Gegenteil dieser Gewohnheit zu eigen machen, uns in der Nähe menschlicher Behausungen aufhalten und Wälder und Niederholz meiden. Jedem das seine. Aber ich muß schon sagen, ich war froh, als dieser Tag zu Ende ging. Freitag, der Dreizehnte.

Man könnte glatt abergläubisch werden.

Samstag, 14. Juli

Heute brachte Mutti die Sprache auf ein Pony für Lea, aber Nino, der für sein Töchterchen die Sterne vom Himmel holen würde, lehnte nachdrücklich ab.

Gewiß, er habe verhältnismäßig viel Weideland. Das ernähre die Herde in guten Jahren üppig, in schlechten Jahren mit Mühe und Not. Wie gut oder wie schlecht ein Jahr ist, hängt vom Klima ab. Ein extrem langer Winter oder ein zu trockener Sommer gefährden die Existenz eines Schäfers in dieser Region ohnehin stark genug. An ein Pferd, das zusätzlich Futter brauche, sei nicht zu denken, meint Nino.

Katrin und Laura waren völlig verdutzt, daß sie den Punkt »Pony« für sich buchen konnten, und tatsächlich stellte Carla erstmals einen Besuch mit Lea in der Eifel in Aussicht.

Seit sie vor fünf Jahren nach Italien gezogen ist, hat meine Schwester, die früher in allen Ferien auf Tour war, keine Reise mehr gemacht. Vielleicht will sie Nino nicht allein lassen, der mit dem Milchverkauf auf sie angewiesen ist und wenig Zeit hätte, sich selbst zu versorgen.

Ansonsten, soviel man südländischen Männern auch nachsagen mag, brauchte Carla keine Befürchtungen zu haben.

Nino ist eher ein Einsiedler als ein Hansdampf in allen Gassen. Er liebt Frau und Kind und lebt nur für sie.

Die einzige Gesellschaft, die er sucht, ist die seiner sardischen Sippe, und es kommt vor, daß Carla sich gegen die fast allsonntäglich stattfindenden Versammlungen in ihrem Haus auflehnt.

Mutti ließ durchblicken, das sei das einzige nennenswerte Diskussionsthema zwischen ihnen, ein wunder Punkt also. Nino ist nicht mehr jung, und je älter er wird, um so mehr schließt er sich seinen eigenen Leuten an.

Carla behauptet, sie könne kein Gegengewicht bilden, denn ihre eigenen Leute lebten in Deutschland und kämen, wenn überhaupt, nur einmal im Jahr. Damit meint sie natürlich uns, denn alle anderen Kontakte hat sie aufgegeben.

Es ist schon seltsam, zu sehen, welchen Kurs sie steuert. Früher hat sie sich in verschiedenen Bewegungen engagiert, ist zu Kongressen gefahren und zu Podiumsdiskussionen. Sie war immer ein As, was Sprachen angeht, und vor sechs Jahren in den Osterferien wollte sie ein paar Kolleginnen beweisen, daß sie in einem Crash-Kursus Italienisch lernen könne. Sie meldete sich für einen Zweiwochenaufenthalt im Sprachinstitut in Arezzo an, kam und machte die üblichen guten Fortschritte. Gegen Ende der ersten Woche lernte sie Nino in einer Autowerkstatt kennen, wo sie ihren Wagen und er seinen Traktor reparieren ließ. Das war das Ende ihres bis dahin geführten Lebens und der Anfang von etwas ganz Neuem. Damals war sie zwischen fünfunddreißig und sechsunddreißig, und ich glaube, das Alter hatte etwas mit diesem Entschluß zu tun.

Montag, 16. Juli

Wieder stand der Sonntag im Zeichen der sardischen Großfamilie, die hauptsächlich unseretwegen angereist war, wie Nino uns stolz und ernsthaft versicherte. Er hatte zur Feier des Tages einen jungen Schafbock geschlachtet und war von Carla in ironischem Ton angewiesen worden, so wenig wie möglich Aufhebens davon zu machen. Die deutschen Verwandten, obwohl keineswegs Vegetarier, könnten ihm die Schlachtung verübeln. Nino, der sich selbst und seine ganze Lebensweise in Frage gestellt sah, wandte sich zutiefst verunsichert an mich, und da war er an der richtigen Adresse. Denn das, was ihm Carla da untergejubelt hatte, konnte ich so nicht stehenlassen. Es stimmt zwar, daß wir, wenn auch nicht in Mengen, Fleisch essen, ohne uns dabei plastisch vor Augen zu halten, daß dafür ein Tier sterben mußte. Aber ganz so realitätsfern, daß wir nur abgepackte Ware unter Klarsichtfolie ohne jeden Bezug zum Inhalt kaufen, sind wir auch wieder nicht.

Schließlich leben wir auf dem Land, ein Faktum, das meiner Schwester in ihren früheren Jahren stets ein abfälliges Lächeln entlockte.

Jetzt, da sie selbst in den toskanischen Bergen noch ländlicher lebt als wir in der Eifel, beliebt es ihr, uns als lebensfremd darzustellen, konsumorientiert, unwissend. (Gero findet, daß ich maßlos übertreibe, aber das muß ich tun, um gegen Carla anzukommen.)

Also begleitete ich Nino gestern vormittag auf die Sommerweide und versuchte, dieses von meiner Schwester aufgeworfene Mißverständnis aus der Welt zu schaffen.

Die einsame Landschaft im oberen Casentino (so heißt der Distrikt zwischen Arezzo und Bibiena), wo Nino die

Herde um diese Jahreszeit grasen läßt, ist von geradezu biblischer Schönheit. Es gibt keine ausgewiesenen Wege, und auch die uralten Trampelpfade wären längst von Dornengebüsch und haushohem Wacholder überwuchert, wenn Nino sie nicht regelmäßig mit der Motorsäge freihielte.

Unweit einer herrlichen, kühlen, dämmrig-grünen Grotte, wo aus unsichtbaren Quellen Wasser über Felswände rieselt, steht eine Schäferhütte, ein mittelalterliches Steinhäuschen mit einem Dach aus Steinziegeln und zwei offenen Fensterluken. Hier hält er sich auf, wenn die Mittagssonne vom Himmel knallt oder wenn es regnet (im Sommer eine Seltenheit).

Nino liebt dieses abseits gelegene Stück Erde, wo er außer seinen Schafen etliche Tiere beobachtet, Pilze und Heilkräuter sucht.

Die Schafböcke, hat er mir erklärt, müssen nach einer gewissen Zeit aus der Herde entfernt werden, weil sie bis zum Umfallen miteinander kämpfen. Aber er vermeidet es nach Möglichkeit, die seinen zu verkaufen, denn wer weiß, wie sie woanders geschlachtet werden. Lieber verläßt er sich auf sein eigenes Können, seine eigene Geschicklichkeit und seine Liebe zur Kreatur.

Das habe ich akzeptiert, das habe ich auch den Kindern erklären können. Überhaupt sehe ich vieles mit anderen Augen, seit ich mit Nino oben in seiner Bergeinsamkeit war.

Mittwoch, 18. Juli

Heute kam, was kommen mußte: Lea entdeckte Lauras Game-Boy, dieses gänzlich überflüssige Minicomputerspiel, und Carlas Augen, als sie ihn vorgeführt bekam, wurden schmal und ihre Lippen dünn.

Ich selbst finde das Ding, wie gesagt, ja auch überflüssig und den Lärm, den es macht, abscheulich. Aber es läßt sich nicht leugnen, daß es in jede Handtasche paßt und daher keine Packprobleme aufwirft, wenn man verreist. Eine lahme Entschuldigung, wie ich sehr wohl weiß, und daher habe ich nicht erwartet, daß sie von meiner pädagogisch ausgebildeten und anspruchsvollen Schwester akzeptiert wird.

Im Grunde ging es auch um etwas ganz anderes, nämlich wie so oft ums Prinzip.

Nun hat schon meine Schwiegermutter festgestellt, daß mir im Laufe von fast zehn Jahren Kindererziehung die Prinzipien abhanden gekommen sind. So was geht unbemerkt vonstatten. Man registriert es kaum. Eines Tages wird man sich nebulös der Tatsache bewußt, daß man sich im Strudel der täglichen Ereignisse nur noch auf das Unwesentliche konzentrieren kann. Hier genau setzt die Diskussion mit Carla ein, gipfelnd in der Frage: Was gehört zum Wesentlichen – und was nicht?

Für mich sind Computerspiele bestenfalls Grenzfälle. Zum Wesentlichen erhoben habe ich sie bisher nicht.

Ich bin der Meinung, daß alles, was anderweitig als gängig, attraktiv und erstrebenswert gilt, von meinen Kindern mit Sicherheit entdeckt und benutzt wird. Verbiete ich etwas, bedienen sie sich anderswo.

Carla, die sich von Berufs wegen jahrelang mit Kindern befaßt hat, müßte das mindestens ebensogut wissen wie ich.

Sie leugnet es auch nicht, sondern hackt auf ihrem Lieblingsthema herum, einer verrotteten Gesellschaft, die seelenloses Spielzeug in Massen herstellt und salonfähig macht, einer Gesellschaft also, in der man sein Kind nicht guten Gewissens großwerden lassen kann.

Aber ohne Gesellschaft im engeren und weiteren Sinne kann man schließlich überhaupt nicht großwerden, das jedenfalls ist meine Überzeugung, und ich versuche den übelsten Auswüchsen entgegenzusteuern, indem ich meine Kinder sinnvoll beschäftige, das heißt, ich lasse sie in meiner Küche brutzeln und backen, in meinen Nähsachen wühlen, in meinem Garten buddeln, stets in der Hoffnung, daß sich diese Aktivitäten als stärker erweisen und die seelenlose Mechanik in den Hintergrund drängen, die aus der Welt zu schaffen ich nicht imstande bin.

Ich hatte mich wohl ziemlich in Harnisch geredet, denn die Männer, die ahnungslos zum Essen kamen, sahen mich ganz erschrocken an.

Carla versuchte den Streitpunkt allgemein verständlich zu machen und reichte mit spitzen Fingern das Corpus delicti herum, den Game-Boy.

Beide, sowohl Gero als auch Nino, zeigten sich sehr interessiert, nahmen ihn an sich und zogen sich zurück. Aus dem fortwährenden Gedudel konnten wir erkennen, daß sie sich den ganzen Abend mit dem Game-Boy amüsierten.

Carla blieb sauer.

Freitag, 20. Juli

Heute endlich hat Laura erreicht, daß sie mit Lea in den Kindergarten gehen durfte. Wir zahlten das Mittagessen für sie extra und schenkten den Kindergärtnerinnen eine Packung Pralinen.

Nachmittags holte Carla sie ab und fuhr mit ihnen zum Supermarkt nach Arezzo.

Abends erst hörte ich Lauras ausführlichen Bericht vom Tage, der mich aus verschiedenen Gründen froh stimmte.

Erstens konnte sie sich, wie auch immer, sprachlich problemlos verständigen. Zweitens wurde ein nicht unbeträchtlicher Teil des Tages mit geradezu schwachsinnigem Kinderfernsehen verbracht, und drittens trug ein älterer Junge, der seinen kleinen Bruder abholen kam, einen Game-Boy bei sich, ohne damit Aufsehen zu erregen. Die meisten Kinder schienen mit dem Gerät und seinem Gedudel völlig vertraut zu sein.

Auch hier scheint die Gesellschaft nicht so heil zu sein, wie meine Schwester es gern sähe, nicht wahr? Aber großzügig, wie ich zuweilen bin, habe ich das neuerlich aufgeworfene Thema mit einem Achselzucken abgetan.

Wo auch immer auf der Welt – man kann nicht gegen die Zeit leben, in die man hineingeboren wird. Ich kann es nicht, Carla kann es nicht, unsere Kinder können es nicht.

Von unseren Männern wollen wir schweigen. Gero vertreibt sich jetzt abends die Zeit bis zum Essen immer mit dem Game-Boy, den er Nino zum Abschied schenken will, weil, wie er meint, man unserem Schwager kein schöneres Geschenk machen könne.

Montag, 23. Juli

Nach einem turbulenten Wochenende (zur sardischen Sippe gesellte sich ein halbes Dutzend deutschstämmiger Nachbarn) trieb mich die Familie zu einer Fahrt nach Florenz.

Gero blieb bei den Kindern, Nino hatte zu tun. Carla, Mutti und ich machten uns einen Stadttag.

Ursprünglich war Kultur vorgesehen. Carla hatte extra einen kleinen Fremdenführer besorgt, aber über das Baptisterium und die Kirche Santa Croce kamen wir nicht hinaus. Es war so heiß, daß Mutti Atembeschwerden bekam. Der Verkehr in den engen Straßen ist mörderisch, die Auspuffgase bringen einen fast um. Außerdem wedelte Carla dauernd mit einer ellenlangen Einkaufsliste, und wir fahndeten stundenlang in stickigen Läden nach Kleiderstoffen. Alle Restaurants, die wir aufsuchten, waren – wie überhaupt ganz Florenz – hoffnungslos überfüllt und sündhaft teuer. (Lauter Touristenfallen)

Soviel zu Florenz.

Es kann aber auch sein, daß wir, aus der paradiesischen Luft und der himmlischen Ruhe der toskanischen Berge kommend, mit jeder Großstadt überfordert gewesen wären, zumindest im Juli während der Hauptsaison. Auf jeden Fall war es viel zu heiß.

Abends erzählte mir Gero, Kevin habe lange und laut hinter mir hergejammert und sei den ganzen Tag weinerlich geblieben.

Dienstag, 24. Juli

Wir haben beschlossen, Freitagabend gegen acht Uhr loszufahren. Ich fange schon an, unseren Kram zusammenzusuchen, und wasche nur noch das Nötigste aus. Diesmal fällt es uns allen schwer, Abschied zu nehmen. Das Häuschen ist uns ans Herz gewachsen, wir haben uns richtig ausgebreitet und heimisch gefühlt.

Die ganze Zeit schon liegt mir Gero in den Ohren, wir sollten die Verwandtschaft zum Essen in die Pizzeria nach Rassina einladen, die allgemein sehr gelobt wird.

Ich wäre auch durchaus dafür zu haben, wenn ich nur wüßte, was wir mit Kevin machen sollen. Gegessen wird hier grundsätzlich abends, schon Ninos wegen, der tagsüber meist unterwegs ist. Normalerweise lege ich Kevin hin, bevor wir uns zu Tisch setzen, und keinesfalls können wir nach Rassina fahren und ihn hier allein lassen. Wenn ich das Thema anschneide, wird Mutti sich sofort anbieten, ihn zu hüten, und das wäre nicht der Sinn der Sache. Gerade ihr würde ich es wünschen, sich ausnahmsweise mal an einen gedeckten Tisch setzen zu können.

Mittwoch, 25. Juli

Wider Erwarten hatte Mutti einen ganz anderen Vorschlag, als Gero auf die Pizzeria zu sprechen kam.

Sie meinte, wir sollen Kevin ruhig mitnehmen, das sei in Italien nichts Besonderes. Kinder und Kleinkinder bevölkerten die Restaurants bis in die Nacht hinein, und Kevin werde sich keinen Schaden fürs Leben holen, wenn er einmal später als gewöhnlich ins Bett komme.

Zu meinem dumpfen Erstaunen widersprach Carla nicht, und Gero schloß sich Muttis Vorschlag freudig an. Nino stimmte eifrig zu, die Kinder waren begeistert. Die einzige, die Vorbehalte hatte, war ich. Mir sind Kevins Schlafzeiten heilig, seinet- und auch meinetwegen. Sie bestimmen ganz wesentlich meinen Tagesablauf, und normalerweise lasse ich mir da nicht dreinreden. Aber ich wollte kein Spielverderber sein und ließ Kevin mittags eine halbe Stunde länger in seinem Bettchen, hoffend, er würde dann abends besser durchhalten.

Zur gleichen Zeit begannen die Mädchen, ihre Siebensachen zusammenzusuchen, wobei ich sie stören mußte, weil sie mit Kevin das Zimmer teilten. Ich schickte sie hinaus, Blumen und Gräser zu pflücken für Trockensträuße und gepreßte Stilleben, die besonders Kati gern herstellt. Gero brachte inzwischen unseren Wagen in die Werkstatt, um ihn vor der langen Rückreise noch einmal durchsehen zu lassen.

Es war einer dieser zauberhaften, glasklaren blauen Tage, die man später im diesigen Novembergrau nur noch für Träume hält, um nicht zu sagen für Hirngespinste.

Ich genoß noch einmal ganz bewußt in vollen Zügen meine Mittagsstille am Steintisch, besprengte mich ab und zu mit Wasser aus dem niedlichen Schlauchhahn und stellte geheime Überlegungen an, wie und womit ich das Häuschen komplettieren würde, wenn es meines wäre.

Von Kevin war zwischen halb zwei und halb drei kein Ton zu hören, und auch um drei Uhr, als die Mädchen mit dicken Sträußen zurückkamen, blieb es noch ganz still, wie ich es mir für den heutigen Tag in Anbetracht des langen Abends gewünscht hatte. Statt dennoch nach meinem Sohn zu sehen, wartete ich mit angehaltenem Atem bis Viertel nach drei, und dann erlebte ich eine Überraschung, die man ein Leben lang nicht vergißt.

Kevin war aus dem Reisebett geklettert, hatte sich der von

seinen Schwestern zusammengetragenen Filz- und Kreidestifte bemächtigt und sich mit elementarer Wucht ans Werk gemacht.

Die schönen, schlichten weißen Wände waren ebenso verschandelt wie der rötlich getönte Fliesenboden, und wenn ich nicht in Tränen ausbrach, so nur deshalb, weil ich erstarrt, versteinert, gelähmt war.

Kati ging es genauso, nur Laura fand sofort die Stimme wieder und schrie den armen Kevin an, der völlig verstört und sich keiner Schuld bewußt war.

Das Wort »Schuld« in diesem Zusammenhang lehne ich sowieso gänzlich und rundweg ab.

Als Gero gegen halb vier aus der Werkstatt kam, beließ er es denn auch bei einem gemurmelten »Hättest du doch bloß!« als erster Reaktion. Weitere Schuldzuweisungen verkniff er sich, und daran tat er gut, weil ich sonst bestimmt völlig ausgeflippt wäre.

Zuerst berieten wir uns, ob wir unseren Leuten gegenüber sogleich Farbe bekennen sollten (selten hat eine Redensart so gut gepaßt!) oder ob wir zuerst den Schaden so weit wie möglich beheben sollten, um den Schock zu mildern. Gero war fürs Bekennen, hauptsächlich deswegen, weil wir nicht wissen, wie toskanische Bodenfliesen behandelt werden müssen, weil wir zudem der Sprache nicht mächtig sind und vielleicht zu einem falschen Mittel greifen.

Auch glaubte er nicht, daß wir im Handumdrehen die wüste Malerei an den Wänden tilgen können, und es wäre ungleich peinlicher, dabei ertappt zu werden.

Während ich noch schwankte, wurde uns die Entscheidung bereits dadurch abgenommen, daß Lea durch die offene Tür eintrat und vorschlug, nach oben hin weiterzumalen, dort, wo Kevins kurzer Arm nicht hingereicht hatte.

Bevor wir uns dazu äußern konnten, hatte Lea die rote und die gelbe Wachsmalkreide ergriffen, um mit Feuereifer eine riesige Sonne mit zweifarbigen Strahlen in Tischhöhe zu gestalten.

Eine innere Stimme riet mir, sie gewähren zu lassen.

Bevor Gero lautstark Einhalt gebieten konnte, zerrte ich ihn hinaus in die Küche und erinnerte an Carlas pädagogische Grundsätze und ihren berechtigten Stolz auf das kreative Potential ihrer Tochter.

Es dauerte eine Weile, bis Gero begriff, wovon ich sprach, und auch dann noch zweifelte er an meinen Ausführungen. Soviel er beobachtet habe, sagte er, klaffe ein Abgrund zwischen Theorie – sprich freier Entfaltung der kindlichen Persönlichkeit – und einschlägiger Praxis. Im vorliegenden Fall handele es sich immerhin um die Renovierung eines erst kürzlich fertiggestellten Raumes, und er könne sich beim besten Willen nicht vorstellen, daß Carla darob in einen Freudentaumel verfalle.

Eine Stunde später trat der seltene Fall ein, daß sowohl Gero als auch ich recht behielten, obwohl unsere Meinungen so kraß auseinandergingen.

Carla war sichtlich hin und her gerissen zwischen verständlichem Ärger und mütterlichem Stolz.

Kevins schauerliche Kritzeleien bewertete sie als solche, aber Leas Sonne überstrahlte sozusagen alles, sogar den verhunzten Fliesenboden.

Bekümmert zeigte sich nur Nino, an dem die ganze Arbeit hängenbleiben würde, wenn wir ihm nicht halfen, wozu wir uns selbstverständlich wortreich bereit erklärten.

Wie sehr uns Kevin auch mittags genervt hatte, abends in der Pizzeria machte er wieder alles wett. Krähend vor Vergnügen, wanderte er von Schoß zu Schoß, schäkerte mit den Kellnern und stopfte wahllos alles in sich hinein, was ihm angeboten wurde.

Während Laura und Lea ungeniert die Champignons aus ihrer Pizza klaubten, um sie an Carla und mich weiterzureichen, und Katrin überhaupt nur an dem Schneewittchensarg neben der Kasse interessiert war, diesem gläsernen Kühlmonstrum mit den Süßspeisen, schmeckte Kevin einfach alles.

Auch wurde er wider Erwarten weder müde noch quengelig, sondern blieb sonnig und munter, bis wir gegen zehn Uhr aufbrachen. Gero meint, unser Sohn sei vermutlich der geborene Kneipengänger.

Sonntag, 29. Juli

Die Heimat hat uns wieder, und das bereits seit zwei Tagen, aber zum Schreiben bin ich eine ganze Weile nicht gekommen. Die beiden letzten Tage in der Toskana verbrachten wir mit der mühevollen Säuberung des Fußbodens in unserem Ferienhaus sowie mit dem Überstreichen zweier Wände.

Carlo und Nino erwarteten die nächsten Gäste am 5. August. Bis dahin muß alles tipptopp gelüftet und getrocknet sein. Die Fahrt, obwohl wir innerhalb von Italien bei Nacht unterwegs waren und reibungslos vorwärtskamen, gestaltete sich innerhalb Deutschlands zum Alptraum.

(Unserem Mainzer Opi, der sich ständig wegen irgendwelcher Staus auf der Autobahn beklagt, habe ich vieles abgebeten.) Samstagnachmittags waren wir endlich zu Hause. Die Omi hatte Kartoffelsalat mit Würstchen vorbereitet, und die Kinder stürzten sich auf die heimische Limonade, als sei ihnen beim toskanischen Quellwasser etwas abgegangen.

Cromwell bewegt sich nur in Opis Schatten, klebt an seinem Schienbein und tut so, als habe er uns nie gekannt.

Gero ist ganz betreten.

Die Ponies sind überhaupt nicht nachtragend. Sie liefen den Kindern gleich entgegen und warfen übermütig die Köpfe mit den prächtigen Mähnen. Die Omi hatte extra trockene Brotreste und Salatblätter gesammelt, so daß wir gleich etwas zu Füttern hatten, und heute nachmittag hat sich nach alter Sitte wieder das halbe Dorf am Zaun versammelt.

Es kommt mir so vor, als hätte ich noch tagelang mit Auspacken, Sortieren und Waschen zu tun. Nach drei Wochen Ferien müßte ich doch eigentlich fit und arbeitswütig sein, aber ich fühle mich wie gerädert und zerschlagen.

Montag, 30. Juli

Opi und Omi sind nach Mainz abgedampft. Ich kann mich des Eindrucks nicht erwehren, daß sie sich in der Eifel besser erholt haben als ich in der Toskana. Dabei hatte ich doch wirklich eine schöne Zeit und viel weniger Arbeit und Verantwortung als sonst.

Wenn ich an mein August-Programm denke – Katrins zehnter Geburtstag mit zehn Zehnjährigen und der Kellerumbau –, wird mir ganz schwach.

Mittwoch, 1. August

Heute habe ich mich endlich dazu aufgerafft, in der Toskana anzurufen und uns zurückzumelden. Carla war am Apparat und sagte mir, Mutti habe sich unmittelbar nach unserer Abreise mit einer Sommergrippe ins Bett gelegt, und inzwischen liege auch Lea.

Da erst kam mir die Erleuchtung, daß ich ebenfalls krank sein könnte.

Freitag, 3. August

Es geht mir nicht besonders. Frau Doktor hat mich mit Medikamenten versorgt und mir geraten, mich in jeder Weise zurückzuhalten.

Die Mainzer Omi hat sich rührenderweise erboten, sogleich wiederzukommen, aber das möchte ich nicht. Gero hat noch Urlaub bis Montag. Muß er mal den Hausmann spielen. Dann sehen wir weiter. Von Antje war eine Karte von den Kapverdischen Inseln in der Post. Von mir hat sie keine vorgefunden, ich wußte ja nicht, wofür sie sich im letzten Moment entscheiden würde, und so ins Ungewisse schreiben wollte ich nicht.

Sonntag, 5. August

Heute bin ich erstmals fieberfrei geblieben. Sehr hoch, das heißt über 38, ist die Temperatur auch gestern und vorgestern nicht gestiegen. Was mich niederwarf, waren der Kreislauf, die abartige Schlappheit und die Gliederschmerzen. Das Nötigste hätte ich trotzdem noch tun können, wäre da nicht bei jedem Handgriff die unterschwellige Angst gewesen, die Kinder anzustecken. (Selbst dann, wenn ich miserabel dran bin, ziehe ich es immer noch vor, selbst krank zu sein, statt ein krankes Kind zu haben. Der absolute Horror wäre beides gleichzeitig.)

Gott sei Dank stand Gero zur Verfügung. Er ist der ideale

Krisenmanager, stellt Ausnahmeregeln auf und eigene Konzepte und versteht es, Arbeit zu verteilen. Katrin und Laura ordnen sich ihm mit einer Bereitwilligkeit unter, die mich in Erstaunen versetzt.

Ihm räumen sie freiwillig alles aus dem Weg, passen widerspruchslos auf Kevin auf und reißen sich förmlich darum, die Wäsche abzunehmen oder Tee zu kochen.

(Originalton Gero: Ich weiß gar nicht, was du willst, die Kinder sind doch schon eine echte Hilfe!)

Dienstag, 7. August

Ich halte immer noch die Luft an, weil die Möglichkeit, daß ich jemanden angesteckt haben könnte, noch nicht ganz auszuschließen ist.

Kevin sabbert, ist unwillig und eßfaul, aber das liegt wohl daran, daß er Backenzähne kriegt.

Kommenden Samstag wird unsere Katrin zehn Jahre alt.

Ein rauschendes Fest ist angesagt, und Gero hat seine tatkräftige Mithilfe bei den Draußen-Aktivitäten versprochen. Stattfinden soll beispielsweise eine Schnitzeljagd durch den Wiesengrund bis zum Dorfrand, vielleicht sogar mit den Ponies. Die zehn geladenen Gäste sind noch aus der Grundschulklasse; man kann daher annehmen, daß dies sozusagen ein Abschiedsfest wird. Bis auf Miriam und Astrid wird uns wohl keines der Kinder erhalten bleiben.

Und wieder einmal erhebt sich die Frage der zusätzlichen Einladungen ... Es ist immer dasselbe und höchste Zeit, daß Antje und ich ein offenes Wort darüber sprechen.

Früher war es gar keine Frage, daß unsere Kinder die Zwillinge zum Geburtstag eingeladen haben und umgekehrt. Bei Laura, die mit Olaf und Mark gleichaltrig ist, wird das wohl auch noch eine Weile ziemlich problemlos so bleiben.

Anders verhält es sich mit Katrin, die mir bereits unmißverständlich klargemacht hat, daß in einer Gesellschaft reifer Zehnjähriger zwei unreife Siebenjährige ausgesprochen störend und daher unerwünscht sind.

Dabei hat sie Gero auf ihrer Seite, der sich höchst ungern der Sprößlinge jener Freundinnen seiner Mutter erinnert, die er zu allen Gelegenheiten in Kauf nehmen mußte.

(Ich kombiniere, daß sich die Bemerkung der Mainzer Omi, betreffend Freundschaften, die der Kinder wegen in die Brüche gingen, auf eben diese Gelegenheiten bezogen hat.)

Nun bin ich ja einerseits eisern entschlossen, meine Freundschaft mit Antje über alle Zeitläufte hinweg zu bewahren. Andererseits muß ich Katrins Standpunkt akzeptieren, der da lautet: Nur Zehnjährige erscheinen zu meiner Geburtstagsfeier, mit Ausnahme meiner Eltern und Geschwister.

Das beste wäre wahrscheinlich Antje gegenüber völlige Offenheit, wobei man auch mit der Gegenfrage rechnen muß: Was wird mit dem Geburtstag der Zwillinge, der in die Sommerferien gefallen ist und daher nachgeholt wird? Wenn ich mal ganz sachlich darüber nachdenke: Ich glaube nicht, daß Olaf und Mark scharf drauf sind, zwei Mädchen, die dort keiner kennt, nämlich die unsrigen, in ihre Jungengesellschaft einschleusen zu müssen.

Also?

Demnach existiert das Problem nur in unseren Erwachsenenköpfen.

Wenn ich bloß früher daran gedacht hätte, es mit Antje zu erörtern! Falls sie sich nämlich, alter Gewohnheit folgend, mitsamt den Zwillingen für den 11. August als eingeladen betrachtet, werde ich es nicht fertigbringen, sie auszuladen.

Mittwoch, 8. August

Noch mal Glück gehabt.

Antje rief von sich aus mittags an, um zu sagen, sie hätte Katrins Geburtstag natürlich nicht vergessen, aber Lothar müsse Samstagabend wieder auf große Tour gehen, Long-Distance-Flug mit komplettem Gepäck, der Samstag sei daher total verplant, sie komme mit der Urlaubswäsche kaum nach, und ob es uns auch sonntags passe. Da habe sie mehr Zeit und Muße. Ich atmete auf.

Das Grundsätzliche zum Thema Kindergeburtstag bringe ich erst am Sonntag zur Sprache. Heute am Telefon hatten wir nur ein paar Minuten.

Abends rief der Opi an und fragte nach Cromwell und den Ponies, zu Recht, denn alle Tiere vermissen ihn immer noch auf ihre Weise. Er hat sie großartig versorgt. Der Chianti, den wir ihm dafür mitgebracht haben, ist nur ein vergleichsweise geringes Äquivalent.

Inzwischen hat sich Cromwell wieder an uns gewöhnt, wenn auch zögernd und widerwillig. Der Hund ist wirklich ein Kapitel für sich, man könnte ein eigenes Cromwell-Tagebuch führen, aber das müßte Gero machen.

Donnerstag, 9. August

Das große Ereignis, Katrins Geburtstag, wirft bereits seine Schatten voraus. Post aus Italien traf ein, ebenso ein Päckchen der Mainzer Großeltern und eine größere Sendung von Omis Schwester Irmi aus Hamburg.

Laura merkt sich das alles gut, um es nötigenfalls im November, wenn sie sieben wird, reklamieren zu können. Gestern verlor sie, ohne viel davon zu merken, den ersten Schneidezahn. Heute zog sie sich selbst den bereits wackelnden zweiten. Ich hoffe, daß die zweiten Zähne schnell nachwachsen, denn Zahnlücken plus Korrigierbrille ist ein bißchen viel auf einmal für mein kleines Mädchen. Ich habe beschlossen, ihr für Katis Geburtstagsfeier ein neues Kleid ihrer Wahl zu kaufen, egal, wieviel Rüschen, Schleifen oder Volants es haben mag.

Freitag, 10. August

Wieder einmal verblüffte mich meine Tochter Laura, indem sie die endlich zur Zopflänge herangewachsenen Haare abzuschneiden wünscht. Auch möchte sie kein Kleid, sondern einen Hosenrock und vor allem vierfarbige Schuhe ohne Schnürung. Ich nehme an, sie meint Mokassins, die leider viel zu schnell ausgelatscht sein werden. Aber sei's drum. Ich füge mich. Vor Schulanfang müssen wir zum Augenarzt. Das darf ich in all dem Durcheinander jetzt nicht vergessen.

Sonntag, 12. August

Seit gestern ist unsere Älteste zehn Jahre alt, und so hübsch sah sie aus in ihren knallbunten Bermudas und dem neuen stahlblauen Super-T-Shirt!

Die Feier war des Anlasses würdig. Noch nie hat sich Gero so verdient gemacht, und ich frage mich, wie er das durchhalten will, denn mit Sicherheit verlangt Laura am 20. November den gleichen Einsatz, und eines Tages wird Kevin im Mai ebensolche Ansprüche an seinen Vater stellen.

2
1
H©92

Die Schnitzeljagd, von Gero organisiert, von Katrin, Laura und der allgegenwärtigen Miriam vorbereitet, war ein grandioser Erfolg, von dem noch eine ganze Generation zu schwärmen wissen wird.

Sie dauerte insgesamt gute zwei Stunden und endete mit Preisverteilung und Ponyreiten. Danach wurden, nur der Ordnung halber und »weil es immer so war«, noch ein paar Schreibspiele am großen Tisch gemacht; der Rest war Essen, Trinken und Erzählen, hauptsächlich über die Schule. Die Ferien waren kein Sonderthema, denn die meisten Kinder waren nicht verreist und schienen sich während der letzten Wochen weidlich gelangweilt zu haben. Ich glaube, Katrins Geburtstagsfest darf in weiten Kreisen als glanzvoller Höhepunkt dieses Sommers gewertet werden.

Miriam verbrachte das ganze Wochenende ausschließlich bei uns, nur zum Schlafen ging sie nach Hause. Anfangs störte es mich, daß sie nicht wanken und weichen wollte, jetzt, wo sie weg ist, fehlt sie mir fast.

Den Sonntag empfand ich als noch anstrengender, weil Gero sich auf seinen Lorbeeren ausruhte und ich Antje dahatte, die ja irgendwie mein Besuch ist.

Die Zwillinge – übrigens beide »zahnluckert« – wären diesmal gut zu ertragen gewesen, hätte sich Laura nicht ständig mit ihnen angelegt. Kati stand ihr bei, halbherzig zwar, aber immerhin: Sie hielt zu Laura. Man fragte sich unwillkürlich: Was wurde hier demonstriert? Familiensolidarität oder ein Mädchen-gegen-Jungen-Hickhack?

Abends, als wir ausnahmsweise mal unter uns waren (es kommt mir so vor, als lebten wir neuerdings nur noch in Gruppen), sprach ich mit den Kindern darüber, das heißt, eigentlich nur mit Kati, denn Laura spuckte immer noch Gift und Galle. Zwillinge, meint Kati, und das beziehe sich nicht nur auf Olaf und Mark, seien einfach immer und überall im Vorteil. Sie träten immer zu zweit auf und seien immer der gleichen Meinung. Im Gegensatz zu anderen Geschwistern, die mal zusammenhielten und mal nicht, bildeten die Zwillinge stets eine starke, gemeinsame Front.

Es gebe daher nur zwei Möglichkeiten: Entweder man verbündet sich gegen sie, oder man ordnet sich ihnen unter.

Sie selbst finde das ja auch bescheuert, gestand mir Kati, aber sie könne doch ihre Schwester nicht sozusagen ins offene Messer laufen lassen.

Und ob mir denn nicht aufgefallen sei, daß Olaf und Mark immer beide mit zu uns kämen, niemals nur einer von ihnen, während in unserem Falle oft genug nur ein Kind mit nach Köln führe, meistens Laura.

Ich gab zu bedenken, daß dies mit Lothars langen dienstlichen Abwesenheiten zu tun haben könnte, aber Kati widersprach. Bevor Kevin gehütet werden mußte, sei sie keineswegs immer bei Papi geblieben, sondern viel öfter bei Miriam. Ihr habe das nichts ausgemacht, mir habe das nichts ausgemacht. Laura habe das nichts ausgemacht.

Es würde sie mal interessieren, sagte Kati, wie sich Olaf ohne Mark oder Mark ohne Olaf verhalten würde. Wirklich, das wüßte sie gern. Laura wäre heute schlecht draufgewesen, das ja, und grundlos motzig noch dazu, aber gegen diese Übermacht hätte man sie einfach in Schutz nehmen müssen.

Nun gut.

So überzeugend, wie sie das alles vortrug, mußte ich Kati recht geben. Ihre Sicht der Dinge ist mir wichtig und wertvoll, indessen (falls sie mich festnageln wollen) habe ich ausdrücklich erklärt, nichts ändern zu können.

Montag, 13. August

Übermorgen fängt die Schule an, und ich bin mit allem so spät dran wie noch nie. Im Tagebuch blätternd, versuche ich herauszufinden, woran das liegt, wo sich der Rückstand gebildet hat, und ich komme zu dem reichlich deprimierenden Schluß, daß sich eine Hausfrau und Mutter keine vier Tage Sommergrippe leisten kann, zumindest nicht nach drei Wochen Ferienaufenthalt.

Nachmittags waren wir also endlich beim Augenarzt, Laura und ich, während Kevin draußen auf dem Bürgersteig von Katrin spazierengefahren wurde. Er brüllte von dem Augenblick an, da ich mit Laura in der Praxis verschwand, und er hörte nicht auf, bis wir wieder herauskamen. Leider liegt das Sprechzimmer zur Straße hin, und die ganze Zeit konnte man drinnen sein eigenes Wort kaum verstehen.

Nun ist Kevin ja nicht mein erstes, sondern mein drittes Kind, und an vieles habe ich mich im Laufe der so oft zitierten zehn Jahre gewöhnt, nur nicht ans Geschrei. Es zerrt an meinen Nerven und blockiert jeden Gedanken in meinem Kopf. Außerdem tat mir Katrin in der Seele leid.

Die Ausführungen des Augenarztes rauschten an mir vorbei. Wäre Laura nicht so aufmerksam und aufnahmefähig gewesen, wir hätten noch einmal hingehen müssen. So aber wissen wir, daß die Zeiten der Korrektur vorbei sind. Zwar ist das linke Auge nach wie vor schwächer als das rechte, aber es hat sich doch so weit angeglichen, daß unser Kind seine langersehnte normale Brille bekommen kann.

Als wir die Praxis verließen, war Katrin den Tränen nahe, am Rande der Hysterie.

Nie mehr werde sie ihren Bruder hüten, diesen Brüllaffen, diesen Schreihals, der sie vor ganz Kyllstein blamiert habe, ausgerechnet zwei Tage vor ihrem Eintritt ins Gymnasium. Sie habe gar keine Lust mehr, übermorgen dahin zu gehen, überhaupt wäre sie lieber in die Realschule nach Scheidweiler gegangen, aber ich sei ja dagegen gewesen.

(Es klang so, als hätte ich meiner ältesten Tochter bisher jeden Lebensweg verbaut und sie aller möglichen Chancen beraubt.) Gleichzeitig lag mir Laura zeternd in den Ohren wegen der endlich genehmigten Brille, und Kevin schnappte beängstigend nach Luft, weil er vor lauter Schluchzen einen Schluckauf bekommen hatte.

Ich führte sie alle drei ins Eiscafé, versicherte Katrin, daß sie vorläufig jeder Babysitterpflicht enthoben sei, und versprach Laura hoch und heilig, morgen mit ihr zum Frisör zu gehen und anschließend zum Optiker, um ein Brillengestell auszusuchen, das sowohl zur neuen Frisur als auch zu ihrer Augenfarbe paßt.

Ich weiß zwar nicht, wie ich mein Versprechen halten soll, ohne Kevin zu chloroformieren, aber irgendwie wird es gehen, ganz einfach deshalb, weil es gehen muß.

Mittwoch, 15. August

Eines steht fest: Bis vor zwei Monaten war Kevin bedeutend leichter zu handhaben als jetzt.

Seit unserem Toskana-Aufenthalt, genauer gesagt, seit ich mit Mutti und Carla in Florenz war, kann ich mich nicht mehr entfernen, ohne Kevin (und seinen Babysitter) in tiefes Leid zu stürzen.

Sonst konnte ich an Wochentagen, wenn Gero im Werk ist, auf Katrin zurückgreifen, eine Möglichkeit, die sich zur Zeit von selbst verbietet.

Heute war vereinbarungsgemäß Laura-Tag, und als sei dies nicht schon Aufgabe genug, mußte ich Kevin überallhin mitschleppen. Um das Unangenehme mit dem Nützlichen zu verbinden, plante ich, beim Frisör auch Kevins wild wucherndes Blondhaar in Form bringen zu lassen. Es wurde nichts draus, denn er tobte beim Anblick der Schere, schrie, machte sich brettsteif und hielt sich die Händchen vors Gesicht, als solle er gefoltert werden.

Laura saß aufrecht und ernst auf ihrem erhöhten Sitz im Drehsessel, betrachtete sich kritisch von rechts und links und erklärte dann mit erhobener Stimme und erstaunlicher Sicherheit, wie sie ihr spinnwebfeines aschblondes Haar geschnitten haben wolle.

Wieder einmal stellte ich fest, daß die Gaben auf dieser Welt falsch verteilt sind. Katrin, die sich um ihr Äußeres herzlich wenig kümmert und sich heute noch sämtliche Klamotten unbesehen von mir kaufen läßt, ohne sich für Farbe oder Form zu interessieren, Katrin hat diesen beneidenswerten cognacfarbenen Teint, das problemlose, dichte braune Haar und als Zugabe genau die richtigen Proportionen.

Meine Laura dagegen, die so viel Wert auf eine besondere Erscheinung legt, hat nicht nur mit schwachen Augen und spinnwebfeinem Haar zu kämpfen. Sie ist noch dazu spindeldürr und eher kurzbeinig.

Aber: Sie läßt sich nicht unterkriegen. Sie tut etwas für sich. Sie hat Ideen, sie hat einen starken Willen und eine mitfühlende Mutter.

Sie bestand auf einem extrem kessen Kurzhaarschnitt und überredete mich anschließend zu winzig kleinen, herzförmigen Ohrsteckern. Dafür mußten die Ohrläppchen gelocht werden, was sie stoisch und mit unbewegter Miene ertrug.

Danach begaben wir uns zum Optiker, wo sie sämtliche vorhandenen Kindergestell-Modelle mehrmals probierte, während Kevin von meinen Knien auf den Boden strebte und dort auf allen vieren herumrobbte. Alle zwei Minuten stürzte ich hinterher, um Sonnenbrillenständer und wertvolle optische Geräte zu retten, zum Beispiel ein tief aufgehängtes Barometer in schwerem Goldrahmen, das es ihm besonders angetan hatte. Als sich Laura nach einer Ewigkeit für ein aquablaues Gestell entschied (ihre Augenfarbe!), war mir mehrmals der Angstschweiß ausgebrochen. Auch wagte ich nicht daran zu denken, wie viele Bakterien sich im Teppichboden des Optikergeschäfts tummeln mochten, aber ich dachte natürlich dauernd daran.

Alle diese Aktionen des Laura-Tages hatten unverhältnismäßig lange gedauert. Auf dem Rückweg nach Kaltenborn schlief Kevin im Auto ein, und Laura bewegte ihren Kopf nur ruckartig, vor lauter Stolz auf die Neuerungen.

Katrin, die mit Miriam Hüpfhäuschen vor unserem Gartenzaun spielte, starrte ihre Schwester minutenlang stumm an und gestand später, sie habe Laura im ersten Moment nicht erkannt. Gero sparte nicht mit laut geäußerter Bewunderung sowohl der Frisur als auch der Ohrstecker und zeigte sich äußerst gespannt auf das Brillengestell, das, mit den neuen Gläsern versehen, erst Ende der Woche fertig ist.

Weniger begeistert war er über das Abendessen, das lediglich aus Griesbrei mit Kompott für alle bestand, weil ich einfach keine Kraft mehr hatte, etwas Aufwendigeres auf den Tisch zu bringen.

Freitag, 17. August

Hier sei noch vermerkt, daß zum aquablauen Brillengestell eine pinkfarbene, glänzende Radlerhose mit aquablauer Kittelbluse sowie ein in verschiedenen Aquatönen gehaltenes Overall-Ensemble dazugekommen ist. Nunmehr, im zweiten Grundschuljahr (und immer noch bei Frau Löhr), bewegt sich unsere Tochter Laura mit geradezu herausfordernder Sicherheit. Und nun zu Katrin.

Zur feierlichen Aufnahme der neuen fünften Klassen waren gestern morgen um halb neun auch die Eltern in die Aula des Kyllsteiner St.-Georgs-Gymnasiums geladen. (Ich zählte ungefähr sechzig Mütter und drei Väter.)

Der Direktor hielt eine launige kleine Ansprache und nahm dann anhand langer Listen, die einige Konfusion verursachten, die Aufteilung der Kinder in drei Parallelklassen vor. In die A kamen die Kyllsteiner Kinder, in die B all jene, die mit dem Zug in Richtung Trier fahren, in die C schließlich die andern, die mit Bussen in die umliegenden Dörfer gekarrt werden müssen, also auch Katrin.

Sie sah die ganze Zeit beklommen aus, und in der anfänglich riesigen Schar wirkte sie völlig verloren.

Die Kyllsteiner Kinder kennen sich natürlich von klein auf, und die Truppe der Trier-Fahrer schien sich ebenfalls nicht ganz fremd zu sein. Nur die C-Klasse mußte sich neu zusammenfinden, was, wie ich Katrin seitdem unaufhörlich predige, durchaus seine Vorteile haben kann.

Man fängt ganz von vorn miteinander an, schleppt keine alten Vorurteile und Aversionen mit ins neue Gymnasialleben, hat dadurch einen viel freieren Blick. Ist es nicht so?

Nein. Katrin sieht schwarz auf der ganzen Linie.

Hätte sie wenigstens eine Klassenlehrerin bekommen, so wie die Kyllsteiner Kinder, dann ja, dann wäre sie zuversichtlicher gewesen.

Aber nie, nie, nie ist ihr eine Klassenlehrerin beschieden, schon in der Grundschule hatte sie nur Lehrer, und jetzt auch wieder einen, Herrn Kellermann, jung, mit rötlichem Bakkenbart und Blinzelaugen.

Er gibt Deutsch und Englisch und soll ein Kotzbrocken sein. Was? Wieso? Wer sagt das?

Alle, die ihn schon mal hatten. (Merkwürdig, daß in diesem speziellen Punkt die ansonsten noch gar nicht vorhandene Kommunikation bereits funktioniert.)

Ich schlage vor, Herrn Kellermann eine faire Chance zu geben, sagen wir mal ein Schuljahr lang.

Aber gerade in Deutsch, jammert Katrin, ihrem Lieblingsfach, und in Englisch, worauf sie sich so gefreut hat, muß sie den doofen Typ haben! (»Warum wohnen wir nicht in Kyllstein, Mami? Dann hätte ich Frau Frisch, von der schwärmen alle!«)

Da ich es strikt ablehnen mußte, nach Kyllstein zu ziehen, und dergleichen auch unter gar keinen Umständen in Aussicht stellen konnte, war es ein leichtes, mir etwas anderes abzupressen. Den Vorsatz nämlich, Katrin, wenn schon nicht vor dem übelbeleumundeten Herrn Kellermann, so wenigstens vor dem maßlos überfüllten Bus zu bewahren.

Mit andern Worten: Höhere Gewalt ausgeschlossen, werde ich sie (vorläufig!) morgens mit dem Wagen zum Gymnasium bringen und mittags wieder abholen.

Einen Stundenplan kriegt sie erst am Montag.

Heute hatte sie nur von acht bis zehn Unterricht.

Es lohnte sich nicht, zwischenzeitlich nach Hause zu fahren. Also verbrachte ich meine kostbaren Vormittagsstunden zu Kevins unaussprechlichem Vergnügen auf dem Kyllsteiner Spielplatz.

(Selbstverständlich war unser Sohn auch bei der Einführungsfeier in der Aula anwesend. Sonst hätte ihn sein Vater mit zur donnerstäglichen Werkskonferenz nehmen müssen, was unzumutbar, um nicht zu sagen unvorstellbar, gewesen wäre.)

Freitag, 24. August

Zweimal täglich nach Kyllstein zu fahren bringt mein ganzes Tagesprogramm durcheinander, besonders dienstags, mittwochs und donnerstags, wenn Kati sechs Stunden hat. Dann muß ich nämlich gerade dann weg, wenn Kevin einschläft, kurz vor ein Uhr mittags. Ein Ding der Unmöglichkeit.

Ich muß von allen guten Geistern verlassen gewesen sein, als ich diese idiotische und völlig überflüssige Zusage machte, für die begreiflicherweise niemand Verständnis hat.

Gero, als er davon hörte, tippte sich nur stumm an die Stirn.

Samstag, 25. August

Ab heute schreibe ich meine Ausgaben auf. Weiß der Himmel, wo das Geld bleibt.

Es ist ja jedes Jahr zum Schulbeginn eine Katastrophe, weil man die Kinder fast komplett neu einkleidet (als wären sie vorher in Sack und Asche gegangen!), und mit allem, was man an Heften, Blöcken, Zeichenmaterial, Füllern, Mäppchen und Sonstigem kauft, könnte man leicht ein mittleres Büro ausstatten. Aber so schlimm wie dieses Jahr war es noch nie, sei es, daß für Kati ganz neue Sachen auf der Liste standen, wie z. B. Zirkelkasten, Atlas, Bibel und Wasserfarben, dazu jede Menge Folie zum Einbinden ihrer Bücher, sei es, daß sich bei der täglichen Fahrerei auch das Benzin zusammenleppert, fest steht, daß ich diesen Monat nicht auskomme, obwohl ich mir mehr zugebilligt habe, eben weil Schuljahresanfang ist. Ich frage mich ernsthaft, wie das in größeren Familien abläuft. Und schon höre ich im Geiste meine Freundin Antje raunen: Ganz einfach! Da verdienen die Mütter eben was dazu, indem sie ihrem erlernten Beruf nachgehen.

Ach ja. Da könnte ich gleich die Gegenrechnung aufstellen. Wollte ich nur meinen Kevin sachgerecht und fachgerecht in meiner Abwesenheit versorgen lassen, müßte ich mehr ausgeben, als ich in einer Halbtagsstelle einnähme.

Später mag das vielleicht anders aussehen, wer weiß, dann habe ich möglicherweise Freiraum und Leerlauf in Hülle und Fülle. Aber noch liegt das außerhalb meiner Vorstellungskraft.

Und was Antje betrifft, so nehme ich ihre diesbezüglichen Reden nicht mehr ernst. Denn letzten Endes hat sie den Sommerjob in der Fachbuchhandlung doch ausgeschlagen, weil sie es nicht übers Herz brachte, die Zwillinge mit Lothar allein auf die Kapverdischen Inseln zu schicken.

Sonntag, 26. August

Gero läßt nicht locker. Er will den Duschraum im Keller haben. Der Plan ist fertig, die Handwerker sind bestellt. Nächste Woche geht es los.

Seit unserem Dachausbau haben wir keinen Speicher mehr, und alles, was wir nicht mehr brauchen, wandert in den Keller. Den ganzen Tag haben wir daher mit dem Umräumen und Aussortieren der abgestellten Sachen verbracht und mit der Diskussion darüber, was Anfang September dem Sperrmüll überantwortet werden kann.

Ich war bereit, mit gutem Beispiel voranzugehen und einen ramponierten Plastikkorb zu opfern, für die Wäsche nicht mehr brauchbar, für Brennmaterial nur bedingt, ebenso einen rostigen Wäscheständer. Dafür erwartete ich, daß Kati sich von den nutzlosen Skiern ohne Bindungen trennt, die sie einmal irgendwo aufgegabelt hat, und daß Laura ihren allerersten Puppenwagen aufgibt, ein winziges Ding aus Korbgeflecht mit Holzrädchen, deren zwei unauffindbar verschwunden sind. Auch das Geflecht ist teilweise durchlöchert und brüchig. Das Wägelchen war ein Geschenk von Carla, als wir mit Laura erstmals in die Toskana kamen. Es erregte später überall Aufsehen, weil es dergleichen hier nicht zu kaufen gibt. Die Mainzer Omi fand es apart, Antje hätte es am liebsten mitgenommen und als Dekorationsstück auf ihren Balkon gestellt, die Zwillinge ließen es den Hang hinunter in den Bach rollen, um zu sehen, ob es schwimmt. Inzwischen steht es im Keller, und die einzige, die es jede Woche in eine andere Ecke schiebt, weil es im Weg ist, bin ich.

Während Kati endlich grünes Licht gab für die Skier, will sich Laura nicht von ihrem Wägelchen trennen, zumal Gero ihre Partei ergriff und es unter dem nebulösen Begriff »Gemütswerte« einordnete, die unantastbar, heilig und tabu sind.

Um nicht als Gefühlstrampel dazustehen, gab ich nach unter der Bedingung, daß jemand (wer wohl?) das heilige Wägelchen repariert, damit es oben im Kinderzimmer aufbewahrt werden kann. Denn Gemüt hin, Gemüt her – einen Wert stellt ein solches Relikt nicht mehr dar, wenn man es weiter im Keller verrotten läßt.

Gero untersuchte daraufhin beflissen das Untergestell und meinte, die fehlenden Rädchen könne er natürlich leicht selbst herstellen, und bestimmt finde er jemanden, der sich aufs Korbflechten verstehe.

Sein Wort in Gottes Ohr! Aber ich möchte wetten, daß im Jahr zweitausend das Ding immer noch in unserem Keller vor sich hingammelt, falls es bis dahin nicht zerfallen ist.

Aus den Fliesenfarbüberlegungen fürs Duschbad hielt ich mich bewußt raus, weil keine Brücken zu schlagen sind zwischen dem von Laura zur Zeit favorisierten Aquablau (»Schätzchen, Kleiderfarben sind nicht unbedingt auch Wohnfarben!«) und dem von Gero erträumten Schwarzweißmuster.

Alles, was ich dazu vorbringe, ist das, was ich unter keinen Umständen will: Saharabeige.

Dienstag, 28. August

Wir haben uns geeinigt auf einen Restposten bildschöner, kleinformatiger japanischer Fliesen, dunkelbraun glänzend mit Edelsteinschimmer, die bei Raiffeisen günstig zu haben waren. Um so erschütterter war ich über den Preis der Duschkabine. Dafür haben wir vor zehn Jahren die gesamte Sanitäreinrichtung unseres Badezimmers bekommen, einschließlich Spiegelschränkchen, Lampen und Armaturen!

Dienstag, 4. September

Der Maurer war nur zwei Tage da, verputzt hat Gero am Wochenende, der Installateur schwört, bis Freitag fertig zu sein.

Seit gestern regnet es in Strömen, der Keller steht ganztägig weit offen und demnächst unter Wasser, jeder, der ins Haus kommt, bringt jede Menge nassen Schmutz herein. Cromwell kann sich an die Arbeiter nicht gewöhnen, er umkreist stundenlang kläffend das Haus und weckt mir Kevin jeden Mittag auf.

Der Opi hängt allabendlich an der Strippe und nervt mich mit dem Winterfutter für die Ponies, und ich kann ihm nur immer wieder sagen, daß uns nicht nur das Heu, sondern auch Holz und Briketts immer noch fehlen, aber solange der Hof nicht frei ist, kann ich beim besten Willen nichts anliefern lassen, nicht einmal einen Sack Kartoffeln.

In zehn Tagen hat Gero Geburtstag. Geplant ist ein Gartenfest für seine Werkskollegen, ein Herrenabend mit Klose und anderen Jagdfreunden und ein Familientag mit seinen Eltern, möglicherweise seiner Tante Irmi aus Hamburg und – Fragezeichen – Antje plus Mann und Kinder.

Für diese Großplanung habe ich mir ein Rechenheft, Format DIN A4, zugelegt. Das Haushaltsbuch, Format Vokabelheft, führe ich außerdem. Aber im Vergleich zu meinen Schulkindern, denen neuerdings auch noch die Bleistiftstärken vorgeschrieben werden, treibe ich einen geringen Aufwand. Überhaupt stelle ich anhand meiner Auflistungen fest, daß in diesem Haus für mich persönlich das wenigste ausgegeben wird. Selbst Cromwell, diese Woche mit einer neuen Palette Dosenfutter, einem Paket Hundekuchen, neuem Flohhalsband und neuer Haarbürste schlug höher zu Buche als ich mit einem Fläschchen Kamilleshampoo.

Donnerstag, 6. September 1991

Heute war Sperrmülltermin.

Schon gestern stellten wir Skier, Wäscheständer, zwei Uraltkellerschränkchen und ein ausgedientes Gewürzregal hinaus vors Hoftor.

Der Installateur vergaß die geleisteten Eide und ließ sich überhaupt nicht blicken. Dafür rollten diverse obskure Kleinlaster an, um unser Arsenal vor dem Tor zu besichtigen. Gegen Mittag lehnte nur noch der Wäscheständer einsam am Zaun. Alles andere hatte Liebhaber gefunden, lange bevor der Sperrmüllwagen unser Dorf aufsuchte.

Cromwell kam überhaupt nicht zur Ruhe. Er hatte einen furchtbar anstrengenden Vormittag, regte sich maßlos auf und knurrte bösartig. Wäre unsere Hof- und Gartenumzäunung nicht kürzlich der Ponies wegen verstärkt worden, hätten wir heute bestimmt ein Cromwell-Opfer zu beklagen gehabt.

Jeder, der sich an unseren Sachen vergreift, gilt unserem Hund als verfolgungswürdiger Feind, und das ehrt ihn natürlich, auch wenn es mich noch so nervt. Es fällt mir nach wie vor schwer, Cromwell gerecht zu werden. Ich fühle ihm gegenüber immer etwas zwiespältig.

Aber der größte Hammer sollte erst kommen.

Laura brachte mit Hilfe zweier Schulkameraden einen Schlitten mit verrosteten Kufen, eine Maltafel, Format 60 x 60, sowie eine Kinderschreibmaschine mit nur noch drei funktionierenden Tasten im Triumphzug nach Hause. Die Schreibmaschine wanderte sofort in den Mülleimer. Um mir alles andere wieder vom Hals zu schaffen, mußte ich erst einmal Kraft sammeln. Außerdem war ich in Eile, denn Kati hatte mich weichgeknetet, sie heute von der Schule abzuholen.

Ich ließ Laura bei Kevin, hetzte nach Kyllstein und traute meinen Augen nicht, als ich Kati inmitten einer Traube von Schülern aller Jahrgänge gewahrte, die ehrfürchtig vor mir zurückwichen. Kati blieb halb verborgen hinter einer Sperrholzwand, die ein paar Ältere sogleich energisch hochhievten und zum Wagen schleppten, zu unserem Wagen.

»Oh, ein Kombi«, riefen sie beglückt, »ist ja super!« Es folgten zu meinem sprachlosen Entsetzen mehrere überdimensionale Pappscheiben und vier Metallschienen, die, von hinten nach vorn durchgeschoben, fast die Windschutzscheibe sprengten.

Kati wurde indessen von einem strahlenden Jungmann mit Beatlefrisur zum Wagen geleitet, der, wie ich mit halbem Ohr hörte, den Kunstunterricht erteilt.

Lahmeyer oder so ähnlich.

Er schüttelte mir mit überströmender Herzlichkeit die Hand und gab mir das Gefühl, gerade den großen Preis gewonnen zu haben.

In Wirklichkeit war es das von der Klasse 7B angefertigte Kasperletheater, das aus Platzgründen weichen muß, weil die neue 7B in diesem Jahr wieder ein solches anfertigen wird.

Die Eltern der alten 7B haben sich ausnahmslos standhaft geweigert, das Kunstwerk in ihr Heim zu integrieren. Auch die sechsten Klassen und die Klassen 5A und 5B scheinen aus künstlerisch uninteressierten Elternhäusern zu kommen. Lediglich in der Klasse 5C gab es eine Bewerberin, Katrin Sonnemann aus Kaltenborn, die nicht nur aufgeschlossene Eltern, sondern zwei jüngere Geschwister aufweisen konnte. Denn nichts ist der geistigen und kreativen Entwicklung jüngerer Kinder so förderlich wie ein Kasperletheater.

Zwischen Katis und meinem Gesicht ragten die Schienen, als wir abfuhren. Ich wagte kaum den Kopf zu drehen, aber es ist anzunehmen, daß die gütigen Spender erleichtert hinter uns herwinkten, denn minutenlang winkte Kati so anmutig und hoheitsvoll zurück, als wäre sie Prinzessin Diana.

»Ich weiß nicht, wo wir das Ding aufbauen sollen«, sagte ich hoffnungslos.

Meine Tochter gab sich zutiefst erstaunt.

Haben wir denn nicht ein geradezu überdimensioniertes Wohnzimmer mit nichts drin als ein paar Topfpflanzen?

Und dem Fernseher – oder?

Richtig. Dem Fernseher. Aber soll denn Kevin vielleicht nur mit Benjamin Blümchen aufwachsen und den widerlichen Turtles? Wird es eines Tages so weit sein, daß er nur noch mit dem Programmwähler im Händchen sein Leben als lebenswert empfindet? Will ich das?

Nein und abermals nein!

Wäre es da nicht sinnvoller, wenn seine älteste Schwester ihm jeden Abend eine kleine Theatervorstellung gäbe? Unterstützt von seiner jüngeren Schwester, der etwas Anregung dieser Art auch nicht schaden könnte, wahrhaftig. Mußte ich das nicht zugeben?

Ich mußte. Etwas anderes blieb mir gar nicht übrig.

Ununterbrochen redete Kati auf mich ein, bis wir zu Hause ankamen, und die ganze Zeit erinnerte sie mich an jemanden. An wen wohl? Ganz richtig. An meine Schwester Carla.

Samstag, 8. September

Gero ist mit einem seiner Jägerfreunde dabei, unser neues Duschbad zu fliesen. Es wird wunderschön, und auch die angrenzende Waschküche gewinnt spürbar, weil unter dem Motto »Wenn schon, denn schon« endlich die von mir längst reklamierten Wandregale für Wäschekörbe, Waschpulver, Klammern usw. angebracht werden. Auch darf ich die berechtigte Hoffnung hegen, den häßlichen grauen Betonboden mit einem weiteren Restposten aus dem unerschöpflichen Raiffeisenlager gefliest zu kriegen.

Ansonsten ist es etwas eng geworden im Keller, obwohl schon die Sammelsäcke für die Kleidersammlung, die geschnürten Stapel für die Papiersammlung und die Kartons mit Abfallglas für die Glas-Container in den Holzschuppen gewandert sind. (Sobald unser Holz geliefert wird, sehe ich mich mit all diesem wieder ratlos herumirren.)

Die Fahrräder kamen aus dem Keller in die Garage. Unberührt von jeder Veränderung blieb nur Geros Handwerksraum hinter der neuen Dusche. Außer seiner Werkbank mit der Pinnwand drüber und den Schubladenschränkchen mit akribisch geordneten Nägeln, Schrauben, Dübeln und anderem Spielzeug steht praktisch nichts drin. Man hätte locker das Kasperletheater an eine Wand lehnen können, aber das kommt natürlich gar nicht in Frage. Schon allein der Gedanke ist gotteslästerlich.

Der von Laura requirierte Schlitten braucht mehr Platz als vorher die Skier, überhaupt haben wir uns am vorgestrigen Sperrmülltag mehr eingehandelt, als wir losgeworden sind. Es ist absurd.

Bis jetzt fehlte mir jede Gelegenheit, dieses Thema im Familienkreis zu erörtern, weil im Moment alles im Zeichen des Umbaus steht und auf weitere Sicht Geros Geburtstag den Vorrang hat. Aber dann!

Ich habe nämlich bemerkt, daß jedes meiner Lieben einen Raum für sich allein hat, jedes, sogar Kevin. Nur ich nicht: Ich teile das Wohnzimmer mit dem Fernseher und dem Besuch, die Küche mit der ganzen Familie und das Schlafzimmer mit Gero. Wenn es mir einfiele, sperrige Teile nach Hause zu schleppen oder Werkbänke aufzustellen, müßten wir anbauen oder umziehen.

Ich hätte längst einen Nähkurs gemacht, wenn ich wüßte, wo ich mir einen Nähplatz mit Maschine einrichten kann. Selbst für meine Gartengeräte wird der Raum knapp, seitdem die Fahrräder aus dem Keller in die Garage gewandert sind. Dabei ist Kevin erst anderthalb, und alles, was er beansprucht, ist sein Sportwagen, den ich immer noch im Hausflur unterbringen kann.

Aber auch er wird ja eines Tages ein Tretauto haben wollen, nicht wahr? Nicht zu reden von den ausgedienten Großspielsachen der Zwillinge, die Antje seit Jahren für ihn in ihrem Keller hortet. Sie hat schon ein paarmal angedeutet, daß man die Tür kaum noch öffnen könne, ohne von Schaukelpferden, Stelzen und lebensgroßen Figuren (Bibo-Vögel aus der Sesamstraße) erschlagen zu werden.

Montag, 10. September

Natürlich ist so ein monströser Theateraufbau nutzlos ohne Kasperlpuppen. Das weiß ich auch, ich bin ja nicht zurückgeblieben. Aber wer konnte ahnen, daß es sich um einen mannshohen Karton handelt, den man querlegen muß, um an den Inhalt heranzukommen, es sei denn, man kippt ihn einfach aus. Davon mußten wir absehen, denn die Puppen sind künstlerisch wertvoll, dürfen keinen Schaden nehmen und müssen den jeweiligen 7B-Klassen für die jährlichen Schulaufführungen immer zur Verfügung stehen. Wir dürfen sie nur benutzen und sicher aufbewahren. Wie finde ich das?

Kevin kroch sofort in den tunnelförmigen Karton und knabberte Kasperls zehn Zentimeter lange Nase an.

Mittwoch, 12. September

Heute nachmittag kamen die Mainzer Großeltern an. Ihr Geburtstagsgeschenk für Gero: eine Motorsense, damit er den verwilderten Teil unseres Grundstücks dort, wo keine Zäune stehen, mähen und auf diese Weise Ponyfutter schaffen kann.

Die Omi hatte drei Kuchen im Gepäck, vorsorglich bereits vorgestern gebacken und so trocken wie Streu.

Der Opi verhob sich fast an einem Sack Möhren für Mensch und Tier, die bekanntlich sehr gesund sind und zum Überwintern in einer Kiste mit rotem Sand eingegraben werden müssen. (Schlüsselfrage: Wohin damit?)

Beide, Omi und Opi, tasteten sich mühsam durch den veränderten Keller (sie sind rigorose Stromsparer, immer gewesen, die tagsüber kein Licht einschalten) und fielen prompt über Lauras neuen Schlitten.

Einzig das Duschbad im dunkelbraunen Glanz der japanischen Fliesen fand ihren uneingeschränkten Beifall.

Im übrigen: Die Omi kann sich an Lauras rasanten Kurzhaarschnitt nicht gewöhnen, auch ist sie enttäuscht von den Radlerhosen und dem Overall-Ensemble. Sie jammert den Zöpfen nach und den karierten Kleidchen.

Der Opi findet Mähnen und Hufe der Ponies ungepflegt und beanstandet, daß Striegel, Kartätsche und Hufkratzer nicht an ihrem eigens dafür eingerichteten Platz sind. (Der befand sich leider Gottes in einem der glücklich abservierten wackligen Kellerschränkchen.)

Kati nimmt sich die Kritik sehr zu Herzen. Laura reagiert auf ihre Art: mit Trotzen und Motzen. Kevin ist der auserkorene Liebling, der Sonnenschein, der Unschuldsengel. Er läuft inzwischen wie ein Wiesel, bleibt keine zehn Minuten mehr im Laufstall und hat für seine Großeltern Worte gefunden, die wie »Hummi« und »Huppi« klingen.

Donnerstag, 13. September

Morgen wird mein Mann neununddreißig Jahre alt.

Mein Geschenk für ihn besteht in der Ausrichtung dreier Festlichkeiten, was seinem Wunsch und unserer Vereinbarung entspricht.

Nur seine Eltern gucken etwas schief.

Ihm einen würdigen Geburtstag zu bereiten, egal wie kostspielig und arbeitsintensiv das sein mag, halten sie sowieso für meine oberste Pflicht, eine Selbstverständlichkeit, über die keine Worte verloren werden sollten.

Wenigstens, ließ die Omi durchblicken, hätte ich ihm ein Oberhemd kaufen können oder eine Krawatte oder einen Bademantel. Es ginge, meinte sogar der Opi, nicht so sehr um die Sache als um deren symbolischen Wert. Ganz klar, daß wir aus einem Fundus schöpfen, Gero und ich, das sei bei ihm und Omi nie anders gewesen. Aber man könne doch ein kleines Zeichen setzen. Ich als seine Frau müsse doch wissen, was sich Gero im geheimen wünsche, Manschettenknöpfe vielleicht oder einen neuen Aktenkoffer.

Ach ja.

Natürlich weiß ich, was Gero gern hätte und woran wir zur Zeit wegen des ausgabenträchtigen Sommers, des Kellerumbaus und der ausgedehnten Festivitäten nicht denken können: ein Nachschlagewerk à la Meyer oder Brockhaus, schön gebunden und komplett von A bis Z. Das wünscht er sich schon lange, und in absehbarer Zeit kriegt er das auch. Dafür muß dann was anderes zurückgestellt werden, die Aufsätze für die Kleiderschränke oder neue Vorhänge fürs Erdgeschoß oder sonst etwas in dieser Größenordnung. Keinesfalls kann ich es vom Wirtschaftsgeld zusammensparen.

Und genauso, wie ich weiß, was mein Mann will, weiß ich auch, was er nicht will, nämlich Verlegenheitsgeschenke, die er in Form von Kleidungsstücken besonders verabscheut. Schon das Wort »Oberhemd« in diesem Zusammenhang treibt ihm die Zornesröte auf die Stirn. Manschettenknöpfe trägt er nie, und für alles, was zwischen »guter Seife« und »herbem Duftwasser« angesiedelt ist, hat er nur eine Verwendung: Er verschenkt es weiter.

Freitag, 14. September

Zur Feier des Tages kitzelte Kevin seinen Vater heute morgen um halb sieben mit der letzten Sonnenblume unter der Nase und puhlte ihm sechzehn Kerne zum Essen heraus. Während Gero sie gerührt knackte, wurde er von den Mädchen und mir unentwegt geknudelt und beglückwünscht und gegen sieben, also im letzten Moment, ins Bad entlassen.

Da Tante Irmi erst am Sonntag zu uns stoßen kann, haben wir die Reihenfolge der verschiedenen Festlichkeiten geringfügig abändern müssen.

Heute findet der Herrenabend mit den Jägern statt.

Am Samstagnachmittag tobt das Gartenfest bis in den Abend hinein und wird mit Spießbraten und Faßbier einen hoffentlich würdigen Abschluß finden.

Die Familie samt Antje und Anhang trifft Sonntag zusammen, und der Höhepunkt des festlichen Treibens soll eine Theateraufführung unserer Kinder sein. Das leicht faßliche Stück in drei Akten wurde von mir geschrieben und inszeniert. Es enthält die klassischen Rollen: Großmutter, Kasperl, Seppel und Krokodil als Hauptdarsteller. Prinzessin und Zauberer treten kurz als »Volk« auf. Und damit haben wir bereits alle Hände voll zu tun, denn alle Figuren sind Handpuppen.

Erster Akt: Seppel hat Geburtstag und bekommt von der Großmutter eine mit zehn Tortenkerzen verzierte Torte geschenkt.

Zweiter Akt: Während auf der einen Seite der Bühne die Gratulanten erscheinen (Prinzessin und Zauberer), lauert das Krokodil rechts im Hintergrund auf die Torte.

Dritter Akt: Das Krokodil frißt unbemerkt die Kerzen, Kasperl rettet die Torte. Die Freude ist groß. Alle singen gemeinsam das Geburtstagslied, zuerst für den lieben Seppel, dann für den lieben Gero.

Der Vorhang fällt zum letzten Mal. Rauschender Applaus setzt ein (und wehe, wenn nicht!).

Ich will nicht abstreiten, daß sich das Stück niveaumäßig in erster Linie an Kevin wendet.

Schließlich ist es mein erster Versuch auf diesem ganz neuen Gebiet, und ich denke, daß es ein ganz guter Anfang ist für die ungeübten Spielerinnen Katrin und Laura.

Montag, 17. September

Ich bin zu nichts gekommen in den letzten Tagen, nicht einmal zum Aufschreiben der Tagesereignisse.

Bemerkenswert, bevor ich es vergesse, ist die Tatsache, daß unser altes Vertiko als Barschrank ausgedient hat, weil es bei weitem nicht die Flaschen faßt, die Gero zum Geburtstag geschenkt erhielt.

Wenn ich nicht wüßte, daß er ein durchaus maßvoller Mensch ist, müßte ich annehmen, daß ihn alle Welt für einen Säufer hält.

Am wenigsten belastend war der Herrenabend, an dem von uns nur der Opi teilnahm. Es gab echt ungarisches Gulasch mit Weißbrot und diversen, vom Geburtstagskind zusammengestellten Getränken. Das Ganze fand im Wohnraum bei geöffneter Terrassentür statt und irgendwann nach Mitternacht sein fröhliches Ende. (Klose beim Abschied: »Junge Frau, selbst in der Pußta hab' ich kein schärferes Gulasch serviert gekriegt, hahahaha!«)

Der Samstag war dafür ein Schlauch sondergleichen.

Bis Mittag hielten wir die Luft an, ob das Wetter mitspielen würde, denn wie wir zwanzig Leute, darunter ein halbes

Dutzend Schul- und Kleinkinder, im Haus beschäftigen und verköstigen sollten, ist mir bis jetzt unklar.

Allgemein heißt es, das Gartenfest sei ein durchschlagender Erfolg gewesen. Selbst beurteilen kann ich es nicht, denn ich war ununterbrochen auf Trab, im Streß und als Ansprechperson tätig für »Ach bitte, wo war doch noch die Toilette?« oder »Hätten Sie vielleicht eine Papierwindel? Daniel ist schon wieder undicht!« oder »Mami, wo sind die Brötchenkörbe? Und die Reserveservietten?« oder »Würdest du bitte Cromwell endlich vom Spießbraten fernhalten? Bitte!«

Das ging so bis Mitternacht.

Dann zog mit einem Regenschauer der Sonntag herauf. Er brachte uns gegen elf Uhr Tante Irmi, der ich mich zu meinem Kummer kaum widmen konnte, und gegen drei Uhr Antje mit den Zwillingen (Lothar ließ sich entschuldigen), und die Mädchen waren zu nichts zu gebrauchen, bis das Theaterstück über die Bühne und der Gott sei Dank brausende Beifall verklungen war.

Auch ich atmete erst danach auf.

Aber gelohnt haben sich die ganze Aufregung und das Hin und Her und überhaupt alles, denn Gero geriet völlig aus dem Häuschen. Nichts komme diesem Geschenk gleich, behauptete er, nie sei ihm etwas Größeres und Schöneres zuteil geworden.

Auf allgemeinen Wunsch wurde das Stück nach dem Abendessen noch einmal aufgeführt, und meine Töchter nahmen mit leuchtenden Augen die stehenden Ovationen des Publikums entgegen. Laura glaubt, die Zwillinge wären vor Neid gelb gewesen, und Kati wies mich mehrmals darauf hin, wie gut es doch sei, ein solches Kasperletheater zu besitzen.

Kevin weinte sich in den Schlaf, weil er das Krokodil nicht mit ins Bett nehmen durfte.

Eigentlich wären die Mainzer Großeltern morgen heimgereist. Aber sie nehmen Tante Irmi mit, die heute erst angekommen ist und demnach nur vierundzwanzig Stunden bei uns verbracht hätte. Ein bißchen wenig, finde ich, für einen Besuch, der nur einmal im Jahr stattfindet.

Daraufhin wurde die Gesamtplanung geändert, und alle bleiben bis Mittwoch.

Mittwoch, 19. September

Es heißt ja immer, kinderlose Leute blieben irgendwie unterentwickelt und hinter ihrer Zeit zurück, weil sie niemanden hätten, der sie vorwärtstreibe und ihnen Gegenwartsprobleme aufzwinge.

Entweder stimmt diese Ansicht generell nicht, oder Tante Irmi ist die Ausnahme von der Regel. Denn sie ist eher aufgeschlossener als ihre Schwester, unsere Omi, die sich viel darauf zugute hält, verheiratet zu sein und einen Sohn großgezogen zu haben, dessen berufliche Erfolge sie stets als Plus für sich selbst bucht. Hier drängt sich mir die Erkenntnis auf, daß auch ich dazu neige, brillante Schulnoten meiner Kinder meinem eigenen Konto gutzuschreiben. Tante Irmi mußte sich ihre Lorbeeren immer selbst sammeln, es gab keine fremden Federn, mit denen sie sich schmücken konnte.

Sie ist achtundfünfzig, Leiterin einer Sparkassenfiliale in einem Hamburger Vorort, hat eine beachtliche Menschenkenntnis und große Pläne für die Zeit nach der Pensionierung. Sie will sich in einem zivilisierten südlichen Land ein Haus nach eigenen Vorstellungen und Ansprüchen bauen.

Schon heute entwirft und verwirft sie Grundrisse, beschäftigt sich mit den Baumaterialien der Zukunft, plant kühne Formen, glatte Oberflächen, arbeitssparende Maßnahmen, harmonische Farbzusammenstellungen und unkonventionelle Lichtquellen. Parallel dazu bereist sie den Mittelmeerraum auf der Suche nach einem passenden Grundstück, hat ihr Schulfranzösisch aufgefrischt und einen Volkshochschulkurs für Neugriechisch belegt.

Mich beeindruckt das alles enorm. Abgesehen davon, daß Tante Irmi dieses herrliche Norddeutsch spricht, übt sie eine aufrüttelnde Wirkung aus. Gero war genauso gefesselt wie ich, selbst die Kinder hingen an ihren Lippen.

Nur die Omi reagierte mit Verdrossenheit und Verständnislosigkeit.

Ein Haus im Ausland? Absurd!

Mit sechzig noch bauen? Wozu?

Für mich, sagte Tante Irmi.

Für dich allein? Du bist wohl nicht gescheit!

Wenn du Kinder hättest, Enkel, jemanden, der nach dir kommt, dann schon eher. Aber so? Das ist doch Unsinn!

Gero und ich, wir ärgerten uns über die Sprüche der Omi, aber Tante Irmi blieb ganz gelassen. Sie habe ja immer allein gelebt und allein entscheiden müssen, sagte sie, und an Vorhaltungen und Vorschriften, besonders von inkompetenter Seite, habe es nie gemangelt. Sie selbst halte es jedoch mit dem Alten Fritz und dessen Grundsatz: Jeder soll nach seiner Facon selig werden.

Anders ausgedrückt: Eines schickt sich nicht für alle. Wichtig in ihren Augen sei es, geistig beweglich zu bleiben, auch dann, wenn die tägliche Herausforderung wegfalle, egal, worin sie bestehe, Kindererziehung oder Berufsarbeit.

Ich bin ganz dieser Meinung. Schade nur, daß am Sonntag keine Gelegenheit war. Antje in die von Tante Irmi angeregten Gedankengänge mit einzubeziehen. Es hätte ihr gutgetan, davon bin ich überzeugt.

Übrigens wohnte Tante Irmi nicht bei uns, sondern im Hotel Landhaus Kaltenborn, und auch darüber wurden unverhältnismäßig viele Worte verloren.

Das Thema Gastfreundschaft, ich stelle es immer wieder fest, birgt jede Menge Mißverständnisse und Widersprüchlichkeiten. Seit unserem Dachausbau haben wir ein Gästezimmer, dessen Decke Gero und ich eigenhändig mit Fichtenholz vertäfelt haben.

Es ist klein und kuschelig, und mehr als zwei Betten unter der Schräge passen nicht hinein. In der Hauptsache ist es für die Mainzer Großeltern gedacht, die es ja auch diesmal bewohnten. Mehr Übernachtungsmöglichkeiten gibt es in unserem Haus nicht, denn meine Erfahrung lehrt mich, daß alles, was über zwei Logiergäste hinausgeht, Einschränkungen und Unbequemlichkeiten mit sich bringt, sowohl für die Gastgeber als auch für den Besuch. Ich kenne nämlich die eine wie auch die andere Sicht, denn bis zum vergangenen Sommer stellte sich uns dieses Problem in der Toskana, wo uns eine Alternative gar nicht angeboten wurde.

Als Tante Irmi anfragte, wo in unserer Nähe sie gut übernachten könnte, schlug ich daher besten Gewissens das Landhaus vor, denn inzwischen ist ja auch in der Eifel die Zeit der primitiven Dorfgasthäuser vorbei. Das Landhaus hat schicke Apartments, und diese wiederum haben ihren Preis, aber Tante Irmi ist ja kein Rucksacktourist, dachte ich, sie will gepflegt wohnen und kann es bezahlen.

So war es denn auch.

Tante Irmi gefiel das Landhaus ausgezeichnet, und die Preise fand sie moderat.

Aber unsere Mainzer Großeltern kamen nicht darüber hinweg, daß ein nahes Familienmitglied außerhalb unseres Hauses untergebracht wurde. Der Opi bot sich fortwährend an, auf dem Sofa im Wohnzimmer zu schlafen und Tante Irmi sein Bett abzutreten, und die Omi entfachte eine nicht enden wollende Diskussion darüber, was sinnvoller sei: in einem Hotel Geld auszugeben oder bei der Verwandtschaft umsonst zu nächtigen. Zum Schluß lief alles darauf hinaus, daß die Omi sich als entsagungsvoll und benachteiligt darstellte neben ihrer Schwester, die über ein eigenes Einkommen verfügte und sich gewisse Dinge einfach leistete.

Es war eine höchst überflüssige Auseinandersetzung, die mir noch immer zu denken gibt.

Mittwoch, 26. September

Ich sehe gerade, daß ich eine Woche lang nichts eingetragen habe.

Warum nicht?

Wahrscheinlich deshalb, weil es nichts niederzuschreiben gab. Es war eine wunderbar langweilige Woche, ereignislos, belanglos, so richtig zum Erholen nach den Turbulenzen verschiedenster Art.

Wir hatten keine Post, keine nennenswerten Telefonanrufe, keinen Besuch. An der Schulfront war ebenfalls alles ruhig, keine Klassenarbeiten, folglich auch keine Noten.

Ich weiß, daß es nicht so bleiben kann, aber gerade deshalb genieße ich jeden Tag.

Samstag, 29. September

Heute ist Gero nach Luxemburg gefahren (Betriebsausflug des Kohlensäurewerks), und vor morgen nachmittag erwarte ich ihn nicht zurück.

Daraufhin habe ich kurz entschlossen Antje mit den Zwillingen übers Wochenende eingeladen. (Lothar glänzt durch Abwesenheit wie fast immer.)

Kati war's egal, Laura maulte, nur mein argloser kleiner Kevin freute sich.

Antje brachte eine Großpackung Mohrenköpfe mit, zwei neue Gesellschaftsspiele, die ziemlich schwierig sind, sowie zwei prächtige Farne für mein Blumenfenster.

Sie sagt, sie habe sich schrecklich gefreut über die Einladung, denn die einsamen Sonntage in der Stadt seien ihr immer ein Graus.

Sie kamen schon vormittags. Wir kochten gemeinsam Spaghetti mit Tomatensoße, wobei man, wie ich dachte, nicht viel falsch machen kann, aber man kann doch, denn die Zwillinge, heikle Esser seit eh und je, verabscheuten Oregano und schmeckten auch die kleinste Prise überall heraus. Also überließ ich Antje das Würzen der Soße und rührte noch eine Zitronenspeise zum Nachtisch.

Anschließend vergatterte ich die ganze Gesellschaft, von eins bis halb drei Ruhe zu halten wegen Kevin, der unausstehlich ist, wenn er um diese Zeit nicht schlafen kann, und siehe da, ich stieß auf Verständnis.

Die Zwillinge entschieden sich dafür, mit Katrin die Ponies pflegen zu gehen. Laura schloß sich ihnen nach kurzem Zögern an.

Antje und ich machten den Abwasch und hatten ein Stündchen für uns.

Ich erzählte ihr von Tante Irmi und daß ich befürchtete, in das entgegengesetzte Fahrwasser zu geraten, nämlich in das unserer Omi, aber ich hatte den Eindruck, daß Antje mir nur halbherzig zuhörte.

Etwas später wußte ich auch, warum. Antje hatte ein Anliegen, und sie suchte dauernd eine Lücke im Gespräch, um es anbringen zu können.

Und zwar dies: In den knappen Herbstferien Ende Oktober möchte sie gern mit Lothar verreisen. Nicht in die große weite Welt, die ihm ständig offensteht, sondern in den Harz, den er gar nicht kennt. Sie müßten dringend etwas für ihre Partnerschaft tun, meint Antje, und eine Harzreise im

Herbst, nur sie und Lothar, stellt sie sich ganz romantisch vor. Das Problem sind natürlich die Kinder.

Ihre Mutter, sagt Antje, sei bereit, einen der beiden Jungen zu nehmen, nicht aber beide. Ob der andere vielleicht bei uns bleiben könne? Es handle sich ja nur um vier Tage.

Ich sagte spontan ja.

Dann, weil ich mich dafür erwärmt hatte, ließ sich Antje über ihre Mutter aus, die ihr nur selten behilflich sei, obwohl doch bekanntlich das Leben mit Zwillingen, besonders in den ersten Jahren, echt mühsam ist, vor allem mit einem Airliner als Mann, der praktisch nie greifbar ist. Inzwischen sind die Kinder aus dem Gröbsten, und jetzt erweist es sich als Vorteil, daß es Zwillinge sind, denn sie beschäftigen sich gegenseitig, und eigentlich hat man bedeutend weniger Mühe, wenn man sie beide zusammen übernimmt – hier schlug eine Alarmglocke in mir an, aber zu spät, denn schon sagte Antje, als habe ich ihr das in den Mund gelegt: »Also, wenn du das auch so siehst, wäre mir ja ein Stein vom Herzen« – oder so ähnlich.

Es war ein Fehler von mir, nicht früher widersprochen zu haben. Wenn man ein Gespräch bis zu diesem Punkt einfach dahinplätschern läßt, ist es fast unmöglich, das Steuer noch herumzureißen. Fast.

Wir waren gerade dabei, ein paar Dosensuppen in den großen Topf zu kippen, um sie fürs Abendessen aufzuwärmen und etwas zu verfeinern. Kevin jagte hinter den leeren Dosen her, die er nicht haben darf wegen der scharfen Ränder. Er krabbelte mit Cromwell um die Wette auf dem Fußboden herum und nervte mich nach Kräften, aber irgendwie gelang es mir trotzdem, mich Antje gegenüber klar verständlich zu machen.

Ich würde einen Zwilling während der Herbstferien übernehmen, wohlgemerkt: nur einen, zumal der andere ja bei seiner Großmutter bestens versorgt wäre.

Antje ging mit keiner Silbe darauf ein, weshalb ich mich ein paarmal wiederholen mußte, und da endlich merkte ich, daß wir ein Konfliktthema behandelten.

Ich merkte es daran, daß Antje immer weiter abschweifte und dabei hektisch, laut und übertrieben geschäftig wurde. Mir lag weiß Gott nichts daran, das Thema zu verfolgen, aber ich mußte befürchten, gegen meinen Willen auf etwas festgenagelt zu werden. Also ließ ich nicht locker. So kam ich nach und nach dahinter, daß gewisse böse Stimmen immer lauter werden, die nach Vereinzelung des Duos Olaf-Mark rufen. Die Argumente dafür sind unterschiedlich.

Antjes Mutter teilt die Meinung meiner Töchter, nämlich daß Olaf und Mark vereint zu stark sind.

Man könnte auch sagen: zu aufsässig. (Antje trotzig: »Ich bin froh, daß sie sich nicht alles gefallen lassen! Heutzutage müssen sich die Kinder früh durchsetzen!«)

Andere Gründe bringen die Lehrer vor, die laut Antje allesamt unfähig sind und sich den Unterricht so leicht wie möglich machen wollen. Olaf, so die unmaßgebliche Meinung der Pädagogen, sei aufgeweckt und faul. Mark dagegen lerne schwer, gebe sich jedoch mehr Mühe. Olaf profitiere unentwegt von seinem Bruder, lasse sich alles vorsagen und halte keine eigene Anstrengung für nötig.

Zwar hat man die Zwillinge bereits mehrfach auseinandergesetzt und ihnen verschiedene Tische zugewiesen, aber erstens halten sie sich keine drei Tage daran, zweitens haben sie Antje hinter sich, die dergleichen strikt ablehnt.

Antje vertritt die Auffassung, daß die Zwillinge selbst für eine stundenweise kleine räumliche Trennung noch nicht reif seien und daß jeder Schritt in dieser Richtung von den Kindern selbst ausgehen müsse, nicht von Außenstehenden.

Was sollte ich dazu sagen? Ich habe drei Einzelkinder.

Also erkundige ich mich vorsichtig nach der Haltung anderer Zwillingseltern, ihrer Einstellung, ihren Erfahrungen. Und damit stieß ich in ein Wespennest.

Denn wie ich bei dieser Gelegenheit erfahre, hat sich auch Lothar diese Frage gestellt und dabei Folgendes herausgefunden: Die meisten Zwillinge wurden zwar in der gleichen Schule, nicht jedoch in der gleichen Klasse eingeschult.

Lothar findet das gut.

Antje findet das grausam.

Lothar sieht dadurch die individuelle Entwicklung jedes Kindes gefördert.

Antje hält es für einen schädlichen Eingriff, der ehe eine Entwicklungshemmung zur Folge hat.

Lothar nennt Antje eine schwache Mutter, die sich von Olaf und Mark gängeln läßt.

Antje rechnet ihm vor, wie viele Tage im Jahr sie allein mit der Kindererziehung fertig werden muß.

Lothar sagt, er fliege nicht zu seinem Vergnügen in der Weltgeschichte herum, ganz im Gegenteil, es hänge ihm oft genug zum Hals heraus. Wenn ihm daraufhin kein Einfluß auf die Kindererziehung zugestanden würde, gut, dann, dann halte er sich eben ganz zurück. Sollten sie doch machen, was sie wollten, Antje und die Zwillinge, sie würden dann schon sehen, wie weit sie damit kämen.

Das ist der Stand der Dinge.

Deshalb will Antje mit Lothar in den Harz fahren.

Ich fürchte, sie glaubt, mich überzeugt zu haben, daß Olaf und Mark die Herbstferien geschlossen bei uns verbringen müssen, und wenn ich das ablehne, wird sie mir vorwerfen, ich fiele ihr in den Rücken.

Montag, 1. Oktober

Den ganzen Tag gestern schlich ich um das leidige Thema wie die Katze um den heißen Brei herum. Ablenkung gab es freilich auch genug.

Vormittags schwärmten Miriam und Astrid mit unseren Kindern aus und ein. Mittags kam Gero schon gegen drei Uhr aus Luxemburg zurück. Er brachte zwei auswärtige Kollegen mit, die sich unsere Ponies anschauen wollten, weil sie mit dem Gedanken spielen, sich auch welche anzuschaffen.

Gegen Abend, als wir die lange Kaffeetafel abräumten, Antje und ich, während alle, auch Kevin und Cromwell, draußen auf der Weide herumliefen, nahm ich einen Anlauf und wurde prompt von der Omi unterbrochen, die ein längeres Telefonschwätzchen halten wollte.

Danach gab es keine Möglichkeit mehr, denn Antje und die Zwillinge machten sich auf den Heimweg.

Später besprach ich mich kurz (nur die Herbstferien betreffend) mit Gero und den Kindern. Kati und Laura stellten sich erwartungsgemäß quer.

Gero, in Unkenntnis der Gesamtproblematik, meinte, ganz abschmettern solle man Antjes Anliegen nicht, aber ein Zwilling für vier Tage sei reichlich genug.

Schließlich übernehme man ja auch eine gewisse Verantwortung. Vorhin habe er zufällig mitgekriegt, daß Olaf und Mark unseren Bach zu stauen gedächten, um einen Teich anzulegen. Er habe ihnen daraufhin erklärt, daß dadurch die Wiese versumpfen und die Ponies bis zu den Bäuchen im Morast stehen würden. Er sei aber nicht sicher, ob das bei den Zwillingen angekommen wäre. Sie hätten völlig ausdruckslos und indifferent zugehört.

Es mangle den beiden bestimmt nicht an Ideen, meint Gero, man müsse ihnen ständig auf der Spur bleiben, und wie ich das machen wolle, wenn er im Werk und ich mit Kevin und dem Haushalt genagelt sei.

Katrin erklärte grimmig, sie sei durchaus imstande, den Zwillingen auf die Finger zu gucken, aber für die Herbstferien habe sie ganz andere Sachen vor, nämlich mit Laura und Miriam ein neues Theaterstück einzuüben.

Ich schlug vor, Olaf und Mark, je nachdem, welchen von beiden es zu uns verschlägt, mitspielen zu lassen; nachdem Kati und Laura in seltener Eintracht geächzt und gestöhnt hatten, konnten sie sich etwas dergleichen immerhin entfernt vorstellen. Falls es sich dabei um Mark handle.

Das konnte ich nicht versprechen, deshalb vermied ich es, auf Einzelheiten einzugehen.

Um es hinter mich zu bringen, versuchte ich Antje heute abend anzurufen, aber sie meldete sich nicht.

Mittwoch, 3. Oktober

Heute kamen unsere Briketts, unsere Heuballen für die Ponies und unser Winterholz.

Jede Menge Arbeit, jede Menge Kosten.

Spät sind wir dran mit allem, aber wir haben noch Glück, weil es trocken geblieben ist bis jetzt.

Nächstes Jahr, das habe ich mir geschworen, wird die Bestellung im August aufgegeben.

Ich war zu müde, Antje anzurufen. Eigentlich könnte sie sich ja auch bei mir melden.

Sonntag, 7. Oktober

Herrliches Herbstwetter, knallblauer Himmel, rostrotes Laub und Sonnenschein bis halb fünf Uhr nachmittags.

Wäre ideal gewesen für einen Ausflug, und genau den hatten wir auch vor, an den Laacher See. (Spezieller Wunsch von mir.) Aber wie das Leben so spielt ...

Nach der Kirche erschien ein Bauer aus der entfernten Nachbarschaft mit der kühnen Behauptung, Cromwell habe eines seiner Hühner gerissen, was völlig aus der Luft gegriffen ist, denn Cromwell in seinem neunten Jahr kreist nur noch um unseren Hof. Wäre er abgehauen, hätte es mir auffallen müssen.

Bis Gero mit dem Bauern einig wurde, war es Mittag. Kaum saßen wir zu Tisch, erschien Klose mit zwei Ponysätteln, die er irgendwo in den Tiefen seiner Garage abgelegt und uns schon seit Monaten versprochen hatte. Ich konnte es kaum glauben.

Als er endlich ging, war es zu spät, um noch wegzufahren. Gero legte den Ponies die Sättel auf, und wir gingen eine Runde bis zum Landhaus Kaltenborn und über die Felder zurück.

Dabei machte ich eine Feststellung, die ich für Einbildung hielt und deshalb vorsichtshalber nicht aussprach. Aber vorhin, als die Mädchen im Bad waren, fing Gero davon an. Es muß also doch etwas dran sein.

Nämlich: Bis jetzt sind die Ponies mangels passender Sättel nur provisorisch geritten worden. Heute stiegen die Kinder erstmals richtig auf, und wer machte es am besten im Sattel?

Kevin.

Ausgerechnet Kevin.

Er sitzt ganz locker und gleichzeitig kerzengerade (beide

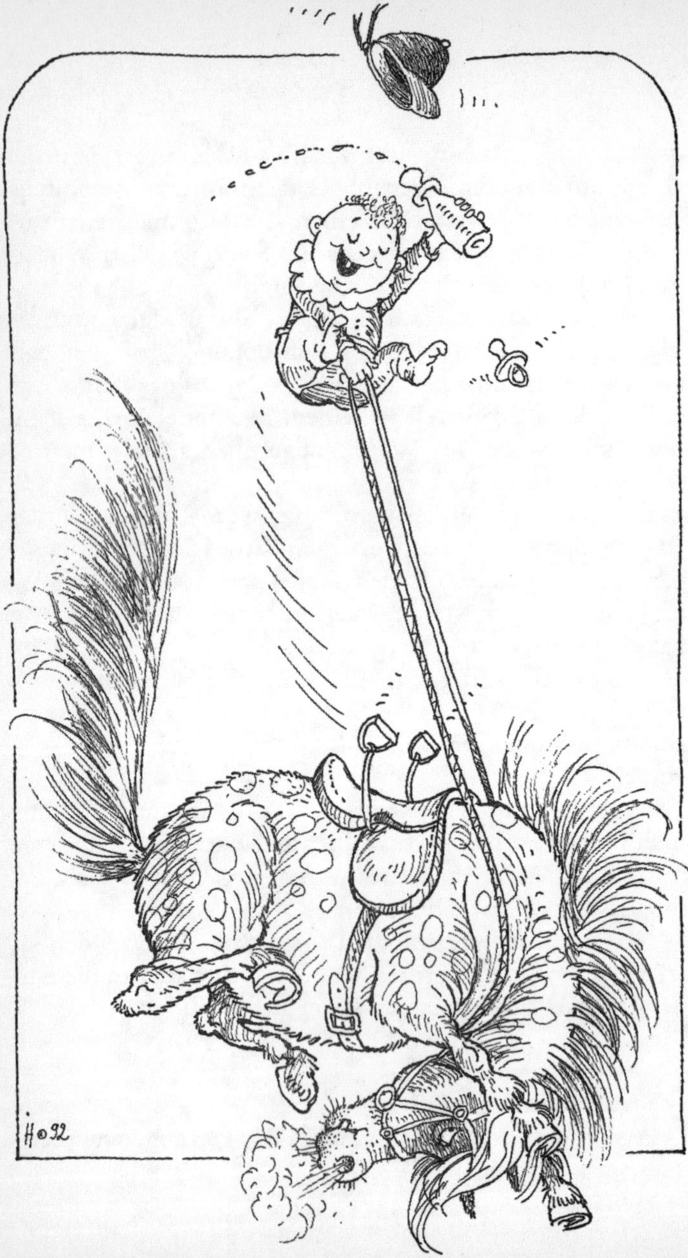

Mädchen neigten sich dauernd vornüber), und obwohl seine Füßchen ja nicht bis zu den Steigbügeln reichen, verliert er keine Minute die Balance.

Katrin und Laura dagegen, das sah man heute ganz deutlich, müssen noch viel lernen. Gero will sie im Kyllsteiner Reitverein anmelden, und damit hat er sofort eine Palastrevolution heraufbeschworen.

Der Kyllsteiner Reitverein, ließ uns Kati schrill wissen, sei das letzte. Der Reitlehrer stehe im Ruf, ein Ekel und ein Schinder zu sein, kein Mensch, der auf sich halte, gehe noch dorthin.

Gero in seiner bekannten Unbeugsamkeit bestand jedoch darauf, sich dieses verkommene Unternehmen wenigstens anzusehen, und zwar nächsten Sonntagnachmittag. Wer wolle, könne mitkommen.

Beide Kinder lehnten mit überdeutlich zur Schau getragenem Abscheu ab.

Mittwoch, 10. Oktober

Antje hat sich gemeldet. Das Gespräch war ein Seiltanz besonderer Art, nicht nur deshalb, weil Kevin meine Hilflosigkeit ausnützte, um die Treppe hinaufzukriechen. (Abwärts schwankt er aufrecht, und wehe, wenn er das Geländer losläßt!)

Ihre Mutter, sagte Antje einleitend, sei nach wie vor bereit, einen Jungen zu nehmen, aber ...

Hier hakte ich sofort ein und erklärte so fest wie möglich, dann sei ja alles in Butter, denn den anderen nähmen wir. Antje tat, als hätte ich nichts Wesentliches geäußert, und fuhr hartnäckig fort, es sei ihr lieber, wenn die Zwillinge zusammenblieben, das wüßte ich ja, und deshalb ... Weiter kam sie diesmal nicht, denn ich fiel ihr rigoros ins Wort: Einer der beiden, sagte ich, sei mir lieb und wert und willkommen, aber beide zusammen seien mir zuviel, zu anstrengend und zu intensiv, was die Verantwortung angehe. Daraufhin hörte ich minutenlang nichts, und ich dachte schon, sie hätte aufgelegt. Endlich kam ihre Stimme wieder durch, schwach und flach und deprimiert.

Gut. In Ordnung. Am 26. dann also. Einzelheiten könnten wir nächste Woche ja noch besprechen.

Ich fischte Kevin von der fünften Stufe, klemmte ihn mir unter den Arm und ließ ihn brüllen, während ich ihn hinaustrug, wo er sich gleich einen Holzsplitter einfing.

Gleichzeitig sah ich Cromwell unter unserem neuen, stabilen Zaun durchschlüpfen und mit fliegenden Ohren davonrennen. Er hat sich an zwei Stellen Kuhlen gebuddelt, um ungehindert aus und ein gehen zu können.

Ich dachte: Das darf nicht wahr sein!

Denn neulich erst habe ich heftig Cromwells Partei ergriffen und Gero vorgeworfen, sich ausbeuten zu lassen, weil er dem Bauern schließlich das Huhn bezahlte. Die paar Mark, sagte Gero, hole er sich von der Versicherung zurück.

Wer weiß, was er sich da noch alles zurückholen muß.

Übrigens reagierte Cromwell wie üblich nicht auf mein Rufen, zumindest nicht direkt. Aber nach ein paar Minuten kam er freundlich wedelnd angezockelt, ignorierte seine Schlupflöcher und wünschte, zum Tor hereingelassen zu werden.

Der Hund macht mit mir, was er will, und nicht nur er. Wenn ich mich nicht massiv wehre, werde ich einfach überrollt, sogar von Antje.

Montag, 15. Oktober

Vorigen Donnerstag fiel die Mainzer Omi von der Leiter und brach sich das Schlüsselbein (links).

Der Opi rief vom Krankenhaus aus an und wirkte derart schreckgelähmt, daß wir uns um ihn mehr Sorgen machten als um sie. Gero und ich berieten uns nur kurz darüber, wer zur moralischen Unterstützung abgeordnet werden sollte. Die Entscheidung fiel auf mich.

Am Samstagmorgen nahm ich den Zug nach Köln, stieg um in den Intercity und war um elf in Mainz.

Mal abgesehen von dem unerfreulichen Anlaß, eins steht fest: Seit einer Ewigkeit habe ich nichts mehr so genossen wie diese drei Stunden im Zug: Allein. Ohne mich kümmern zu müssen. Ohne Fragen beantworten zu müssen. Ohne in meiner Tasche nach Puzzles, Scrabbles, Game-Boys und anderen Beschäftigungsspielen kramen zu müssen.

Ich wußte schon gar nicht mehr, wie das ist, eine Illustrierte in Ruhe lesen zu dürfen, ohne gezupft, gezerrt oder sonstwie unterbrochen zu werden.

Auch wurde mir unklar bewußt, daß eine Tasse Kaffee im Speisewagen zwar astronomisch teuer ist und dabei immer noch billiger als all die Keksrollen, Kaubonbons, Pfefferminz, Smarties und Safttütchen, die man für drei Kinder auf einer dreistündigen Eisenbahnfahrt braucht.

Ich kam mir vor wie Cromwell, wenn er von einer Leine gelassen wird, und im tiefsten Grunde meines Herzens war ich froh, auf dem Weg zu meinen schwer angeschlagenen Schwiegereltern zu sein, auf dem Weg der Pflicht also, denn sonst hätte ich die drei Stunden nicht guten Gewissens genießen können. Warum eigentlich nicht?

Ist es verwerflich, Gero ein Wochenende lang meinen Alltag aufzuhalsen? Ja und nein (diese widerlich unbefriedigende Antwort).

Denn umgekehrt wäre ich nicht in der Lage, ihn im Werk zu vertreten, ihm seinen Alltag abzunehmen, mich bei ihm zu revanchieren.

Andererseits ist sein Alltag im Werk nicht so durchgängig wie meiner, der praktisch nie endet. Denn Gero hat vier Wochen Urlaub im Jahr, zweiundfünfzig freie Wochenenden und etliche Feiertage.

Wenn er, was selten genug vorkommt, einmal meinen Alltag übernimmt, ist dies für ihn eine Abwechslung vom Gewohnten, eine Ausnahme von der Regel.

Außerdem hatte ich den Eindruck, daß er lieber mit den Kindern zu Hause bleibt, als in Mainz zwischen der Klinik und der sozusagen verwaisten Wohnung seiner Eltern hin und her zu pendeln. Und tatsächlich, es ist kein Spaß.

Die Omi, bandagiert bis zum Hals, ist ein jammerndes Häufchen Elend.

Der Opi kleidet sein Mitgefühl in Dauervorwürfe, betreffend übereifrige Hausfrauen, die zweimal im Jahr ihre Vorhänge abnehmen, waschen und wieder aufhängen müssen, um dabei von der Leiter zu fallen und sich die Knochen zu brechen. Beide sehen klapprig, zerknittert und fahl aus.

Über Mittag schlurften wir, die Omi zwischen uns, den langen Gang im dritten Stock des Krankenhauses auf und nieder, was uns alle drei gleichermaßen bis zum Gähnen ermüdete. Aber der Opi war entschlossen zu bleiben, bis man ihn hinauswarf, während die Omi ihn beschwor, es nicht so weit kommen zu lassen.

Gegen vier Uhr gelang es mir, ihn abzuführen.

Die Wohnung in Gonzenheim ohne die Omi wirkt seltsam unbeseelt und unpersönlich. Der Gedanke, mich in ihre Küche zu stellen und zu kochen, stieß mich ab.

Daraufhin schlug ich ihm vor, seine Abneigung gegen Gasthausessen zu überwinden und abends mit mir in ein Restaurant zu gehen.

Damit hatte ich Glück.

Wir aßen einen vorzüglichen rheinischen Sauerbraten mit Klößen und Kompott in der Innenstadt.

Ein weiteres Ansinnen, nämlich ihn für die nächsten Tage mit nach Kaltenborn zu nehmen, wurde so empört abgelehnt, als sei es ein unsittliches Angebot.

Daß die Omi ihrerseits etwas dergleichen angedeutet hatte, wollte der Opi nicht gehört haben. Denn wenn nicht er, wer sollte die Omi denn im Krankenhaus besuchen?

Ich stellte Geros Besuch nächstes Wochenende in Aussicht, aber er winkte nur geringschätzig ab. Und bis dahin, was? Nein, nein. Er würde die Omi jeden Tag durch den Korridor treiben, andernfalls saß oder lag sie bloß tatenlos herum, grämte sich und ließ ihren Kreislauf absinken.

Da ich ihn nicht umstimmen konnten, mußte ich am gleichen Abend doch noch in die Küche, weil die Omi mir aufgetragen hatte, ihm mindestens drei Mahlzeiten vorzukochen.

Unser Opi ist nämlich weder willens noch imstande, sich auch nur ein Spiegelei zu braten, und Konserven lehnt er ab.

Aus dem wenigen Vorhandenen kochte ich eine große Schüssel Vanillepudding, Kartoffeln für Kartoffelsalat, den ich am Sonntagmorgen fertigmachte, sowie sechs harte Eier.

Mehr konnte ich nicht tun, denn mehr Zutaten fand ich nicht. Er freute sich wie ein Kind und war rührend dankbar für alles, was ich ihm in den Kühlschrank stellte.

Aber die Frage, was aus ihm wird, wenn die Omi länger ausfällt, ist bis jetzt nicht beantwortet.

Der Schluß liegt nahe: Man tut nicht gut daran, Männer ein Leben lang mit Haushalt und Küche zu verschonen.

Gero ist zwar auch nur ein Spezialitätenkoch, dem beispielsweise Resteverwertung nie in den Sinn käme. Aber er weiß sich wenigstens zu helfen, und er hat nichts dagegen, Dosen in beliebiger Zahl zu öffnen. Außerdem, wenn alles mißlingt, karrt er sich und die Kinder ins nächste Gasthaus.

(Genau dies tat er sonntagmittags – und warum auch nicht!)

Sie waren natürlich nicht im Kyllsteiner Reitstall, denn erstens regnete es in Strömen, zweitens hätten sie Kevin und Cromwell mitnehmen müssen, das wäre Gero zu mühsam gewesen. Kati und Laura triumphierten hinter seinem Rükken, aber ich warnte sie. Wenn sie denken, damit wäre das Thema Reitverein abgehakt, freuen sie sich zu früh. Da kenne ich ihn besser.

Montag, 22. Oktober

Gestern und vorgestern war Gero in Mainz. Seine Mutter wird erst nächste Woche aus dem Krankenhaus entlassen, und auch dann ist sie längst noch nicht gesund.

Antje hat angerufen und sich und Mark für Freitagnachmittag angekündigt. Gleichzeitig wird Olaf von Lothar zur Oma nach Bonn gebracht.

Unsere Kinder sind bis obenhin erkältet. Kevin kann sich immer noch nicht ausschnauben. Es ist ein Jammer.

Samstag, 27. Oktober

Jetzt haben wir das, was sich Katrin im Sommer so ingrimmig gewünscht hat: einen Zwilling ohne den andern, genauer gesagt: Mark ohne Olaf.

Und damit haben wir uns ins eigene Fleisch geschnitten, denn er tut uns in der Seele leid. Er wirkt völlig verloren, verschüchtert, verunsichert.

Er schleicht mit gesenktem Kopf herum, unschlüssig, ziellos. Man könnte annehmen, er wäre noch nie hier gewesen.

Es trifft sich schlecht, daß Gero, dem er vielleicht am ehesten vertraut, heute morgen nach Mainz fahren mußte, nicht ohne uns eindringlich vor Augen zu halten, was wir ohnehin wissen, nämlich, daß Mark erstmals ohne seinen Bruder ist, erstmals allein von zu Hause weg und erstmals allein in der Nacht.

Er schläft in einem der beiden Betten im Gästezimmer, und gestern spätabends, als Gero noch mal ins Bad ging, tauchte Mark verstört im Flur auf und bat sich Cromwell als Gesellschafter aus.

Gero raunte abschließend: »Also, laßt euch was einfallen!« und fuhr ab, mit dem Wagen natürlich, denn Zugfahren findet er nur für andere Leute gut und richtig und vernünftig.

Kati nahm sich seine Worte so zu Herzen, daß sie sich sofort bereit erklärte, Mark auf einer Luftmatratze in ihrem Zimmer zu dulden.

So weit ging Laura zwar nicht, aber sie nahm sich fest vor, heute den ganzen Tag mit Mark zu spielen, und zwar ausschließlich das, was er vorschlagen würde.

Ihre Selbstverleugnung erübrigte sich, weil Mark keinen Vorschlag hatte.

Den ganzen Vormittag waren sie mir alle in den Füßen. Nachmittags kam Miriam. Wir setzten uns gemeinsam an den Eßtisch und nahmen uns die neuen Spiele vor, die Antje neulich gestiftet hat. Wenn auch Kevin nach Kräften störte, so machte das höchstens mir etwas aus. Die Kinder nehmen ihn als dazugehörig einfach in Kauf, knuddeln ihn, winden ihm die Würfel aus den Händchen und überhören sein Gequengel. Es dauerte eine Weile, bis auch Laura und Mark die komplizierte Spielanleitung begriffen hatten und es richtig losgehen konnte, und – Gott sei's getrommelt und gepfiffen! – Mark gewann die letzte Runde.

Am frühen Abend gab es Reibekuchen und Apfelmus, Miriam blieb zum Essen da, und dann fielen sie alle über mich her: Morgen sei doch Sonntag, und überhaupt seien Ferien, und Miriam solle bleiben und bei uns schlafen.

Mich zu überzeugen war ein leichtes. Anders verhielt es sich mit Miriams Eltern, die ihre Kinder tagsüber ausschwärmen lassen, wohin auch immer. Aber geschlafen wird daheim. Das scheint die gußeiserne Regel in Eifler Elternhäusern zu sein, und es kostete mich zwei längere Telefongespräche, um sie zu brechen, eines mit Miriams Mutter (die ich gut kenne) und ein weiteres, hochdiplomatisches mit Miriams Vater (den ich noch nie bewußt gesehen habe, denn er ist Fernfahrer und vermutlich so unregelmäßig zu Hause wie Lothar).

Sehr zögernd nur erhielten wir ihre Zustimmung.

Um die Bettenverteilung hatte ich mich insofern zu kümmern, als sich erstmals auch Kevin einbrachte. Er wollte unbedingt im Gästezimmer nächtigen mit Mark, Miriam und Cromwell, und er bestand lautstark darauf, obwohl ihm schon um halb acht die Augen zufielen.

Die Kinder taten ihm den Gefallen, sein Bettchen hinüberzurollen und bis gegen acht Uhr bei ihm zu bleiben. Dann schlichen sie sich wieder nach unten, um das neue Theaterstück zu beraten, das Kati keinesfalls aus dem Auge verloren hat.

Donnerstag, 1. November

Allerheiligen. Feiertag bei uns in Rheinland-Pfalz.

Gero hatte den Kindern versprochen, bei einigermaßen gutem Wetter mit ihnen auf den Leyenberg zu fahren und Drachen steigen zu lassen. Kati hat in der Schule einen gebastelt, wunderschön mit zwei Meter langem Schweif aus bunten Kreppschleifchen, nach allgemeiner Ansicht zu schade, um in die Lüfte gelassen zu werden, deshalb hängt er als Wandschmuck über ihrem Bett.

Gero brachte die üblichen robusten, mit Plastikfolie bespannten Modelle aus dem Supermarkt mit, und weil das Wetter zwar durchwachsen, aber schön windig war, zog er mit allen vieren, einschließlich Kevin, los, und natürlich war Cromwell mit von der Partie.

Ich hatte einen freien Nachmittag.

Seit Dienstag wird Marks Abreise von Tag zu Tag verschoben. Die Gründe sind vielfältig. Heute waren es die Drachen. Merkwürdig ist, daß Mark sich massiv gegen den Besuch seines Bruders wehrte, den Antje in ihrem Zusammenführungsbestreben sogleich nach ihrer Rückkehr aus dem Harz in Aussicht stellte.

Nein. Mark legt keinerlei Wert auf Besuch von zu Hause. Ganz im Gegenteil.

Olaf, der seit Dienstag wieder bei seinen Eltern ist, drängelt und quält am Telefon, aber ich stelle mich taub.

Ich finde, man muß Marks ausdrücklichen Wunsch respektieren, zumal Lothar noch bis Montag Urlaub hat und sich ausnahmsweise mal seinem Sohn Olaf ungehindert widmen könnte.

Außerdem, wie es sich so ergibt, wenn man im großen Kreis munter drauflosplaudert, hat Mark uns von seiner letzten Geburtstagsfete erzählt, von der wir gar nicht wußten, daß sie stattgefunden hat.

Der Zwillingsgeburtstag fällt fast immer in die großen Ferien und wird daher nachgefeiert.

Dieses Jahr, als Kati zehn wurde, bemerkte Antje ganz beiläufig, daß der eigentliche Geburtstag der Zwillinge nun schon zu weit zurückliege, um noch gefeiert zu werden. Jetzt hören wir von Mark, daß sie gleich nach Schulbeginn zwölf Kinder eingeladen und mit einem Minibus zum Flughafen gebracht hätten, wo Papi ihnen alles zeigte, was es da zu sehen gibt, und in der Cafeteria wären zwei Tische für sie reserviert gewesen, und jedes Kind hätte essen und trinken können, was es wollte.

Komisch, daß zu dieser interessanten Variante einer Kindergeburtstagsparty die unsrigen nicht geladen waren.

»Warum habt ihr uns vergessen?« fragte Laura denn auch streng. Vergessen, sagte Mark, habe man sie nicht. Aber Mami habe gemeint, zwölf Kinder seien genug, und das sollten Klassenkameraden sein, bei denen man ebenfalls eingeladen werde. »Aber bei uns werdet ihr auch eingeladen«, wandte Kati ein. Mark nickte verlegen, weil er da erst merkte, worauf er sich mit diesem Gespräch eingelassen hatte.

Die Mädchen kamen jedoch sofort überein, daß er nichts dafür könne, und Laura verkündete sogar großmütig, daß sie ihn trotzdem zu ihrem Geburtstag am Zwanzigsten einladen werde. Aber nur ihn.

Wie das rein technisch zu machen wäre, da Antje ihn ja bringen müßte, weiß ich nicht. Im Augenblick kümmert mich das auch wenig. Viel mehr beschäftigt mich diese Flughafenaktion, die Antje so klammheimlich inszeniert hat, nachdem sie mit großer Selbstverständlichkeit mitsamt den Zwillingen an Katrins Geburtstag auftrat.

Gewiß, wir haben das längst fällige offene Wort zum Thema Kindergeburtstag damals nicht gesprochen, leider, und zwar deshalb nicht, weil sie es so darstellte, als fiele die Feier für die Zwillinge dieses Jahr unter den Tisch.

Eben das ist es, was mich wurmt.

Ich muß mich furchtbar zusammennehmen, um mir nichts anmerken zu lassen, denn noch ist Mark da, der, wie die Kinder sehr richtig sagen, nichts dafür kann.

Aber mir fällt doch auf, daß Antje sich uns ganz schön vom Leib hält und daß sie nur dann schrankenlose Offenheit demonstriert, wenn sie mich braucht.

Samstag, 3. November

Zu meiner Erleichterung kam Lothar allein, um Mark abzuholen. Antje hatte einen Zahnarzttermin und ließ grüßen.

Ahnt sie etwas?

Gero habe ich fürs erste mit dieser Geschichte verschont. Er hat wegen Omi schon Sorgen genug, und so war wenigstens einer von uns unbefangen nett zu Lothar, der sich sehr bedankte und uns ein Modellflugzeug zum Selbstbau verehrte. Außer Gero wird es keiner von uns je zusammensetzen können. Mein Dank war entsprechend kühl.

Montag, 5. November

Gestern sind wir auf Geros ausdrücklichen Wunsch alle Mann nach Mainz gefahren, um der Omi einen gemeinsamen Krankenbesuch abzustatten. Ich hatte Gero gegenüber bereits Bedenken angemeldet, aber er wollte nichts hören. Die Großeltern seien schon ganz frustiert, weil die Familie sich noch nicht habe sehen lassen, und jetzt, wo die Omi wieder zu Hause sei, könne man es mit Kevin und Cromwell doch für ein paar Stunden auf sich nehmen.

In Wahrheit ist es so, daß Gero nicht gern allein nach Mainz fährt. Er muß dann nämlich anstandshalber länger bleiben, meistens über Nacht, und außerdem ist er einfach nicht der Typ, der stundenlang im Sessel oder am Kaffeetisch oder vorm Fernseher sitzen kann.

Freizeit heißt für ihn Bewegung, am liebsten draußen. Das ersieht man bereits daraus, daß er mit dem Fahrrad ins Werk fährt und mir den Wagen überläßt, und kaum ist er zu Hause, schnappt er sich die Leine und haut mit Cromwell ab, oft noch vor dem Abendessen.

Er hat nun einmal diesen Bewegungsdrang, und Kevin hat ihn auch schon, und da bereits die Autofahrt gut anderthalb Stunden dauert, sind die Voraussetzungen für ein ausgedehntes Kaffeestündchen bei Omi und Opi denkbar ungünstig. Auch waren die Kinder immer noch erkältet, und ich fürchtete, sie würden die ohnehin noch sehr klapprige Omi anstecken.

Aber es war natürlich nichts zu machen. Gero hatte uns fest angesagt, und um nicht mit leeren Händen anzukommen, belegte ich der Einfachheit halber zwei Tortenböden mit exotischen Früchten (Kiwi und Mango). Cromwell, den man besser vor langen Autofahrten nicht füttert, bekam einen Kauknochen zur Beschäftigung, Kevins Mittagsschlaf wurde vorverlegt, und Gero packte einen Zentner Eifler Winterkartoffeln in den Kofferraum.

Woran wir nicht gedacht hatten in unserer Abgeschiedenheit, wo man schon von einem Verkehrschaos spricht, wenn binnen fünfzehn Minuten drei Lastwagen über die Landstraße rollen, war der Herbstferienrückreisestrom. Dadurch wurden aus anderthalb Stunden zweieinhalb.

Ab Koblenz verlangte Laura, aufs Klo zu gehen, aber Gero vertröstete sie geschickt, ließ uns pausenlos Namen und Städte raten und vermied es standhaft, eine der überfüllten Raststätten anzusteuern.

In Gonzenheim stürzte unsere Laura dann in begreiflicher Hast die zwei Stockwerke hinauf, rannte die Omi in der offenen Flurtür fast um und hörte nicht, was der Opi ihr nachrief.

Der Rest der Familie folgte bedeutend langsamer. Katrin balancierte die beiden übereinandergepackten Torten, Gero führte Cromwell straff an der Leine, und ich trug Kevin. Die Begrüßung der Großeltern dauerte eine Weile. Gero schloß vorsichtshalber erst die Balkontür, bevor wir Cromwell und Kevin losließen, und immer noch keine Spur unserer zweiten Tochter.

Cromwell schnüffelte aufgeregt durch sämtliche Zimmer, Kevin kippte den Schirmständer um, und der Opi murmelte von Zeit zu Zeit: »Ich hab's ihr extra gesagt!«

Niemand hörte ihm zu, bis ich nachfragte.

Der Opi hatte Laura empfohlen, die Klotür nicht abzuschließen, weil sie sich verzogen hat und das Schloß klemmt.

Ich wälzte mich sofort aus der Eckbankecke, stürzte in den Flur und hörte Lauras klägliche Stimme: »Mami, ich kriege die Tür nicht auf!«

»Hast du abgeschlossen?«

»Ja.«

»Schätzchen, das wäre nicht nötig gewesen!«

»Ich bin hier doch nicht zu Hause«, zischte Laura.

Cromwell, der Katastrophen immer vorausahnt, hatte sich bereits gegen die Tür gepreßt und winselte leise. Kevin fing an zu heulen. Inzwischen waren alle Sonnemanns vollzählig versammelt.

»Zieh den Schlüssel ab, Laura«, bat Gero mit forcierter Munterkeit, »und schiebe ihn mir unter der Tür durch. Ich schließe dann von außen auf.«

Minutenlang geschah nichts, denn Laura bekam den Schlüssel nicht aus dem Schloß. Als sie es endlich geschafft hatte, konnte sie ihn nicht unter der Tür durchschieben, weil der Spalt zu eng war.

Inzwischen weinte auch Katrin, und Laura fragte mit hoher Piepsstimme, was sie jetzt tun sollte.

Da kam mir die geniale Idee, sie solle den Schlüssel zum Fenster hinauswerfen, sobald ihr Vater draußen hinterm Haus Aufstellung genommen hätte.

Sofort stürzten alle bis auf die Omi, Kevin und mich zur Flurtür hinaus, ich hielt Cromwell im letzten Moment am Halsband fest, und Laura kletterte drinnen auf die Klobrille, um das Fensterchen zu erreichen.

Als Gero »Los, jetzt!« rief, warf sie den Schlüssel hinaus. Er landete auf dem ungepflegten Rasenstück an der Rückfront, wo Kati ihn erst nach zehn Minuten fand.

Dann begann der zweite Teil der Veranstaltung.

Zuerst wurde der Schlüssel eingefettet, damit er besser gleiten sollte. Es half nichts. Danach wurde er mit einer Feile bearbeitet, die Gero aus dem Autoreparaturkasten herausgeklaubt hatte, aber der Schlüssel paßte noch weniger als vorher und bewegte sich nicht im Schloß.

Lauras Stimme versagte bereits. Kevin quengelte. Cromwell winselte. Kati und die Omi mußten sich setzen.

Plötzlich verlor Gero die Geduld, riß einen Drahtbügel von der Garderobe, bog ihn auf und stocherte wie wild im Türschloß herum. Während der Opi noch ganz entnervt »Laß das, laß das doch!« brummte, schnappte das Schloß auf, und unsere Tochter Laura stolzierte ganz benommen heraus. Der Opi kippte sofort einen Schnaps, der kalt gewordene Kaffee wurde eingeschenkt. Gero sah auf die Uhr und rief zum Aufbruch.

Die Omi gestand uns, fremde Früchte nicht zu mögen, und drängte uns die übriggebliebenen Tortenhälften wieder auf.

Für die Rückfahrt brauchten wir drei Stunden, und kein Mensch beteiligte sich mehr am Namen- und Städteraten, sosehr ich auch dazu aufforderte.

In der Eifel empfing uns das erste Schneegestöber des Jahres, Gero fuhr den Wagen kurz nach acht in die Garage und warf keinen Blick mehr zurück.

Heute morgen, als ich den Kofferraum öffnete, fand ich einen Zentner Eifler Winterkartoffeln.

Mag ihn nach Mainz bringen, wer will, ich nicht. Mein Bedarf an sonntäglichen Ausflügen ist reichlich gedeckt.

Freitag, 9. November

Ich heize und heize, schmeiße unverantwortlich viel Holz und Briketts hinein und habe trotzdem das Gefühl, nicht richtig warm zu werden. Dabei ist es draußen noch acht Grad plus. Aber nie friert man so wie in der Übergangszeit.

Ein paar lahme Versuche, Kevin auf Sauberkeit zu trainieren, sind dadurch schon wieder im Keim erstickt worden.

(Die Omi machte ein paar einschlägige Bemerkungen, die ich zwar lässig abtue, mir aber doch zu Herzen nehme.)

Kevin ist kein bißchen kooperativ.

Lauras Geburtstagswünsche, mit der üblichen Nachdrücklichkeit geäußert, lauten:

Ein Xylophon und/oder eine Kinderpost und/oder einen Puppenfrisiersalon, in jedem Fall, ohne Wenn und Aber: einen Agentenkoffer mit allem, was der Geheimagent braucht, wie zum Beispiel Handschellen, Funkgerät, Hand- und Faustfeuerwaffe, Ausweis und Sonnenbrille.

Was sie keinesfalls will: einen Webrahmen, einen Stickrahmen, eine Kindernähmaschine.

Zweitens: Sie wünscht, ihren Geburtstag am Geburtstag zu feiern, also am Dienstag den 20. November, nachmittags um halb vier.

Da sie sich mit ihrem langjährigen Freund Axel verkracht

hat und ihre neue Freundin Ilka noch nicht für würdig hält, will sie nur ein paar Nachbarskinder einladen, unter ihnen natürlich Miriam, und, weil sie es versprochen hat, Mark. Opi und Omi, falls sie kommen wollen, werden großzügig geduldet.

Wer von den Auserwählten am Dienstag den 20. November aus welchen Gründen auch immer nicht erscheinen kann, hat Pech gehabt, denn nachgefeiert wird nicht.

Stattfinden soll Bonbonraten am großen Tisch, das dämliche, alte Topfschlagen und das gleiche Theaterstück wie zu Geros Geburtstag, aber mit ihr als Zuschauerin und dem Geburtstagslied für die liebe Laura.

Gero glaubt nicht, daß andere Kinder so präzis angeben könnten, was sie wollen und was nicht.

Der Agentenkoffer wird in einem Versandhauskatalog angeboten und ist nach seiner und meiner Überzeugung Ramsch.

Auch habe ich etwas gegen Hand- und Faustfeuerwaffen, in welcher Form auch immer. Da es jedoch ihr Hauptwunsch ist – und ich hoffe, sie damit nicht fürs Leben zu verderben, beuge ich mich widerwillig.

An Mark geht eine gedruckte Einladungskarte ab, die Laura selbst mit dem Geburtstagsdatum und ihrer Unterschrift versehen hat.

Sonntag, 11. November

Zum ersten Mal nahmen wir Kevin mit zum Martinszug. Laterne, Laterne, Sonne, Mond und Sterne.

Tehrne, Tehrne, sang Kevin, bis Miriams Mutter ihn lobte: »Du kannst aber schön singen!« Prompt hörte er auf, starrte sie feindselig an und verbarg den Kopf an meiner

Schulter. Der Zug führte diesmal mitten durchs Dorf. Der Sankt Martin war der Sohn vom Landhaus Kaltenborn, sein Roß stammt aus dem Kyllsteiner Reitstall.

Das Martinsfeuer auf der Wiese neben dem Löschteich enthielt garantiert keine alten Autoreifen, und für die gerechte Verteilung der Wecken sorgte die Feuerwehr.

Lauras Laterne ging wie alljährlich in Flammen auf, aber diesmal hatten wir Ersatz mitgenommen, so daß es kaum eine Unterbrechung und vor allem keine Tränen gab.

Die Großeltern haben sich für Dienstag den 20. angesagt, vorausgesetzt, die Omi ist bis dahin soweit, ein paar Tage mit den Massagen auszusetzen.

Dienstag, 13. November

Mittags, als Kevin schlief, meldete sich Antje auf Lauras Einladungskarte hin: Mark habe Dienstag nachmittags Turnen und könne natürlich nicht kommen. Überhaupt (lächelnder Vorwurf in der Stimme) sollten wir doch bei der guten Gewohnheit des Nachfeierns am darauffolgenden Wochenende bleiben. Am Sonntag den fünfundzwanzigsten, beispielsweise, kämen sie alle gern in voller Besetzung, einschließlich Lothar. Gut gewappnet, wie ich war, machte ich Antje mit Lauras knallharten Bedingungen bekannt und fügte hinzu, daß auch ich inzwischen vom Nachfeiern nichts mehr halte.

Wie erwartet widersprach Antje lebhaft und spielte Lauras Standpunkt herunter, so daß ich ganz leicht und flüssig unterbrechen und meinen Schlüsselsatz anbringen konnte: »Aber du bist mit gutem Beispiel vorangegangen, Antje, hast den Zwillingsgeburtstag auch nicht nachgefeiert dieses Jahr« – Kunstpause –, »jedenfalls nicht mit uns.«

Darauf reagierte sie völlig konfus mit Wasdenn, Wiedenn, Wiesodenn, als leide sie an Gedächtnisverlust.

Also, sagte ich abschließend, Laura ist fixiert auf den Zwanzigsten, und dabei wollen wir es auch lassen. Der Sonntag ist insofern verplant, als Gero mit den Mädchen nach Kyllstein in den Reitstall fahren will.

»Ja, was machen wir denn da?« fragte sie, und ich sage: »Schickt eine schöne Geburtstagskarte, Laura kriegt so gerne Post!«

Mittwoch, 21. November, Buß- und Bettag

Gestern stieg das große Fest unserer nunmehr siebenjährigen Tochter Laura, der es gelungen ist, alle ihre Wünsche verwirklichen zu lassen.

Das Xylophon schenkte der Opi, den Puppenfrisiersalon die Omi, die Kinderpost brachte Miriam, den fragwürdigen Agentenkoffer bekam sie von ihren schwachen Eltern (Kommentar der Omi: Was habt ihr euch denn dabei gedacht?«)

Es mangelte aber auch nicht an Überraschungen.

Katrin hatte sich tagelang in ihr Zimmer eingeschlossen und ihrer Schwester einen Drachen gebastelt, noch größer und noch schöner als ihr eigener. Laura war hin- und hergerissen und zutiefst gerührt. Während sie wie Rumpelstilzchen von einem Bein aufs andere hüpfte und laut darüber nachsann, was sie ihrerseits Kati zu Weihnachten schenken könnte, erwischte Kevin den Prachtdrachen. Wahrscheinlich wäre gar nichts passiert, aber als alle über ihn herfielen, riß er vor Schreck ein Stück vom zwei Meter langen, reichverzierten Schwanz ab, Cromwell fetzte sofort

die bunten Kreppschleifchen, und schauerliche Schreie gellten durchs Haus. Die Omi unten im Duschbad ereilte fast der Herzinfarkt.

Dabei war es Katrin ein leichtes, die Schwanzschnur neu zu knüpfen und mit ein paar neuen Schleifchen zu versehen. Um den Drachen vor weiterem Schaden zu bewahren, wurde er über dem Fenster in Lauras Zimmer drapiert, so daß man den Vorhang nicht mehr zuziehen kann.

Überraschungsgast am Nachmittag war Axel, mit dem sich das Geburtstagskind vormittags versöhnt hatte und von dem, wie ich bei dieser Gelegenheit erfuhr, die Idee mit dem Agentenkoffer stammte. Ganz klar, daß er schon deshalb kommen mußte. Höhepunkt des Festes war das Kasperletheater mit dem unwesentlich verlängerten Stück, dem wir in letzter Minute noch ein paar Gags hinzugefügt hatten, so zum Beispiel warf das Kasperle Bonbons ins Publikum, das daraufhin vor Begeisterung tobte und auf allen vieren herumkroch, als habe es Genüsse dieser Art seit einer Ewigkeit schwer entbehrt.

Aus der Toskana kam (ich weiß nicht, wie Carla das Timing schafft, denn alle Postsachen sind wochenlang unterwegs und kommen trotzdem pünktlich an, meist auf den Tag genau) ein Päckchen mit einer wunderschönen italienischen Fibel und einem Erinnerungsfoto, das Laura inmitten der toskanischen Kindergartenkinder zeigt.

Sofort hielten wir eine wehmütige Sommerferien-Rückschau. Von Antje und den Zwillingen hörten und sahen wir nichts, auch keine Karte.

Der Opi bestand darauf, an der Besichtigung des geschmähten Kyllsteiner Reitstalls teilzunehmen, und weil er am Wochenende wieder in Mainz sein muß, fand dieser Termin heute statt, denn es ist Feiertag, und Gero hat genausogut Zeit wie am Sonntag.

Die Mädchen hängten sich dem Opi schwer an beide

Arme und impften ihm ihre vorgefaßte Meinung ein über den Reitstall, den Reitverein und den Reitlehrer.

Wie es wirklich dort ist, konnte ich nicht in Erfahrung bringen, denn der Opi stand von Anfang an auf seiten der Kinder, denen nur einer den richtigen Reitunterricht erteilen kann, nämlich er, und zwar im Frühjahr.

Gero zuckte nur die Schultern und sagte zu mir, er habe andere Vorstellungen, aber gegen diese Übermacht komme er einfach nicht an.

Die Omi ist linksseitig immer noch steif, empfindlich und ängstlich. Sie tut uns allen leid.

»Hahme Hummi«, sagt Kevin, und wir sagen es ihm nach, nur Laura weist uns streng zurecht: »Das heißt arme Omi!«

Donnerstag, 22. November

Ich muß Antje in Schutz nehmen.

Sie hat am Freitag ein Päckchen abgeschickt, in der Annahme, es käme Dienstag bei uns an. Schließlich sind es nur siebzig Kilometer. Durch den Feiertag am Mittwoch verzögerte sich die Deutsche Bundespost um einen weiteren Tag, und so erhielt Laura es endlich heute.

Es war ein Druckkasten drin, der allgemein großes Interesse hervorrief, sogar der Opi setzte zwei Zeilen mit seinem Namen und seiner Adresse. Die Farbe, mit der die kleinen Stempelkissen getränkt sind, findet sich inzwischen auf Vorhängen, Handtüchern und auf fast allen Kleidungsstücken wieder.

Ein blauer Fleck ziert sogart Cromwells Stirn.

Donnerstag, 6. Dezember

Gestern war Nikolausabend, ein in der Eifel gehegter und gepflegter Brauch aus alten Zeiten, als die Kinder so gewaltig eingeschüchtert wurden, daß es für ein ganzes Jahr vorhielt.

Mit dem Nikolaus tritt kettenrasselnd der Böse auf, genannt Hans Muff, und nur das goldhaarige weißgekleidete Engelchen mit seinen schiefsitzenden, fedrigen Flügeln gibt dem Auftritt einen Anstrich christlicher Milde.

Ansonsten, obwohl sich der Nikolaus mit hoher Mitra und Schärpe als Bischof ausweist, hat das Ganze eher einen heidnischen Charakter, jedenfalls in meinen Augen.

Als Kati noch in den Kindergarten ging, hat sie mir angstbebend berichtet, wer nicht brav sei, den lege der Hans Muff in Ketten und stecke ihn in seinen Sack.

Daraufhin habe ich es abgelehnt, das Trio in unser Haus zu bitten, und ich blieb hartnäckig bei dieser Ablehnung, auch als ich erfuhr, daß der Nikolaus ein Werkskollege von Gero ist und der Hans Muff in früheren Zeiten von demjenigen verkörpert wurde, der heute den Sankt Martin darstellt. Nun hat sich in diesem Jahr der seltene Fall ergeben, daß Miriams Bruder Dominik der Hans Muff und Miriam das Engelchen sein darf.

Eine höhere Ehre wird keinem weiblichen Kind in einem Eifeldorf zuteil, und als Miriam am frühen Abend kam, um sich in ihrer weißen, goldhaarigen Pracht vorzustellen, starrten wir sie alle voll scheuer Bewunderung an. Kevin erkannte sie nicht, und selbst Cromwell gebärdete sich wie toll, als wäre fremder Besuch da.

Der Hans Muff klirrte draußen vor unserem Hoftor ungeduldig mit seinen Ketten, denn sie sollten den Nikolaus Punkt sechs am Hinterausgang des Kohlensäurewerks treffen, und sie waren schon spät dran.

Miriam, die an die Gesellschaft unserer Kinder derart gewöhnt ist, daß sie trotz schulischer Trennung kaum einen Schritt ohne sie tut, verfiel in die von ihr meisterhaft beherrschte Kunst des Bettelns: »Ach, bitte, bitte, bitte, dürfen Katrin und Laura mitgehen?«

Es ist üblich, daß ein kleiner Pulk von Kindern dem Nikolaus-Trio von Haus zu Haus folgt und die Straße unsicher macht. Ich hätte die unsrigen leichteren Herzens mitziehen lassen, wenn es nicht so dunkel gewesen wäre, aber kaum hatte ich ergeben den Kopf gesenkt, stürzten sie auch schon jubelnd auf und davon.

Gero, der kurz danach heimkam, berichtete, der Hans Muff wäre ihm um ein Haar ins Fahrrad gelaufen und habe ihn seitlich fast bis in den Graben gedrängt.

Alles in allem, meinte Gero, fühle er sich an Pittsburgh/ USA erinnert, wo er ein Semester studiert hat, und zwar ans wilde Halloween-Treiben.

Es war fast neun Uhr, als unsere Kinder nach Hause kamen, aufgedreht wie die Brummkreisel und satt bis zum Überdruß von lauter Plätzchen und Lebkuchen, die es überall gegeben hat.

Beide gestanden übrigens, daß es ihnen die ganze Zeit unterschwellig vor Nikolaus und Hans Muff gegraust habe, obwohl sie doch genau wußten, wer unter den Kostümen steckt, und sie selbst sozusagen zum Troß gehörten.

Katrin war mir dankbar, daß ich ihr und Laura den hohen Besuch immer erspart habe, und auch zu Kevin dürfe er nie kommen.

»Höchstens dann, wenn er später mal unerträglich frech wird«, schränkte Laura ein.

Freitag, 7. Dezember

Miriams Mutter rief mich an und sagte, Miriam sei krank. Wahrscheinlich habe sie sich in dem dünnen Engelchenkleid erkältet am Mittwochabend, als es immer rein in die warmen Häuser und wieder raus auf die kalte Straße ging. Nächstes Jahr käme das nicht mehr in Frage.

Nikolaus und Hans Muff seien viel besser dran, die seien dicker angezogen.

Heute und morgen soll Miriam keinen Besuch haben, es geht ihr gar nicht gut.

Montag, 10. Dezember

Wir kauften ein Mädchenbuch für Miriam, das Kati ausgesucht hat, und ich ging hin und gab es ab.

Dabei lernte ich endlich auch Miriams Vater kennen, der wegen des zur Zeit herrschenden Winterwetters nicht unterwegs sein kann.

Er sagte, sie hätten den Sonntagsdienst holen müssen, Miriam habe erschreckend hoch gefiebert, und alle machten sich große Sorgen.

Ich blieb vorsichtshalber vor der Haustür stehen, richtete viele Grüße von uns aus, besonders von Katrin, und wünschte gute Besserung.

Samstag, 15. Dezember

Katrin meutert, trotzt und motzt, weil ich sie nicht zu Miriam gehen lasse.

»Sie ist meine Freundin, ich kann sie doch nicht hängenlassen, nicht wochenlang!«

Dazu scharfe Hinweise von Laura: »Weißt du nicht mehr, wie Miriam immer die Schularbeiten gebracht hat, wenn Kati krank war? Auch als sie Grippe hatte, jawohl! Weißt du das nicht mehr, Mami?«

Natürlich weiß ich es noch.

Aber Weihnachten steht vor der Tür. Wir erwarten die Großeltern. Die Omi ist weiß Gott schon genug gestraft mit ihrer Schulter, ich will es einfach nicht riskieren, daß sie sich auch noch eine fiebrige Erkältung holt, ganz abgesehen von Kevin, der mir schon schlaflose Nächte verursacht, wenn er nur einen Schnupfen hat.

Ich brüte immer noch über den letzten Weihnachtsgeschenken, habe bis jetzt so gut wie keine Weihnachtspost erledigt, außer an die Toskaner, und leide, wie immer um diese Zeit, unter dem Gefühl, hinter einem fahrenden D-Zug herzuhetzen. Kevins Bereitschaft, wenigstens morgens nach dem Aufstehen und abends vor dem Schlafengehen den Topf zu benutzen, ist gleich null. Entweder robbt er damit durchs Zimmer oder er kickt ihn wütend von sich.

Noch neun Tage bis Heiligabend. Der Gedanke an die Wagenladungen von Lebensmitteln, die ich bis dahin noch heranfahren muß, macht mich mürbe, und ich bewundere Miriams Mutter, die es trotz Halbtagsjob und krankem Kind geschafft hat, vierzehn verschiedene Sorten Weihnachtsplätzchen zu backen (ihre unterste Grenze, die höchste liegt bei zwanzig).

Samstag, 22. Dezember

Was habe ich gesagt! Was habe ich gepredigt!

Warum bin ich die ganze Zeit so dahintergewesen, daß mir keiner zu Miriam geht, bevor sie nicht ganz gesund ist? »Aber das ist nicht fair von dir, Mami! Was du bloß immer hast, Mami! Miriam wartet doch auf mich! Astrid war auch schon bei ihr! Ja, Astrids Mutter ist nicht so pingelig!«

Lieber Gott im Himmel, hätte ich mich doch einmal durchgesetzt!

Wäre ich doch einmal im Leben hart geblieben, herzlos, unfair, pingelig, stur!

Hätte ich mich doch ins Unrecht setzen lassen noch und noch! Aber nein! Gegen meine Überzeugung habe ich mich weich kneten lassen, und was haben wir davon?

Zwei schwerkranke Kinder, Frau Doktor als Dauerbesuch, die Angst im Nacken, daß es Kevin auch noch erwischt, eine deprimierende Absage an Omi und Opi für die Weihnachtstage – und wie ich mich um Christbaum, Krippe, Gans und Rotkohl kümmern soll, ist mir schleierhaft. Und außerdem: Für wen das alles?

Katrin und Laura liegen mit hohem Fieber, Gero klagt seit heute über mysteriöse Kopfschmerzen, und meinen Kevin habe ich heute nachmittag im Laufstall vor den Fernseher gesetzt (wenn das Carla wüßte!). Es war eine reine Verzweiflungstat, und ganz bestimmt nicht die letzte dieser Art.

Mittwoch, 2. Januar

Es war eine Virusgrippe, die uns heimgesucht hat, das heißt Gero, Katrin und Laura. Verschont blieben Kevin und ich, was an ein Wunder grenzt – toi, toi, toi, ich will es lieber nicht berufen!

Zu versorgen waren außer den Patienten natürlich auch Cromwell und die Ponies, der Kachelofen und, last not least, Kevin, den ich wegen der Ansteckungsgefahr im Erdgeschoß hielt und über weite Strecken einfach machen lassen mußte, was er wollte. Mein eigentlicher Aufenthaltsort war das Treppenhaus, treppauf, treppab, mit Tabletts, mit Körben, mit Flaschen, mit frischer Wäsche.

Unten klingelte derweil das Telefon am laufenden Band, Cromwell bellte wie verrückt, weil draußen drei Tage lang Kracher und Knaller hochgingen, und Kevin tat sein Bestes, mich wahnsinnig zu machen.

Alle Augenblicke mußte ich etwas stehen und liegen lassen, weil oben jemand nach mir rief und jammerte, und keine einzige dieser Gelegenheiten ließ sich Kevin entgehen, keine einzige! Dem Kasperle biß er die bereits angeknabberte Nase gänzlich ab, eine Flasche Multivitaminsaft leerte er auf den Wohnzimmerteppich.

Er versteckte die Fernbedienung vom Fernseher unauffindbar, trank sein Badewasser, warf die Nagelbürste ins Klo und meine Armbanduhr ins Putzwasser.

Zweimal entwischte er nach draußen und wälzte sich in einer Schneeregenpfütze, und einmal fand ich ihn, tiefsinnig auf dem Boden sitzend, das Telefon zwischen den Beinchen, den Hörer abgehoben, und eine Frauenstimme in fremder Sprache rief ungeduldig etwas, das entfernt wie »Hallo« klang.

Am Neujahrsmorgen kam Antje und ließ mich alles vergessen, was ich ihr je angekreidet habe.

Sie kam allein, schnappte sich Kevin und ging zwei Stunden mit ihm und Cromwell spazieren.

Dann saugte sie die Teppiche im ganzen Haus und räumte gründlich auf, was ihr in die Quere kam.

Dabei fand sie die Fernbedienung vom Fernseher (im Schirmständer) und Katrins Weihnachtspuzzle (200 Teile) verteilt in den Tiefen von vier Paar Gummistiefeln. Unter der Dielenkommode kehrte sie den Salzstreuer, den Pfefferstreuer und Geros Parker-Füller hervor.

Mir zuliebe wusch sie sich mit Sagrotan und verzichtete auf einen Besuch im oberen Stockwerk. Aber sie schickte ein Steckschach für Gero und ein Dutzend Hörspielkassetten für die Mädchen hinauf.

Mitgebracht hatte sie ein halbes kaltes Büffet vom Silvesterabend mit echtem Lachs und Meerrettich, Trüffelpastete und englischen Mixed Pickles, Knoblauchbrot, das wir im Ofen aufbackten, und eine Flasche Champagner, die wir beide um die Mittagszeit köpften.

Es war traumhaft. Es war, als tauchte ich aus einem langen, dunklen Tunnel wieder auf.

Antje findet, ich müßte eine Hilfe haben, schon wegen Kevin, den man keine fünf Minuten ungestraft aus den Augen lassen kann.

Überhaupt sei mein Haushalt doch ziemlich groß und arbeitsintensiv, besonders jetzt im Winter, wo die Heizerei dazukomme und der Dreck von draußen.

Ich versprach ihr, mir ihren Rat durch den Kopf gehen zu lassen.

Ich habe drei Pfund abgenommen, war zwei Monate nicht beim Frisör und sehe aus wie meine eigene Großmutter.

Freitag, 4. Januar

Meine drei Patienten stehen stundenweise auf, um sich alsbald wieder erschöpft in ihre Kissen sinken zu lassen.

Frau Doktor empfiehlt Kraftbrühe und allmählich sich steigernde Zufuhr von kräftiger Kost.

Die Fenster auf der Wetterseite sind fast blind. Schon der Gedanke, sie zu putzen, macht mich müde.

Auf die Mahnungen des Briefträgers, die Zufahrt schneefrei zu halten, reagiere ich nicht. Von mir aus kann er die Post bis Ostern irgendwo stapeln.

Die Telefonklingel lasse ich meist unbeachtet verhallen. Es sei denn, Kevin schläft.

Ist er wach und munter, müßte ich ihn, bevor ich zum Hörer greife, fesseln und knebeln. Denn er nutzt meine Hilflosigkeit, wenn ich an der Strippe hänge, geradezu schamlos aus. Vorige Woche rief die Werksleitung an, Herr Doktor Weidenbach persönlich (fünf Minuten plauderte die Telefonistin, drei Minuten dauerte es, bis sie mich mit der oberen Etage verbunden hatte, fünf Minuten unterhielt mich das Sekretariat und zehn Minuten Herr Doktor Weidenbach, und alle wollten wissen, wie es Gero gehe).

Um nicht wie eine Hysterikerin zu klingen, die noch dazu schwachsinnig ist, gab ich ruhig und beherrscht Auskunft, würzte meine Ausführungen mit freundlichen Floskeln und sah dabei die ganze Zeit gebannt zu, wie Kevin die Besteckschublade ausräumte und versonnen ein Küchenmesser nach dem andern zu Munde führte.

Als ich auflegte, stand mir der Angstschweiß auf der Stirn, und meine Hände zitterten.

Kurz danach klingelte das verdammte Telefon wieder.

Da ich mich einer neuerlichen Tortur nicht gewachsen

fühlte, stopfte ich Kevin in den Laufstall, bevor ich an den Apparat ging. Ich hätte es mir sparen können, denn bis heute weiß ich nicht, wer da Grüße an Gero ausrichtete. Kevin schrie und tobte so laut, daß ich kein Wort verstand.

Seitdem ignoriere ich alle Anrufe. Mag die Welt draußen denken, was sie will. Ich muß mit meinen Kräften haushalten.

Dienstag, 8. Januar

Antjes Ratschlag geht mir immer noch durch den Kopf, aber selbst wenn ich wollte, könnte ich mich nicht dazu aufraffen, mir eine Hilfe zu suchen.

Ich müßte die Sache in die Wege leiten, und schon das wäre mir zuviel.

Außerdem widerstrebt mir der Gedanke. Warum? Was spricht dagegen? In erster Linie natürlich mein Stolz.

Schließlich habe ich es bisher immer geschafft, wenn auch nicht spielend, und ich bin jetzt nur deshalb so erledigt, weil Gero ausgefallen ist.

Zwar hat er mich längst nicht so auf Trab gehalten wie seine Töchter, deren Jammern mich Tag und Nacht verfolgte.

Denn wenn Gero krank ist, will er eigentlich nur seine Ruhe. Von ihm kann man mit Fug und Recht behaupten: Er schläft sich gesund.

Aber er hat mir gefehlt, er ist ja der einzige, der mich regelmäßig ablöst, nicht so sehr bei der Hausarbeit als bei den Kindern, bei Cromwell, bei den Ponies, bei allem, was draußen anfällt: Schnee räumen, Eis weghacken, Wagenschlösser auftauen.

Auch die Mädchen gingen mir spürbar ab, denn wenn sie

Kevin auch nur widerwillig hüten, so tun sie es doch automatisch. Sie schlagen wenigstens sofort Alarm, wenn er etwas anstellt, und dadurch kommt er meistens nicht richtig zum Zuge.

Trotzdem hat Antje recht.

Ich könnte wahrhaftig jemanden brauchen, der mir das Haus sauberzuhalten hilft und sich nachmittags mit Kevin beschäftigt, damit ich ohne ihn zum Frisör gehen kann oder zum Zahnarzt oder zum Großeinkauf. Denn Gero kann mich nur am Wochenende vertreten, wenn kein Geschäft offen ist und keine Praxis.

Wegen einer Hilfskraft, die es sicherlich in der Nähe gibt, müßte ich mich im Dorf erkundigen. Bei wem? Bei Miriams Mutter vielleicht, die halbtags im Supermarkt arbeitet, Haus und Kinder im Alleingang versorgt und trotz Miriams schwerer Krankheit vierzehn verschiedene Sorten Weihnachtsplätzchen backen konnte? Unmöglich. Ich käme mir wie eine Drohne vor, nutzlos, faul und untüchtig, und Miriams Mutter ist die Norm, nicht die Ausnahme.

Alle Frauen in Kaltenborn und Umgebung sind ebenso bienenfleißig, kümmern sich um ihre pflegefälligen, alten Verwandten, beackern riesige Nutzgärten und verarbeiten Berge von Gemüse und Obst und sehen mich schon deshalb über die Schulter an, weil meine Johannisbeerhecken verwildert sind und ich außer den Küchenkräutern und ein paar Erdbeeren nichts ziehe außer Blumen.

Wie ich kürzlich zu Antje sagte: In der Stadt mögen andere Gesetze gelten. Aber hier auf dem Land sind die Ansprüche, die Frauen an sich selbst und ihresgleichen stellen, unerträglich hoch.

Dienstag, 29. Januar

Geros gesellschaftliche Verpflichtungen im Werk schließen wie alljährlich zwei Karnevalssitzungen ein. Die erste haben wir bereits hinter uns gebracht, die nächste findet am Sonntag statt.

Montags kommen die Mainzer Großeltern, und dienstags jetten Gero und ich für eine Woche nach La Palma.

All dies ist ohne mich beschlossen worden, als Geburtstagsgeschenk, denn am 9. Februar erreiche ich das biblische Alter von sechsunddreißig Jahren.

Der nächste Zehner, über den ich rechnen muß, wie meine Laura sagen würde, ist die Vierzig. Na wenn schon!

Gero ist über sich selbst hinausgewachsen, indem er unter der Hand alles organisiert hat, von den Last-Minute-Tickets ab Düsseldorf bis zu einer der Büroputzfrauen, die den Großeltern (kein Image-Verlust!) täglich zur Seite stehen wird. Sie ist um die Fünfzig und heißt Johanna. Mehr weiß ich nicht, und mehr scheint auch Gero nicht zu wissen.

Ich fragte ihn, ob er nicht befürchten müsse, daß es im Werk zu Tratschereien hinter seinem Rücken käme, falls mein Haushalt in seinem jetzigen Zustand den kritischen Blicken einer professionellen Raumpflegerin nicht standhalten würde.

Gero sah mich verständnislos an und sagte: »Das hört sich ja an, als herrschten bei uns asoziale Zustände, nur weil die Giebelfenster nicht frisch geputzt sind! Um Gottes willen, Bea, das nennt man Hausfrauen-Syndrom!«

Mag sein! Trotzdem war ich froh, zu erfahren, daß Johanna zum mundfaulen Eifler Menschenschlag gehört, dem man jedes Wort einzeln herausziehen muß.

Freitag, 15. Februar

Nur eine Woche war ich fort, in einem andern Land, unter einer anderen Sonne, auf einer Insel noch dazu, vom Meer umspült, wo dreimal im Jahr geerntet wird und um diese Jahreszeit der Hibiskus blüht, handtellergroß und leuchtend rot. Traumhaft schön.

Es kommt mir vor, als wäre ich einen Sommer lang weg gewesen, denn so groß ist der Abstand, den ich gewonnen habe. Zwei Tragetaschen voller Pflanzen habe ich mitgebracht, darunter Orangen und Avokados. Aber das ist gewichtsmäßig nichts gegen die Gesteinsproben, die Gero im Gepäck hatte.

Dienstag, 19. Februar

... und wie gut kann ich ihn gebrauchen, meinen neugewonnenen Abstand!

Die Zwischenzeugnisse der Kinder lagen zum Unterschreiben für uns bereit, vom Opi sorgfältig auf dem Biedermeiersekretär deponiert, der unserem Schlafzimmer der wohnlichen Look gibt und von Gero »das Heimbüro« genannt wird.

Während unten oftmals alles drunter und drüber geht, man das Telefonverzeichnis umsonst sucht und wichtige Post schon mal hinter die Dielenkommode rutscht, sind oben im Schlafzimmer die Dinge verhältnismäßig sicher aufgehoben. Dachte der Opi, dem ergo auch kein Vorwurf zu machen ist, weil er die Zeugnisse nicht in eine der Schubladen gestopft hat.

Das hätten wir ja tun können, am besten sofort, statt

Steinbrocken auf der Fensterbank zu ordnen, die Avokados und Orangen in Töpfe zu pflanzen und von den Aufnahmen zu schwärmen, die wir gemacht haben, farbig und schwarzweiß, und uns überhaupt wie zwei Pfadfinder aufzuführen, die von ihrer ersten großen Fahrt zurückgekommen sind.

Erstmals, seitdem wir Schulkinder haben, hielt sich unser beider Interesse an den Zeugnisnoten in derart engen Grenzen, daß es schon in Vernachlässigung ausartete.

Tagelang erinnerten wir uns gegenseitig an gemeinsam erklommene Gipfel, Blumen am Wegesrand, an den Stand der Sonne bei der Aufnahme des einen oder anderen Starfotos und was sonst noch alles unsere Kinder bis zum Gähnen langweilte. Auch die Großeltern kämpften gelegentlich mit dem Drang, ihren Überdruß an unseren Inselträumereien deutlich zu zeigen. Man merkte es an der nachsichtigen Zerstreutheit, mit der sie uns zuhörten.

Was auch immer Kevin dazu veranlaßte, die Zeugnisse vom Sekretär zu zerren und teilweise aufzuessen, bleibt sein Geheimnis. Ich glaube aber, er wollte sich nur nachhaltig bemerkbar machen. Uns in Erinnerung rufen, daß wir keine Inselentdecker, keine Gipfelstürmer, keine Botaniker, keine Gesteinskundler sind, sondern Eltern, zum Donnerwetter, seine und die seiner Schwestern.

Ich kann nur sagen: Es ist ihm gelungen.

Den ganzen Abend verbrachten Gero und ich damit, die Dokumente, das heißt die übriggebliebenen Schnipsel, zu glätten und puzzleartig zusammenzusetzen, in der Hoffnung, wenigstens ein Zeugnis zu komplettieren. Was unsinnig war, weil Kevin die Fetzen wahllos gekaut und geschluckt hat, und was auch überhaupt keine Rolle mehr spielte, weil keine unserer Töchter mit einem solch häßlichen Klebewerk einem Lehrer unter die Augen getreten wäre.

Am nächsten Morgen fuhren Gero und ich zur Grundschule, um den Direktor frank, frei und offen um eine Zeugniskopie für Laura Sonnemann zu bitten, da das Original unserem Jüngsten in die Händchen gefallen und zerstört worden sei. Kein Problem, sagte der Schulleiter, wir sollten es mittags abholen.

Dann setzten wir unseren Weg fort nach Kyllstein, legten im Gymnasium unser Geständnis ab, wurden ins Sekretariat verwiesen und konnten die Kopie gleich mitnehmen.

Wir stellten fest, daß Katrin ihren Zweier-Rekord auch in der höheren Schule hält, daß sie in hohem Maße als gewissenhaft und zuverlässig gilt und daß wir dieses Kind nicht verdienen.

In unserer Zerknirschung wurden wir etwas aufgerichtet durch Lauras Zeugnis, das ihr gespanntes Verhältnis zu Frau Löhr zum Ausdruck bringt, weniger in der Benotung, die mir gerecht erscheint, als in den Zusatzbemerkungen. Keinesfalls habe ich vor, mich darüber aufzuregen.

Sonntag, 24. Februar

Die Schneeschmelze, egal wieviel Matsch und Modder sie mit sich bringt, beglückt mich richtig. Der Winter war so hart, so kalt und lang wie selten.

Einzig unseren Shetlandponies hat er nicht das geringste ausgemacht.

Bevor Omi und Opi nach Mainz zurückkehrten, um sich von der anstrengenden Woche zu erholen, vermittelten sie mich an die Perle Johanna.

Nanna, wie Kevin sie nennt. Sie nennt ihn Räuber.

Zweimal die Woche, erklärte Johanna, könne sie mich einplanen.

Selbstverständlich versorgt sie im Nachbardorf den eigenen Fünfpersonenhaushalt, lauter ausgewachsene Männer, einschließlich dem senilen Großonkel, reinigt allabendlich die Chefetage im Kohlensäurewerk und empfindet sich, verglichen mit früher, als die Familie noch Landwirtschaft betrieb, als unterbeschäftigt.

Trotzdem hat sie goldene Worte gefunden für meine Situation.

Ein Kleinkind an sich, führt Johanna bedächtig aus, macht nicht viel Arbeit. Aber es hält einen von der Arbeit ab, und das ist viel schlimmer, denn am Abend fühlt man sich schlagkaputt und weiß nicht, wovon.

Das trifft den Nagel auf den Kopf.

Was mich in letzter Zeit besonders genervt hat, war tatsächlich der viele Leerlauf und eine gewisse bleierne Müdigkeit, wenn Kevin endlich schlief und ich nichts aufzuweisen hatte, gar nichts.

Es tat mir unbeschreiblich wohl, diese Weisheit aus so berufenem Munde zu hören.

Johanna wäre mir auch dann lieb und wert gewesen, wenn sie mich nur einmal die Woche hätte einplanen können.

Aber sie kommt zweimal, nämlich dienstags und freitags, und das ist mehr, als ich mir träumen ließ.

Donnerstag, 28. Februar

Kevin hat zu Weihnachten so viele schöne, handlich geformte Playmobil-Teile bekommen, die er höchstens zehn mal fünf Minuten lang zur Kenntnis genommen, durcheinandergeworfen und danach nicht mehr angesehen hat.

Dafür ist er wie der Teufel hinter Lauras Holzperlenkasten her, und wie schrill sie ihn auch verteidigt, er schafft es irgendwie, daranzukommen.

Er wühlt und grabscht wie wild darin herum, und bevor man ihm die Perlen aus den geschlossenen Fäusten winden kann, hat er sie in den Mund gesteckt und verschluckt.

Eine schreckliche Angewohnheit.

Ich rief Frau Doktor an, die mir riet, seinen Stuhlgang zu prüfen, und was finde ich in der Windel? Die Verschlußkappe vom grünen Filzstift, die Laura gestern ganz verzweifelt gesucht hatt, unter dem Motto: Ohne Kappe ist der Stift nichts mehr wert, weil er austrocknet.

Jetzt warte ich auf die Holzperlen.

Montag, 4. März

Leider war mein Jubel über den Abzug des Winters verfrüht. Wir haben neuerlich Schneefälle und Glatteis, und das Thermometer bewegt sich dabei um null, eine Temperatur, die ich besonders hasse. Denn bei minus zehn friere ich längst nicht so wie bei null Grad, wahrscheinlich hängt es mit der Luftfeuchtigkeit zusammen.

Jedenfalls neige ich zum Überheizen der Räume, wenn ich fröstle, und ich bestehe auf geschlossenen Türen, woraufhin wir alle unter Klaustrophobie und Sauerstoffmangel leiden und ganz dösig werden.

Kevin hat inzwischen alles Verschluckte von sich gegeben.

Aber man weiß nie, was er als nächstes zu sich nimmt.

Sonntag, 10. März

Das ganze Wochenende über hatten wir das Haus proppenvoll, denn Antje war mit den Zwillingen da, zum ersten Mal wieder seit langer Zeit. Gleichzeitig hatte Miriam ihren Eltern die Erlaubnis abgepreßt, bei uns schlafen zu dürfen.

Es kommt eben immer alles zusammen.

Wir legten eine Luftmatratze vor die beiden Betten im Gästezimmer, wo Antje mit den Zwillingen nächtigte, und eine weitere in Katrins Zimmer für Miriam.

Abends spielten wir Monopoli wie die Weltmeister, stundenlang, wobei Gero laufend gewann.

Gegen zehn scheuchten wir die Kinder in die Betten, Gero und ich, weil wir es kaum noch erwarten konnten, Antje mit unseren Inselfotos zu beglücken. Sie tat uns den Gefallen, ganz Auge und Ohr und Begeisterung zu sein.

Zur Einstimmung tranken wir spanischen Wein und wankten wohl ziemlich spät hinauf.

Ich hatte das Gefühl, kaum geschlafen zu haben, als ich ganze Scharen die Treppe hinuntertrampeln hörte.

Es war halb fünf in der Frühe, und ich konnte mir nicht vorstellen, was die Kinder um diese Zeit unten suchten. Türen klappten, ein durchdringender Pfeifton ertönte, man hörte unterdrücktes Zanken.

Inzwischen war ich so hellwach, daß ich aufstand und alle Kinderbetten leer fand, einschließlich der Luftmatratzen. Nur Kevin schlief.

Alle andern hockten im Wohnzimmer bibbernd um den Fernseher, drückten ungeduldig sämtliche Tasten der Fernbedienung und sahen mich vorwurfsvoll an, als ich das Meeting störte.

Was hier los sei, wollte ich wissen, und Olaf belehrte

mich dahingehend, daß sie zu Hause in Köln ab fünf Uhr ein Wahnsinnsprogramm empfangen könnten, eine Superschau nach der andern und jede Menge Trickfilme. Seit Freitag habe er nicht ferngesehen, und er entbehre es schwer.

Ich machte mich so unbeliebt wie selten, jagte sie alle zurück in ihre Betten und brauchte eine Stunde, um wieder warm zu werden. Danach lohnte es nicht mehr, einzuschlafen, weil ich den Kachelofen anwerfen mußte, und beim Frühstück um neun brachte ich ohne jede Nachsicht das Thema zur Sprache.

Antje erklärte sichtlich verlegen, schuld sei der Kabelanschluß, der tatsächlich die Frühmorgenprogramme ins Haus flimmern ließe, und sie sehe sich einfach außerstande, die Zwillinge dauerhaft davon abzuhalten. Überhaupt spielten sie ständig mit der Fernbedienung herum, weil eine verrückte Sendung die andere jage und weltweites Sportgeschehen praktisch rund um die Uhr erhältlich sei.

Die Zwillinge starrten mich herausfordernd an, und alles, was mir dazu einfiel, erschöpfte sich in drei Worten: »Bei mir nicht.«

Gero ging etwas ausführlicher und verbindlicher auf die Sache ein.

Unser Dorf sei nicht verkabelt worden, weil sich zu wenige Anschlußteilnehmer gemeldet hätten. Diejenigen, die Wert auf Programmvielfalt legten, hätten längst eine Satellitenschüssel auf dem Dach und gedächten, dabei zu bleiben, schon aus Kostengründen.

Der schäbige Rest begnüge sich mit den herkömmlichen drei Programmen, so auch wir.

Wahrhaftig!

Ein Dauerprogramm, das sich Kevin reinziehen könnte, wann immer er nachts aufwacht, wäre das letzte, was ich mir für die Zukunft wünsche.

Die Zwillinge ließen durchblicken, daß sie mich für rückständig halten, vermutlich auch für kinderfeindlich.

Manchmal bin ich das ja, besonders dann, wenn ich kaum geschlafen habe.

Ich fragte Miriam, wie das bei ihr zu Hause gehalten werde mit dem Fernsehen, und sie gab zu, daß ihr Bruder um eine Satellitenschüssel quäle und quengele.

Aber ihr Vater habe darauf stets die gleiche Antwort parat: Wenn Dominik erwachsen sei, werde er unter seinem eigenen Dach leben, und darauf könne er sich montieren, was er wolle, und bis dahin versäume er nichts Wesentliches in seinem schüsselfreien Elternhaus.

Als Miriam heute nachmittag mit Kulturbeutel (ihrem ganzen großen Stolz) und Schlafanzug wieder nach Hause zog, ließ ich ihre Eltern besonders herzlich grüßen.

Samstag, 16. März

Zweierlei fällt mir auf:

Erstens, daß wir mit einem Gästezimmer für zwei Personen über weite Strecken nicht auskommen,

und zweitens, daß mein ganzer Jahresablauf von den diversen Geburtstagen bestimmt wird.

Dabei bin ich mit meinem eigenen in diesem Jahr ja wirklich gut weggekommen, und die Mainzer Omi ließ ihren Ehrentag freiwillig ausfallen, weil sie damals gerade aus dem Krankenhaus entlassen wurde und ihr der Sinn nicht nach Feiern stand.

Jetzt aber steht am 31. März der Siebzigste des Opi bevor, und wie es das Schicksal will, fällt er auf Ostersonntag.

Zu Ostern hat sich aber auch Mutti mit Lea angemeldet (die ein ihr gegebenes Versprechen niemals vergißt), Carla, die eigentlich kommen wollte, kann sich wohl doch nicht losreißen.

Der Opi begeht, seit wir Kinder haben und er Pensionär ist, alle seine Geburtstage hier bei uns, das ist Tradition.

Und so werden wir über Ostern vier Gäste zu beherbergen haben. Dabei ist das Gezeter der Kinder, wenn sie zusammenrücken sollen, schier unerträglich.

Zwar zeigt die Erfahrung, daß sie mit jedem Kinder-Logierbesuch sofort einen Klüngel bilden und sich drum schlagen, ihn unterzubringen. Aber das gilt nur für spontan sich ergebende Situationen.

Wird dergleichen vorgeplant, verteidigt jedes sein Terrain mit einer Verbissenheit, als wäre es heiliger Boden.

Ich verstehe das nicht.

Die unschätzbare Johanna, die gestern Zeugin des nervtötenden Disputs wurde, nahm mich später beiseite, um mir einen Vorschlag zur Güte zu machen. (Nie täte sie das vor den Kindern, und nie mische sie sich mit einem Wort in eine Auseinandersetzung ein.)

Die Mainzer Großeltern seien doch fürs Gästezimmer vorgesehen, oder?

Klar.

Es gehe also in erster Linie um meine Mutter?

Richtig.

Dann sei es doch das einfachste, meinte Johanna, Kevins Bettchen so lange in unser Schlafzimmer zu rollen, das mache praktisch keine Mühe, weil es leicht zu transportieren sei und Kevin zudem keine Einwände erhebe.

Außerdem hingen in seinem Schrank kaum Sachen, so daß meine Mutter bequem ihre Garderobe darin unterbringen könne.

Was dann noch fehle, nämlich ein zusammenklappbares Gästebett, stehe bei ihr im Keller, falls wir keines kaufen wollten ...

Aber natürlich haben wir heute vormittag eines gekauft.

Kaum war die Angelegenheit erledigt, ging schon der Streit los darum, wer den Vorzug haben wird, Lea bei sich zu beherbergen: Laura, die ihr altersmäßig am nächsten steht, oder Katrin, die sich weniger mit ihr zankt.

Ich habe mich völlig ausgeklinkt, denn ehrlich gesagt fand ich das neuerliche Hin und Her schon schizophren.

Und weil mir heute ausnahmsweise mal der echte Durchblick vergönnt war, fiel mir noch etwas auf:

Diese Kinder geben keine Ruhe, bis sie mich in ihre kleinlichen Querelen miteinbezogen haben. Sie bringen es fertig, mich auf so vertrackte Art in ihre eigenen haltlosen Widersprüche zu verwickeln, daß ich schließlich nicht mehr weiß, was Sache ist.

Nur standhafter passiver Widerstand hilft mir weiter.

Als sie mir wieder einmal den Schwarzen Peter zuschieben und eine Entscheidung überstülpen wollten, um die sie lautstark stundenlang gerungen hatten (»Mami, jetzt sag du doch endlich mal, bei wem Lea schlafen soll!«), zuckte ich nur gleichgültig die Schultern und sagte, es sei mir egal.

Auf das ganze Wieso und Warum und »Aber du mußt doch!« ging ich nicht ein. Und da war plötzlich die Luft raus, Ende der Diskussion.

Das muß ich mir gut merken.

Gründonnerstag, 28. März

Auf Betreiben der Kinder habe ich mir die Osterlamm-Kuchenform von Miriams Mutter ausgeliehen und erstmals ein solches Tier gebacken, was einfach war, denn es besteht nur aus Rührteig wie jeder Marmorkuchen.

Die große Kunst ist die Verzierung, und dabei habe ich kläglich versagt.

Weder gelang mir die Buttercreme (sie gerann bereits nach fünf Minuten), noch besaß ich die richtige Spritztülle.

Johanna, die heute kam, weil morgen Feiertag ist, erwies sich wieder einmal als Retterin in der Not. Sie rührte im Handumdrehen eine zarte, feste Creme, setzte sich auf ihr Moped und ratterte flott nach Hause, um die richtige Tülle zu holen, und dann, andächtig bestaunt von uns allen, spritzte sie dem Kuchenlamm einen prachtvollen, dichten Pelz aus Buttercremelöckchen auf.

Nun ruht es im halb ausgeräumten Kühlschrank und blockiert die ganze untere Hälfte.

Ostersonntag, 31. März

Kevin weinte bitterlich, als das Osterlamm angeschnitten wurde. Es trug ein buntes Halsband aus Liebesperlen um den Hals und hatte Augen aus schwarzen Smarties, und nicht einmal die wollte er essen.

Mit ihm trauerte die Omi, die Gero vorher angewiesen hatte, das Kunstwerk von allen Seite zu fotografieren.

Der Rest der Familie, besonders unser Jubelgreis, griff dagegen munter zu und ließ nichts übrig.

Wir sind derzeit neun Personen, und manchmal weiß ich nicht, wo mir der Kopf steht. Aber Mutti meint tröstlich: Es kommt nicht mehr darauf an, daß alles so perfekt abläuft wie im Grand-Hotel, sondern einzig darauf, daß wir glücklich und gesund beisammen sind.

Das ist es, was zählt, das allein, und nicht etwa die Pleite mit den Ostereiern, die Gero im Garten so gut versteckt hat, daß von insgesamt dreißig erst dreizehn gefunden wurden, die meisten auch noch von Cromwell, der sich gründlich den Magen verdarb.

Unser Opi bekam zum Siebzigsten als Gemeinschaftsgeschenk der Familie unter Beteiligung von Tante Irmi eine Standuhr mit Schlagwerk, die wir am Dienstag in Mainz besichtigen wollen.

Eine weiter Attraktion, für die Mutti verantwortlich zeichnet, ist ein Leuchtglobus, so groß und so prall wie ein Medizinball, um den ich ernsthaft fürchte, weil niemand dem Drang widerstehen kann, ihn in Bewegung zu setzen und kreisen zu lassen.

Jeden Abend gegen sieben Uhr steht Lea im Mittelpunkt des Geschehens, während ihre Cousinen darum würfeln, bei welcher von beiden sie ihre Luftmatratze ausbreiten darf. Gestern und heute hat Kati gewonnen. Wenn das so weitergeht, werden vermutlich die Würfel ausgewechselt.

Lea ist es übrigens ebenso egal wie mir, wo sie die Nacht verbringt.

Wichtig ist ihr nur der Tagesablauf, den sie am liebsten streng begrenzen würde, und zwar auf den breiten, sofaähnlichen Ponyrücken unseres Billy.

Mittwoch, 3. April

Gestern waren wir schon früh in Mainz und spielten mit dem Gedanken, unserer italienischen Nichte etwas zu bieten, und zwar den Besuch eines Vergnügungsparks in der Pfalz. Aber Kevin, der mittags nicht geschlafen hatte, war unerträglich trotzig, motzig und verheult, und Lea äußerte nur einen Herzenswunsch: heimzufahren nach Kaltenborn, sich die Reitkappe aufzusetzen, die Stiefel anzuziehen und mit Billy wenigstens noch bis zum Bach und zurück zu gehen.

Dumm, wie wir sind, versprachen wir es, gerieten prompt in den Osterverkehr und kamen erst bei Einbruch der Dunkelheit zu Hause an.

Aber versprochen ist bekanntlich versprochen.

Um halb zehn opferte sich Gero und führte unsere Nichte, die vor Müdigkeit fast vom Pferd fiel, den dunklen Pfad hinunter bis zum Bach, wo er aus Versehen ins Wasser trat, und – naß bis zu den Kniekehlen – wieder herauf.

Montag, 8. April

Gestern fuhren Mutti und Lea abends um acht mit dem Zug von Köln aus nach Florenz.

Gero und ich hatten uns in den Kopf gesetzt, sie mitsamt ihren Türmen von Gepäck auf den Bahnsteig zu bringen und ins Abteil zu setzen.

Eines unserer Kinder hätte vielleicht noch Platz gefunden im vollgepackten Wagen, aber keinesfalls alle drei; so ließen wir sie zu Hause, nicht ohne ihnen die Telefonnummern von Miriam und Johanna an die Pinnwand über dem Apparat zu heften.

Kevin lag schon im Bett, als wir abfuhren, und alles in allem waren wir kaum drei Stunden abwesend, denn Gero hielt tüchtig drauf, und in der Eifel hatten wir freie Fahrt auf freien Straßen.

Heimgekehrt um kurz nach neun, fanden wir unsere Kinder zusammengekauert wie ein Häufchen Elend auf dem Wohnzimmerteppich: Kevin verschlafen blinzelnd, Cromwell in Lauras Armen, Katrin berstend vor massiven Anklagen.

Die ganze Zeit sei das Haus so gemütlich voll gewesen

und jetzt auf einmal gähnend leer, verlassen, wie ausgestorben.

Wenn schon Mutti und Lea abreisen mußten, hätte wenigstens einer von uns dableiben und den eigenen Kindern Trost spenden müssen, statt auf und davon zu eilen. Sie hätten sich wie Vollwaisen gefühlt.

Gero ging sofort in sich und bestimmte auch mich dazu, mir eine gewisse Gedankenlosigkeit einzugestehen.

Wir gelobten feierlich, von jetzt an die Gefühle und Interessen unserer Kinder nicht mehr mit Füßen zu treten, und als Zeichen unseres guten Willens tischten wir die letzte Packung Schokoladeneis auf.

Sonntag, 14. April

Mein Tagebuch ist fast vollgeschrieben.

Mit seltsamen Gefühlen lese ich den Anfang. Manches ist mir noch genau so gegenwärtig wie vor Jahresfrist, anderes liegt schon fern in der Vergangenheit.

Die Zimmerlinde füllt den halben Erker. Ich habe sie nämlich oben beschnitten und schon ganz vergessen, wie kümmerlich sie früher war.

Ein drittes Kinderzimmer habe ich längst und hätte ich schon früher haben können, wäre ich nur dazu bereit gewesen, auf meinen Bügel- und Abstellraum im ersten Stock zu verzichten (der es mir so unverhältnismäßig leicht machte, nach außen hin Ordnung zu halten, weil ich alles, was herumlag, schnell hineinwerfen konnte).

Vieles hat sich erledigt, vieles ist aktuell geblieben.

Kevin kann sich bis heute noch nicht die Nase ausschnauben, und er hängt nach wie vor an seinen Windeln.

In zehn Jahren werde ich mich fragen, warum ich darüber

so viele Worte verloren habe. Schließlich haben sich zur gleichen Zeit weltbewegende Dinge von historischer Bedeutung ereignet.

Aber die kann man später in jedem Geschichtsbuch nachlesen, während mein Alltag, der doch mein eigentliches Leben ist, in Vergessenheit gerät, wenn ich ihn nicht aufschreibe.

Auch sollen meine Kinder dereinst wissen, wieviel Freude und Frust sie mir bereitet haben.

Las competencias en la programación de aula

Infantil y primaria (3-12 años)

Amparo Escamilla González

GRAÓ

262

Serie Didáctica / Diseño y desarrollo curricular

C/ Hurtado, 29. 08022 Barcelona
www.grao.com

1.ª edición: junio 2009
2.ª reimpresión: octubre 2009
ISBN: 978-84-7827-705-6
DL: B-40.223-2009

Diseño de cubierta: Xavier Aguiló
Impresión: Publidisa
Impreso en España

Índice

Presentación

El trabajo de estudio y aplicación que estamos desarrollando sobre competencias básicas camina sobre una vía que pretende ir mostrando, a partir del trabajo de identificación de las que nos parecen claves imprescindibles (conceptos, características, posibilidades), sugerencias y propuestas para llevarlas a la práctica.

Se trata de un objetivo que expresa nuestra verdadera convicción: el enfoque competencial, por el que tanto se está apostando desde organismos internacionales y desde el trabajo entusiasta de muchos profesores, no puede pasar por nuestro lado como tantas otras alternativas anteriores: como un viento molesto que nos obligó a «remover papeles», a redefinir los documentos de centro, pero que huyó por la primera ventana que quedó abierta, hecho que, por otro lado, fue visto como natural porque hasta la historia parece justificar estas bruscas y llamativas apariciones, y sus calladas y sibilinas desapariciones.

Este libro quiere mostrar que estamos hablando de una orientación redefinida sobre principios que no han cambiado (aprendizaje significativo). Por ello queremos reconocer y alentar el trabajo que muchos profesores han venido haciendo durante mucho tiempo, a veces con el esfuerzo añadido de las urgencias, de los cambios sociales y laborales que sobrecargan y agobian y que, habitualmente, no han ido acompañados del refuerzo que todos necesitamos cuando estamos verdaderamente volcados en algo.

Trabajar desde un enfoque competencial es, para nosotros, un caminar subrayando prioridades que persiguen el desarrollo equilibrado del alumno, mirando alrededor, al contexto, y reforzando el avituallamiento para este camino con diferentes medios personales y organizativos, materiales y metodológicos (de manera especial, técnicas para aprender a aprender, materiales funcionales y trabajo en equipo).

Partiendo de estas premisas, expongamos qué pretende y qué trata cada capítulo.

Abordamos en el capítulo 1 el concepto y componentes de la programación de aula. Situamos nuestro nivel en el conjunto de los que desarrollan el currículo y mostramos, de todos ellos, sus componentes y sus responsables. Destacamos las competencias profesionales necesarias para articular programaciones integradas en las coordenadas de un centro y un sistema y mostramos, asimismo, la perspectiva de la repercusión que las competencias básicas y su desarrollo pueden tener en nuestra tarea de programar.

En el capítulo 2 estudiaremos los componentes del contexto de nuestra programación. Trataremos desde los factores humanos y de relación (los profesores que intervenimos en los grupos, la familia) hasta los propios destinatarios y sus características. Consideramos que el estudio y comprensión de los principales rasgos del desarrollo psicológico de los alumnos es esencial para proponer un trabajo de planificación orientado desde la óptica de construcción de conocimientos a fin de desarrollar capacidades de distinto tipo, algunas vinculadas directamente al saber hacer. Estudiaremos los principales lazos que cabe establecer entre las capacidades-inteligencias múltiples de Gardner (base y objetivo del desarrollo psicológico) y las competencias básicas (objetivo de desarrollo desde una perspectiva sociológica y pedagógica, fundamentalmente).

A partir del capítulo 3, iniciamos la labor de tratar sistemáticamente los componentes de la programación. Recogemos, en primer lugar, los principios y ejes metodológicos clave para explorar amplios espectros de contenido. Rompemos la tradicional presentación y ordenación de objetivos, contenidos y métodos. Consideramos que nuestra apuesta atiende mejor a la necesidad de desarrollar el principio de aprendizaje significativo, a la necesidad de que consideremos la programación como un instrumento al servicio de un fin: la mejor formación de nuestro alumnado y la máxima rentabilización de nuestro esfuerzo y trabajo, nunca al contrario (esfuerzo ingente por programar de manera artificiosa).

Hacemos constar los contenidos en primer lugar. Consideramos que la exploración en este campo es clave para llevar a cabo, después, una cuidadosa y fundamentada formulación de los objetivos. Hacemos una apuesta firme por no polarizar, como es frecuente, el trabajo atento sobre la forma (cómo presentamos y formulamos objetivos y contenidos) respecto al fondo (significado de cada uno de estos elementos en nuestra planificación).

El capítulo muestra cuadros en los que se presentan referentes para formular objetivos y contenidos que pueden ser de gran utilidad si se atiende a los criterios de equilibrio entre forma y sentido a los que hacemos alusión continuamente.

En el capítulo 4 recogemos y aplicamos otros elementos de la programación y de sus unidades (metodología con particular atención a las técnicas) y un elemento específico de las unidades didácticas: las actividades y sus tipos. Considerando las prioridades del momento en que vivimos a efectos de desarrollo del currículo, hemos prestado una atención destacadísima a las tareas, de especial interés para el desarrollo de competencias. Esta pri-

mera línea de abordaje se ve ampliada en el anexo del libro en el que, contando con la inestimable colaboración de algunos compañeros, exponemos otras propuestas de tarea.

Finaliza el trabajo de estudio de los elementos específicos de la programación con la evaluación. No será la primera vez que aludimos a ella. Nuestra preocupación por este elemento y su valoración en términos de proceso nos obliga siempre a pensar que la primera evaluación-valoración la hacemos ya desde el análisis del contexto: las necesidades y oportunidades que requieren y ofrecen las familias, el medio sociocultural y físico-natural, y los propios alumnos (con la necesidad de delimitar su nivel de partida-capacidad y conocimientos previos). Contemplamos la perspectiva de evaluar competencias. Eso nos va a remitir a la necesidad de presentarlas concretadas en habilidades y destrezas, como un elemento de enseñanza-aprendizaje; la programación debe materializar principios de base: evaluar lo que se ha trabajado.

Quizá esta reflexión y propuesta nos ayude a comprender los pobres resultados de evaluaciones en competencias; no podrán ser mejores mientras sigamos trabajando sólo conocimiento y comprensión y no demos el paso necesario y urgente a las tareas de aplicación. Especial interés reviste en el capítulo la consideración de situaciones de aprendizaje-evaluación, cuyo seguimiento ha de ser desarrollado en términos de proceso. De ahí la utilidad de acuerdos para seleccionar indicadores de desempeño que sean exponente de un desarrollo de competencias. Cerramos así la publicación volviendo a los propósitos y necesidades que planteamos desde el principio (en los capítulos 1 y 2).

Planificar para ayudar a los alumnos a construir conocimientos, a pensar y a ser gradualmente más autónomos constituye un tipo de propósito tan complejo que sólo podemos caminar hacia él acompañados. A nuestro lado han de ir los otros profesores que trabajan con el grupo, y ojalá los profesores que trabajaron anteriormente y los que trabajarán en el futuro. El sueño se prolongaría aún más allá con una familia y una sociedad preocupadas y ocupadas en formar para aprender a aprender, para relacionarse adecuadamente, para tomar decisiones de forma autónoma. Mientras tanto, nosotros debemos aportar nuestro grano: trabajar de la manera más organizada y consistente posible para articular propuestas de programación que hagan más sistemático y enriquecedor nuestro trabajo. Somos mucho más que medios de información, deseamos cooperar activamente en ayudar al alumno a desarrollar sus capacidades de forma equilibrada.

1

La programación de aula: sentido, características, funciones y principios

La organización y el desarrollo de la actividad formativa exigen la ordenación de diferentes realidades (ideas, personas, recursos, etc.) de una forma dinámica y a varios niveles. Supone, en la práctica, una delimitación del conjunto de protagonistas que han de participar en su configuración, así como la consideración de su forma de actuar y de los recursos que se ponen en funcionamiento. (Sánchez y Gairín, 2008, p. 11)

Introducción

El comienzo de una publicación que nos sitúa en un nivel de desarrollo curricular concreto nos exige abordar sus características en relación con los restantes. De esta manera, partiremos del estudio del significado actual del concepto de *currículo*, de los niveles que lo perfilan, y del valor, posición y perspectivas de la programación de aula. Identificaremos los elementos de cada uno de ellos, prestando ya particular atención a la programación de aula, su concepto y sus perspectivas complementarias.

Pero el trabajo que hoy exige abordar cada uno de los elementos de la programación hace necesaria una disposición al trabajo en equipo y una formación compleja. Forma parte indisociable de esta formación la perspectiva técnico-profesional, no siempre lo suficientemente reconocida. Es necesario aceptar, de una vez por todas, que programar y enseñar son procesos que

muestran una evolución necesaria; que son complementarios, no contrapuestos. Programar debe dejar de ser asumido como una carga que nos aparta de lo que es nuestra vocación y propósito de materializar acciones de enseñanza. En suma, es necesario entender que forma parte de nuestras funciones.

Currículo, niveles y papel de la programación de aula

El estudio de la programación como una de las alternativas de trabajo curricular nos exige perfilar el propio concepto de *currículo*, sus niveles, su concepto y su finalidad. De entrada, recordaremos que el vocablo «currículo», reservado a ámbitos académicos hasta la década de los noventa del siglo pasado, ha quedado integrado en el discurso profesional de forma natural. Nosotros lo entendemos del siguiente modo:

> Conjunto ordenado de los elementos del proceso de enseñanza-aprendizaje que se encuentran vinculados entre sí en términos de interrelación e interdependencia. Resulta equiparable a plan o programa, destacando el significativo carácter técnico-pedagógico.

En esta definición se aprecia que no hemos cerrado los elementos del currículo como plan o programa ni los tipos que podríamos encontrar. La planificación de la enseñanza, por su fuerte repercusión social, constituye una tarea de enorme complejidad. Las decisiones que se toman afectan a la formación de ciudadanos y ciudadanas que han de integrarse en una sociedad cada vez más compleja y dinámica. Por ello, tales decisiones han de ser debatidas y, en lo posible, acordadas en diversos marcos. En esos marcos se definen los denominados *niveles* y, en cada nivel, sus elementos y sus responsables. Debido a ello podemos decir que:

- Los currículos o programas oficiales, los más generales, se reconocen como *diseño curricular prescriptivo*, *currículo oficial* o *primer nivel de desarrollo curricular*. En España se configuran en una primera línea de acuerdo en el marco estatal y, posteriormente, son desarrollados en las comunidades autónomas para su territorio.
- Los centros, en el ejercicio de su autonomía pedagógica, deben determinar sus desarrollos curriculares para los ciclos y cursos a los

que prestan su servicio. Suponen contextualización y concreción de los programas determinados por las administraciones educativas. Tales desarrollos se plasman en documentos específicos denominados *proyectos curriculares* (o *propuestas pedagógicas* en el caso de algunas etapas como educación infantil, en determinadas administraciones). Constituyen el segundo nivel de desarrollo curricular.

- El profesorado (en lo que debe ser su forma de expresión de un alto grado de competencia técnico-profesional) determinará, en su programación de aula, los aspectos más significativos de la ordenación de los procesos de enseñanza-aprendizaje referidos a un grupo de alumnos y a un curso. Constituye el tercer nivel de desarrollo curricular. En el caso de la planificación dirigida a alumnos que requieran adaptación en los elementos significativos (objetivos-competencias, contenidos, criterios de evaluación e indicadores de desempeño), hablaríamos de cuarto nivel de desarrollo curricular.

Determinados los aspectos básicos que caracterizan a cada nivel, vamos a preguntarnos ahora cuáles serían sus elementos y sus responsables. Se trata de cuestiones esenciales porque muestran, en definitiva, la naturaleza, el proceso y los agentes de cada una de las fases que hemos identificado.

Particularmente destacable viene a ser la inclusión de las competencias básicas en los currículos oficiales. Esta cuestión roza, además, con uno de los objetivos esenciales de esta publicación: analizar cómo están incluidas y cómo debemos desarrollarlas.

Las competencias constituyen un marco de referencia para el desarrollo que forma parte ya de un currículo internacional (Moya, 2007). Así pues, en España, como en otros muchos países, se contemplan entre los elementos esenciales del currículo (Ley Orgánica 2/2008 de Educación, art. 6.1: objetivos, competencias básicas, contenidos, métodos pedagógicos y criterios de evaluación). Tal inclusión se fundamenta en las directrices que están adoptando, actualmente, las investigaciones y evaluaciones sobre aprendizajes esenciales.

Este elemento, competencia básica como núcleo de referencia, debe ser concretado en los distintos niveles como cualquier otro elemento curricular. De otra forma, no serviría de marco para las actuaciones de centros, equipos de trabajo y profesores. Precisamente nos encontramos en un momento en el que la manera en que toma cuerpo esta concreción se cuestiona y se debate. En el trabajo que presentamos vamos a mostrar nuestra posición

ante el tema. Aunque los detalles los iremos mostrando en propuestas propias de cada capítulo, destacamos en el cuadro 1, sintéticamente, las claves esenciales.

El sentido de estos principios se explica de la siguiente forma. Hemos definido planificación como ordenación, sistematización, racionalización. Si incorporamos elementos en cada nivel es porque nos ayudan a orientar mejor nuestro trabajo. No podemos ni debemos extender los elementos que son objeto de planificación indefinidamente; ello supone hacer más compleja la tarea de programar y, además, de forma artificial. Con ello desvirtuamos su verdadero propósito: ordenar lo complejo, taxonomizar para distinguir lo esencial de lo complementario y, en su caso, de lo accesorio y prescindible.

El principio de autonomía pedagógica permite y exige a los centros el desarrollo del currículo oficial a partir de la identificación de una serie de condicionantes. Éstos pueden manifestarse en términos de oportunidades y/o limitaciones y se refieren a las características del entorno social, económico y cultural del centro, de las familias y del alumnado, destinatario último de toda la labor que en el centro se lleve a cabo.

A partir del estudio de estos condicionantes y de los aspectos esenciales del currículo oficial –objetivos, contenidos, competencias básicas, métodos y criterios de evaluación–, se elaboran los desarrollos curriculares de las etapas en los centros. Estarán compuestos por las programaciones didácticas de las áreas en cada una de las etapas y, respecto a los distintos elementos curriculares, vienen a:

Cuadro 1. Las competencias en los niveles de desarrollo curricular

CLAVES ESENCIALES PARA DETERMINAR LA FORMA DE INTEGRACIÓN DE LAS COMPETENCIAS EN LOS NIVELES DE DESARROLLO CURRICULAR
▪ Interpretamos el currículo como un sistema. En un sistema todos los elementos están interrelacionados y son interdependientes. Esto ha de significar que las competencias deben ser integradas y vinculadas a los elementos de cada nivel, no incluidas de forma yuxtapuesta. ▪ La pauta para que las determinemos, o no, como elemento explícito y diferenciado ha de ser el que verdaderamente tal opción suponga una mejora cualitativa de los elementos de planificación.

- Contextualizar.
- Concretar.
- Secuenciar (cuando proceda).

Queremos subrayar que en España, hasta ahora, el vocablo que se ha venido empleando para designar el documento que concreta el currículo oficial en los reglamentos orgánicos es «proyecto curricular». La LOE no identifica esta acepción, pero tampoco la deroga, ni la sustituye por otra. Dicha ley sólo se refiere a su función: concreción curricular. En tanto que otra disposición normativa no sustituya este término por uno nuevo, podemos (y debemos) seguir empleándolo. Ello supone, en definitiva, reconocer la acepción «proyecto curricular» como documento, y «segundo nivel de desarrollo curricular», como su función o cometido esencial. Sí puntualizamos que en el caso de la etapa de educación infantil algunas comunidades están empleando la acepción «propuesta pedagógica» (expresión bastante ambigua, a nuestro entender) porque han interpretado que éste es el significado que la LOE contiene en su artículo 14.2.

En cualquier caso, estos problemas relativos a la denominación concreta y convencional de documentos y niveles son representativos de la necesidad de acuerdos que deberían ser forjados en congresos y/o encuentros o reuniones sectoriales entre las administraciones educativas y grupos de expertos, antes de ser lanzados al ruedo de los trabajos puntuales de centros y equipos de profesores. Debido a ello, a veces, el profesorado se encuentra desorientado y ha de perder un tiempo precioso en clarificar términos y expresiones que deberían ser convencionales para facilitar la comunicación profesional (véase el cuadro 2 en la página siguiente).

Con referencia a los elementos esenciales que se concretan en el segundo nivel de concreción (programaciones didácticas de las áreas del proyecto curricular), diremos que son los siguientes y que lo hacen de la manera que destacamos a continuación:

- Los principios, estrategias y técnicas metodológicas que, desde un enfoque globalizador y competencial, constituirán la base para todas las áreas y son el punto de partida para el trabajo específico de cada una de ellas.
- Las pautas de trabajo que definirán el estilo de enseñanza y que están inspiradas en una determinada forma de entender las competencias docentes, orientadas bajo un modelo de profesor mediador.

Cuadro 2. Niveles del currículo, documentos en que se identifican y agentes responsables

NIVELES	DOCUMENTOS	RESPONSABLES
Primer nivel del currículo	*Currículo prescriptivo.* Programas oficiales de la Administración central y autonómica. Reales decretos y decretos publicados en el BOE y los boletines o diarios correspondientes. Cada centro tomará, como referente inmediato, el de su Administración.	Gobiernos central y autonómicos (a propuesta del Ministerio de Educación y/o de las consejerías).
Segundo nivel de desarrollo curricular	*Proyectos curriculares de etapa o concreciones del currículo* (también denominadas *propuestas pedagógicas* -educación infantil- en algunas comunidades autónomas). En ellos se integran, entre otros elementos, las programaciones didácticas de las áreas y los planes de acción tutorial. Todos estos elementos se recogen y vinculan en el proyecto educativo (éste en sí no es un nivel curricular, contiene los segundos niveles de las etapas integradas en el centro).	Claustro (aprueba). Comisiones de coordinación pedagógica y los equipos de profesores (elaboran, ajustan y formulan propuestas).
Tercer nivel de desarrollo curricular	*Programaciones de aula.* Plan de un profesor para un grupo de alumnos determinado. En este mismo nivel se integran dos perspectivas: ▪ Sintética (panorama general del curso). ▪ Analítica (definición puntual de sus unidades didácticas).	Profesor tutor y/o profesores especialistas (en necesaria coordinación por atender al mismo grupo de alumnos).
Cuarto nivel de desarrollo curricular	*Adaptaciones curriculares individualizadas.* Plan de un conjunto de especialistas que adapta significativamente la programación de aula a las necesidades de algunos alumnos.	Especialistas en pedagogía terapéutica, audición y lenguaje, psicopedagogos y profesores del aula (éstos proporcionan los referentes de normalización).

- La tipología de materiales que mostrarán propuestas bibliográficas, audiovisuales e informáticas puntuales, estrategias y técnicas específicas.
- Los objetivos. En el currículo de la Administración constan como objetivos de etapa, en las concreciones de segundo nivel, serán de ciclo.
- Las competencias específicas. Desarrollarán las competencias básicas (Escamilla, 2008). Quedarán relacionadas con éstas y también con los criterios de evaluación para mostrar su grado de compromiso con el currículo oficial.
- Los contenidos de las áreas. En los currículos oficiales se presentan por bloques y por ciclos. En las concreciones de segundo nivel, por bloques igualmente, y por cursos.
- Los criterios de evaluación. En el currículo oficial se identifican por ciclos, en las concreciones, al igual que los contenidos, se determinarán por cursos.

Concepto de programación de aula. Sus perspectivas sintética y analítica

«Planificación» o «programación» son vocablos que se relacionan con «ordenación». Pueden emplearse para aludir a documentos más abstractos o más concretos. Así pues, su objeto de referencia viene dado por los determinantes: programación de área (componente de las concreciones curriculares de segundo nivel) o programación general anual (documento de centro que integra múltiples propuestas para un curso –horarios, responsables, actividades extraescolares y complementarias, etc.). Es la programación más concreta, la programación de aula, la que constituye el objeto de estudio de esta publicación.

Entendemos por programación didáctica de aula:

> La planificación sistematizada del proceso de enseñanza-aprendizaje referida a un grupo de alumnos específico para un curso determinado. Constituye el tercer nivel de concreción curricular.

La materialización de esta programación supone un medio para concretar el principio de autonomía pedagógica. En ella se expresan las competencias técnico-profesionales del profesor. Permite dar respuesta a las

características de un grupo de alumnos (intereses, capacidades, competencias, motivaciones, estilos cognitivos) en un determinado contexto.

Este tercer nivel de desarrollo curricular, programación didáctica de aula, puede adoptar dos perspectivas: sintética y analítica. La primera presenta un marco de actuaciones general, para todo el curso. La segunda desarrolla y define, con un mayor grado de precisión y detalle, actuaciones específicas en un marco temporal concreto: habitualmente una quincena. Las estudiamos con mayor detalle.

Programación de aula. Perspectiva sintética

En ella se presentan los objetivos del curso (destacando aquellos de señalado valor competencial); los contenidos más significativos, ordenados en términos de unidades didácticas y que contemplarán conceptos, procedimientos y actitudes de manera explícita o implícita; los recursos metodológicos (exponiendo los principios, enfoques, estrategias y técnicas para desarrollar a lo largo del curso); los materiales didácticos que se emplearán; los medios ambientales previstos, y la determinación del papel del profesor, alumno, grupo, familia y otros medios personales que puedan intervenir en el desarrollo del proceso de enseñanza-aprendizaje.

En esta perspectiva sintética deben constar, asimismo, los criterios de evaluación para el curso, relacionados con las competencias específicas. Para mostrar la coherencia de la propuesta, recogerá, además, la selección y adaptación de los principales indicadores de desempeño que facilitarán el seguimiento del proceso de construcción de las competencias básicas.

En las programaciones se establece una secuencia ordenada y coherente de las unidades didácticas o unidades de programación que serán desarrolladas a lo largo de un curso o ciclo de referencia. Tales unidades pueden, metodológicamente, contemplarse desde distintos enfoques: disciplinar o integrador (en éste último caso, competencial y globalizador o globalizador parcial).

Programación de aula. Perspectiva analítica

En ella se recogen, desarrolladas y perfiladas, las unidades didácticas cuyo bosquejo se ha trazado en la dimensión de síntesis. Estas unidades didácticas constituyen la guía para el trabajo directo y orientado a canalizar con precisión el proceso de enseñanza-aprendizaje. Configura un recurso de programación adecuado para guiar períodos de trabajo en marcos de una temporalización muy definida y precisa: habitualmente dos semanas, en otras ocasiones, una o tres; excepcionalmente, un número determinado de sesiones.

Programación de aula, funciones del profesor y competencias técnico-profesionales

Como hemos podido apreciar, el trabajo de desarrollo curricular que describimos viene a ser una forma gradual de acercamiento a las características y necesidades de los alumnos (toda la labor que se lleva a cabo en los centros tiene como referente esencial el de contribuir a su desarrollo equilibrado).

Llegar a entender sus necesidades exige ubicarlos en un contexto social y cultural, de ahí la enorme importancia de conocer el currículo oficial que contempla las coordenadas del desarrollo de una etapa en un medio; también la necesidad de estudiar el contexto sociofamiliar y consensuar con los otros profesores las alternativas y decisiones conjuntas para proporcionar respuestas coherentes. Ya en el aula, definir, de manera más precisa, los distintos factores de diversidad:

- Capacidades y competencias de partida, que suponen situar al alumno en unos tramos generales de desarrollo psicoevolutivo: preparación, acceso, construcción y asentamiento de la lógica concreta, evolución social y moral (abriéndose a los grupos de iguales y configurando y reconstruyendo normas para guiar la cooperación y la relación), percepción, gradual estructuración e interpretación del espacio y el tiempo, adquisiciones relativas a equilibrio y coordinación motriz, entre otros aspectos.
- Conocimientos previos que, junto con las capacidades, constituyen el nivel de desarrollo del alumno.
- Intereses relacionados con él mismo, con los que le rodean, con la naturaleza, con el lenguaje, con las distintas formas de expresión cultural (juegos, medios de comunicación, etc.).
- Factores de motivación, que nos permitan reconocer los elementos que mueven a un alumno o grupo a actuar de una determinada manera y hacia unos propósitos específicos.
- Estilos cognitivos, o claves que condicionan la forma de captar la información e incluso a veces, procesarla.
- *Locus de control*, o atribuciones que suelen hacer para determinar la responsabilidad de sus actos.

Asistimos, desde hace ya más de dos décadas, a una transformación radical en las prioridades educativas. La información se encuentra en diferentes

situaciones, enclaves y soportes. Ya no basta con dominar conocimientos específicos y comunicarlos de forma ordenada. Los profesores han de desarrollar una labor de mediación. Una labor orientada a favorecer en su alumnado la capacidad de aprender a aprender, que llegue a facilitar la posibilidad de transformar la información en conocimiento; conocimiento competente, capaz de ser aplicado para resolver, de forma autónoma, distintos tipos de problemas en contextos diferentes.

La identificación de los nuevos referentes para el desarrollo profesional los encontramos en la normativa y en la bibliografía. Distintas disposiciones reconocen como funciones o deberes del profesor (de cualquier etapa o nivel), con respecto a los alumnos, las siguientes:

- Atender al desarrollo equilibrado de su personalidad.
- Desarrollar labores de tutoría y orientación de los alumnos en colaboración con los servicios o departamentos especializados.
- Evaluar los procesos de enseñanza y aprendizaje.
- Programar y enseñar las áreas encomendadas.
- Investigar, experimentar y mejorar de forma continua los procesos de enseñanza correspondiente.

Esta selección de funciones nos muestra que la programación es un medio para un fin (atender al desarrollo equilibrado de la personalidad). Pero también podemos entender que programar puede ser un medio para investigar y mejorar. Esto exige un cambio de actitud respecto a las tareas de planificación. A veces se ha entendido la labor de programar como una obligación administrativa, ajena a enseñar. Hoy sabemos que tenemos que implicarnos, que tenemos que dominar los instrumentos y que la programación supone una vía para conocer, comprender, desarrollar y valorar mejor los resultados y procesos de enseñanza-aprendizaje.

El reconocimiento que la normativa hace de las funciones o deberes del profesor tiene una línea de encuentro con la noción de las competencias que debe mostrar. Tales competencias son, en definitiva, estándares del saber hacer (Marchesi, 2007). Perrenoud (2004), por su parte, señala entre las diez competencias básicas del profesor las de organizar y animar situaciones de aprendizaje y gestionar la progresión de los aprendizajes.

En esta línea que significa valorar las labores de programación como una competencia que supone búsqueda de eficacia y calidad, nosotros mismos (Escamilla, 2008, pp. 149-150) hemos señalado algunas competencias específicas. Suponen, en definitiva, reconocer el carácter técnico-profesio-

nal de algunas tareas del profesor. Así, reconoceremos como competencias específicas del profesor que apuntarían a una labor programadora eficaz las siguientes:

- Determinar las capacidades y aprendizajes previos del alumnado para lograr unos determinados objetivos empleando las técnicas apropiadas en cada caso (diálogos, entrevistas, cuestionarios, pruebas, representaciones plásticas o dramáticas, mapas cognitivos, observaciones y expedientes académicos).
- Analizar y extraer conclusiones significativas de los currículos oficiales, tanto en lo que respecta a objetivos y recursos generales, como a los elementos propios de las áreas de su responsabilidad.
- Identificar fuentes de diverso carácter (normativo y bibliográfico) para apoyar alternativas determinadas en sus programaciones y en sus prácticas.
- Participar, de forma activa y cooperadora, en el desarrollo y contextualización de los programas para responder adecuadamente a las características y necesidades del centro y de la etapa.
- Definir, de forma fundamentada, los objetivos específicos de las áreas y de su responsabilidad.
- Definir, de forma fundamentada, las competencias específicas de las áreas de su responsabilidad, reconociendo su relación integradora con los de las otras áreas.
- Diseñar los elementos de las programaciones de acuerdo con los objetivos y competencias específicas.
- Articular en las programaciones los recursos materiales, ambientales y metodológicos seleccionados con criterios apropiados (variedad, equilibrio, ajuste, actualización).
- Participar activamente en el acuerdo y aplicación de actuaciones conjuntas que muestren compromiso con el grupo de compañeros por desarrollar las competencias básicas en sus grupos de alumnos.
- Seleccionar, desarrollar y elaborar secuencias de tareas de aprendizaje y enseñanza apropiadas para un conjunto dado de objetivos y competencias específicas atendiendo a las necesidades de aprendizaje del alumnado.
- Seleccionar, adaptar y construir diversas técnicas, procedimientos e instrumentos para la evaluación de los alumnos, de acuerdo con criterios basados en objetivos y competencias específicas y básicas.

- Seleccionar, adaptar y construir diversas técnicas e instrumentos de evaluación para evaluar la programación en su diseño y en su proceso de desarrollo, flexibilizando su aplicación y ajustando los elementos trazados en función de las respuestas de construcción de aprendizaje de los alumnos.
- Evaluar los resultados de las programaciones y extraer conclusiones significativas para la mejora de los procesos de planificación, aplicación y evaluación de la enseñanza y del aprendizaje.

Por supuesto, como reconocimos en la publicación citada, estas habilidades o competencias específicas han de ser compatibles (y enriquecidas) con otras de naturaleza interpersonal y otras de carácter comunicativo.

Cómo nos formamos para programar adecuadamente

Acabamos de justificar la necesidad de poseer determinadas competencias específicas relacionadas con nuestra capacitación para programar. Esto nos lleva, ineludiblemente, a preguntarnos cómo, cuándo y dónde podemos adquirir tales competencias. Nuestra formación inicial debería comprender ese conocimiento teórico, esa reflexión sobre el concepto, los elementos y las alternativas que son necesarias. Después, ya en períodos de práctica tutorizada, deberíamos constatar su flexibilidad y validez, cuestionando la oportunidad de sus decisiones.

Nuestra formación inicial debería trabajar dominios de contenidos de las áreas y materias y, desde luego, contenidos de didáctica, psicología de la instrucción, psicología evolutiva, psicología de la educación, legislación educativa, organización de centros y de equipos de trabajo. Esos campos han de ser integrados por la didáctica. En ellos se trabajarían competencias comunicativas, interpersonales y técnico-pedagógicas como las que señalamos anteriormente.

A partir de esa formación inicial, la forma de mejorar nuestras competencias técnicas relacionadas con la programación será la propia práctica reflexiva y desarrollada bajo apuestas de coordinación y trabajo en equipo. El continuo planificar y aplicar debe contemplar la evaluación del diseño, del desarrollo y de los resultados para mejorar el conjunto de nuestras competencias. También la participación en programas de formación continua que nos permitan contrastar nuestras alternativas con otros grupos será un com-

ponente indispensable para aumentar la calidad de nuestro trabajo. Un trabajo que, en definitiva, perseguirá una mejora continua que corresponderá a procesos de desarrollo de acciones educativas en distintos medios y a la investigación y reflexión sobre la propia práctica.

El enfoque competencial en la programación de aula. Coordenadas generales

Si queremos ser coherentes con el título que hemos dado a esta publicación, deberemos ir identificando puntualmente la repercusión que las competencias básicas y su desarrollo pueden tener en nuestra tarea de programar.

De entrada, y en términos de síntesis, diremos que la orientación educativa al desarrollo de competencias básicas pretende buscar y extraer contenidos del contexto social, cultural, familiar y educativo para tratarlos significativamente (de acuerdo con las capacidades de los alumnos, potenciando su interés y llevándolos a nuevos niveles de desarrollo) y conseguir que los alumnos puedan aplicarlos en un contexto educativo concreto para transferirlos posteriormente a otros entornos educativos o sociofamiliares.

Esta perspectiva no es nueva en educación. Sí podemos decir que está siendo redibujada por acuerdos internacionales respecto a las orientaciones clave. Las coordenadas para el desarrollo (las ocho competencias básicas que habitualmente reconocemos) encuentran ahora también en estudios sobre personalidad y capacidades nuevos asientos y fundamentaciones (teoría de las inteligencias o capacidades múltiples de Gardner). Disponemos en el presente de más bagaje en lo relativo a procesos de construcción de los aprendizajes y de técnicas e instrumentos para aprender a aprender.

Determinadas estas claves relativas al tan debatido asunto sobre si las competencias básicas son algo nuevo o no lo son, podemos seguir dibujando las que hemos identificado como coordenadas generales del enfoque. Queremos recordar que ya en otra publicación expusimos las que, a nuestro entender, deben ser las características que otorguemos a las competencias básicas para que puedan ser verdaderamente una directriz del desarrollo:

- Educabilidad.
- Adaptación al contexto.
- Complejidad.
- Integración.

- Creatividad, innovación.
- Responsabilidad.

Pero las competencias han de integrarse en la programación y, al hacerlo, van a impulsar, dar más sentido y significado; van a enriquecer, a nuestro juicio, algunas de las características que la programación debía tener. Son las principales: interrelación e interdependencia entre sus elementos; esfuerzo por ir más allá de un foco de referencia puramente instrumental; mirada a favorecer la convergencia del trabajo educativo, a la necesidad de promover y concretar el trabajo en equipo, y reconocimiento de la concreción de las competencias en destrezas como una formación para afrontar nuevas tareas. Pasamos a estudiarlas.

Interrelación e interdependencia entre sus elementos

Como explicamos anteriormente, el currículo está compuesto por una serie de elementos interrelacionados e interdependientes. Las competencias básicas son núcleos de referencia global. Cuando se concretan en la programación de aula, desde nuestra perspectiva, no deben plantearse como elementos yuxtapuestos, han de integrarse en sus distintos elementos.

Podemos considerar, así, que muchos enunciados de objetivos, caracterizados por su vocación de resolver problemas, han de ser entendidos (por su carácter integrador del conocimiento y al no identificarse absolutamente con ningún área) como «competenciales». Se trata de competencias específicas y cuando nos situemos en la programación de aula, en las unidades didácticas en particular, serán operativas (analizaremos este concepto más adelante, en el capítulo 3).

Las competencias generales, específicas y operativas serán tipos de objetivos que necesitan contenidos oportunos para su desarrollo. Se «vestirán» fundamentalmente de contenidos de procedimiento, pero requieren de los contenidos de actitud que, además, las promueven. Se asientan, igualmente, en los conceptos, en el saber de base imprescindible para la acción.

Pero las competencias han de vincularse también con los recursos metodológicos (técnicas para aprender a pensar y para aprender a aprender, a tomar decisiones, a convivir), con los recursos personales (trabajo en equipo), y con recursos materiales (variados y funcionales, tomados de contextos reales).

En definitiva, las competencias señalan un punto de acuerdo y referencia. Cuando se concretan nos muestran un tipo de objetivo. No eliminan ni

excluyen parcialmente los otros elementos. La planificación sistemática y rigurosa nos lleva a tomar en consideración preferente algo que antes pertenecía a la aplicación y voluntad de algunos profesores y centros. Ello no significa descartar u olvidar los otros elementos en nuestra programación de aula y en sus unidades didácticas.

Esfuerzo por ir más allá de un foco de referencia puramente instrumental

Debemos recordar siempre que la selección fundamentada y consensuada de competencias básicas se preocupa por identificar, elegir y organizar aprendizajes escolares de gran valor y proyección para la vida (social y ciudadana, aprender a aprender, iniciativa y autonomía personal). Debemos, además, considerarlas como medio para el desarrollo de grandes principios: atención a la diversidad, calidad y equidad. Todo ello no debe hacernos olvidar que entre ellas también se dan unos criterios de jerarquización. Nunca debemos dejar de considerar que preparar al alumnado para desenvolverse en el medio (hecho que en la programación de aula se manifiesta en destrezas) es una vía para que ese desenvolvimiento sea expresión de una personalidad formada, equilibrada, respetuosa, activa, crítica.

Mirada a favorecer la convergencia del trabajo educativo: la necesidad de promover y concretar el trabajo en equipo

Las competencias en nuestra programación de aula van a suponer una alternativa de trabajo transversal (respecto a áreas, respecto a distintas unidades didácticas). Contribuyen a superar el saber atomizado o fragmentado, aportan conexiones globalizadoras. La exigencia de compartir núcleos de referencia desde las áreas implica que deberemos dialogar, debatir, acordar lo esencial. Significa trazar proyectos conjuntos, delimitar recursos didácticos comunes y, además, con alternativas concretas en plazos temporales (quincenas o meses) para materializar técnicas y desarrollar tareas que favorezcan habilidades comunicativas, de relación social, de toma de decisiones.

Reconocimiento de la concreción de las competencias en destrezas como una formación para afrontar nuevas tareas

Las competencias, al concretarse en habilidades y destrezas, preparan para la resolución de tareas específicas. Estas tareas específicas son las que

se identifican en las unidades didácticas. Será en este elemento curricular en el que se plasme la preparación competente y se constate su eficacia en el desempeño. Pero siempre deberemos considerar que este tipo de trabajo no constituye un fin. Muy al contrario: son un medio.

La orientación al desarrollo de competencias busca capacitación para desenvolverse en diferentes ámbitos. Ello exige un proceso continuo de trabajo que proceda de la competencia general a la específica y de ésta a la operativa, sin dejar de mirar el propósito general. Una mirada centrada exclusivamente en rígidas destrezas operativas perdería el referente de base, dificultaría la aludida preparación para el desenvolvimiento en distintos marcos. Monereo (2007) señala, en este sentido, que ser competente es algo más que ser hábil en la ejecución de tareas; ser competente es ser capaz de afrontar, a partir de las habilidades adquiridas, nuevas tareas o retos que supongan ir más allá de lo aprendido.

Los procesos de aprendizaje no pueden circunscribirse a identificar, seleccionar, conocer, comprender y aplicar en contextos académicos similares. Desde un enfoque competencial, se puede y se debe estimular la aplicación de lo trabajado a la vida, la valoración de esos trabajos y el asumir nuevos retos que supongan ir más allá de lo aprendido. Se trata de ampliar los puntos de mira, de enseñar a los alumnos a pensar sobre sus procesos de trabajo y, también, sobre sus resultados y productos. Se trata también de pedirles, gradualmente, que identifiquen nuevas situaciones académicas o sociales en las que las destrezas desarrolladas podrían ser de valor. Con todo ello, estaremos estimulando gradualmente sus habilidades metacognitivas.

En síntesis

La programación de aula exige la identificación y comprensión de los niveles de desarrollo del currículo que le sirven de marco. Su configuración hace necesaria la valoración de su auténtico significado: mejorar los procesos de enseñanza-aprendizaje. La complejidad de sus elementos y la complementariedad de sus líneas requieren una preparación técnica rigurosa. Hoy, esa preparación ha de contemplar las competencias básicas, sus perspectivas y los cauces que las traigan a la planificación como un elemento de enriquecimiento y mejora. Ello supone determinar pautas, tomar decisiones sobre la manera –explícita o implícita, diferenciada o integrada– en que se

van a relacionar con los otros elementos de la planificación. El criterio ha de ser consecuente con los principios esenciales de la programación: organización, racionalización. No podemos ni debemos extender los elementos que son objeto de planificación indefinidamente. Ello supondría hacer más compleja la tarea de programar y hacerlo de forma artificial. Desvirtuaríamos su verdadero propósito: ordenar lo complejo, distinguir lo esencial de lo complementario.

Por esa razón, el capítulo trata, asimismo, una serie de cuestiones esenciales que se estudiarán y matizarán convenientemente en los siguientes. Partimos de la consideración de las competencias como directrices para el desarrollo. A partir de este posicionamiento, delimitamos la vía que supone plantear los elementos de la programación como interrelacionados e interdependientes, por ello los vinculamos con los objetivos, los contenidos y los recursos. Esto nos ha llevado a mostrar que las competencias, cuando se concretan, nos muestran un tipo de objetivo. Su planificación sistemática y rigurosa nos lleva a tomar en consideración preferente algo que antes pertenecía a la aplicación y voluntad de algunos profesores y centros. Ello no significa descartar u olvidar los otros elementos en nuestra programación de aula y en sus unidades didácticas. Implica también nuestra posición el destacar que la competencia va más allá de lo instrumental, que su estudio significa identificar, elegir y organizar aprendizajes escolares de gran valor y proyección para la vida que son, además, medio para el desarrollo de grandes principios: atención a la diversidad, calidad y equidad.

Debemos también considerar que el planteamiento integrador, consustancial al enfoque de una programación que se ocupa de desarrollar competencias, nos exige trabajo en equipo. Requiere compartir núcleos de referencia desde las áreas; supone que deberemos dialogar, debatir, acordar lo esencial, trazar proyectos conjuntos, delimitar recursos didácticos comunes.

Finalmente, debemos reconocer que las competencias, como tipo de capacidad, se concretan en habilidades y destrezas, pero que esta línea de concreción no debe nunca desorientar sobre la necesidad de transferir lo aprendido y materializado en tales destrezas y habilidades. Más aún, se trata de pedir, gradualmente, al alumnado que reflexione sobre el alcance de sus propias destrezas, habilidades y competencias; que constate sus limitaciones, y que intente superarlas. Se trata de estimular el aprender a aprender y de formar para la iniciativa y autonomía personal.

2

El contexto de la programación y su relación con el desarrollo de competencias básicas

Introducción

La programación de aula y sus unidades didácticas deben responder a las necesidades de un contexto. Hemos estudiado, hasta ahora, las coordenadas del sistema educativo que determinan los niveles del currículo. Hemos expuesto, en ellos, el papel del segundo nivel –el de las propuestas de etapa en nuestro centro– y hemos delimitado el significado del tercer nivel, lo que supone programar como trabajo indispensable para mejorar los procesos de enseñanza supeditados a los de construcción de aprendizajes del alumnado.

Pero debemos progresar en la definición de lo que significa para nosotros el tercer nivel. Nuestra programación ha de construirse sobre principios, como la integración dinámica con los profesores que atienden, con nosotros, al grupo de alumnos. Vamos a preguntarnos sobre los propósitos de esta colaboración, los cauces sobre los que ha de discurrir, la estrategia y las técnicas que podemos emplear.

Nuestro trabajo de programación ha de considerar, asimismo, la identificación de los elementos esenciales del medio sociocultural. Su importancia, además, se ve corroborada por la necesidad de orientar nuestro trabajo al desarrollo de competencias. Para los alumnos, el saber hacer ha de cobrar cuerpo en la familia, en las relaciones sociales próximas, en la comprensión y empleo funcional de la información que les llega de los medios de comu-

nicación, en el uso de los servicios de transporte, en el empleo del tiempo de ocio... Como vemos, el entorno aparece con irremediable y fundamentada insistencia.

Pero, evidentemente, en una propuesta que pretende sugerir coordenadas para programar, el lugar destacado, el propio centro de atención (los otros los estudiamos en tanto que nos ayudan a comprenderlo mejor) ha de ser el alumno. Los aspectos de base en este capítulo, que se sitúan entre la psicología evolutiva y la psicología de la educación, serán completados en los siguientes con los elementos de trabajo que nos aportarán la psicología de la instrucción y la didáctica.

El contexto de nuestro trabajo. El equipo de profesores. Estrategias

En el capítulo 1 ya hemos identificado los documentos que van a servir de marco a nuestra programación. Esos documentos han de ser fruto de un proceso dinámico de elaboración, discusión, aprobación e implementación. Tal dinamicidad procederá, unas veces, desde las consideraciones de cada profesor, hasta los diferentes medios de coordinación (tutor, coordinadores de ciclo, comisión de coordinación pedagógica, jefatura de estudios, dirección, claustro). Otras veces circulará en la dirección contraria: desde los acuerdos aprobados en el claustro hasta su aplicación en nuestras aulas. Vamos a delimitar ahora el contexto de las relaciones entre los órganos que han de dar cobertura a nuestro trabajo en el aula y con los profesores que cooperan en la atención que prestamos al mismo grupo de alumnos.

De entrada, subrayaremos que si nuestra labor se desarrolla en un centro de infantil y primaria, las dos etapas deberán consensuar y asumir líneas concretas que servirán de marco para garantizar la coherencia y continuidad en las actuaciones.

El esfuerzo conjunto de un trabajo coordinado ha de hacerse alrededor del currículo en sus distintos elementos: objetivos, áreas y contenidos, competencias, recursos metodológicos y referentes para la evaluación. Ello supone que el profesorado de infantil y primaria deberá:

- Establecer relaciones precisas entre las áreas de infantil y primaria.
- Analizar y armonizar los principios pedagógicos de las dos etapas y sus principios de intervención. Subrayar algunos de especial relieve como los enfoques globalizador y competencial.

- Profundizar en los objetivos de las etapas comunes a todas las áreas y determinar líneas de continuidad entre ellos.
- Destacar objetivos, contenidos, tareas y recursos apropiados para el desarrollo competencial en las dos etapas. Determinar aspectos conjuntos de priorización.
- Consensuar estrategias y técnicas metodológicas que pudieran ser comunes a las dos etapas.
- Definir principios, técnicas, criterios e indicadores de desempeño con referentes comunes.

Estrategia para la coordinación. Recursos personales-organizativos

La estrategia de trabajo en el centro, en las etapas, en los ciclos, en los cursos y en las aulas viene siempre marcada por la necesaria coordinación. De entrada, supone exponer qué entendemos por coordinar y qué implica desarrollar un trabajo en esta línea.

El vocablo «coordinar» procede del latín *co*, por *cum*, *con*, y *ordināre*, ordenar. Implica disponer metódicamente y concertar medios, esfuerzos, etc., para una acción común. Así pues, comprobamos cómo en nuestro ámbito de trabajo en el aula, el concepto alcanza su pleno significado: planificar de forma conjunta y desarrollar una acción común. En el curso y en el aula, los órganos de coordinación serán el equipo de profesores que allí trabajan (en centros de más de una línea) y la propia figura del tutor.

El equipo de profesores de curso y de aula determinará los acuerdos concretos y las medidas puntuales: compromisos respecto a plazos temporales, tipos de tareas para concretar los propósitos, tipos de materiales, indicadores para evaluar las competencias de forma conjunta, forma de transmitir estos aspectos a los alumnos para mostrar coherencia.

El tutor tendrá un papel esencial en el proceso de articulación de las propuestas didácticas. Constituye una figura de mediación para coordinar la labor de los distintos profesores respecto a la integración de los elementos del currículo en las acciones de aula: objetivos, competencias y contenidos que se priorizan, técnicas que vamos a emplear para concretar una determinada competencia, tareas integradoras de especial significado, criterios de evaluación e indicadores de desempeño. También puede transmitir a las familias los propósitos del enfoque didáctico y sugerencias prácticas para colaborar. Como apreciaremos más adelante, el desarrollo del enfoque competencial requiere un trabajo convergente entre familia y centro. La fa-

milia va a tener una gran responsabilidad en el desarrollo de todas las competencias básicas; de forma más nítida, podemos destacar tal responsabilidad en algunas concretas: no podemos conseguir materializar competencias como iniciativa y autonomía personal, aprender a aprender, lingüística y social y ciudadana sin su estímulo y sin su ejemplo.

Estrategia para la coordinación. Recursos metodológicos y materiales

Una vez estudiados los elementos de la estrategia de programación coordinada entre profesores, pasaremos a estudiar la dimensión estratégica relacionada con el interrogante *cómo*: los recursos metodológicos. Desde nuestra perspectiva, será necesario articular una vía metodológica mixta de carácter inductivo-deductivo. La relación entre los profesores que trabajan con el mismo grupo de alumnos debe considerar unos acuerdos básicos en lo relativo a la selección de metodología y materiales que puedan contribuir al desarrollo del enfoque globalizador y competencial.

Cuando programamos tenemos que preguntarnos, de entrada, por el elemento que va a constituir el punto de partida (objetivos, contenidos, tratamiento que les damos a las competencias...). La flexibilidad de esta fórmula metodológica hace posible que el profesorado pueda adaptar la línea de definición de los distintos elementos curriculares en el orden que su interés o su preparación aconseje: pueden ser los contenidos, o los objetivos y competencias, o las referencias metodológicas de carácter más general.

Ello supone un proceso abierto a una dinámica de trabajo flexible: con un replanteamiento de ida y vuelta entre contenidos, objetivos, alternativas metodológicas y materiales que facilite la revisión constante y la consideración de las propuestas de programación como una fórmula de trabajo sistémica en la cual todos los elementos están interrelacionados y son interdependientes.

De esta manera, se hace posible la adaptación a la tipología de alumnos en las etapas y los ciclos y, finalmente, al grupo-clase en concreto en función de sus conocimientos, capacidades, experiencias, tipo y estilo de trabajo y de relaciones. Así, en definitiva, se da curso al desarrollo del principio de autonomía de los centros.

Articular una estrategia metodológica supone que el trabajo de coordinación puede integrar vías expositivas o indagatorias. Los miembros de los equipos de trabajo han de desarrollar diferentes funciones para asegurar la eficacia de las tareas emprendidas. Algunos van a desempeñar funciones

más sociales, otros más técnicas, otros más pragmáticas o, por el contrario, más creativas. Conjugando esas posiciones intercambiaremos nuestros conocimientos y nuestros hallazgos. También en nuestras reuniones de equipo generaremos nuevos conocimientos y hallazgos por medio de la exposición oral, los torbellinos de ideas, los diálogos, los coloquios o los debates, entre otras técnicas.

En la determinación de la estrategia podemos preguntarnos también acerca de los recursos materiales que podemos utilizar para elaborar la programación. Necesitaremos, por supuesto, los proyectos curriculares o las propuestas pedagógicas de la etapa; referencias bibliográficas de didáctica, psicología de la instrucción y psicología de la educación; propuestas de la Administración y de otros centros; libros de texto y guías de recursos didácticos, y todo tipo de material impreso, audiovisual o informático que nos proporcione ideas para tratar los contenidos que vayamos seleccionando.

Eso implica contar con materiales más abstractos o más concretos que la programación que en ese momento se va abordar. Es congruente con las alternativas metodológicas mixtas que hemos señalado (deductivas o inductivas). También subrayaremos que los materiales pueden diferenciarse en función del medio que emplean. En la actualidad, existe una gran variedad y podemos emplear materiales impresos, audiovisuales o informáticos. En muchas ocasiones, además, podrán ser fuente de inspiración materiales que no fueron concebidos expresamente para desarrollar el currículo. Los equipos siempre deberán partir del estudio del contexto, de sus posibilidades y de sus necesidades, y configurar o adaptar, según proceda, su propia respuesta.

Respecto al papel, diremos que, en este nuevo escenario, el profesor debe ser un mediador que favorezca esa construcción de capacidades. Ha de considerar los contenidos concretos como un instrumento y ha de llevar a cabo una selección de recursos personales, materiales, ambientales y metodológicos determinando su organización y variando su amplitud, su frecuencia y su intensidad (Tébar, 2007). La complejidad de la tarea es de tal relieve que necesita el concurso del conjunto de profesores que trabajen con él y, además, de unas vías de coordinación eficaz con la familia. En estas tareas queda patente nuestra necesidad de desarrollar competencias específicas o habilidades como las siguientes:

- Aportar y recoger, en las sesiones de trabajo con los profesores del grupo, información significativa respecto a los conocimientos, capacidades, intereses y motivos del alumnado.

- Participar activamente en el acuerdo y la aplicación de actuaciones conjuntas que muestren compromiso con los compañeros por desarrollar las competencias básicas en sus grupos de alumnos.
- Seleccionar, adaptar y/o elaborar materiales de enseñanza para un conjunto de objetivos y competencias específicas de acuerdo con las necesidades y posibilidades de aprendizaje de los alumnos.

El medio natural, sociocultural y familiar como condicionante

El medio físico-natural, sociocultural y familiar constituye un factor esencial en la toma de decisiones sobre la programación y las unidades. Condiciona notablemente la forma de pensar, sentir y actuar de las personas. La interacción entre el hombre y su entorno es un elemento clave para poder llegar a su adecuada conceptualización. Debemos procurar que el alumnado tome gradualmente conciencia de esta interacción y aprenda a actuar en consecuencia.

El estudio de las características del entorno es imprescindible para seleccionar y gestionar los contenidos de enseñanza-aprendizaje. Esta tarea nos va a proporcionar claves esenciales sobre lo que los alumnos conocen y comprenden con mayor facilidad (porque forma parte de su vida) y/o sobre lo que les resulta más difícil, alejado o abstracto. Nos va a proporcionar pistas de gran significado sobre sus actitudes, intereses y motivos.

Entre los factores de contexto que podemos y debemos estudiar se encuentran los siguientes:

- Tipo de entorno: rural, urbano, suburbano, semiurbano.
- La familia y la vivienda: componentes de la familia, relaciones entre sus miembros. Profesiones. Comportamientos y actitudes respecto a la cultura y a la educación.
- Formas de organización social en el entorno próximo: la escuela y el municipio.
- La actividad laboral, económica y profesional.
- Instituciones y servicios sociales y educativos (museos, bibliotecas, hemerotecas, ludotecas, pistas deportivas...).
- Manifestaciones culturales presentes en el entorno (tradiciones, fiestas, juegos, canciones, danzas, etc.).
- Patrimonio arquitectónico. Valoración. Estado de conservación.
- Medios de comunicación y de transporte.

- El entorno natural próximo.
- Ecosistemas. El paisaje (relieve, vegetación, fauna, intervención humana). Conservación del medio ambiente.

Este estudio es indispensable. El grado en el que conozcamos este medio nos va permitir organizar propuestas de trabajo verdaderamente significativas. Esta preocupación cobra aún más relevancia con la orientación del trabajo educativo hacia el desarrollo de competencias básicas, porque suponen que los contenidos escolares han de ser empleados con eficacia en el contexto en el que se vive.

El entorno natural, sus componentes y sus factores son objetos preferentes de la curiosidad y el interés de los alumnos de tres a doce años. Sus vivencias en relación con los elementos de la naturaleza y la reflexión posterior les llevarán, con el apoyo adecuado, a una gradual autonomía respecto a la observación de fenómenos naturales, sus manifestaciones y consecuencias, así como a aproximarse gradualmente al conocimiento de los seres vivos y de las relaciones que se establecen entre ellos.

El conocimiento de las personas en distintos contextos, la vivencia de situaciones diversas, la ampliación, en suma, de experiencias y vínculos interpersonales facilitará el desarrollo de vínculos de pertenencia al medio social. El entorno escolar constituye un enclave privilegiado para fomentar tales relaciones y para estimular actitudes de confianza, empatía y apego que constituyen la sólida base de su socialización. En el desarrollo de estas relaciones afectivas deberemos tener en cuenta la expresión y comunicación de las propias vivencias, de las emociones y los sentimientos para la construcción de la propia identidad y para favorecer la convivencia.

La aproximación progresiva al conocimiento, aprecio y respeto por los elementos del entorno físico, natural, social, cultural y tecnológico debe ser aprovechado como una vía de desarrollo personal y social; los factores de la naturaleza y la cultura del entorno local próximo y de la comunidad han de ser utilizados como recurso didáctico para aproximarse, conocer, respetar y valorar las tradiciones de otros lugares.

En suma, el acercamiento a la diversidad y riqueza del medio natural y sociocultural favorecerá que podamos perfilar propuestas orientadas a potenciar en nuestros alumnos el desarrollo de una vinculación afectiva hacia él. Será la base para promover desde la escuela actitudes de respeto, cuidado y consideración. Perseguimos, en definitiva, que entiendan el medio físico-natural y sociocultural como su verdadero patrimonio.

El medio familiar. Su papel y relaciones con el medio escolar

Palacios y Paniagua (2007) mantienen que los niños pequeños son orientados y sostenidos, en su crecimiento y desarrollo, por los adultos de referencia. Ese papel es asumido básicamente por sus padres y por sus maestros. Éstos habrán de proporcionar la seguridad afectiva necesaria para que puedan jugar, explorar y relacionarse con otros niños. Deben, además, plantear exigencias, retos y normas que guíen el aprendizaje y la socialización.

Gradualmente, el ámbito de los puntos de referencia social se irá ampliando, pero no cabe duda de que en los períodos que estamos estudiando, el papel de estos agentes es crucial. La familia y la escuela comparten un objetivo común: son agencias de socialización y tienen como finalidad la formación integral y armónica de los niños; aportan los referentes que les permitirán integrarse de forma competente en la sociedad.

Respecto a las pautas para una correcta intervención, diremos que las actitudes, valores y conducta de los padres y maestros influyen, sin duda, en el desarrollo de los niños, al igual que las características específicas de éstos influyen en el comportamiento y actitud de los adultos.

Los autores citados también señalan que numerosos estudios muestran que el comportamiento y actitudes de los adultos hacia los niños son muy variados. Abarcan desde la educación más estricta hasta la extrema permisividad, de la calidez a la hostilidad, o de la implicación ansiosa a la despreocupación. Estas variaciones en las actitudes originan muy distintos tipos de relaciones y ambientes familiares y escolares.

En estos momentos en que destacamos una orientación educativa hacia el desarrollo de competencias básicas, es urgente considerar la necesaria implicación de la familia en este terreno. En ella se va a corroborar la posibilidad de materializar la aplicación de contenidos construidos en el ámbito escolar. Además, deberemos reconocer el importante papel de esta institución en el impulso de actitudes ante la lectura, el esfuerzo, etc.

Podemos encontrar en publicaciones de gran interés propuestas dirigidas a proporcionar instrumentos ágiles a las familias para cooperar en el desarrollo de competencias básicas, que podemos considerar esenciales. Títulos tan estimables como los de Ibarrola (2000-2009) permiten estimular la competencia lingüística, la competencia social y ciudadana, cultural y artística y, desde luego, la vertiente emocional como componente de cualquiera de ellas o considerada como competencia específica.

También tienen un gran valor propuestas como la de Fisher (2003), que muestra orientaciones para cada una de las inteligencias reconocidas por Gardner. Consideramos que pocos padres tomarán una publicación de este estilo como vía de trabajo continuado, pero tiene un gran interés. Por ello conviene buscar otros cauces para potenciar el empleo de este tipo de materiales. Hemos configurado algunas líneas de trabajo que podrían llegar a los padres periódicamente, lo que contribuiría a un trabajo más ordenado y operativo, a modo de «decálogos».

Las orientaciones que presentamos a continuación suponen que entendemos que el desarrollo afectivo, social y de la personalidad no sólo se aprende a través de la imitación o a través de un proceso de premios y castigos. Destacamos el papel de las variables cognitivas y perceptivas, del pensamiento y el conocimiento, que interactúan entre sí. La madurez afectiva y la autonomía personal exigen la comprensión explícita o implícita de las reglas del comportamiento social aplicadas en las diferentes situaciones tipo. Identificamos algunas de ellas:

- Exponga a su hijo narraciones ordenadas: quiénes, cuándo, dónde, cómo. Pídale que le cuente, de la misma forma, acciones vividas en el colegio, con los amigos...
- Muestre su disposición a saludar, a la entrada y a la salida del colegio, a los compañeros de su hijo y a sus familias. Manifieste su interés por conocer sus lugares de origen, sus costumbres, su cultura.
- Juegue a determinar semejanzas, diferencias entre objetos y situaciones.
- Describa cualidades de objetos, personas y situaciones en la casa, en los medios, en la calle. Pídale que las complete.
- Fomente el desarrollo psicomotor y social de su hijo promoviendo situaciones en las que construya, juegue y coopere con otros niños y con diferentes adultos.
- Dialogue con él, describa objetos y situaciones identificando el tamaño, las formas, las posiciones.
- Cuéntele relatos en los que se muestre con claridad el antes-después-ahora.
- Propicie el intercambio respecto a situaciones vividas, a la anticipación de sucesos.
- Practique juegos que promuevan las sensaciones sobre el propio cuerpo. Pídale evocarlas y ubicarlas nombrando adecuadamente las partes del cuerpo. Aproveche situaciones cotidianas: el baño, el vestido, los paseos.

- Muestre comportamientos en los que se manifiesten situaciones de ayuda, colaboración e intercambio con otras personas.
- Ponga cuidado en la expresión de fórmulas de urbanidad y cortesía y ensáyelas con su hijo.
- Hable de sus sentimientos y emociones ante situaciones muy concretas y pídale a su hijo que las exprese.

Un trabajo coordinado familia-centro favorecerá, como hemos defendido, todas las competencias y, desde luego, hará posible la consecución progresiva de cotas cada vez más elevadas en la competencia en iniciativa y autonomía personal, que consideramos holística o integradora. Con respecto a la autonomía y cómo favorecerla, Puig y Martín (2007, p. 23) señalan que libertad y autonomía son dos conceptos que, en muchas ocasiones, se emplean indistintamente, pero es de mayor utilidad en educación diferenciarlos y relacionarlos. El desarrollo y el ejercicio de la autonomía requieren un contexto de libertad. Pero es esencial determinar de qué manera se expresa esta libertad en función de las características del alumnado.

Respecto a las pautas para una correcta intervención en este terreno, diremos que las actitudes, los valores y la conducta de los padres y de los profesores influyen, sin duda, en el desarrollo de los niños, al igual que las características específicas de éstos influyen en el comportamiento y actitud de los adultos.

Desde nuestra perspectiva –apoyándonos en Palacios y Paniagua (2007) y Marina y Bernabéu (2007)– diremos que para potenciar un desarrollo equilibrado los adultos de referencia deben esforzarse por construir y mejorar habilidades que supongan:

- Sensibilidad para interpretar reacciones y necesidades.
- Disponibilidad física y afectiva, dedicación y afecto. Asumiendo que disponibilidad no supone dar respuesta inmediata a todas las demandas.
- Valoraciones constructivas para favorecer la autoestima.
- Equilibrio entre lo individual y lo grupal (entre los niños en la clase, entre los hermanos...).
- Ecuanimidad, trato justo y equilibrado.
- Estilo comunicativo expresivo y empleando reguladores de conducta directos (consignas) y/o indirectos (descripciones, preguntas...), dependiendo del momento de desarrollo, los objetivos, el contexto y la situación concreta.
- Ejercicio de la autoridad estableciendo límites y normas.

El conocimiento del alumnado

Los factores de diversidad

El trabajo de desarrollo curricular que estamos describiendo viene a ser una forma gradual de acercamiento a las características y necesidades de los alumnos. Toda la labor que se desarrolla en los centros tiene como referente esencial el de contribuir a su desarrollo equilibrado.

Entender sus necesidades exige ubicarlos en un contexto social y cultural. De ahí la enorme importancia que tiene conocer y comprender el currículo oficial, pues contempla las coordenadas del desarrollo de una etapa en un medio (estado, comunidad). También la necesidad de estudiar el contexto del centro y sociofamiliar de referencia (son sus coordenadas las que estudiamos en este capítulo). Ya en el aula, definir, de manera más precisa, los distintos factores de diversidad. Cabe destacar como los más significativos:

- Las capacidades y competencias de partida. Suponen situar al alumno en los tramos de desarrollo psicoevolutivo que encontramos en las edades de tres a doce años: preparación, acceso, construcción y asentamiento de la lógica-concreta; evolución social y moral; apertura gradual a los grupos de iguales y configuración de normas para guiar la relación; percepción, estructuración e interpretación del espacio y el tiempo; control gradual; equilibrio y coordinación motriz.
- Conocimientos previos que, junto con las capacidades, constituyen el nivel de desarrollo del alumno.
- Intereses relacionados con uno mismo, con los que le rodean, con la naturaleza, con el lenguaje, con las distintas formas de expresión cultural (juegos, literatura, medios de comunicación, etc.).
- Factores de motivación, que nos permitan determinar los elementos que mueven a un alumno o grupo a actuar de una manera concreta y hacia unos propósitos específicos.
- Estilos cognitivos. Son factores que condicionan la forma de captar y procesar la información. Algunos alumnos se mostrarán impulsivos o reflexivos; también pueden mostrar una mayor o menor tendencia al análisis o a la síntesis.
- *Locus de control*, o atribuciones que suelen hacer para determinar la responsabilidad de sus actos. El *locus de control externo* lleva a los alumnos a no asumir el grado de implicación necesaria para evolucionar, les conduce a buscar «culpables» de todo cuanto de negativo les ocurre. Los alumnos que muestran tendencia a

responsabilizarse, a evaluar su comportamiento, actúan de acuerdo con niveles apropiados respecto al *locus de control interno* (dependerá de la edad y las situaciones en que se manifieste). Por ello, educar en este aspecto de diversidad es esencial: está vinculado, de manera clara, al desarrollo de la competencia social y ciudadana y a la autonomía e iniciativa personal.

Cómo llegamos a conocer estos factores de diversidad constituye una pregunta crucial para abordar adecuadamente las tareas de programación. La psicología evolutiva nos proporciona un perfil general de los alumnos para construir ese conocimiento. Será preciso que interpretemos la información que nos proporciona de manera flexible. En el apartado siguiente recogeremos los factores que intervienen en el desarrollo de las capacidades. De él se extraerá que no conocemos a cada alumno en particular a través de la psicología del desarrollo. Pero sí hemos de reconocer el valor de ese sustrato de base para saber cómo pueden llegar a procesar y construir los conocimientos y los valores.

Profundizar en el conocimiento de los alumnos exigirá:

- Estudiar y valorar los documentos y la información que nos proporcione el centro y el grupo de profesores que ha atendido a los alumnos anteriormente.
- Recabar datos sobre la familia y el contexto e intercambiar información con ellos de sus hijos.
- Identificar los conocimientos previos de los que parten a principio de curso (su estudio puede intensificarse en el primer mes) y matizar ese conocimiento al comienzo de cada unidad didáctica.
- Seguir, a lo largo del proceso, la evolución de los aprendizajes a través de las actividades y de las tareas de integración de competencias.

Insistiremos más en estas cuestiones en los dos últimos capítulos de esta publicación.

El desarrollo psicológico de los tres a los doce años

Entendemos el *desarrollo* como:

> El proceso de cambios y transformaciones que se producen a lo largo de toda nuestra existencia, resultado de la relación dinámica entre herencia y ambiente, y suscep-

tible de ser estudiado analíticamente por medio de etapas o estadios y de dimensiones o componentes de la personalidad. Estos aspectos nos proporcionan un perfil general que ha de ser interpretado de manera flexible e integradora.

El estudio ha sido abordado por diferentes frentes teóricos. Las distintas teorías psicológicas destacan determinados aspectos concretos en su construcción y discrepan unas de otras sobre cómo se organiza, se desarrolla y se manifiesta en el comportamiento. En la actualidad estamos llegando a un marco teórico ecléctico que implica:

- El «triunfo» de los enfoques psicológicos que se inscriben en el marco del ciclo vital (desarrollo a lo largo de toda nuestra existencia, plasticidad del ser humano).
- Relevancia, al tiempo, y como afirman Marina y Bernabéu (2007), de las corrientes que apuestan por una psicología evolutiva interaccionista o sistémica. Se trata de una ciencia aplicada al estudio de las relaciones entre el sujeto y los contextos de desarrollo. Ello implica que cobra una relevancia inusitada el estudio de la dimensión afectiva que, en muchas ocasiones, actuará como motor o impulso del desarrollo. Se investiga la relación y el paso de lo subjetivo a lo objetivo, de lo individual a lo social.
- El papel de los estadios evolutivos y de las dimensiones de la personalidad. Son elementos de análisis que deben permitirnos captar los matices, profundizar en los detalles; pero sin olvidar que el análisis, en este caso, está al servicio de la síntesis: de una mejor comprensión del desarrollo. Encontraremos, por ejemplo, relaciones entre los rasgos cognitivos y socioafectivos y manifestaciones concretas de comportamiento; por ejemplo, los alumnos destacan determinados rasgos de las personas en sus análisis en función de la relación afectiva que tengan con ellos.
- La flexibilidad con la que hay que interpretar el marco de las edades en los períodos evolutivos. Pretenden ofrecer una guía, un perfil general del desarrollo. Pero, si hemos admitido que éste depende de la interacción de herencia y ambiente, la dotación por un lado y las experiencias privativas de cada sujeto en su contexto, por otro, aportarán las coordenadas de edad en los diferentes logros para cada sujeto.

Dimensión psicomotriz

Piaget, el más alto exponente de la investigación del desarrollo cognitivo en la infancia, fue quien destacó que la acción mental dependía de la acción motriz, de las experiencias sobre los objetos y en el entorno. Es por ello que el término «psicomotor» alude a esa integración entre inteligencia y motricidad.

En el desarrollo anterior a la adquisición de la lógica concreta, el pensamiento va unido a (depende de) la acción motriz. La clara vinculación entre acción corporal y acción mental, la repercusión de las sensaciones extero y propioceptivas resultantes de la acción sobre los objetos en la construcción del espacio, del tiempo y del esquema corporal hace que hablemos de esta dimensión de la personalidad como de dimensión psicomotriz.

En los momentos en que el pensamiento acompaña, e incluso precede, a la acción nos es posible ya diferenciar y tratar los cambios físicos y ligados al movimiento de manera más específica y analítica. Así, en la etapa de primaria, tramo en el cual se accede al desarrollo operatorio lógico-concreto y éste se consolida, estudiaremos una dimensión del desarrollo caracterizada como de carácter más psicomotor en los dos primeros cursos, y de vertiente más susceptible de ser analizada bajo una coordenada diferenciadora o motriz específica a partir del segundo ciclo.

Los autores más destacados en los estudios sobre la dimensión motriz-psicomotriz son Vayer (1977 y 1982), Lapierre (1977) y Le Boulch (2001). En España, autores como Mora y Palacios (2008), y Córdoba, Descals y Gil (2006), entre otros, han realizado notables contribuciones a la difusión de los aspectos más significativos en este ámbito.

Entre los tres y los seis años se desarrolla la lateralidad. El proceso de lateralización proporciona referentes externos estables. Los niños comienzan a sentir los ejes corporales, y el mundo puede organizarse con referencia a la posición del cuerpo: lo que queda delante y lo que queda detrás, la derecha y la izquierda, arriba y debajo.

Aumenta la calidad y discriminación perceptiva respecto al propio cuerpo (esquema corporal). Se enriquece el repertorio de elementos conocidos, así como la articulación entre ellos. El desarrollo de habilidades motrices, con una prensión más exacta y una locomoción mucho más coordinada, facilita la exploración del entorno y de las interacciones que éste establece con su cuerpo. La verdadera construcción del yo corporal no se da hasta los cinco años, aproximadamente. Los elementos se articulan e integran conscientemente. El movimiento comienza a ser «pensado».

Los progresos respecto a las coordenadas espaciales evolucionan gradualmente. De las iniciales percepciones y representaciones desajustadas se va procediendo a una estructuración e interpretación más ajustada. A esta evolución en la comprensión y asimilación de las coordenadas espaciales se llega a partir de la toma de conciencia de las coordenadas en las que mueve el cuerpo y transcurre la acción. De los puntos de referencia espacial más sencillos (arriba-abajo, delante-detrás) hasta los más complejos (derecha-izquierda), el niño tiene que ir representando su cuerpo en el contexto espacial en que transcurre su vida. Va siendo capaz de organizar su acción (en función de parámetros como cerca-lejos, dentro-fuera, grande-pequeño, ancho-estrecho). A partir del empleo de esas nociones espaciales en el terreno de la acción, es capaz de utilizarlas en la representación mental: el espacio se domina antes a nivel de acción que de representación. De acuerdo con Piaget, la acción física precede a la acción mental (el conocimiento deriva de la acción sobre los objetos).

La evolución en las nociones temporales se construye de forma similar, pero sobre las anteriores: el cuerpo y el espacio. El niño sitúa sus acciones y rutinas en unos ciclos (comidas, higiene, sueño-vigilia) de antes-después, mañana-tarde-noche, ayer-hoy-mañana, días de la semana-días de fin de semana. Es capaz de hacerlo en su actividad mucho antes que representar simbólicamente esas nociones. Las nociones temporales son aún más difíciles de dominar que las espaciales.

Los movimientos del niño van integrando y controlando voluntariamente, de manera gradual, un mayor número de grupos musculares, con lo que se van haciendo progresivamente más precisos. Ello permite incorporar repertorios psicomotores más especializados y complejos, que abren nuevas perspectivas a la percepción (por ejemplo, mediante la coordinación ojo-manual) y a la acción sobre el entorno mediante pequeños gestos que tienen una gran importancia en el desarrollo de la comunicación con los otros y en la propia representación.

Mora y Palacios (2008) han realizado notables contribuciones a la difusión de los aspectos más significativos de este ámbito. Los logros más notables entre los seis y los doce años son:

- Tomar conciencia del carácter global de su cuerpo y conocer y discriminar los segmentos corporales.
- Conseguir posturas equilibradas y estables.
- Organizar y representar nociones espaciales (dirección, ubicación, tamaño, forma) y temporales (sucesión, duración, simultaneidad).

A lo largo de la etapa de primaria, en sus diferentes ciclos, los progresos más apreciables son los que se recogen a continuación.

En el primer ciclo, los niños se encuentran, según Vayer (1977 y 1982), en el «período de transición»: el desarrollo corporal procede del estadio global y sincrético al de la diferenciación y análisis. Suelen formar su propia imagen corporal, logran un notable control postural y respiratorio, consiguen la independencia de los segmentos corporales, afirman su lateralidad, adquieren una independencia brazo-mano y una coordinación y precisión óculo-manual fundamental para los aprendizajes de lectoescritura.

En el segundo ciclo, se aprecia, generalmente, una evolución proporcionada entre los distintos segmentos corporales (tanto en longitud como en grosor). Alrededor de los nueve años la maduración se potencia de forma muy significativa por el enorme progreso que alcanzan los procesos de mielinización y de evolución morfológica antes descrita. Los movimientos son más armónicos, precisos y seguros; ello repercute sensiblemente en logros relativos a la motricidad gruesa y fina (lanzamientos y recepciones con precisión, saltos eficaces, resistencia en esfuerzos de larga duración, dibujos equilibrados, escritura armónica).

En el tercer ciclo encontramos dos fases diferenciadas. En la primera, se logra una cierta y breve consolidación del equilibrio motor alcanzado. Pero en la segunda comienzan los procesos característicos de la pubertad que se manifiestan en cambios morfológicos, consecuencia de la actividad hormonal: crecimiento, aumento de musculatura, redondeamiento de la figura, primeros signos de vello. Estos aspectos repercuten en un cierto desequilibrio que va a requerir la formación de una nueva imagen corporal, una lenta acomodación a los desajustes en el movimiento y en la relación del cuerpo con el espacio y los objetos, y la adaptación a situaciones.

Los aspectos de carácter más psicológico de la dimensión motriz en primaria nos muestran marcados logros en la representación del esquema corporal entre el primer y segundo ciclo y una necesidad de volver a reconstruirlo a medida que los cambios acentuados y, a veces, muy significativos y acelerados, se producen en el tercer ciclo.

La representación del espacio y del tiempo progresa también de forma notable en los tres ciclos de la etapa. Las nociones temporales evolucionan con el desarrollo perceptivo y motor, y ello hace que, con el desarrollo de la lógica concreta y la demanda de normas de medida y ordenación, se consigan grandes adquisiciones en la estructuración de los conceptos espaciales.

Progresos similares se dan respecto al tiempo, aunque son posteriores a los espaciales. Asimismo, se dan grandes avances en las nociones de simultaneidad, duración y sucesión. La construcción de estos conceptos también se vincula al desarrollo de la lógica concreta y al orden que conlleva.

La evolución en la dimensión motriz y psicomotriz condiciona la posibilidad de progresar en la construcción de competencias como iniciativa y autonomía personal, matemática (el tiempo, el espacio y su medida), lingüística y aprender a aprender (por la trascendencia de la acción corporal para la representación mental entre los tres y los ocho años).

Dimensión cognitiva

En el período de tres a seis años, identificado por Piaget como preoperacional, evoluciona la capacidad para relacionar acontecimientos y para reconocer que algunos objetos o personas siguen siendo los mismos aunque cambie su apariencia. Los niños utilizan representaciones mentales pero todavía no muestran, de forma espontánea, la capacidad para usar la lógica. Córdoba, Descals y Gil (2006) señalan que el desarrollo de la función simbólica permite al niño recordar las cosas y pensar sobre ellas. Se trata de un progreso esencial: favorece la familiarización con los roles sociales y contribuye a las habilidades cognitivas y sociales del niño; son exponente de ello algunas adquisiciones en el desarrollo cognitivo general, la empatía, la competencia social, la memoria, el lenguaje, el razonamiento lógico, la imaginación y la creatividad. Constatamos, en la actualidad, los significativos logros de los niños en este terreno gracias a programas orientados a enseñar/aprender a pensar, relacionarse y convivir.

El niño es capaz ya de formar y manejar símbolos, pero suele fracasar en el intento de trabajar espontánea y autónomamente de manera sistemática y lógica con ellos. Las limitaciones características de este subperíodo están todas muy relacionadas entre sí. Destacamos las siguientes:

- Irreversibilidad, estatismo y rigidez. Constituye una dificultad extrema para recorrer un camino mentalmente y después hacerlo en la dirección inversa. El niño se centra en los estados de los objetos y situaciones más que en las transformaciones que sufren o experimentan; tiende a dejar de lado la secuencia de pasos, los procesos, en los que se ha manifestado la transformación.
- Pensamiento transductivo. Suelen proceder de lo particular a lo particular, vinculan hechos desconectados, establecen relaciones causa-efecto entre sucesos que aparecen próximos en el tiempo y espacio.

- Sincretismo y centración. Los niños destacan, por lo general, una cualidad (o un número limitado de ellas) del objeto o situación, dejando de atender a los aspectos significativos de dicha situación. Ello provoca una distorsión de la realidad. Se trata de un problema que manifiesta un razonamiento intuitivo y una tendencia al desequilibrio.
- Egocentrismo. Implica una limitación para ser consciente de la existencia de otras perspectivas distintas a las propias. Por tanto, para adoptar el punto de vista del otro.
- Animismo o atribución de cualidades propias de determinados seres vivos a otros seres vivos y a objetos inanimados.
- Artificialismo. Supone conceder al ser humano la capacidad de crear o modificar la naturaleza y sus fenómenos.

En los rasgos destacados y la forma en que los hemos expuesto, queda reflejada nuestra posición: la psicología evolutiva nos muestra un perfil, una línea de desarrollo que se ve influenciada por los estímulos educativos y la forma en que los niños los organicen, los integren, los apliquen. Recogemos las aportaciones de las investigaciones, llevadas a cabo en las dos últimas décadas sobre los rasgos identificados por Piaget. Tanto Berk (2001) como Córdoba, Descals y Gil (2006) nos explican que algunos aspectos del desarrollo cognitivo son exponente, más de dificultad extrema que de incapacidad. Comprobamos que, en ocasiones, los niños reconocen y analizan las características de objetos trabajados y llevan a cabo sencillas operaciones lógico-concretas. Ello viene a dejar patente la importancia de los estímulos educativos que planifiquemos y concretemos para facilitar el trabajo con contenidos significativos. Muestra que las capacidades evolucionan a través del trabajo de construcción de contenidos.

Respecto a las coordenadas del desarrollo entre los seis y los doce años, diremos que, de entrada, es conocido como la «etapa escolar». Muestra, en las diferentes dimensiones de la personalidad, una caracterización general del estadio como de relativa calma, logros y adquisiciones (si se compara con el período anterior, de tres a seis años, y posterior, de doce a dieciséis. Al término de la etapa, en su tercer ciclo, se empieza a mostrar una cierta fractura en esa calma con la aparición de los primeros signos de la pubertad y las repercusiones que ello tiene.

Autores como Piaget e Inhelder (2002), Alexander, Roodin y Gorman (1998), Berk (2001) y Córdoba, Descals y Gil (2006) destacan los logros ca-

racterísticos de la lógica concreta o capacidad de representar mentalmente, de forma ordenada, sucesos, acontecimientos y procesos de transformación vinculados a su propia experiencia.

Piaget emplea el término «operación» para referirse a las acciones mentales (por oposición a las acciones físicas). La operación se muestra «liberada» del impacto de la percepción inmediata y lleva consigo como característica esencial la reversibilidad, la capacidad de la mente de invertir su actividad, de ordenar hacia delante y hacia atrás en tiempo y espacio, la posibilidad de seguir un camino cognitivo y recorrerlo en sentido inverso.

Otra de las grandes adquisiciones es la superación gradual de la centración en rasgos aislados de objetos o situaciones excluyendo otros significativos. En conjunto, como señalan los autores citados, el pensamiento evoluciona, se hace más flexible, aumenta la capacidad de resolver problemas, pero ello se manifiesta sólo cuando se trata de información relacionada con objetos y situaciones concretas, próximos a su experiencia.

Naturalmente, estas adquisiciones muestran una evolución gradual en el recorrido de la etapa. Vamos a presentar las más significativas desde la perspectiva de los tres ciclos. La evolución del niño en el período suele mostrarse de esta forma:

- Transición del pensamiento prelógico al lógico concreto, desarrollo de la lógica concreta, consolidación de la lógica concreta y transición a la lógica formal.
- Semirreversibilidad operatoria lógico-concreta, reversibilidad operatoria lógico-concreta y asentamiento de la reversibilidad concreta y gradual semirreversibilidad lógico-formal.
- Posibilidad de «trascender» impresiones perceptivas subjetivas que le conducen a errores (y que le permitirán comprender algunos procesos de transformación y regularidad –ciclo del agua, conservación y medida–).
- Evolución desde los formatos de representación (Marchesi, 1991). Empleo gradual de formatos verbal-lingüísticos u otras alternativas simbólicas frente a las visuales o icónicas.
- Pensamiento sincrético y regulador. Le permite, junto a la percepción global, captar algunos aspectos de los objetos de conocimiento y ello hace que aparezcan con una distorsión menor que en momentos precedentes. Evolución gradual en la capacidad de análisis y síntesis, progresos significativos en el desarrollo de síntesis, generalizaciones, abstracciones.

- Aumento significativo en la capacidad de retención de datos, lo que contribuye a su interés por ampliar conocimientos, buscando alternativas para ordenarlos y clasificarlos.
- Captación de códigos convencionales y fluidez gradual en su uso (numeración, lectura, escritura, lenguaje musical, lenguaje plástico-visual...).

Los progresos en la dimensión cognitiva constituyen un sustrato clave para la evolución de todas las competencias, pero muy especialmente para las siguientes: competencia matemática, conocimiento e interacción con el mundo físico-natural, aprender a aprender, e iniciativa y autonomía personal.

Dimensión socioafectiva

En el período de tres a seis años, respecto al vínculo y figura de apego, Palacios y Paniagua (2007, pp. 89-90) reconocen la interiorización de sus figuras. Los adultos enseñan al niño nuevas formas de relación, deben seguir estimulando el vínculo pero de una manera menos posesiva, no tan inmediata, ni tan física como en los primeros años de vida.

A partir de los cuatro años, gracias al juego, a las experiencias directas y a las experiencias vicarias (cuentos, historias...) los niños evolucionan en la forma de entender y expresar las emociones. Respecto a la autoestima, se muestran muy sensibles a las alabanzas y a las críticas que reciben. Palacios y Paniagua hablan de *autoestimas parciales* (motrices, de habilidades en los juegos, sobre las relaciones sociales, con los adultos significativos) y una autoestima global, de síntesis. Ésta se construye después de la educación infantil.

En la evolución afectiva entre los tres y los seis años cabe destacar cómo perciben y establecen relaciones con los otros y cómo entienden los sistemas e instituciones sociales. Todos estos aspectos están muy relacionados entre sí.

El reconocimiento de las características de los otros y el establecimiento de relaciones con ellos se fundamenta, sobre todo, en características externas y aparentes (los símbolos de poder o profesión). Sus inferencias sobre los sentimientos, pensamientos, intenciones o rasgos personales de los demás tienen un carácter global, poco preciso (intuitivo concreto, sincrético y fenoménico). Las relaciones que establecen con los otros están determinadas por las características que les han reconocido y el papel que, en función de ello, les otorgan (iguales, adultos; rivalidad, incipiente colaboración, autoridad, sumisión).

Por todo ello, su conocimiento y su relación con los sistemas e instituciones sociales, que influirán en un mayor o menor grado de integración, están basados y condicionados por las relaciones personales y familiares, por la experiencia concreta, por los rasgos o aspectos externos de personas y objetos (por ejemplo, alguien con uniforme es el «capitán» o director de una institución determinada). Les resulta extremadamente difícil entender las verdaderas causas de los conflictos.

Autores como Osterrieth (1982), Puig y Martín (2007), Cantero (en Córdoba, Descals y Gil, 2006) y Marina y Bernabéu (2007) destacan el valor del tramo de seis a doce años para la regulación del comportamiento e interiorización de las normas sociales. Señalan que el período de los seis a los doce años es relativamente tranquilo y de grandes logros en la vida del niño. Adquiridos ya los primeros hábitos de la vida social, los niños llegarán a:

- Percibir su situación en el mundo social.
- Aceptar las normas.
- Adoptar comportamientos cooperativos.
- Evolucionar desde posiciones de heteronomía moral a otras de incipiente autonomía y acuerdo.
- Desarrollar actitudes y comportamientos de participación, respeto recíproco y tolerancia.

Concretamente, Marina y Bernabéu (2007, p. 51), explican que en esta etapa el niño regula su personalidad, integrando los roles de género, los valores morales que aprende, las expectativas sobre lo que debe lograr y cómo debe comportarse. La interiorización de normas sociales (modelos de comportamiento, sanciones, expectativas), se produce paulatinamente. La moral es convencional, pero va adquiriendo una mayor independencia de los juicios de los adultos a medida que comprende el significado de las nociones morales.

En el comienzo de la etapa todavía pueden encontrarse algunos rasgos del período anterior: egocentrismo, heteronomía moral, inestabilidad emocional. Estos rasgos irán «cediendo» y la personalidad evoluciona hacia la fase más tranquila que hemos descrito con anterioridad.

En el primer ciclo, respecto a los compañeros, se manifiesta una gradual superación de rasgos egocéntricos que permitirá un replanteamiento de las relaciones interpersonales. Les resulta más fácil que en la etapa anterior situarse en la perspectiva del otro y esto favorece la colaboración. Entre ellos, las relaciones se hacen paulatinamente más duraderas, ya no se perci-

ben como rivales con relación a la atención del adulto. Suelen aparecer los líderes en el segundo curso. Éstos podrán canalizar algunos conflictos y coordinarán las aportaciones de cada uno; también hacen posible que se mantengan algunos grados de cohesión en momentos difíciles, en que los inicios de la socialización podrían truncarse.

En el segundo ciclo, los compañeros son, en esta etapa social y escolar por excelencia, los grandes protagonistas. La vida y el trabajo en grupo manifiestan un gran progreso, las actividades cooperativas y competitivas desempeñan un papel trascendental. La vida en pandilla, los juegos y aventuras con iguales son del máximo interés. Los grupos tienden a ser homogéneos con relación a características excluyentes como sexo o edad.

En el tercer ciclo se hacen patentes los logros de los ciclos anteriores. Berk (2001, p. 621) mantiene que la comprensión de los niños sobre la amistad evoluciona de una relación concreta basada en compartir actividades y material a concepciones más abstractas fundamentadas en la confianza y en la intimidad. Algunos alumnos comenzarán a mostrar rasgos característicos de la preadolescencia (estados de ánimo cambiantes), ya que pueden aparecer determinadas manifestaciones de la pubertad. Los compañeros siguen manteniendo un gran protagonismo, pero los grupos comienzan a hacerse mixtos, pues se han dominado las normas del grupo homogéneo que permiten enfrentar nuevos retos y, además, con los cambios hormonales cobran mayor impulso los intereses sexuales.

Respecto a los adultos (padres y profesores), en el primer ciclo comienzan a perder una posición de privilegio. Son desplazados, en cierto sentido, por los compañeros. En el segundo ciclo, los adultos siguen perdiendo una preponderancia relativa; su atención no es requerida constantemente. El protagonismo adquirido por el grupo de iguales tiene mucho que ver con ello. En el tercer ciclo, padres y profesores pueden ser juzgados críticamente, en parte debido también a las nuevas adquisiciones cognitivas que van apareciendo (cierta apertura al pensamiento abstracto) y que les permiten establecer algunas hipótesis sencillas y contrastarlas.

A comienzo de la etapa, la moral heterónoma, cuyo origen se encuentra en las normas provenientes de los adultos, comienza a ceder hacia una incipiente autonomía moral vinculada a la colaboración, reciprocidad y respeto que comienza a surgir en el grupo de iguales. Las normas empiezan a ser reelaboradas entre ellos.

En el segundo ciclo, con relación a la moral, y debido al proceso de socialización que se va desarrollando, apreciamos que los niños construyen un

elemental sistema ético. La sumisión a las normas provenientes del adulto se desplaza hacia la elaboración de normas propias dentro del grupo. No se toleran las trampas ni las mentiras; comienzan a mostrar un sentido de la justicia y la equidad alto (tanto a nivel social como escolar); aceptan y asumen ciertas responsabilidades; son más exigentes consigo mismos, y sienten necesidad de excusarse cuando realizan acciones incorrectas. Su comportamiento traduce unos niveles de emotividad altos, son muy sensibles a las críticas. Como vemos, se sigue progresando en el camino de la adquisición de cotas más altas en el desarrollo moral autónomo.

En el tercer ciclo continúan los progresos, en ello también influye el desarrollo cognitivo, el umbral de la capacidad de abstracción y de idealización.

Los juegos contribuyen a la evolución afectivo-social y moral de los niños. Se desarrolla un interés y un respeto por las reglas que da orden y estabilidad a la actividad lúdica. El proceso será lento, comienzan adaptando y respetando las normas del adulto y, más adelante, crearán las suyas propias. En el segundo ciclo los juegos son manifiestamente reglados. La socialización con los iguales propia del período, unida a la relativa independencia con respecto al adulto, hace necesaria la configuración de normas muy definidas que resuelven los conflictos. En el tercer ciclo, los intereses sobre juegos y actividades lúdicas y predeportivas se amplían y, a veces, se diversifican. Buscan nuevos y distintos referentes como notas de identidad personal o, a veces, grupal.

En el estudio de la personalidad de los alumnos posee gran interés considerar el desarrollo del autoconcepto y la autoestima; contenidos que cooperen en su desarrollo serán tratados en las competencias social y ciudadana, en autonomía e iniciativa personal y emocional. Según Hidalgo y Palacios (2008), en la etapa de los seis a los doce años el autoconcepto gana contenido de carácter psicológico y social. A partir de los seis años, los niños comienzan a describirse como personas con pensamientos, sentimientos y deseos distintos de los demás. El autoconcepto va siendo cada vez menos global (afirmaciones como «Soy bueno en artística y regular en lenguaje», lo corroboran). Gradualmente, van empleando términos abstractos para referirse a ellos mismos (en sus autodescripciones aparecen vocablos como *optimista*, *sociable*, etc.). Podemos decir que la influencia de programas educativos para educar esta faceta del desarrollo muestra una repercusión positiva y notable.

La autoestima constituye el aspecto evaluador del conocimiento de uno mismo. Parece existir acuerdo acerca de que se da una cierta estabilidad en

la autoestima en la infancia (descendería en torno a los doce o trece años). Pero recordaremos que estamos hablando de un aspecto de la personalidad tremendamente sensible a los resultados de las experiencias vividas y a los estímulos del entorno sociofamiliar y escolar. En el desarrollo de esa imagen intervienen todos aquellos con los que el niño se relaciona (padres, profesores, compañeros, etc.).

Los componentes de desarrollo de esta dimensión de la personalidad van a incidir en la evolución de todas las competencias, pero muy especialmente en la competencia social y ciudadana, cultural y artística e iniciativa y autonomía personal.

Desarrollo del lenguaje

Autores como Berk (2001 y 2006) y Vila (2008) destacan que, entre los tres y los seis años, el lenguaje será el vehículo socializador por excelencia, tanto en las conversaciones como en los juegos. Es en este tramo cuando desarrollan habilidades para la conversación, sobre todo con otros niños. Empiezan a construir frases ordenadas de entre cinco y ocho palabras, y van haciéndose más complejas hacia los seis años, utilizando frases coordinadas y subordinadas, aunque todavía tienen dificultades respecto a la concordancia entre sujeto y verbo. Se constata un aumento del vocabulario, relacionado con el conocimiento del entorno (personas, objetos...). A los seis años los niños ya han incorporado todas las funciones propias del lenguaje adulto; el lenguaje sirve ya para interactuar (para la socialización; para conversar; para explicar, informar, comentar, representar, e incluso para jugar con él). Entre los cuatro y los seis años desarrollan una gran capacidad comprensiva del lenguaje verbal (son capaces de entender chistes, algunas metáforas y el sentido figurado).

A lo largo de la educación infantil, otros lenguajes (como el plástico-visual y los componentes del lenguaje matemático) se van convirtiendo en vehículos de comunicación y de representación. El sincretismo y la centración se van abriendo a la regulación. Por ello, de la misma forma que se amplían los términos verbales con los que se expresa, aumentan los recursos propios de estos otros lenguajes. Los progresos en la dimensión motriz y psicomotriz también contribuyen notablemente a estos logros, la integración y la coordinación del movimiento permiten a los niños ganar en matices y expresividad.

El período de la educación primaria se caracteriza por constituir un tramo eminentemente social. La escuela y sus experiencias con compañe-

ros y profesores proporcionan nuevos modelos de utilización del lenguaje en todas sus vertientes (Vila, 2008). El alumno de seis a doce años se abre a nuevos ámbitos de experiencia y ello incide favorablemente en la evolución de sus posibilidades comunicativas. El lenguaje verbal interviene de forma decisiva en este proceso, pues constituye el instrumento básico del pensamiento y la regulación de la propia conducta y de intercambio social.

La lectoescritura hace posible el acceso a nuevos lenguajes. El léxico se amplía y es cada vez más correcto. La sintaxis se hace más compleja y la gramática se acomoda al uso convencional. Los progresos en la dimensión perceptivo-motriz muestran, también, cambios cualitativos en el desarrollo de la capacidad comunicativa. Estos cambios se relacionan con la forma de utilizar y controlar el movimiento corporal expresivo, el gesto facial; la posibilidad de comunicar a través del dibujo, de la pintura, del modelado, de la música, etc. La evolución cognitiva hará posible también el aumento de la capacidad de entender los mensajes verbales, plásticos, corporales y visuales del entorno.

De forma más concreta podemos decir que, entre los seis y los doce años, las experiencias que le ofrecen la escuela y los amigos, el acceso a los medios de comunicación y la lectura, proporcionan al alumno gran variedad de modelos y usos del lenguaje. El niño aprende a variar el registro en función del contexto, la situación y los interlocutores. Se logra el dominio completo del repertorio fonético. Se amplía considerablemente el vocabulario. En ello interviene también el desarrollo de su capacidad lectora. Mejora el uso de los tiempos y modos verbales (ciertos errores en condicionales y subjuntivos). Disminuyen las formas demostrativas de egocentrismo. El lenguaje corporal hace ganar matices a la comunicación, pues va pasando del estadio global a la segmentarización y el análisis. Se amplían los repertorios correspondientes al lenguaje matemático (números, símbolos de las operaciones básicas, formas y figuras geométricas). Respecto a los lenguajes visuales, el alumno se deja llevar, en ocasiones, por la percepción sincrética (color, forma, tamaño, posición), pero pueden evolucionar desde la regulación al análisis. Se manifiesta una sorprendente facilidad (ya anunciada en infantil) para interpretar los iconos y la simbología relacionada con las tecnologías de la información y la comunicación (teléfonos, mandos a distancia, ordenadores, cámaras de fotos).

Entre los ocho y los diez años, los alumnos muestran generalmente un buen dominio de las habilidades de lectura y escritura. Se amplía el vocabu-

lario y el progreso del pensamiento concreto repercute en la formación de conceptos, cuyo número crece rápidamente. Por ello podemos constatar no sólo mejora en términos cuantitativos (número de términos), sino también en términos cualitativos. Se aprecian asimismo progresos en la utilización correcta de las concordancias de artículos y pronombres y en la comprensión y utilización del lenguaje matemático e interés por relacionarlo y vincularlo al lenguaje verbal (tablas alfanuméricas). El lenguaje corporal (gesto facial, brazos, manos, etc.) se utiliza de forma cada vez más precisa y evoluciona también el dominio motor fino, en términos de precisión y destreza que se manifiestan en escritura y plástica.

De los diez a los doce años, los progresos en el lenguaje verbal permiten que la sintaxis se haga más compleja al tiempo que se conoce y se estudia en la escuela y su uso se acomoda a la práctica social; que se comprendan las formas sintácticas de la voz pasiva, y que se construyan y empleen conceptos gradualmente más abstractos. Los alumnos manifiestan, asimismo, una ampliación de la comprensión del lenguaje y conceptos matemáticos (números romanos, sistemas de medida, decimales, fracciones, gráficos estadísticos, geometría, planos y mapas y sus escalas, etc.). Sin embargo, los cambios corporales que se viven con la pubertad producen ciertos desajustes motores (expresión corporal, escritura, plástica, etc.).

La evolución en el lenguaje en sus diferentes vertientes (verbal, plástico-visual, musical corporal, numérico...) y funciones (vehículo de comunicación y de representación) constituye la base para la construcción de contenidos de interés para todas las competencias.

Implicaciones en el desarrollo del proceso educativo y de enseñanza-aprendizaje

Sistema educativo, proceso educativo y psicología evolutiva

Comenzamos el estudio de las coordenadas del desarrollo de los alumnos entre tres y doce años analizando el concepto de *desarrollo*, entendiéndolo como un proceso de cambios que se suceden a lo largo de toda la existencia. En tal concepto de síntesis y en el análisis de los tramos y dimensiones ha ido quedando patente que los factores que intervienen en este desarrollo (a partir de Córdoba, Descals y Gil, 2006) son:

- *Factores biológicos.* La herencia determina aspectos de dotación individual diferenciales y las coordenadas de evolución de base que nos permiten conocer y explicar las regularidades entre personas (etapas, estadios). Estos factores no son suficientes por sí solos para el desarrollo, pero son una condición necesaria.
- *Factores psicológicos superiores* (cognitivos y/o emocionales). Desempeñan un papel esencial en la adquisición y desarrollo de los logros de las distintas dimensiones de la personalidad y en el desarrollo de procesos con los que construimos los aprendizajes: percepción, atención, memoria, razonamiento.
- *Factores ambientales.* El contexto proporciona los estímulos que interaccionan con los aspectos genéticos. Constituye un entramado complejo en el que se encuentran desde aspectos físicos (paisaje, climatología) hasta aspectos sociodinámicos: culturales, económicos, educativos, sociales, emocionales y afectivos.

En el entorno social, familiar y escolar destacamos, de manera especial, como factores del desarrollo el papel de los agentes mediadores (Tébar, 2007). Se interponen entre el organismo receptor y las fuentes del estímulo. Los mediadores (personas del entorno, compañeros, familia, profesor) pueden actuar de forma asistemática o sistemática. En esta segunda alternativa, el profesor (a veces otros adultos) selecciona, organiza y planifica los estímulos, variando su amplitud, frecuencia e intensidad y los transforma en poderosos determinantes del comportamiento, en lugar de estímulos al azar.

La concepción del desarrollo como proceso y los factores que intervienen en él supone que la educación ha de considerarse también un proceso. Nuestro sistema educativo, como los sistemas educativos europeos, ha ordenado sus niveles y etapas partiendo de la fuente que le proporciona la psicología evolutiva, de forma muy destacada los tramos estudiados por Piaget y la escuela de Ginebra.

La estructuración en ciclos (el ciclo será la estructura organizativa esencial en infantil y primaria) puede ser considerada como una respuesta educativa adaptada a las características del desarrollo de los alumnos. La flexibilidad de una forma de organización más amplia que el curso escolar tradicional se adapta mejor a la peculiar forma de evolución de los sujetos y presenta más posibilidades para un tratamiento educativo personalizado.

Sistema educativo, proceso educativo, coordenadas sociales y psicología de la educación y de la instrucción

La psicología evolutiva no es la única fuente que inspira el desarrollo de los procesos educativos para la intervención. En los factores que condicionan el desarrollo ya hemos mostrado logros característicos de la psicología de la educación. Desde esta perspectiva, se ha investigado un punto de referencia para el sistema y los procesos educativos de considerable interés: *la teoría de las inteligencias o capacidades múltiples*. Se trata de un modelo propuesto por Howard Gardner (2001 y 2004). Desde su posición, la inteligencia no sólo está compuesta, como se pensaba, por capacidades verbales, motoras y cognitivas. La inteligencia se compone de un conjunto de capacidades múltiples, distintas y relativamente independientes. Entiende la inteligencia como la «capacidad de resolver problemas o elaborar productos que sean valiosos en una o más culturas». Se aprecia así su relación con las competencias básicas. Concibe la idea de inteligencia como capacidad susceptible de desarrollo. Podemos y debemos, por tanto, estudiar esos niveles para ayudar a los alumnos a desarrollar otros niveles más altos. En el modelo propuesto por Gardner todos los seres humanos están capacitados para ampliar y desarrollar su inteligencia, a través de su esfuerzo, con la ayuda de otros y desarrollando sus procesos de motivación.

Así, todos poseemos las ocho inteligencias en mayor o menor medida. Al igual que con los estilos de aprendizaje, no hay tipos puros, y si los hubiera les resultaría imposible relacionarse y desenvolverse en los distintos entornos. Gardner enfatiza el hecho de que todas las inteligencias son importantes y, según esto, el problema sería que el sistema escolar vigente no las trata por igual, sino que prioriza la inteligencia lógico-matemática y la inteligencia lingüística. Hasta ahora, Gardner y su equipo de la Universidad de Harvard han identificado ocho tipos distintos. Recogemos sus características más destacadas (Gardner, 2001):

- *Inteligencia lingüística.* Supone una sensibilidad para el desarrollo de todas las competencias del lenguaje (comprensión y expresión oral y escrita), la capacidad para aprender idiomas y usar el lenguaje para conseguir nuestros objetivos.
- *Inteligencia lógica-matemática.* Traduce la capacidad de analizar problemas de una manera lógica, de llevar a cabo operaciones matemáticas y de realizar investigaciones de una manera científica.
- *Inteligencia espacial.* Forja modelos representativos del mundo (objetos, situaciones, acciones...) en tres dimensiones.

- *Inteligencia musical.* Implica la capacidad de interpretar, componer, aprender y apreciar pautas musicales.
- *Inteligencia corporal-cinestésica.* Se manifiesta en la capacidad de utilizar el propio cuerpo para realizar actividades, resolver problemas o crear productos.
- *Inteligencia intrapersonal.* Permite entenderse a sí mismo y emplear ese conocimiento para alcanzar metas.
- *Inteligencia interpersonal.* Hace posible entender a los otros y relacionarse adecuadamente con ellos.
- *Inteligencia naturalista.* Supone la capacidad para identificar y organizar información sobre la naturaleza.

Esta concepción de las capacidades ha tenido una considerable proyección y eco en el diseño de referentes en el sistema. En la actualidad estamos asistiendo –Pérez Gómez; Zabala y Arnau; Marchesi; Moya (todos en 2007)– a un proceso de renovación de las directrices del desarrollo en virtud de los referentes que nos proporcionan las competencias básicas. Hoy constituyen el núcleo esencial de la intervención educativa con las áreas curriculares. En España, a partir de las orientaciones europeas, se han establecido ocho competencias básicas (Castilla la Mancha ha añadido una novena: la competencia emocional):

1. Competencia lingüística.
2. Competencia matemática.
3. Competencia en conocimiento e interacción con el mundo físico.
4. Tratamiento de la información y competencia digital.
5. Competencia social y ciudadana.
6. Competencia cultural y artística.
7. Competencia para aprender a aprender.
8. Competencia en autonomía e iniciativa personal.

En la elaboración de las programaciones de aula tendremos que buscar puntos de encuentro entre ese sustrato de las capacidades o inteligencias múltiples y las competencias. El cuadro 3 muestra relaciones destacadas entre las dos posiciones. Al constituir la base para el desarrollo (inteligencias) y la orientación al desarrollo curricular (competencias) un modelo de relación dinámico, pueden establecerse en la práctica vínculos que permitan concretar el principio de autonomía pedagógica (por ejemplo, muchos profesores estarán potenciando la inteligencia espacial en tareas que exijan manipulación de objetos relacionados con la competencia en conocimiento e

interacción con el mundo físico). También queremos puntualizar que, aunque hayamos subrayado la relevancia de las competencias aprender a aprender e iniciativa y autonomía personal en algunas inteligencias en particular, al poseer tales competencias un carácter holístico, cooperan activamente en la construcción y el equilibrio de todas las inteligencias.

Las competencias en España se han determinado como núcleos de referencia en el currículo. Por supuesto, también lo son las áreas. Esta forma de organización curricular también dispone sus elementos (objetivos, contenidos...) a partir de la influencia de la psicología evolutiva. Las áreas de primaria muestran un punto de referencia del trabajo más analítico y con mayor peso conceptual que en la etapa de infantil.

Las capacidades establecidas en cada una de las etapas se orientan hacia el fin esencial de la educación: el desarrollo equilibrado de la personalidad del alumno, es decir, potenciar el equilibrio en sus capacidades.

Cuadro 3. Relaciones entre las inteligencias múltiples y las competencias básicas

INTELIGENCIAS MÚLTIPLES	COMPETENCIAS BÁSICAS
Lingüística	Lingüística, tratamiento de la información y digital, social y ciudadana, aprender a aprender.
Lógico-matemática	Matemática, conocimiento e interacción con el mundo físico, tratamiento de la información y digital, aprender a aprender.
Espacial	Matemática, cultural y artística.
Corporal-cinestésica	Lingüística, autonomía e iniciativa personal.
Musical	Matemática, tratamiento de la información digital, cultural y artística.
Intrapersonal	Social y ciudadana, aprender a aprender, iniciativa y autonomía personal.
Interpersonal	Social y ciudadana, cultural y artística, iniciativa y autonomía personal.
Naturalista	Conocimiento e interacción con el mundo físico-natural, social y ciudadana.

En definitiva, la consecución de capacidades y competencias se desarrollará por medio de los objetivos y los contenidos de las áreas de la etapa educativa (en nuestro caso, infantil y primaria). Los objetivos generales de la etapa y de las áreas están inspirados en las capacidades medias de los grupos de edad correspondientes, y expresan el tipo de desarrollo al que hay que dirigir la acción educadora. En la misma línea, los centros, en sus proyectos educativos y sus concreciones curriculares, y cada uno de nosotros, en nuestras programaciones y unidades didácticas, formularemos los objetivos como elementos del desarrollo que hay que promover en función de las características de los alumnos. Otro tanto cabe decir de los contenidos. En el currículo de primaria se advierte una cierta complejidad en las diferentes dimensiones del contenido.

Repercusiones para la delimitación de principios, estrategias, pautas y técnicas. Primeras aproximaciones

Respecto a la metodología, los principios de intervención educativa son el punto de referencia esencial para el desarrollo de capacidades (los desarrollaremos en el capítulo 4). Son comunes para todas las etapas. Garantizarán, de esta forma, la coherencia vertical y horizontal. Están fundamentados en propuestas normativas (LOE, decretos de currículo) y en distintas propuestas bibliográficas. Manifiestan peculiaridades en su expresión, en nuestro caso en las etapas de infantil y primaria en que se destacan principios como el juego o la relación familia-centro, más (o, al menos de otra manera) que en otros tramos.

Los principios han de concretarse en pautas, estrategias y técnicas. Como hemos apuntado, todos estos aspectos van a ser abordados en los próximos capítulos, de forma especial en el 3 y en el 4. Pero como en ellos la relación entre las bases del desarrollo y los objetivos, los contenidos y los recursos se va a encontrar aplicada, vamos a mostrar mediante un cuadro (cuadro 4) estos tipos de repercusiones para dejar más patente la implicación.

En síntesis

El estudio del contexto nos proporciona las coordenadas reales en las que se debe trazar la programación de aula y sus unidades didácticas: de qué partimos, cuáles son las necesidades reales, qué medios y oportunidades tenemos a nuestro alcance, y qué limitaciones y peligros pueden amenazar nuestro proyecto.

Cuadro 4. Relaciones entre el nivel de desarrollo y diferentes recursos metodológicos para potenciar el acceso a nuevos niveles

DIMENSIÓN COGNITIVA, LINGÜÍSTICA, PSICOMOTRIZ Y SOCIOAFECTIVA		
Rasgos psicológicos	**Principios y pautas**	**Estrategias y técnicas**
. Discriminación perceptiva respecto al propio cuerpo. . Enriquecimiento de repertorio de movimientos. Articulación entre ellos. . Evolución gradual: organización y representación del cuerpo, del espacio, del tiempo. . Irreversibilidad. . Semirreversibilidad. . Reversibilidad lógico-concreta. . Sincretismo y centración. . Sincretismo y regulación. . Análisis y síntesis. . Síntesis-generalización. . Ampliación de la memoria. . Aumento del vocabulario. . Construcción de conceptos gradualmente más elaborados. . Comprensión e interés por las regularidades y normas en el juego, en el trabajo, en el empleo del lenguaje, en la organización de los conocimientos. . Gradual acercamiento a los compañeros y alejamiento de los adultos.	*Principios*: . Partir del nivel de desarrollo. . Significación. . Enfoque globalizador y competencial. . Intuición. *Pautas para seleccionar y tratar contenidos. Proceder:* . De lo global a lo específico: de conocimientos que involucren a la totalidad del alumno y progresivamente ir hacia movimientos más especializados. . Del movimiento natural y espontáneo, explorando todas sus posibilidades y variantes para ir comprobando cuáles son los movimientos más eficaces. . De la observación, exploración y experimentación para favorecer la representación de los objetos, situaciones, espacio y tiempo. . De lo concreto a lo abstracto (sin olvidar el apoyo en lo real). . De lo próximo (en el espacio y el tiempo) a lo remoto. . De lo conocido a lo desconocido. . De lo global-sincrético a lo estructurado.	*Estrategias*: . Alternancia entre exposición e indagación (dirigida y semidirigida). *Técnicas*: . AECCO. . Descripción. . Exposición oral. . Símil o comparación. . Análisis asociativo. . Ruedas lógicas. . Consecuencias y resultados. . Coloquios, diálogos, entrevistas, debates. . Reconocimiento, estudio y valoración de las emociones (REVE.)

▪ Interés, dominio y respeto paulatino por las normas y reglas para trabajos y juegos.	▪ De lo simple a lo complejo. ▪ De la subjetividad a la objetividad. ▪ Del trabajo y juego individual, paralelo y asociativo al trabajo cooperativo.	

A lo largo del capítulo señalamos vías que pueden ayudarnos a prevenir o soslayar dificultades, a enriquecer nuestro trabajo. De forma muy especial tratamos la integración dinámica con los profesores que atienden, con nosotros, al grupo de alumnos y, también, la relación constructiva con el entorno familiar.

El estudio de las coordenadas del desarrollo es clave en una propuesta que pretenda llevar el trazado de la programación por un camino bien orientado. Defendemos un enfoque integrador del conocimiento que lleve a nuestros alumnos a construir aprendizajes que les permitan conocer y comprender su medio para desenvolverse en él de forma eficaz. Esto implica que nosotros también tenemos que ofrecer respuestas de proyectos integrados. La tecnología y la didáctica deben aplicarse de la mano de la psicología evolutiva, de la psicología de la educación, de la psicología de la instrucción, del estudio del currículo. De esta manera, presentamos las competencias como directrices y las inteligencias múltiples como base de construcción.

Para establecer la unión entre base y fines, debemos buscar los medios. En términos de síntesis inicial hemos recogido principios, estrategias, pautas y técnicas. Esta primera relación nos ofrece un sustrato clarificador, pero debemos perfilar con más detenimiento estas alternativas. Éste es el cometido de los siguientes capítulos.

3

Contenidos, objetivos y actividades. Relación con el desarrollo de las competencias básicas

Los seres humanos aprenden de forma relevante cuando adquieren significados que se consideran útiles para sus propósitos vitales. El concepto de utilidad que defiendo se relaciona estrechamente con el concepto de sentido, ambos aspectos se complican en el aprendizaje relevante. Es útil aquello que tiene sentido para clarificar y afrontar los problemas básicos de la vida de los individuos, para ampliar sus horizontes de conocimientos, sensibilidades y afectos. (Pérez Gómez, 2008, p. 72)

Introducción

El diseño de la programación debe partir, como hemos venido defendiendo, del conocimiento y de la comprensión del currículo oficial, de la asimilación y valoración de nuestra propuesta de desarrollo en el centro y la etapa, y del estudio de las características del entorno y de los alumnos. Identificados e integrados estos factores condicionantes, deberemos concretar y aplicar la información que de todo ello se desprende al trazado de los elementos de la programación y sus unidades didácticas.

Hemos identificado las competencias básicas como un elemento que ha de formar parte, en los justos términos de concreción, de nuestra programación y ya hemos subrayado el carácter integrador de las competencias. Esto nos lleva a plantear, como vía de entrada para la selección

de objetivos y contenidos fundamentados, el enfoque globalizador. Es una alternativa para el desarrollo del aprendizaje significativo y supone una vía de orientación fundamentada desde la perspectiva competencial.

La puesta en práctica de alternativas metodológicas como el análisis por asociaciones de Decroly nos aporta una proyección de gran calado para explorar contenidos significativos. Tal exploración es una buena base para su selección rigurosa y ajustada. La puesta en diálogo de este trabajo previo con las dimensiones del contenido también facilitará una percepción más ajustada entre los conocimientos de tipo declarativo y procedimental que nos permitan ir accediendo a las condiciones de desarrollo de competencias que nosotros defendemos: siempre en una línea de teorización de base, de conocimientos fundamentados para proceder, tras la comprensión, a la aplicación. Hablamos, en definitiva, de desarrollo de procesos.

Estos procesos se identifican con mayor grado de detalle en el tratamiento de los objetivos. La identificación de sus tipos y la relación que guardan con la tipología de competencias es uno de los primeros recorridos de exploración y definición de la forma en que entendemos debe expresarse este nuevo elemento del currículo.

Enfoque globalizador

Abordar las relaciones entre el enfoque globalizador y la programación didáctica de aula y sus unidades constituye un asunto de gran trascendencia en el tramo de tres a doce años. Vamos a exponer nuestra forma de entenderlo, su fundamentación, sus características y sus prioridades. Comprobaremos que esta relación se basa y articula desde las diversas fuentes del currículo. Mostraremos sugerencias precisas respecto a la forma en que puede quedar patente esta contribución. Se trata de definir nuevas estrategias didácticas que otorguen a la globalización un aire renovado a la luz de las nuevas propuestas psicopedagógicas relacionadas con el enfoque competencial.

Fundamentación, características y posibilidades

El enfoque globalizador, desde nuestra posición, constituye una respuesta marco al desarrollo del principio de aprendizaje significativo. Permite organizar y concretar los procesos de enseñanza-aprendizaje en las primeras

etapas desde una orientación que busca integrar conocimientos. Parte del estudio de las capacidades e intereses de alumnos; estos alumnos se encuentran en unas fases de desarrollo evolutivo caracterizadas por la dificultad de analizar sistemáticamente de forma espontánea.

Estas dificultades se expresan, fundamentalmente, en el tramo de los tres a los seis años. El sincretismo de este período conduce a los niños a representar mentalmente de una forma en la que, de una percepción global poco articulada, pasan a la centración en rasgos concretos de los objetos, personas o situaciones. La centración distorsiona la captación del conjunto, lo desequilibra. Los dibujos de las personas son un claro exponente de esa forma de representación mental; en ellos algún rasgo aislado (unas gafas, un bigote, el pelo) llega a cobrar tal relevancia y magnitud que viene a deformar la figura, encubriendo rasgos que podrían ser, objetivamente, más significativos para representar o captar a la persona en sí.

Entre los seis y los ocho años, generalmente, los niños manifiestan lo que Piaget denominó *regulación*; al considerar gradualmente más rasgos o elementos de lo representado, se va equilibrando («regulando») tal representación. A partir de los ocho años encontraremos una tendencia a analizar los elementos de experiencia y trabajo; entonces deberemos ayudar a afianzar esas posibilidades de estudio más ordenado y sistemático e ir organizando situaciones que ayuden al alumno a consolidar esa tendencia al análisis, estimulando, además, la recomposición de las partes en el todo (síntesis) que favorecerán, gradualmente, el acceso a contenidos más generales y abstractos.

Con este tipo de actuaciones estamos subrayando la necesidad de que la educación se convierta en motor del desarrollo; que el trabajo orientado con propuestas metodológicas bien definidas haga que los contenidos de enseñanza-aprendizaje sean verdaderamente significativos: deberán estar basados en intereses y su tratamiento se hará en función de la necesidad de contribuir a la evolución de capacidades-competencias. Ello, en suma, permitirá hacer ganar a los contenidos mucho en significación psicológica, didáctica y lógica (pues los presentaremos articulados en líneas de síntesis-análisis-síntesis).

Todo ello supone entender el enfoque globalizador como una respuesta a una forma de conocer. Parte del nivel de desarrollo del alumno para estimular nuevos niveles de desarrollo. A la distorsión que supone el pensamiento sincrético (o a otras formas atenuadas del mismo) se responde con propuestas que ayudan al alumno a analizar los objetos de trabajo: coope-

ramos en la construcción de contenidos (más y más sólidos) y de capacidades. Así, la respuesta didáctica consiste en ajustar planes y técnicas que permitan, partiendo de necesidades reales y procediendo desde lo concreto, directo y próximo, guiar al alumno para que pueda efectuar, gradualmente, un estudio más completo de la realidad, facilitando su acceso a procesos de aprendizaje más generales y sistemáticos.

La caracterización de esta propuesta como enfoque (Zabala, 1999; Zabala y Arnau, 2007), como perspectiva general (no identificándola con técnicas concretas), supone una apertura al principio de autonomía pedagógica de centros, equipos y profesores; éstos pueden determinar los recursos metodológicos, materiales, ambientales y organizativos con los que guiar a la respuesta didáctica. De esta manera, hemos hallado, efectivamente, propuestas como centros de interés, tipos de tareas, grupos de trabajo, talleres, rincones e infinidad de técnicas y combinaciones de los recursos citados que permiten abordar contenidos integrados.

De esta manera, concluimos que el enfoque globalizador está cimentado en las distintas fuentes curriculares:

- Sociológicamente, pues en la realidad objeto de estudio, en el medio en el que se proyectan y aplican los contenidos, éstos se presentan integrados, no parcelados. Nos enfrentamos y hemos de resolver, continuamente, situaciones y problemas, en los distintos ámbitos de nuestra vida: social, familiar y profesional. Estos problemas comportan conocimientos relativos al lenguaje verbal (oral y escrito), al lenguaje plástico/visual, a la naturaleza y la sociedad, al arte y la cultura, al lenguaje numérico, a las operaciones matemáticas, a la medida del tiempo y el espacio.
- Psicológicamente, porque nuestros alumnos manifiestan unas posibilidades y unas necesidades. Partiendo de sus conocimientos y capacidades (expuestas anteriormente), debemos contribuir a su evolución; los contenidos han de ser medios para potenciar el despliegue de sus capacidades-competencias.
- Epistemológicamente, pues el conocimiento integrado nos permite ahondar de manera organizada y lógica entre contenidos de algunos ámbitos de conocimiento, estimulando y enriqueciendo vínculos de relación entre ellos.
- Pedagógicamente, al establecer un diálogo entre las fuentes anteriores y disponer adecuadamente los recursos personales, ambientales, materiales y metodológicos que van a favorecer la articulación

de respuestas orientadas a promover el desarrollo de una personalidad equilibrada. Como vamos a mostrar más adelante, desde una estrategia didáctica basada en el enfoque globalizador va a ser posible potenciar la construcción de distintos tipos de competencias. Eso significa proceder a determinar relaciones precisas entre este enfoque globalizador y el que denominaremos *competencial*.

Globalización y competencias

Los vínculos entre enfoque globalizador y competencial

En la actualidad, se manifiesta con una enorme proyección, en el panorama educativo internacional, el movimiento impulsor de las competencias básicas. Partiendo de una preocupación económica, social y laboral, ha pasado a formar parte de la línea prescriptiva curricular que se determina, con diferentes márgenes de autonomía, en continentes, estados, comunidades y centros. Esta perspectiva, como sabemos, está definiendo, en estos momentos, su vertiente de desarrollo didáctico.

Por *enfoque competencial* vamos a entender una orientación pedagógica y didáctica que supone un consenso internacional sin precedentes (Moya, 2007). Pretende articular propuestas en las que se conceda prioridad a los contenidos extraídos de la vida que, tratados sistemáticamente en entornos académicos, han de volver a la vida. La práctica ha de redefinirse; ha de tomar, al fin, como señalan destacados autores en la línea de Schön –Pérez Gómez (2007), Zabala y Arnau (2007), entre otros–, el lugar que le corresponde: saber en la acción, para la acción y sobre la acción. Se acepta que la práctica no constituye la alternativa polar a la teoría y la reflexión: es su continuidad natural en los procesos de desarrollo del aprendizaje y de la enseñanza. Se entiende, además, que hay acciones educativas complejas y consistentes que van a permitirnos integrar principios como calidad y equidad.

Como definimos anteriormente (Escamilla, 2008), y mostramos en el glosario, el término *competencia* puede conjugarse con matices distintos en función del contexto didáctico en que se aplique. Por ello, podemos hablar de *competencias esenciales* (las más sintéticas), *básicas* (amplios núcleos de referencia sobre elementos curriculares de proyección vital), *generales* (propósitos para amplios tramos educativos y diferentes áreas), *específicas* (para un área) y *operativas* (para una unidad didáctica). Esta proyección, que mostraremos más concretada en el apartado de los objetivos, identifica que,

para fundamentar el gran potencial formativo que deben revestir, a tenor de la relevancia que están alcanzando en el currículo internacional, han de reunir, a nuestro juicio, una serie de características. Las presentamos a continuación.

Este cuadro 5, ya recogido en otra publicación anterior (Escamilla, 2008, p. 33) presenta, respecto a aquél, dos características destacadas: evolución e integración. Sin que ello signifique dejar de lado las restantes (sólo implica el acento en éstas para comprobar la relación nuclear entre enfoques), subraya evolución e integración. Esto supone determinar, efectivamente, vínculos que consideramos sustantivos entre globalización y competencias. Como hemos explicado anteriormente, el enfoque globalizador es una respuesta a las características y potencial evolutivo (educable) de grupos de alumnos que, partiendo de conocimientos de base, que en la vida se presentan integrados, los desglosa y analiza para construir una nueva integración significativa; tal integración, incorporada a su bagaje de conocimientos, va a favorecer la evolución de capacidades del alumnado.

Las competencias, como cualquier capacidad, dependen de factores vinculados a la dotación personal que se va manifestando de acuerdo con

Cuadro 5. Características de las competencias desde la perspectiva del enfoque globalizador

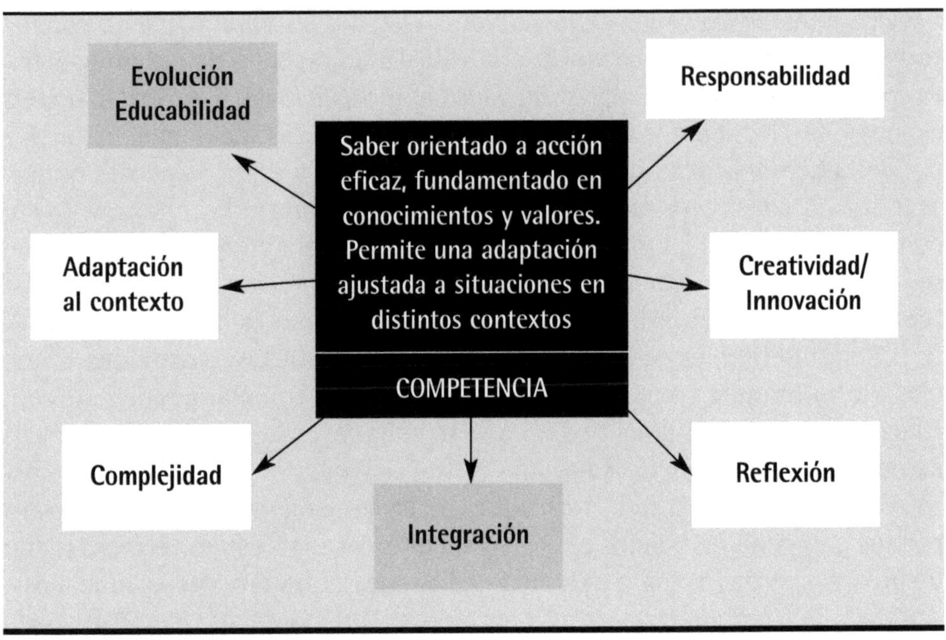

las características de los períodos evolutivos y que puede ser impulsada o entorpecida por los estímulos educativos y la forma en que el sujeto los seleccione, procese, organice e integre (Mayer, 2000). Se trata de una perspectiva contextual-interaccionista, inspirada en las coordenadas del enfoque del ciclo vital: transformación y cambios a lo largo de toda la vida.

Pueden servirnos, para apoyar nuestra visión de educabilidad de las competencias, las palabras de Gardner (2001, p. 45) para referirse a las inteligencias/capacidades: un potencial biopsicológico que se puede activar en un marco cultural para resolver problemas que tienen valor para una cultura. Este mismo autor (2004, p. 65) afirma que las representaciones mentales no están dadas al nacer ni se «congelan», por así decirlo, en el momento de su adopción. Se pueden reformar, recrear, reconstruir, transformar, combinar, alterar y desautorizar. En pocas palabras, están en nuestra mente y también en nuestras manos.

De esta manera, se conjuga la investigación aportada desde la teoría de las inteligencias o capacidades múltiples y la necesidad de preparar al alumnado para transformar información en conocimiento que permita resolver situaciones. Aporta el enfoque competencial nuevas propuestas de desarrollo instrumental (como la competencia lingüística), de desarrollo interpersonal (como la competencia social y ciudadana) o de desarrollo sistémico (como iniciativa y autonomía personal).

Como en cualquier objetivo que precisemos, las competencias deberán considerar el nivel de desarrollo (capacidad-competencia y conocimientos previos de los alumnos) para potenciar nuevos niveles de desarrollo. De esta manera, cobran sentido las directrices que han trazado diversos organismos (OCDE, Parlamento y Consejo europeos) respecto a la consideración de las competencias como elemento de referencia para el aprendizaje permanente.

Podemos y debemos estimular el desarrollo de competencias desde los primeros momentos de la existencia y son una clave del desarrollo a lo largo de toda la vida. Serán distintos los contenidos a los que se apliquen (más concretos o abstractos, más globales o más específicos) y pueden variar, asimismo, las competencias que se prioricen según se transformen, definan o redefinan las necesidades e intereses de los sujetos y del medio en que se desenvuelvan (véanse los cuadros 6 y 7).

Los trabajos de investigación, debate, desarrollo práctico y reflexión que se darán en las próximas décadas pueden aportar esos referentes de calidad, eficacia y ajuste que otorguen coherencia y continuidad al tratamiento educativo. Seleccionando recursos personales, materiales y metodológicos en

función de las prioridades, capacidad y preparación del alumnado, las competencias nos proporcionan un horizonte más fundamentado, universalizador e integrador como punto de mira al estilo de desarrollo que pretendemos.

Así pues, el impulso a competencias como conocimiento e interacción con el mundo físico-natural, razonamiento matemático o aprender a aprender deberá trazarse, por ejemplo en la educación infantil y en la educación primaria, a partir de vías intuitivas y concretas, procediendo de lo simple a lo complejo, de lo próximo a lo remoto, de lo global sincrético a lo analítico estructurado. En la educación secundaria, pueden emplearse vías que supongan armonizar y flexibilizar planteamientos inductivos y deductivos, formulación de hipótesis, búsqueda de procedimientos de causalidad múltiple, etc. Esto significa que enfoque competencial, globalizador e interdisciplinario se supeditan al principio de aprendizaje significativo.

Además de aunar una tipología de contenidos variada por su estructura (datos, conceptos, principios, procedimientos, actitudes, valores y nor-

Cuadro 6. Aspectos esenciales del enfoque globalizador

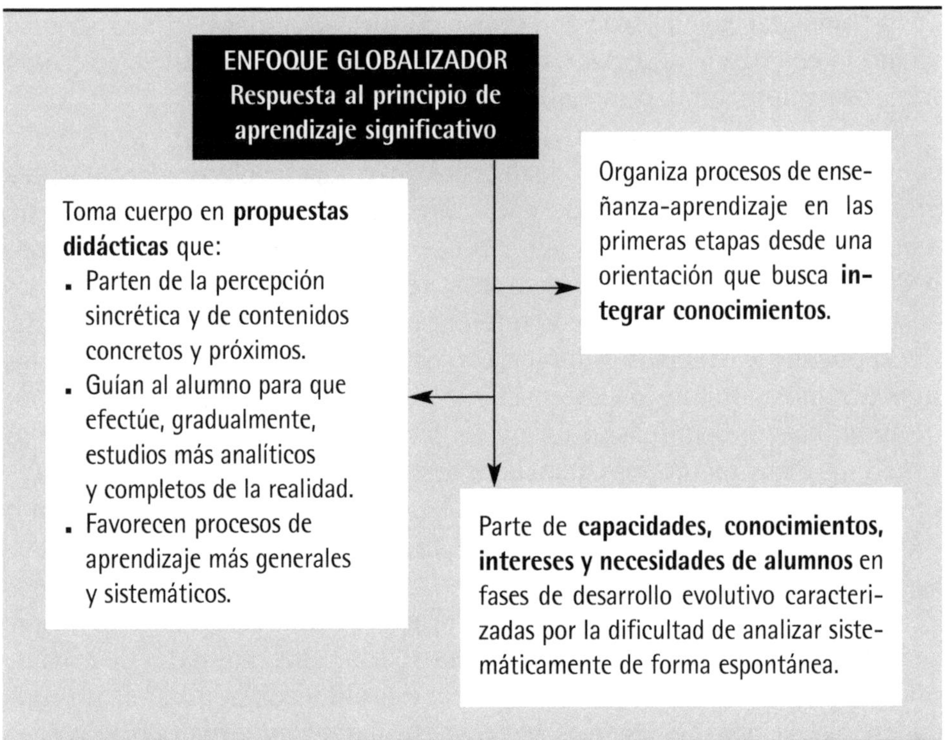

Cuadro 7. Relaciones entre el enfoque competencial y el aprendizaje significativo

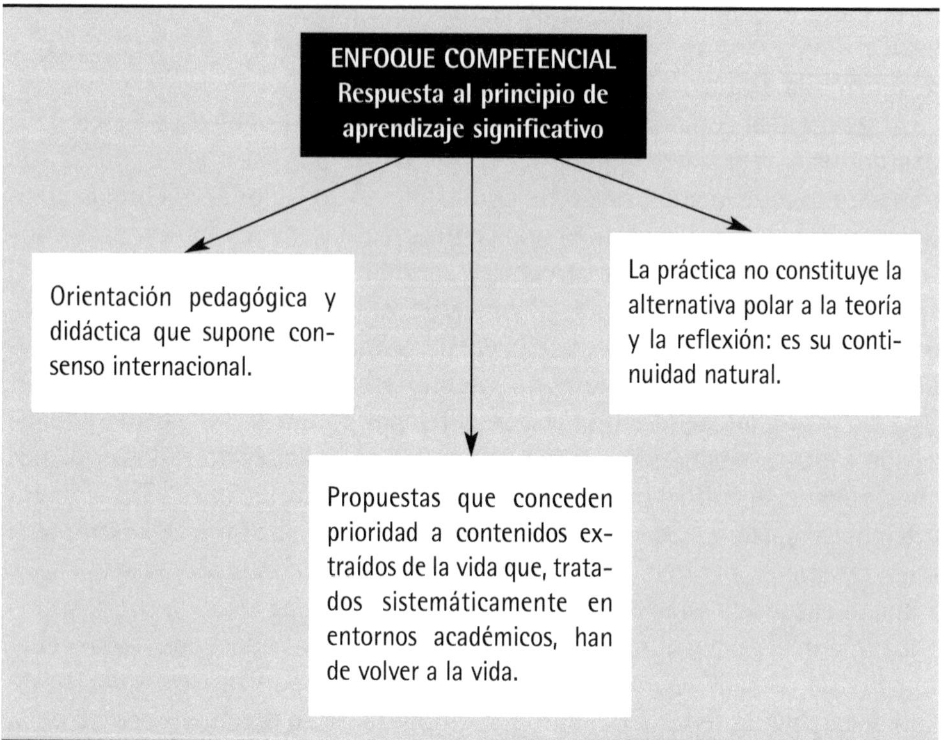

mas), el desarrollo de las competencias básicas permite, exige y potencia el diálogo entre contenidos de distintas áreas que se encuentran, en ocasiones, excesivamente atomizados.

La necesidad de conjugar competencias básicas y globalización ocupará los esfuerzos de teoría y práctica en los próximos años. El desarrollo de competencias exige integrar conocimientos y romper las falsas dicotomías y brechas entre marco académico-marco sociocultural y conocimiento-aplicación. Las competencias básicas proporcionan también una línea vertebradora que favorece la coherencia de las propuestas de educación infantil y educación primaria, entre sí y con las de otras etapas y niveles educativos.

Desde los tramos de infantil y primaria, como sabemos, se han dado pasos firmes por ordenar propuestas educativas que preparasen a los alumnos para responder con éxito a exigencias propias de los contextos en que vivían. La necesidad de movilizar conocimientos y aptitudes cognitivas, pero también aptitudes prácticas; la urgencia de conjugar, además, factores com-

plejos de componentes de la personalidad (desde el conocimiento y dominio de sí, hasta el conocimiento, establecimiento y mejora de las relaciones con los otros) encuentran multitud de materiales y respuestas de docentes que merecen una gran consideración.

¿Por qué la competencia supone aprendizaje integrado? La funcionalidad de los aprendizajes implica tener en cuenta que las competencias son más amplias que la adquisición de conocimientos relacionados con las áreas típicamente enseñadas en nuestros centros. La enseñanza ha de estar contextualizada en situaciones cercanas a la vida de los alumnos para que el aprendizaje sea funcional. La funcionalidad se logra cuando éstos comprueban que el aprendizaje en la escuela encierra una gran utilidad para ellos, les pueden ayudar a desenvolverse y a integrarse en su medio.

De esta manera, el enfoque competencial potencia las vías de globalización e interdisciplinariedad y, al tiempo, se verá enriquecido en los próximos años, cuando su cultivo permita captar y cultivar las relaciones y los vínculos intercompetenciales. Se identificarán qué competencias son más instrumentales, de qué manera algunos procedimientos de la competencia lingüística amplían el sentido y la funcionalidad de competencias como la social y ciudadana o iniciativa y autonomía personal, entre otras cuestiones. Los recursos metodológicos, personales, ambientales y organizativos que, hasta ahora, estaban al servicio del enfoque globalizador se ponen al servicio de la exploración de nuevos contenidos de alto grado de significación que los estudios sobre competencias están revelando.

Apreciamos que establecer relaciones entre enfoque globalizador y competencias y dos de sus características (evolución e integración) nos ha conducido a evocar el enfoque interdisciplinario. En la forma en que nosotros lo entendemos, se encuentra íntimamente relacionado con el globalizador, eje de nuestro estudio en estos momentos. Los dos, además, suponen vías para favorecer el aprendizaje significativo como muestra el cuadro 8.

En consecuencia, entendemos que globalización e interdisciplinariedad cooperan en la integración de conocimientos de forma significativa. La diferencia entre ellas es que el vocablo «globalización» lo empleamos como perspectiva adecuada para momentos en los que se parte del sincretismo (situación más extrema) o de la dificultad (en distintos niveles), para analizar contenidos; por ello, debemos articular recursos didácticos que favorezcan el análisis y permitan a nuestro alumnado llegar a la construcción de síntesis.

En la perspectiva interdisciplinaria, la base psicológica nos ofrece otras posibilidades; el alumno puede analizar de forma espontánea cuando se lo

Cuadro 8. Los enfoques globalizador, interdisciplinario y competencial en relación con el principio de aprendizaje significativo

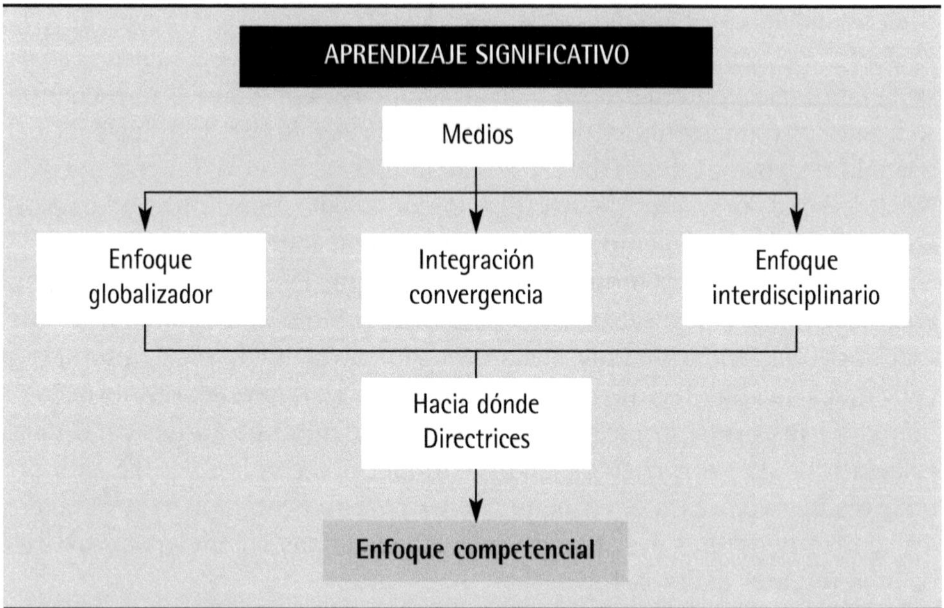

propone, pero llegar a la síntesis, al establecimiento de relaciones significativas entre campos de conocimiento que se le presentan académicamente fragmentados, le supone una gran dificultad. Esta dificultad se materializa en la falta de interés y en la falta de recursos con los que transformar la información en conocimiento. Son situaciones que dificultan de forma extrema procesos de motivación hacia los contenidos y hacia los escenarios en los que se muestran.

La interdisciplinariedad parte del análisis y presenta relaciones que conjugan síntesis. Se pretende que el alumno descubra nuevas y distintas relaciones entre esos contenidos tratados y, aún más, que esa dinámica de trabajo mental le lleve a aplicar esos procedimientos intelectuales de búsqueda de vínculos entre contenidos de otros ámbitos. Pretende favorecer, en suma, mecanismos de pensamiento y aprendizaje autónomos.

El enfoque globalizador desde la metodología de Decroly y su relación con las competencias básicas

Desde hace tiempo (Escamilla, 1993) venimos defendiendo el valor de la propuesta de Decroly para forjar una estrategia de gran interés para materia-

lizar la perspectiva globalizadora. Destacábamos el hecho de que la normativa curricular, aunque establecía la necesidad de dotar a las enseñanzas de un carácter globalizador, no prescribía ninguna estrategia concreta para llevarlo a efecto. Existen múltiples opciones metodológicas. En esta línea, Zabala (1999) diferencia entre enfoque globalizador, cuya base teórica se encuentra sólidamente fundamentada desde la psicología evolutiva, la psicología del aprendizaje y la didáctica y los centros de interés de Decroly, los proyectos de Kilpatrick o los proyectos de investigación del medio, entre otras propuestas que, coincidentes en el enfoque, son caminos para concretarlo.

La alternativa que proponemos para integrar los contenidos se inspira en el sistema de globalización por «centros de interés» o programa de «ideas asociadas» de Ovidio Decroly. Reconociendo los cambios socioculturales y educativos que han tenido lugar desde la época en que este autor expuso el método y las transformaciones que de tales cambios han derivado para el desarrollo de los currículos (ahora enriquecidos con la orientación y directrices que comporta el enfoque competencial), contemplamos, también, los centros de interés desde la visión que aportan las competencias básicas como referentes del desarrollo.

Estudio de las fases de la globalización

Los momentos que se distinguen en el proceso son tres: observación, asociación y expresión. Se presentan desde un orden de análisis lógico que la práctica educativa integra (el análisis se viste de expresión). La fase de observación se vincula con la adquisición directa de nociones gracias a la percepción y a la experiencia directa. La fase de asociación conduce a la elaboración, al trazado de relaciones que proporcionan estructura lógica y equilibrada a lo aprendido. La tercera fase, de expresión, permite que el alumno transmita las relaciones efectuadas a través de diversos medios: dibujo, escritura, diálogo, música, etc. Vamos a profundizar un poco más en cada una de ellas.

La fase de observación

Parte de la percepción global del alumno; ello implica representación mental sincrética o, cuando menos, desajustada, desequilibrada e incompleta, de la realidad. Ha de ser el punto de partida. El profesor accede a su interpretación a partir de su conocimiento acerca de los rasgos psicológicos del grupo de edad y del estudio de los conocimientos previos del alumnado.

Estas consideraciones sobre el significado del principio *partir del nivel de desarrollo* son de la mayor importancia, pues la percepción global de los

alumnos se expresa de manera muy desigual en virtud de la familiaridad con algunos contenidos. Muchos de nosotros tenemos experiencias reveladoras a este respecto; muestran que algunos alumnos de corta edad, tras períodos intensísimos e interesados de trabajo con algunos contenidos (juguetes que representan vehículos, por ejemplo), pueden darnos «lecciones» de análisis. Evidentemente, estamos hablando de un dominio de contenido que se manifiesta con un procedimiento; desgraciadamente, no es una habilidad desarrollada que le permita acceder a cualquier tipo de conocimiento con el arma que le proporciona esa herramienta.

Por ello, ese punto de arranque (capacidades y conocimientos previos) nos proporcionará la información de base para forjar propuestas de contenidos de potencial significación. Será el punto de partida. A partir de él, se organizarán situaciones de observación. Según las circunstancias, la observación puede ser directa o indirecta.

- La observación directa será canalizada por el profesor para que los alumnos puedan, a partir de sus percepciones, comparar, relacionar, plantear interrogantes y comprobar intuiciones previas.
- La observación indirecta puede llevarse a la práctica:
  - Con posterioridad a la observación directa, para presentar otras perspectivas de la realidad objeto de estudio.
  - En circunstancias en que el acceso al elemento de estudio no sea posible, o sea excesivamente costoso. Se puede llevar a cabo por diversos medios: maquetas, fotografías, películas, documentales, dibujos, gráficos, láminas, planos, etc.

La fase de asociación y sus relaciones con las competencias básicas

Constituye, desde nuestra perspectiva, la propuesta de mayor identidad y valor en la estrategia perfilada por Decroly (véase el cuadro 9 en la página 79). Gracias a esta fase, el alumno va siendo guiado por una vía de análisis lógico (dónde, cuándo, cuánto, por qué, para qué, con qué, quiénes y por qué). Esta vía se configura desde la dimensión espacial, temporal, causal, de utilidad y trabajo, de origen y procedencia, ética, moral y social.

> *El dominio de la técnica de búsqueda de asociaciones no sólo permitirá que el alumno acceda al contenido del tema sobre el que va a trabajar, sino que, constituye una estrategia de primera magnitud para ordenar el pensamiento del profesor, y para extraer contenidos potencialmente significativos, que permitan canalizar las experiencias de enseñanza-aprendizaje.* (Escamilla, 1993, p. 116)

En el estudio de estas asociaciones, vamos a mostrar posibles vínculos de relación con las competencias básicas. Hablamos de *posibles* porque lo que vamos a mostrar son alternativas. De un estudio en profundidad de contenidos contextualizados, muchos profesores podrían extraer, sin duda, otras relaciones de interés para sus propuestas didácticas en función de las competencias que, en un momento dado, podrían priorizar para desarrollar un trabajo acorde con sus necesidades y con sus principios. De modo que las relaciones que mostraremos deben entenderse como sugerencias abiertas al criterio del profesor en el ejercicio de su autonomía profesional.

Las asociaciones espaciales

Gracias a ellas pueden encontrarse elementos de contenido vinculados a los siguientes aspectos:

- Situación y dirección: localización y denominación del lugar en que están los objetos de estudio (arriba-abajo, cerca-lejos, dentro-fuera, delante-detrás, izquierda- derecha, alrededor). También pueden ser evocadas asociaciones relacionadas con ubicaciones del entorno sociofamiliar (en la casa y sus dependencias, en la calle, en espacios e instituciones, en la localidad, en la comunidad, en el estado, en otros estados).
- Forma y tamaño: descripciones y comparaciones (grande-pequeño, redondo-cuadrado, fino-grueso, ancho-estrecho, largo-corto, etc.).

Las preguntas que el alumno podrá responder a partir del trabajo con las asociaciones espaciales serían del siguiente tipo:

- ¿Dónde ocurre?
- ¿Dónde viven?
- ¿Cómo son?
- ¿Dónde están?
- ¿Dónde van?

Entre las competencias que pueden ser desarrolladas en el ejercicio de este tipo de asociación, señalamos (la correspondencia de la numeración se recoge en las páginas 57 y 130):

- Matemática (2): el espacio y sus conceptos, la medida del espacio.
- Conocimiento del mundo físico-natural: el territorio, los contextos naturales (3).
- Social y ciudadana (5): los ambientes, los lugares (pueblos, ciudades, comunidades, países, continentes).

Las asociaciones temporales

Pretenden conseguir que el alumno estructure de forma progresiva los elementos relativos a la localización en el tiempo de sucesos propios de las unidades didácticas y sus objetos de estudio, aspectos tales como:

- Duración: mucho-poco tiempo.
- Simultaneidad: acontecimientos que ocurren al mismo tiempo.
- Sucesión: antes-después, ayer-hoy-mañana, pasado-presente-futuro.

Recordaremos que la planificación didáctica ha de tener siempre presente el desarrollo evolutivo. A estos efectos, se hace necesario recordar que la representación y estructuración del tiempo es muy compleja para el niño, que es posterior a la del espacio (de hecho, en educación infantil, los acontecimientos que viven los asocian a vivencias concretas como el espacio en el que tienen lugar –es domingo cuando vamos al parque, es verano cuando estamos en la playa).

Destacamos la contribución de especial interés de esta asociación a las competencias:

- Matemática (2): el tiempo, sus conceptos (duración, sucesión, simultaneidad, la medida del tiempo.
- Conocimiento del mundo físico-natural (3): el tiempo y su influencia en los objetos, la naturaleza, los animales, las plantas.
- Social y ciudadana (5): acontecimientos sociales, el paso del tiempo y su repercusión en personas y grupos.

Las asociaciones causales

Hacen posible el planteamiento de las cuestiones fundamentales de la unidad didáctica:

- ¿Qué es/quién es? ¿Qué hace/n?
- ¿Por qué...?
- ¿Qué te interesa?
- ¿Por qué?

Competencias que pueden ser desarrolladas en el ejercicio de este tipo de asociación:

- Matemática (2) y aprender a aprender (7): razonamiento lógico, búsqueda de relaciones de causalidad múltiple.
- Iniciativa y autonomía personal (8): autoconocimiento, búsqueda de motivos que nos impulsan a obrar de una determinada forma.

Las asociaciones de origen y procedencia

Vienen a suponer una redefinición de las espaciales y temporales (integradas) y, además, de proyección social, natural y cultural.

Implican la búsqueda de la génesis de acontecimientos y objetos (de dónde y desde cuándo suceden). También pueden extraerse contenidos de mayor vinculación práctico-material (de qué están hechas las cosas).

Cabe subrayar, entre las competencias que pueden ser desarrolladas en el ejercicio de este tipo de asociación, las siguientes:

- Matemática (2): el espacio y el tiempo: conceptos y medida.
- Conocimiento del mundo físico-natural (3): los lugares naturales de los que proceden los objetos de conocimiento; los materiales de los que están hechos y sus propiedades; la salud y su cuidado (recordemos que esta competencia funcionaliza contenidos relacionados con el cuerpo, causas del bienestar/malestar físico).
- Social y ciudadana (5) y cultural y artística: los ambientes, los lugares (pueblos, ciudades, comunidades, países, continentes) de los que proceden / con los que se relacionan los objetos de conocimiento.

Las asociaciones de utilidad y trabajo

Permiten que el alumno conozca la funcionalidad de los elementos asociados a los objetos de conocimiento tratados (para qué sirven, qué consecuencias tienen). Junto a las asociaciones causales, estimulan el estudio lógico de los contenidos (qué, cómo, por qué, para qué). Poseen, además, un incuestionable valor social, al permitir la familiarización con las profesiones y tareas vinculadas a los contenidos tratados y al descubrimiento de aspectos esenciales de la relación entre hombre y medio.

Debido a ello, entre las competencias de especial relieve en el desarrollo de este tipo de asociación, señalamos las siguientes:

- Conocimiento del mundo físico-natural (3), social y ciudadana (5) y cultural y artística (6): las profesiones, su relación con la cultura y la vida en los diferentes entornos; objetos, útiles y herramientas de trabajo, finalidad, aplicaciones.
- Aprender a aprender (7) e iniciativa y autonomía personal (8): para qué sirven los objetos, para qué sirve lo que hacemos, consecuencias de nuestras acciones y de las de los demás; qué hacer para ser más eficaces, para ayudar más y mejor.

Las asociaciones éticas, morales y sociales

Gracias a ellas, el alumno puede profundizar en la valoración de actitudes personales o sociales que se vinculan al núcleo de trabajo, desarrollar hábitos de comportamiento cívico-social, comprender la necesidad de las normas que regulan situaciones de convivencia entre individuos y grupos, y valorar críticamente las actuaciones orientadas a fomentar la solidaridad, cooperación, igualdad, diversidad y justicia.

Entre las competencias que cooperan en el ejercicio de este tipo de asociación, destacamos las siguientes:

- Social y ciudadana (5) y cultural y artística (6): los derechos y deberes de los ciudadanos en distintos ambientes y culturas; los lugares (pueblos, ciudades, comunidades, países, continentes) de los que proceden / con los que se relacionan; formas de manifestación; actuaciones justas e injustas; costumbres y pautas culturales que cabe cuestionar.

Cuadro 9. Propuesta de relaciones entre competencias básicas y asociaciones de Decroly

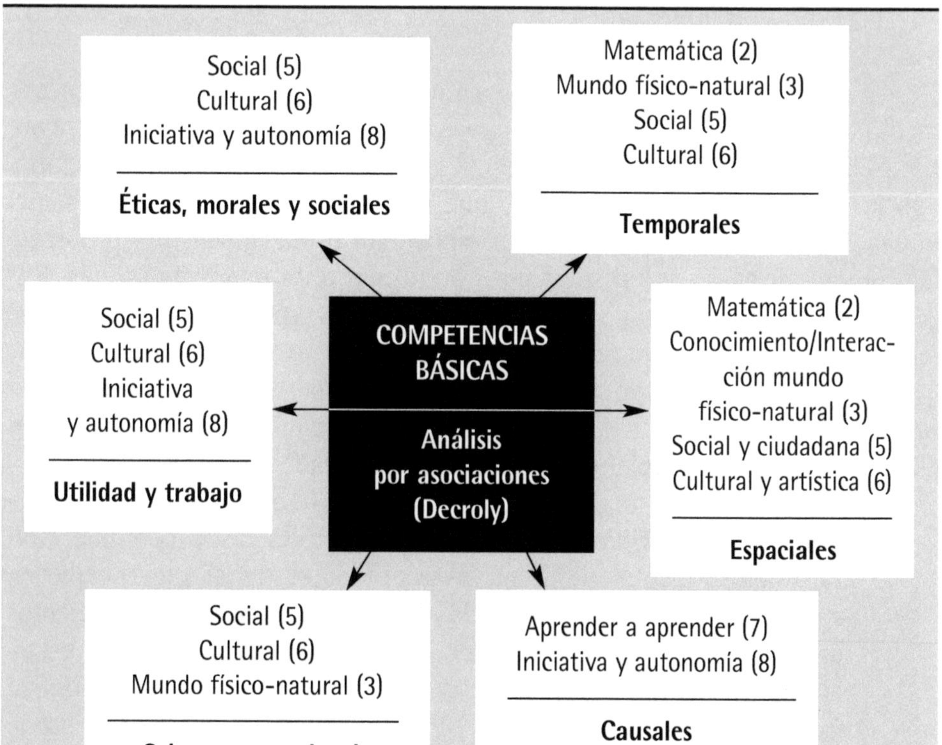

- Aprender a aprender (7) e iniciativa y autonomía personal (8): qué normas están relacionadas con el objeto de conocimiento, para qué sirven; formulamos normas; consecuencias de nuestras acciones y normas y de las de los demás; qué hacer para ser más eficaces, proyectos para ayudar más y mejor (cooperación, equidad, justicia).

La fase de expresión y su relación con las competencias básicas

Al tiempo que el alumno lleva a cabo la observación y realiza el análisis por asociaciones que hace factible su aproximación ordenada a la realidad, el profesor debe facilitarle y sugerirle formas de expresión que le permitan desarrollar sus capacidades comunicativas y expresivas. Son las siguientes:

- Expresión corporal.
- Expresión plástica.
- Expresión musical
- Expresión lingüístico-verbal.
- Expresión matemática.

Evidentemente, la expresión y comunicación adecuada y eficaz por medio de los distintos tipos de lenguaje (verbal, matemático, musical, corporal-dinámico, plástico-visual-gráfico) es una forma de funcionalización y aplicación (referente competencial) que exige representación. Ésta es una buena prueba de que la pretendida «simplicidad» o «mecanización» propia de las competencias no es tal si estamos atentos a prioridades de interés. Recordamos que los lenguajes no son solamente vehículos de comunicación, son también vehículos de representación mental.

Así pues, estimulando esta vía de trabajo en la estrategia globalizadora, estamos cooperando al desarrollo de competencias básicas porque en ellas encontramos situaciones que merecen ser analizadas:

- La competencia lingüística, en sus cuatro dimensiones (hablar, escuchar, leer y escribir) coopera en el desarrollo de la comunicación tanto en su faceta comprensivo-receptiva (escuchar y leer) como en su faceta expresivo-productiva (hablar y escribir). Recordaremos que el lenguaje, como otros aprendizajes, se modela, y que el escuchar y leer (de forma comprensiva y crítica) pueden contribuir de manera considerable a hablar y escribir mejor. El lenguaje corporal, además, enriquece la comunicación verbal y la representación mental.

Cuadro 10. Vínculos integradores entre expresión, asociaciones y competencias básicas

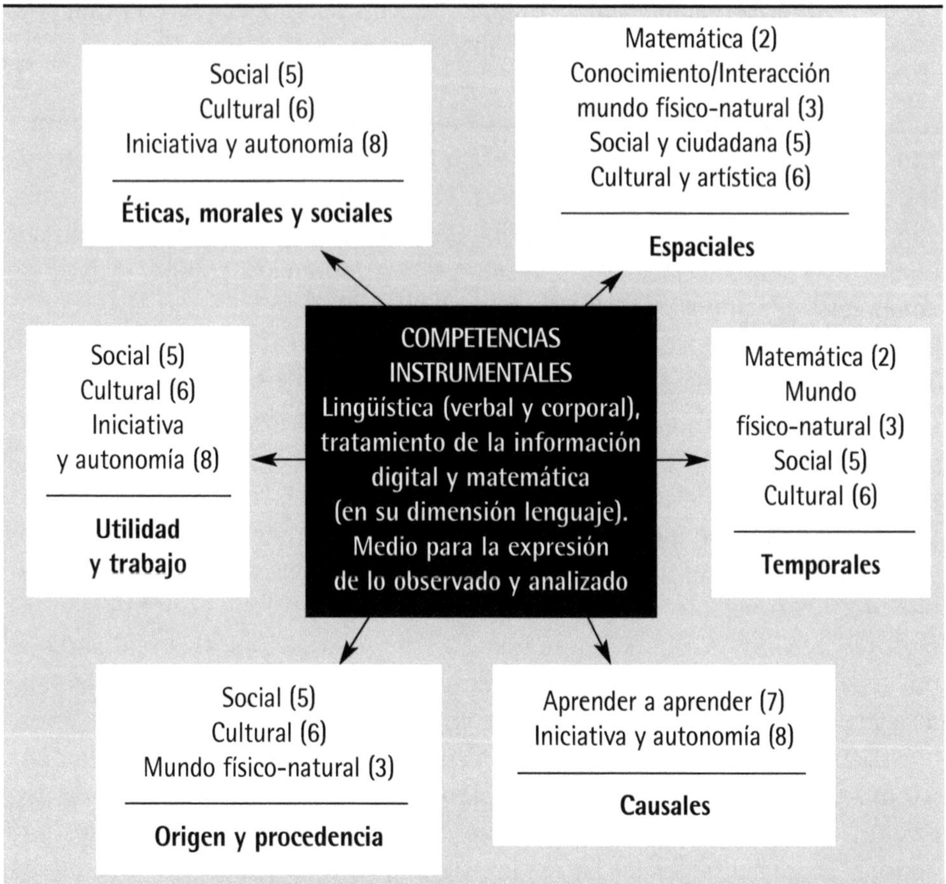

- La competencia matemática, en el empleo del lenguaje numérico y plástico (geometría, tablas, gráficos, símbolos), va a enriquecer también la fase de expresión.
- Las competencias cultural y artística y social y ciudadana, con el uso del lenguaje musical y diversas formas de símbolos y aportaciones de distintos grupos, pueblos y culturas, potencia también los modelos expresivos.
- La competencia en tratamiento de la información y digital posee un valor instrumental enorme, de carácter sintético. Subrayamos el hecho de que, en España, la competencia digital va precedida de tratamiento de la información. Esta forma de identificación sugiere mucho, va a

ser la base de la competencia aprender a aprender (seleccionar y tratar información para después procesarla, aplicarla, comunicarla, evaluarla críticamente, reemplearla de acuerdo a otros fines).

De esta manera, comprobamos que las competencias de carácter más instrumental (lingüística, tratamiento de la información y digital, y algunas manifestaciones de la matemática) son el núcleo de referencia para las otras competencias y para las asociaciones de Decroly: el conocimiento generado por el análisis y la asociación, y enriquecido por los contenidos competenciales, se comunica y funcionaliza. El cuadro 10 en la página anterior así lo expresa.

Valoración de la utilidad de las relaciones entre enfoque competencial, enfoque globalizador y aprendizaje significativo

La planificación didáctica en infantil y en los primeros cursos de primaria (fundamentalmente) corre a veces el peligro de resultar empobrecida porque se confunde globalización con contenidos muy concretos, cerrados y, a veces, planteados de manera redundante (dar vueltas a la clase, los compañeros, los transportes de manera mecánica y repetitiva). Contenidos concretos y cercanos no deben equipararse a contenidos simples: la realidad que nos envuelve es muy rica. Más en la actualidad, en la que a veces se expande y acerca a través de los medios de comunicación.

Debido a ello, necesitamos herramientas de análisis que nos permitan hallar una gran variedad de contenidos potencialmente significativos entre los que elegir. El análisis de Decroly, redefinido y enriquecido con los contenidos que aportan las dimensiones de las distintas competencias y, además, igualmente enriquecido con la fase de expresión en la que cooperan las competencias de carácter instrumental, nos va a permitir ampliar nuestros horizontes de trabajo.

Recordaremos, asimismo, que el trabajo competencial, planteado de forma exigente y rigurosa y considerado desde la óptica de ampliación de perspectivas de formación, de nuevas metas (educabilidad, integración del conocimiento, complejidad, creatividad, reflexión y responsabilidad) puede cooperar en el desarrollo de las capacidades-inteligencias investigadas por Gardner. Estos referentes persiguen potenciar un desarrollo equilibrado: lingüístico, lógicomatemático, corporal-cinestésico, espacial, musical, interpersonal, intrapersonal y naturalista.

El desarrollo del enfoque globalizador a través de las fases que hemos presentado permitirá un tratamiento del contenido significativo y lógico; habrá de proceder de la síncresis (generalmente, en infantil), regulación (ge-

neralmente, a finales de infantil y primer ciclo de primaria), al análisis de elementos concretos (generalmente, en segundo y tercer ciclo de primaria) y a un tratamiento más equilibrado sistemático, analítico y completo. Será guiado por el profesor, que actúa de mediador. En él se irán expresando los distintos elementos tratados, hasta finalizar recomponiendo los contenidos en una síntesis final que busca una reelaboración, construcción y conformación personal de lo tratado.

Del análisis de los contenidos que aportan las áreas curriculares y las competencias básicas es posible extraer múltiples consideraciones para organizar y tratar el contenido de manera significativa. Presentamos, a continuación, un ejemplo de análisis por asociaciones bajo esta perspectiva. En los cuadros 11 y 12 aparecen contenidos muy concretos que son fácilmente traducibles a actividades y que permitirán ajustar el desarrollo del trabajo educativo a las distintas circunstancias que la práctica presente (apoyo a alumnos con dificultades, desarrollo para alumnos que progresan rápidamente, etc.).

Queremos subrayar que existen contenidos que, en función del desarrollo que puedan tener en las tareas, cabe que materialicen varias competencias (vínculos intercompetenciales). Esta puntualización puede apreciarse en las propuestas de tarea del capítulo siguiente y en las que se recogen en el anexo.

Por último, el cuadro 13 muestra lo que consideramos ha de ser el referente (planteado en términos de decálogo) que fundamenta la exigencia de buscar nuevos canales de diálogo (competencias básicas) y el principio de aprendizaje significativo. En el cuadro 14 presentamos la síntesis de la estrategia de trabajo que supone explorar contenidos de valor competencial para integrarlos en los elementos de la unidad didáctica.

Enfoque globalizador, enfoque competencial, programación de aula y unidades didácticas

Como hemos venido mostrando, el enfoque competencial puede convertirse en una perspectiva capaz de enriquecer el enfoque globalizador. Esto es así porque consideramos las competencias un elemento del currículo que puede y debe integrarse armónicamente con los otros elementos curriculares, que ha de entrar en diálogo con ellos: el currículo es un sistema en el que todos sus elementos están interrelacionados y son interdependientes.

De esta manera, entendemos que las competencias básicas son núcleos de referencia abstracta. Cumplen este papel de referencia en todos los niveles, etapas, ciclos y cursos (la competencia lingüística es un eje que habrá de concretarse en propuestas de diferente complejidad en infantil o en primaria).

Cuadro 11. Contenidos potencialmente significativos del centro de interés «los viajes» extraídos del análisis por asociaciones de Decroly

LOS VIAJES.
Contenidos significativos (análisis por asociaciones de Decroly)

Éticas, morales y sociales

Derechos y deberes en los viajes. Las normas en los transportes, en los hoteles, en los restaurantes. Las relaciones con los otros. La apertura a otras culturas y formas de vida.Las fórmulas de cortesía en los encuentros, en las relaciones y en las despedidas. La comunicación con los otros en los encuentros: empatía y asertividad.

Origen y procedencia

Las estaciones, los aeropuertos, los puertos. Características.
Recorridos y trayectorias.
Los regalos de los viajes.

Asociaciones espaciales

Las distancias en los viajes. Los lugares a los que vamos. Los mapas. La orientación. Los puntos cardinales.

Asociaciones temporales

Los viajes en el pasado. Los viajes del futuro: medios de transporte, distancias y tiempo invertido. Viajes para todos. Viajes para diferentes edades. Las épocas del año en que viajamos más.

Asociaciones de utilidad y trabajo

- *Para qué sirve viajar*: aprendizaje, relación, trabajo, ocio, descanso.
- *Trabajos relacionados con los viajes*: hostelería, turismo. Profesiones en estaciones, aeropuertos, hoteles, agencias de viajes.
- *Útiles para viajar*: guías, folletos, maletas, brújulas, mapas, planos, navegadores.
- *Otras profesiones relacionadas con los viajes*: naturalistas, arqueólogos, músicos, fotógrafos, escritores.

Asociaciones causales

¿Qué tipos de viajes existen? ¿Cómo podemos clasificarlos? ¿Por qué viajamos? Viajes para visitar a familiares. Los viajes de trabajo. Los viajes de estudio, los viajes culturales, los viajes de descanso. Viajar con la imaginación.

Cuadro 12. Contenidos potencialmente significativos del centro de interés «Los viajes» extraídos de la asociación con las competencias básicas

LOS VIAJES.
Búsqueda de contenidos significativos desde la perspectiva de las competencias básicas

Social y ciudadana

Los derechos del consumidor. Los deberes del consumidor. Instituciones y organismos que prestan ayuda. Apertura hacia los otros.

Cultural y artística

Literatura, pintura y fotografía sobre viajes. Los museos como forma de «viajar» a otras épocas y lugares. Los museos que se visitan. Los viajes virtuales a museos. Folclore y canciones de los lugares que se visitan. El recuerdo de los viajes. Interés y respeto por otras culturas.

Tratamiento de la información y digital

La información sobre un viaje en dos medios; semejanzas y diferencias. Búsqueda de información de utilidad para viajar en prensa, radio, televisión, televisión satélite, DVD. Los mapas y los planos. Información de viajes en Internet.

Información de viajes en enciclopedias multimedia. Juegos relacionados con viajes.

Información meteorológica en diversas fuentes.

Lingüística

Libros de viajes: guías turísticas, cuentos de viajes y viajeros. La comunicación en los viajes: fórmulas de cortesía. Mensajes y carteles informativos en estaciones y aeropuertos. La lectura en los viajes. Folletos y revistas.

Matemática

Los números en los viajes: las distancias, los presupuestos. La moneda. Las distintas formas de pago. Comparaciones entre precios. Las tablas alfanuméricas en las estaciones.

Aprender a aprender

Análisis de un viaje: las personas que viajan, las personas con las que entablamos relación, los medios de transporte, el lugar/es que se visitan.

Iniciativa y autonomía personal

Aspectos imprescindibles. La bolsa de viaje: lo imprescindible. Semejanzas y diferencias entre maletas en función del destino y duración del viaje. Plan de viaje de acuerdo con coordenadas concretas. Valoración. Consecuencias de resultados de un buen/mal plan de viaje. Emociones y sentimientos en relación con situaciones concretas vividas o imaginadas.

Cto/I. con el mundo físico-natural

Los viajes a la naturaleza. El respeto a la naturaleza. Científicos viajeros. El cuerpo y su cuidado en los viajes. La alimentación, la higiene, las prendas adecuadas. Los viajes de salud. La meteorología en los viajes.

Cuadro 13. Aportaciones del enfoque competencial al principio de aprendizaje significativo

DECÁLOGO (DE LO QUE HA DE SER UNA AUTÉNTICA APORTACIÓN)
1. Una nueva mirada al aprendizaje significativo. 2. Orientaciones de gran valor para el desarrollo de una personalidad equilibrada. 3. Nuevos medios para extraer contenidos significativos en una sociedad de información que ha de ser sociedad de conocimiento. Un conocimiento que ha de evolucionar a la reflexión y valoración. 4. Cauces para establecer vínculos sustantivos con el medio sociocultural. 5. Ampliación cuantitativa y cualitativa de ejes de referencia esencial. 6. Taxonomización de puntos de referencia: lo instrumental, lo interpersonal, lo holístico. 7. Auténticos referentes de convergencia en contenidos para distintas etapas del desarrollo. 8. Auténticos referentes de convergencia para distintos centros. 9. Redefinición y enriquecimiento de claves para la acción tutorial y orientadora: aprender a ser persona, a pensar y trabajar, a relacionarse y convivir, a tomar decisiones responsables. 10. Vías para fomentar y optimizar, por medio de contenidos funcionales de gran valor formativo, la relación educadora con la familia.

Por ello, entendemos que, en el tercer nivel de concreción curricular (la programación de aula y sus unidades didácticas), las competencias aportan:

- En primer lugar, una base firme sobre la que potenciar trabajos que superen falsas dicotomías en educación: saber-saber hacer; teoría-práctica; saber académico-saber social. Una educación de calidad debe atender a cada una de estos supuestos sin entenderlos como polos enfrentados.
- En segundo lugar, una orientación al desarrollo de la personalidad equilibrado. En la sociedad del siglo XXI, la educación debe conjugar elementos de trabajo que recojan las demandas del medio en que nuestros alumnos van a vivir: herramientas de comunicación, de aprendizaje autónomo, de conocimiento y dominio de sí, de relación e integración con los otros y con el entorno físico y de autonomía e iniciativa personal. Entendemos, también, que esa orientación al desarrollo ha de estar inspirada en una concepción de las inteligencias-capacidades como potenciales que, además, han superado la concepción monolítica de la inteligencia para contemplar perspectivas más fundamentadas y sugerentes (verbal, lógico-matemática, corporal-cinestésica, espacial, musi-

cal, interpersonal, intrapersonal y naturalista). Todo ello puede ser contemplado desde las directrices del desarrollo para cada etapa (competencias generales) que pueden ir materializándose, gradualmente, en competencias específicas y operativas.

- En tercer lugar, medios para una disposición del currículo gradual y eficaz. Los estudios sobre competencias ya han concretado las propuestas de dimensiones de contenido en cada una de ellas y contenidos concretos en cada dimensión. De la misma forma, se están perfilando propuestas de recursos didácticos –materiales, ambientes, métodos, agentes (véase el capítulo 4)– que favorecen propuestas prácticas.

Cuadro 14. Competencias básicas y diseño de unidades didácticas

CONSIDERACIONES SOBRE LA ESTRATEGIA QUE PODEMOS SEGUIR PARA INTEGRAR LAS COMPETENCIAS EN EL DISEÑO DE LAS UNIDADES DIDÁCTICAS

- La exploración de cualquier centro de interés desarrollada con el análisis por asociaciones y por la vinculación con las competencias básicas nos proporciona campos muy extensos de contenidos significativos.
- Esos estudios pueden ser empleados por profesores de distintos cursos, ciclos y etapas para llevar a cabo una selección de los más adecuados para sus alumnos en función de su nivel de desarrollo (capacidades y conocimientos previos).
- Los resultados encierran un potencial valor formativo. Son una apuesta clave para una vía de aprendizaje cíclica: podemos volver a tratar, con distinto nivel de profundización, propuestas variadas, cualitativamente más complejas y cuantitativamente más extensas, de contenidos funcionales y vitales.
- A partir de esta fundamentada exploración, podemos seleccionar los contenidos que abordaremos en una determinada unidad didáctica para un grupo concreto de alumnos. En una elección posterior llegaremos a trazar las coordenadas más importantes de nuestra unidad didáctica (objetivos y criterios).
- De esta forma, nuestra propuesta, en estos primeros momentos de integración de competencias básicas en la programación, es la de una metodología de programación inductivo-deductiva:
  - Exploración de campos extensos de contenido.
  - Selección de contenidos.
  - Formulación de objetivos y, en su caso, de competencias operativas y criterios de evaluación.
  - Selección de recursos didácticos.
  - Diseño de actividades de enseñanza-aprendizaje y tareas de desarrollo competencial.
  - Selección y concreción de indicadores de desempeño.

¿Y para la programación de aula desde la perspectiva sintética?

En el diseño de la programación de aula, desde esta perspectiva, las competencias básicas van a aportarnos una guía para la planificación y para la evaluación. Supongamos que un profesor identifica un número dado de unidades didácticas para un curso (imaginemos entre doce y dieciséis). Sabemos que ha de perseguir todas las competencias en el conjunto de las unidades y en cada unidad; pero su trabajo puede ganar en proyección si va priorizando y otorgando mayor protagonismo a algunas competencias en particular.

Una unidad didáctica como «Vamos al museo» puede destacar las siguientes competencias:

- Tratamiento de la información y digital, visitas virtuales o consultas por Internet de horarios, precios y actividades que ofrece.
- Cultural y artística, por el valor de los museos desde esta proyección y la presentación de museos de distinto tipo: pintura, artes decorativas, antropología...
- Conocimiento e interacción con el mundo físico-natural, con una selección apropiada de museos de ciencia y tecnología.

Ese protagonismo de las tres competencias citadas no deja de lado el trabajo de las restantes competencias:

- Lingüística (descripciones, cuestionarios, diálogos, interpretación de carteles y normas).
- Matemática (horarios, precios, visitantes, patrimonio que ofrecen, distancias).
- Social y ciudadana (normas de visita, derechos y deberes, valor patrimonial).
- Aprender a aprender e iniciativa y autonomía personal (proyectos de visita –reales o virtuales–: qué vamos a visitar, dónde vamos a ir, quiénes vamos a ir, cómo vamos a ir, qué vamos a ver, en qué nos tenemos que fijar..., qué haremos después).

Si en la planificación vamos alternando (por la guía que nos aporta esta orientación al desarrollo) el peso destacado de algunas competencias y el complementario de otras, comprobaremos que, a lo largo de un curso, nuestra programación de aula puede ganar significativamente en riqueza, variedad y equilibrio. El bosquejo de unidades en su conjunto puede ser evaluado con esta perspectiva y llevarnos a reafirmar nuestra primera propuesta o reconducir en función de las carencias observadas.

Los contenidos

Tal y como hemos destacado anteriormente, recomendamos el comienzo de la planificación de los elementos específicos de la planificación didáctica por los contenidos. Esto supone reconocer el valor de una estrategia de trabajo mixta: inductivo-deductiva. Requiere la búsqueda de contenidos de potencial significativo: aquellos que estén fundamentados en las posibilidades (nivel de desarrollo y conocimientos y actitudes previas) de desarrollo del alumnado, pero también en sus necesidades (contenidos de valor social y competencial y contenidos ordenados, actualizados y sistemáticos, fundamentados desde un punto de vista académico).

Una vez determinados campos extensos de contenidos, a partir de las concreciones del currículo de nuestro centro y de nuestra exploración con herramientas como la presentada desde la conjunción asociaciones de Decroly-competencias básicas, podemos hacer una selección que después nos dará el paso a la formulación de los objetivos. «Bajaremos», a continuación, de nuevo a refrendar o redibujar, en su caso, los contenidos y a determinar recursos, actividades y tareas (se completa así la dinámica inducción-deducción que puede ser continuada en términos de proceso contemplando la evaluación del proceso de aplicación y sus resultados).

Concepto, sentido, tipología y relación con las competencias básicas

Entendemos por *contenido*:

> El elemento de la planificación curricular que desarrolla y concreta los objetivos. Respecto a ellos supone un objeto de aprendizaje más directo. Medio imprescindible para conseguir, según el grado de abstracción/concreción del programa el desarrollo de capacidades, habilidades y destrezas.

El valor que se ha concedido a este elemento de la planificación ha sufrido una evolución. Tal evolución ha influido positivamente en el reconocimiento de su importancia a la luz de los cambios y los logros que han venido manifestando disciplinas como la didáctica, la sociología de la educación, la psicología de la educación y la psicología de la instrucción.

En algunos momentos han suscitado recelos y críticas desde propuestas supuestamente «renovadoras» por ser relacionados con una forma de en-

señanza «tradicional» de corte academicista. Nuestra posición ha quedado patente en el desarrollo del apartado anterior. El valor que concedemos a los contenidos y su papel en nuestras propuestas, considerando también las orientaciones que ahora nos proporcionan las competencias básicas, puede ser el de orientación al principio de aprendizaje significativo.

Atribuir significación a un contenido quiere decir establecer vínculos sustantivos entre los contenidos que hay que aprender y los que ya se dominan. Para conseguir que este fenómeno llegue a producirse, se requieren una serie de condiciones, pues el nuevo contenido ha de poseer:

- *Significación desde la perspectiva del alumno.* Contenidos que se seleccionan y planifican a partir del conocimiento de las capacidades, conocimientos previos, intereses y motivos, y que se orientan al desarrollo de los distintos tipos de inteligencia-capacidad (lingüística, matemática, naturalista, musical, espacial, corporal-cinestésica, interpersonal, intrapersonal). Recordamos, a estos efectos, que las competencias básicas constituyen un excelente punto de mira a este respecto, pues si el anterior es psicológico, el enfoque competencial es prioritariamente sociológico y didáctico.
- *Significación desde el punto de vista de la estructura lógica de las áreas.* Los contenidos han se ser relevantes, actualizados, sistemáticos, rigurosos. Han de presentarse ordenados de manera que se facilite su construcción gradual. Las competencias pueden contribuir a una evolución en este terreno. Como sabemos, las áreas curriculares constituyen una estructuración del saber útil, por su valor de análisis para el profesor, pero un tanto artificial, pues suponen una fragmentación del saber que no corresponde a la vida, a los contextos en los que se aplicarán. En esas situaciones, las competencias recogen contenidos que suponen diálogo entre áreas, elementos que favorecen la perspectiva globalizadora.
- *Significación desde la vertiente social, cultural y familiar.* La selección del contenido tiene que preparar al alumno para conocer su medio y poder desenvolverse en él, con la intención de proporcionar las herramientas para desenvolverse en nuevas situaciones. Esto confiere a esta dimensión del significado un carácter funcional, rescatando una dimensión de valor que no siempre ha ocupado, a nuestro juicio, la atención que merece (contenidos que, extraídos de la vida y tratados convenientemente, vuelven a la vida). Por ello pueden y deben ser seleccionados, priorizados y tratados por los

profesores de acuerdo con el desarrollo de principios de autonomía y ejercicio profesional responsable. También en este eje de significación, las competencias y los contenidos que se extraigan de ellas están realizando una gran aportación: expresan acuerdos entre comunidades, estados y organismos interestatales que traducen una interpretación de las necesidades de formación en la sociedad del siglo XXI.

Todo ello supone que la selección y planificación de los contenidos, atendiendo al principio de aprendizaje significativo y considerando las aportaciones del enfoque competencial, ha de responder a la búsqueda de equilibrio entre la orientación al desarrollo del alumno, la armonía entre las áreas y la relación entre ellas por medio de las competencias; éstas son el referente de las necesidades que demanda la adaptación constructiva y crítica al entorno sociocultural.

En el diseño de la programación (perspectiva sintética) y en el diseño y aplicación de las unidades didácticas, esto supone:

- Disponer unidades didácticas globalizadas en infantil y primaria. Estas unidades pueden concretar distintos grados en la integración de contenidos, dado que éstos deben ir adquiriendo rigor y profundización; esto significa que algunos de ellos, una vez constatado su valor de aplicación, han ser tratados con detenimiento (habilidades instrumentales de escritura y cálculo, elementos de gramática, etc.). Ello requiere materializar un sistema de globalización parcial (más necesario en primaria por el trabajo de un mayor número de profesores de distintas áreas). Este modelo de planificación desgrana más contenidos específicos a medida que se asciende por las etapas, ciclos y cursos. Prepara, así, y configura una apertura a la interdisciplinariedad en la educación secundaria.
- Transmitir a los alumnos el valor que tienen los contenidos de aprendizaje para adquirir otros de la misma área o de otras áreas. Transmitirles, también, el valor y funcionalidad de los contenidos para resolver problemas en su vida. Esto implica no sólo seleccionar contenidos significativos, sino hacer transparente el modelo e intenciones de la selección; hacer a los alumnos conscientes del por qué y para qué de los contenidos de trabajo, y pedirles a ellos que busquen nuevas vías de aplicación (lo que redundará en su competencia para aprender a aprender y en su grado de iniciativa y autonomía personal.

- Seleccionar técnicas apropiadas y diseñar actividades en las que se constate, de verdad y en la aplicación, nuevamente la funcionalidad del contenido y, además, la funcionalidad de la técnica con la que se desarrolla (este aspecto se apreciará mejor en el capítulo siguiente). Poco a poco facilitaremos el empleo autónomo de técnicas; será exponente del desarrollo de estrategias para aprender a aprender.

Todo ello se hace considerando que la planificación del proceso de enseñanza-aprendizaje ha de tener en cuenta que la práctica educativa debe dirigirse no sólo a transmitir modelos de conocimiento, sino también, y sobre todo, a intentar que los alumnos sean, gradualmente, capaces de desarrollar nuevos modelos de pensamiento. El progreso social y tecnológico que experimenta el medio en que vivimos hace necesario que entendamos que aprender no puede consistir sólo en asimilar conocimientos; aprender significa ser capaz de construir conocimientos.

El estudio de los contenidos como objeto de aprendizaje que hay que construir (su conceptualización desde una perspectiva dinámica) exige que su planteamiento contemple las posibilidades de los que han de aprender y, por tanto, los procesos que han de construir. Esto significa ya un planteamiento didáctico en diálogo con la psicología de la instrucción, recordando que esta disciplina se apoya en la psicología evolutiva y en la psicología de la educación.

De la integración de estas ciencias obtenemos información indispensable sobre los alumnos, sus capacidades y sus posibilidades y, además, sobre sus respuestas en los contextos educativos ante las formas de actuación de los agentes mediadores en relación con los restantes recursos didácticos.

En el capítulo 2 ya abordamos elementos de trabajo de fundamentación sobre el alumno y el profesor relacionadas con la necesidad de partir de sus capacidades y competencias (conocimientos más vinculados a la psicología evolutiva y de la educación). De gran interés desde la psicología de la instrucción y la didáctica resultan las aportaciones de Estévez (2002, pp. 60-63). Sobre los componentes de la cognición, esta autora expone que la mayoría de los investigadores reconoce, aunque con distinta denominación, la existencia de:

- Un componente activo de la mente conocido como los «procesos» y las «operaciones». Pueden ser entendidos como operadores intelectuales que actúan sobre los conocimientos para transformarlos y generar nuevas estructuras de conocimiento. Los procesos dan lugar al

conocimiento procedimental; es decir, los procesos se descomponen en procedimientos que generan estructuras mentales de tipo procedimental. Este tipo de conocimiento se almacena en lo que West, Farmer y Wolff denominan *esquemas de procesos*. Algunos procesos considerados básicos o elementales son: la observación, la relación, la comparación, la clasificación, el análisis, la síntesis, etc. Otros procesos, de mayor complejidad, son los implicados en la solución de problemas, la toma de decisiones, la creatividad, etc.

- Un componente estático conocido como las «estructuras» y los «esquemas». Están conformados por los conocimientos y la información adquirida. Las estructuras, en cambio, son entidades cognitivas de tipo declarativo o semántico en torno a las cuales actúan los procesos; son la materia prima indispensable para que ocurran las operaciones de pensamiento: hechos, conceptos, principios, reglas, teorías, que conforman una disciplina o un campo de estudio. También son la información acerca de hechos o situaciones de la vida cotidiana. Se dice que este tipo de estructuras se almacena en los «esquemas de datos».
- Otro componente dinámico que permite vincular los dos anteriores, conocido con el nombre de «estrategias». Algunos autores ubican las estrategias como parte de los procesos. Así, West, Farmer y Wolff establecen que las estrategias son ejemplos de procesos, cierto tipo de procedimientos para procesar y organizar la información, por lo que pueden ser ubicadas en el conocimiento de tipo condicional. Del mismo modo, existe el enfoque de procesos en la metodología para estimular el aprendizaje y tiene como propósito central el desarrollo de habilidades intelectuales en los estudiantes.

Tipología de contenidos

La distinción entre conocimiento declarativo y procedimental, la necesidad de ordenar procedimientos atendiendo a procesos (véase el cuadro 15) y la exigencia de ir vinculando las adquisiciones a fórmulas de aprendizaje más autónomo (estrategias) supone una alternativa de relación didáctica con los contenidos de gran trascendencia para la organización del proceso de enseñanza-aprendizaje. Además, si queremos verdaderamente otorgar a los contenidos de enseñanza-aprendizaje una proyección dinámica, deberemos seleccionar y planificar un componente vinculado a los factores que movilicen nuestro comportamiento en la dirección trazada: las actitudes.

Cuadro 15. Taxonomía de procesos mentales y formas de razonamiento según el nivel de complejidad (Estévez, 2002, p. 85)

Procesos básicos	. Observación. . Comparación. . Relación. . Clasificación simple. . Ordenamiento. . Clasificación jerárquica. . Análisis. . Síntesis. . Evaluación.
Formas de razonamiento	. Inductivo. . Deductivo. . Analógico. . Hipotético.
Procesos superiores	. Resolución de problemas. . Pensamiento crítico. . Toma de decisiones. . Creatividad. . Inventiva. . Metacomponentes.

Así pues, aunque tradicionalmente el vocablo «contenido» fue utilizado con una significación restrictiva, equivalente a datos, conceptos y principios, la conjunción de diversas fuentes curriculares (necesidades de los alumnos, cambios en el saber, complejidad de los propósitos de las áreas, nuevas demandas socioeducativas, evolución de la psicología del aprendizaje, de la instrucción y didáctica) ha impulsado el desarrollo y análisis de esta vertiente de los programas. Debido a ello, pueden y deben organizarse con arreglo a distintas vertientes o dimensiones, siendo la más difundida la que identifica tres: conceptual, procedimental y actitudinal.

Esta diferenciación aparece en los currículos oficiales, a veces de forma explícita y, en ocasiones, de forma implícita. En los últimos años se ha extendido más la alternativa implícita. Ello se ha traducido en un cierto desconcierto respecto a su valor; a veces se ha interpretado que la tipología y

la diferenciación que encierra estaba superada por nuevos elementos curriculares: las competencias.

Desde nuestra perspectiva, no es así. Las competencias se integran, como elemento del sistema de planificación, de manera dinámica en los otros elementos. Por tanto, cabe destacar y aplicar, por cualquier agente responsable de la planificación curricular (Administración, equipo de profesores, departamentos, profesor), la relación entre algunos contenidos y el desarrollo de las distintas competencias.

Así pues, el contenido, desde una perspectiva didáctica rigurosa, posee dimensiones que hay que contemplar en la planificación para asegurar su construcción. Las formas de identificación de las dimensiones pueden plasmarse, de esta manera:

- La fórmula explícita, que muestra apartados específicos para conceptos, para procedimientos y para actitudes facilita una percepción más clara de los contenidos seleccionados y favorece la evaluación (interna y externa).
- La forma implícita, que muestra un listado en el que se entremezclan conceptos, actitudes y procedimientos, puede suponer un deseo de mostrarlos en términos de «diálogo» y de integración, pero requiere un análisis más esforzado para determinar si las dimensiones están equilibradas o si se ha concedido mayor protagonismo a alguna de ellas.

La normativa no determina la forma en que hay que recogerlos. Consecuentemente, en las tareas de diseño de las programaciones de aula, los profesores tienen libertad para seleccionar, de manera autónoma, la fórmula que consideren más apropiada y acorde con su estilo y necesidades de trabajo.

El reconocimiento de la triple dimensión del contenido es un elemento de gran valor para programar. Fundamentado, como hemos visto, y muy arraigado en nuestra práctica desde la década de los noventa, con el aforismo tan difundido desde la publicación de las publicaciones del Diseño Curricular Base (MEC, 1989-1991): todo lo que se puede aprender, se puede enseñar, y si se puede enseñar, es contenido. En consecuencia, si planificar contribuye a mejorar el proceso de enseñanza y aprendizaje, la inserción de la triple dimensión del contenido en los programas de las diferentes áreas y en las programaciones globalizadas contribuirá a aumentar las posibilidades de su desarrollo sistemático, su tratamiento equilibrado y su revisión. De esta manera, los contenidos, considerados en toda su riqueza y proyección,

se convierten en un elemento de calidad de las propuestas curriculares de cualquier nivel.

Pasamos ahora a estudiar el concepto y las características de cada una de las dimensiones del contenido.

Contenido de concepto

Desde una perspectiva didáctica, lo entendemos como:

> Una de las dimensiones del contenido, un tipo de contenido (junto a procedimientos y actitudes). Se refiere a la idea o representación mental que supone un conjunto de rasgos que definen a un objeto de conocimiento y que permiten nombrarlo, relacionarlo o distinguirlo de otros según sus atributos.

Desde nuestra posición, favorecer la construcción de conceptos exige una fundamentación en concepciones del aprendizaje que van más allá del establecimiento de asociaciones elementales. La selección o determinación de las propiedades esenciales de un objeto de conocimiento supone, desde enfoques de orientación constructivista, interpretación, sentido, actividad mental. El concepto es una unidad cognitiva, una unidad de pensamiento que no deriva directamente de la percepción sensible, sino que requiere elaboración de la información (más o menos costosa cuanto mayor sea el grado de complejidad del objeto de conocimiento y los medios –personales, materiales o metodológicos– con los que se hace accesible).

Así pues, el concepto requiere la elaboración o representación de ideas generales o abstractas que se obtienen a partir de la consideración de determinados aspectos de los objetos, hechos, símbolos, fenómenos, etc., que poseen ciertas características comunes. Permiten, por tanto, organizar la realidad y poder predecirla (Coll y otros, 1992).

En esta dimensión, y siempre desde esta orientación constructivista, podemos distinguir otros elementos del conocimiento: hechos o datos y principios. Poseen un valor complementario muy importante y están estrechamente vinculados a los conceptos. Tanto es así que en la construcción del conocimiento pueden cambiar de papel. Por ejemplo, *silla* es un concepto que, para forjar el concepto *mueble*, más complejo, pasa a ser un componente, un elemento, un dato; este mismo concepto, *mueble*, será un dato para forjar otro concepto más elaborado, *confort*. A partir de éste se pueden ya establecer principios o reglas en ese campo de conocimiento.

Los datos y los hechos se diferencian de los conceptos por no tener el mismo valor estructurante en el conocimiento, y por el hecho de que su adecuada recuperación exige fidelidad máxima respecto del original. Hemos afirmado que los conceptos expresan ideas generales sobre tipos de objetos físicos o intelectuales. Conviene también referirse a que su construcción requiere un cierto número de datos. Así pues, también los datos necesitan un tratamiento educativo adecuado. Ello resalta el papel del profesor, que deberá orientar al alumno hacia aquellos que sean más significativos para la construcción de determinados conceptos.

Los conceptos han de componer sistemas organizados. Su significado se obtiene de la relación establecida con otros conceptos. En este sentido, Pozo (1992, p. 23) explica que:

> *Para aprender un concepto es necesario establecer relaciones significativas con otros conceptos. Cuanto más entretejida esté la red de conceptos que posee una persona en un área determinada, mayor será su capacidad para establecer relaciones significativas y, por tanto, para comprender los hechos propios de esa área.*

Los principios serían los conceptos esenciales, fundamentales: los pilares conceptuales, de gran poder de evocación en los distintos ámbitos del saber; por ejemplo, aprendizaje significativo es un principio tan estructurante que de él podemos extraer otros principios (partir del nivel de desarrollo, funcionalidad, etc.). En definitiva, en la construcción del conocimiento hallaremos diversos tipos de conceptos: unos son más concretos y específicos y otros son más integradores, los principios. De nuevo hay que resaltar el importante papel de un profesor en la compleja tarea de organizar los campos conceptuales de manera adecuada, secuenciada y coherente.

Contenido de actitud

En la planificación didáctica, entendemos por *actitud*:

> Un tipo de contenido. Se relaciona con una forma singular de disposición o intención relativamente estable en las acciones físicas e intelectuales. Posee un destacado componente emocional y se orienta hacia objetivos o metas de diferente carácter: de conocimiento y de relación interpersonal que deben ser objeto directo de enseñanza-aprendizaje.

El desarrollo de actitudes realizará una aportación de enorme trascendencia en la adquisición y el tratamiento de los otros tipos de contenido. Éstos van a recibir un gran impulso cuando se van perfilando actitudes como el interés, la predisposición al trabajo, el rigor, o el esfuerzo, factores que contribuyen de forma clara a favorecer el aprendizaje.

Al igual que ocurriera con los procedimientos, el tratamiento educativo de las actitudes lleva consigo, no una ampliación cuantitativa del trabajo del profesor, sino un cambio cualitativo. Este cambio puede convertir nuestro trabajo en una actividad que, lejos de reducirse a «repetir» los contenidos conceptuales presentados en los materiales didácticos, permita conducir nuestra labor por vías más creativas: penetrar en significados, organizar los contenidos de nuevas formas, redefinir, buscar nuevas soluciones.

El fomento de actitudes adecuadas exige también plantearnos con detenimiento nuestra forma de actuar, nuestra forma de revelarnos ante el alumnado. A veces no somos lo suficientemente conscientes de la trascendencia que tiene nuestro comportamiento. Los alumnos aprenden actitudes a partir de la observación. Estamos modelando conductas cuando nos mostramos abiertos al trabajo en equipo, cuando observan en nuestros materiales de lectura y trabajo propuestas diversificadas, cuando somos respetuosos y exigimos respeto, cuando aprecian que reelaboramos y redefinimos las formas de tratar los contenidos en un proceso constante de búsqueda de mejores soluciones. Los valores y las normas que transmitimos verbalmente deben ser manifestación de nuestra forma de pensar y de nuestras convicciones, y deben quedar integrados en nuestra forma de actuar.

Hemos destacado, junto a las actitudes, otras connotaciones asociadas: las de valor y norma. Los valores son la base esencial de las creencias y las conductas, los ejes para articular compromisos. Por ello, por ser el fundamento, aunque costosos en su construcción, son más estables que las actitudes; éstas pueden manifestar, en ocasiones, alteraciones en las formas concretas de expresión en función de componentes emocionales. La vertiente más concreta de este dominio del desarrollo son las normas. Las normas constituyen la guía de la actuación que supone y traduce un vínculo para los miembros de un determinado grupo.

Así pues, la dimensión actitudinal, en todas sus vertientes (la propia disposición, los valores y las normas), integra tres componentes básicos:

1. Cognitivo, que se refiere a los aspectos relacionados con la percepción, la atención, el establecimiento de relaciones significativas con relación al objeto de conocimiento, etc.

2. Afectivo, o de reacciones de valoración hacia el objeto de referencia.
3. Conductual, que implica la tendencia a resolver actuando de una determinada manera.

El trabajo educativo dirigido a orientar las actitudes (intenciones, posiciones o talante) con que se enfrentan los alumnos a las otras dimensiones del contenido se considera esencial; también el de más complejo desarrollo. Debido a ello, su integración en las propuestas didácticas requiere una modalidad de planificación transversal (acciones dispuestas a su desarrollo en distintas áreas/materias, distintos cursos, distintas etapas).

Las competencias básicas pueden ser de gran ayuda desde esta perspectiva. En los contenidos para el desarrollo de cualquier competencia vamos a apreciar componentes actitudinales, pero debemos destacar aquellas competencias que poseen un carácter más interpersonal, como la competencia social y ciudadana y la competencia cultural y artística, y las competencias de carácter holístico, como aprender a aprender e iniciativa y autonomía personal. Todas ellas poseen una proyección de altísimo valor en este terreno.

Contenido de procedimiento

Como hemos señalado anteriormente, apoyándonos en Estévez (2002), reconocemos un componente activo de la mente conocido como los «procesos» y las «operaciones». Vienen a ser operadores intelectuales que actúan sobre los conocimientos para transformarlos y generar nuevas estructuras. Los procesos, al concretarse, al descomponerse, constituyen el conocimiento procedimental, generan estructuras mentales de este tipo.

Así pues, los procedimientos se refieren al contenido contemplado desde su vertiente más dinámica. La relacionada con el saber hacer. En estos momentos en los que las competencias, como elemento del currículo, tienen que integrarse de forma sistémica con otros elementos curriculares, son la dimensión del currículo y de los desarrollos que nos ocupan (programación y unidades didácticas) la esfera en la que mejor se proyectan.

La asimilación y utilización personal de los procedimientos se hace necesaria porque constituyen:

Conjuntos de acciones, de formas de actuar y de llegar a resolver tareas. Se trata de conocimientos referidos al saber hacer (con las cosas o sobre las cosas, las personas, la información, las ideas, los números, la naturaleza, los

símbolos, los objetos, etc.). Hacen referencia a las actuaciones para solucionar problemas, para llegar a objetivos o metas, para satisfacer propósitos y para conseguir nuevos aprendizajes. (Coll y otros, 1992, p. 101)

Las buenas prácticas del profesor suponen búsqueda, selección, análisis, relación, integración, transferencia, transformación, creación de nuevas prácticas. Los alumnos, desde muy pequeños, aprenden algunas de ellas (en sus formas más elementales) de la observación de nuestros comportamientos, del modelado. Pero su construcción es compleja: requiere, además, formas de enseñanza sistematizadas, que presenten contenidos tratados con procedimientos como los que hemos señalado. Por esto, incluirlos en la programación y en sus unidades didácticas (sea de forma explícita o implícita) va a cooperar de una manera esencial en su desarrollo.

La relación entre contenidos de procedimiento y competencias básicas más evidente podemos sintetizarla de la siguiente forma:

- La competencia para aprender a aprender, como competencia holística o integradora, es la que representa de forma más clara el vínculo.
- Asimismo, la competencia en autonomía e iniciativa personal permite profundizar en resolución de problemas, pensamiento crítico, toma de decisiones, creatividad.
- Todas las competencias que tienen un señalado valor instrumental muestran con intensidad esa orientación:
  - Lingüística (la descripción, el resumen, la narración la exposición).
  - Matemática (la resolución de problemas, la elaboración de gráficos).
  - Tratamiento de la información y digital (búsqueda, selección, procesamiento, comunicación de la información en distintos soportes).
- Cualquier competencia relacionada con los contenidos de su propia naturaleza. Por ejemplo, conocimiento e interacción con el mundo físico-natural, social y ciudadana o cultural y artística, en la formulación de hipótesis sobre alternativas en cada uno de sus campos; en la resolución de conflictos relacionados con el medio ambiente, con las personas o con las culturas; en la identificación de los factores causales de un problema sociocultural o medioambiental.

Sugerencias para recoger los contenidos en la programación y en las unidades didácticas

Los contenidos de la programación de aula desde la perspectiva sintética, anual, deben mostrar una panorámica de todas las unidades didácticas

que deseamos implementar a lo largo del curso. Estas unidades didácticas pueden adoptar diferentes alternativas:

- Un enfoque globalizador (o globalizador parcial), el que mostrará el profesor que imparte el mayor número de áreas.
- Un enfoque específico de área, el que mostrará la programación de los profesores que imparten clase a los grupos de alumnos en ámbitos como educación física, lengua extranjera o música (aunque no es área propiamente dicha, sino una dimensión de artística). En este caso concreto, es necesario adoptar una posición de estímulo al desarrollo de competencias básicas para que el alumnado integre los conocimientos específicos en tareas de aplicación y resolución de problemas que refuercen su captación significativa.

Proponemos, para un curso, una organización del contenido entre 12 y 16 unidades didácticas. El número concreto es potestad del criterio fundamentado del profesor (puede ser mayor o menor, incluso), pero las unidades siempre han de ser contempladas como conjuntos (objetivos, contenidos, recursos) sistematizados que recogen una serie de elementos curriculares interrelacionados e interdependientes.

De esta manera, la programación incluiría, en el apartado de los contenidos, el título de cada unidad didáctica y el bosquejo de los contenidos de mayor nivel de significación que el profesor desee destacar. Esa selección puede hacerse, bien por el interés de tales contenidos para la unidad, bien desde la perspectiva del conjunto de las unidades didácticas.

Con referencia a la forma en que se presentan, recordaremos que cabe la identificación de las dimensiones conceptual, actitudinal y procedimental tanto de forma explícita como implícita, siendo estas dos alternativas también decisión del profesor o del grupo de profesores. En cualquiera de ellas se recogerían los distintos tipos con arreglo a los siguientes criterios formales:

- La dimensión conceptual es la que se vincula a la esencia del campo de conocimiento que estemos abordando; presenta el contenido como tal, es decir, «desnudo».
- Los procedimientos muestran el contenido arropado por un sustantivo abstracto que muestra los procesos y las operaciones mentales con las que se construye el conocimiento abordado. En la selección y formulación de contenidos de procedimiento podemos considerar una tipología amplia (expuesta ya en el cuadro 15 [Estévez, 2002]) que contemple:

    - Procesos básicos (observación, comparación, relación, ordenamiento...).
    - Procesos superiores (resolución de problemas, pensamiento crítico, creatividad).
    - Formas de razonamiento (inductivo, deductivo, analógico, hipotético).
- Las actitudes también presentan el contenido acompañado por un sustantivo abstracto: el deseo de, la colaboración en, etc. En la identificación y formulación de contenidos de actitud podemos considerar una gama que conjugue:
    - Contenidos de especial interés en un sector del conocimiento vinculado al estudio de cualquier campo de saber en el que la opinión debe ser contrastada y el análisis y la valoración crítica de la información deben ser norma de comportamiento.
    - Contenidos que persiguen el respeto, afecto y cuidado tanto del medio natural como del medio artístico, cultural, institucional e histórico.
    - Contenidos orientados a lograr que se convierta en norma de comportamiento el respeto a las ideas, creencias y opiniones de otras personas y grupos, así como el desarrollo de conductas responsables y solidarias con respecto a las personas, grupos y pueblos que padecen distintas formas de necesidad, discriminación u opresión.

Cuadro 16. Referentes de apoyo para seleccionar y organizar contenidos de procedimiento

PROCEDIMIENTOS
▪ Búsqueda. ▪ Selección. ▪ Descripción. ▪ Definición. ▪ Análisis (subrayado, estructural, de realce). ▪ Síntesis (índice, resumen, esquema, mapa conceptual o de contenido, cuadros). ▪ Determinación de semejanzas y diferencias. ▪ Exposición.

- Interpretación.
- Evaluación del significado.
- Planificación.
- Planificación y realización de viajes / visitas a (lugares / recursos ambientales / bibliotecas / hemerotecas / archivos / museos / mediatecas).
- Elaboración de informes.
- Comentario formal, significativo y contrastado de discursos, párrafos y oraciones.
- Imitación, con recursos expresivos adecuados y variados (de la voz -entonación, altura, ritmo-) y gestos y movimientos faciales / corporales).
- Escenificación de situaciones.
- Interpretación de tablas numéricas y alfanuméricas.
- Cálculo e interpretación de indicadores económicos.
- Identificación / reconocimiento de factores causales.
- Establecimiento de los problemas básicos en...
- Determinación de los efectos de distintos tipos de planes y acciones concretas.
- Elaboración de hipótesis.
- Diferenciación entre.
- Contraste de.
- Diseño de entrevistas.
- Simulación de entrevistas.
- Exploración de sensaciones plásticas / auditivas / propioceptivas / gustativas / olfativas.
- Discriminación / contraste de sensaciones plásticas / auditivas / propioceptivas / gustativas / olfativas.
- Representación plástico-visual (bidimensional, tridimensional).
- Diseño de soluciones técnicas / artísticas.
- Resolución de problemas técnicos.
- Lanzamientos.
- Recepciones.
- Mantenimiento del equilibrio en.
- Desarrollo de prácticas integradoras.
- Análisis de objetivos y recursos (personales, institucionales).

SITUACIONES Y FORMATOS EN QUE SE CONTEXTUALIZAN

- Contenidos de las áreas.
- Diferentes soportes (materiales impresos, audiovisuales, informáticos).
- Diferentes formas de expresión-comunicación (verbal-oral, escrita, plástico-visual, corporal-gestual, numérica).
- Con / sin otros apoyos (gráficos, gestuales...).

Cuadro 17. Referentes de apoyo para seleccionar y organizar contenidos de actitud

ACTITUDES	
Relacionadas consigo mismo y la disposición general ante el trabajo	▪ Responsabilidad. ▪ Perseverancia en la búsqueda de soluciones. ▪ Iniciativa ante. ▪ Esfuerzo ante. ▪ Constancia. ▪ Rigor. ▪ Iniciativa. ▪ Responsabilidad. ▪ Conciencia de.
Relacionadas con el trabajo y la implicación con los otros	▪ Respeto hacia. ▪ Interés por. ▪ Participación activa en. ▪ Preocupación por. ▪ Cooperación en. ▪ Rechazo ante (formas de pensar / actuar / expresarse dogmáticas... etnocéntricas... intolerantes...).
Relacionadas con la apertura hacia el conocimiento que las áreas y las competencias abordan	▪ Curiosidad ante. ▪ Aprecio por. ▪ Actitud crítica ante. ▪ Disposición abierta al contraste de interpretaciones. ▪ Sensibilidad y respeto por las diversas formas de conocimiento (técnico, científico, humanístico, social, cultural, lingüístico). ▪ Sensibilidad estética ante la forma de coordinar sistemas de comunicación verbal / plástico / gestual / musical (orden, variedad, claridad, equilibrio, ritmo, etc.). ▪ Predisposición a informarse. ▪ Valoración de.

Propuestas

A continuación, los cuadros 16 y 17 recogen unas propuestas de base para formular contenidos de procedimiento y actitud.

Vamos a mostrar ahora una propuesta ilustrativa (cinco de las 12 a 16 unidades que será común disponer) de la forma en que podrían quedar plasmados los contenidos en la programación de aula para el curso (perspectiva sintética). Para cada unidad didáctica se destacarían los contenidos que, por su especial significado cara a ese curso en particular, van a gozar de un papel más generador de actividades y tareas. A continuación, mostraremos también una propuesta de la perspectiva analítica.

Respecto a la relación de los contenidos con las competencias básicas, ya hemos comentado que todas las competencias, en un enfoque globalizador y competencial, estarán en todas las unidades didácticas, pero podemos destacar aquellas que nos interese priorizar. De esta manera, y de una forma rápida, podemos representar para nosotros mismos y para transmitir a otros (lo que facilita la transparencia y la evaluación interna y externa) la proyección y el equilibrio que las competencias deben recibir en el desarrollo del curso.

Perspectiva sintética

Otra vez juntos

Competencias que se priorizan: social y ciudadana y aprender a aprender.

- El reencuentro.
- El nuevo profesor/tutor. Los miembros del equipo de profesores.
- Los nuevos compañeros.
- La vuelta de vacaciones.
- La jornada escolar.
- Ampliación del vocabulario relacionado con el colegio.
- Descripción del colegio, de las dependencias, de los profesores y de lo/as compañeros/as.
- Expresión de experiencias vividas en el patio, la clase, esperando a la entrada del colegio, las vacaciones, los amigos...
- Elaboración de normas y reparto de responsabilidades.
- Elaboración de un horario de trabajo personal.
- Valoración y respeto de todos los miembros de la comunidad educativa, reflexionando sobre la necesidad de los diferentes trabajos dentro del colegio.
- Interés por las vivencias de sus compañeros, curiosidad por conocer como son otros lugares.
- Aceptación y cumplimiento de las normas, valorando el papel de cada uno/a y su tarea dentro del aula.

Los cuentos

Competencias que se priorizan: lingüística, tratamiento de la información y digital, cultural y artística, iniciativa y autonomía personal.

- La lectura y sus modalidades. Tipos de libro.
- Los lugares y ambientes de lectura. Las bibliotecas. Funcionalidad y normas.
- Los cuentos. Personas y personajes, las tramas.
- Tipos de letra. Valoraciones estéticas.
- Diálogos acerca de las cualidades de distintos tipos de libro.
- Descripción de las características de personajes en distintos cuentos.
- Análisis comparativo entre distintos tipos de lectura, de medios y diferentes situaciones vitales.
- Diálogos acerca de las razones de la lectura.
- Desarrollo de coloquios a partir de diferentes tramas.
- Sensibilidad y reconocimiento de historias y personajes que muestren valores interpersonales.
- Protagonistas de obras literarias con problemas de autoestima: análisis, valoración y vías de superación.
- Interés por las historias y personajes de otros países: cuentos, poesías, refranes.
- Rechazo a actitudes y comportamientos sexistas en algunos cuentos.

La vida en otoño

Competencias que se priorizan: conocimiento e interacción con el mundo físico-natural, matemática.

- El calendario: el otoño.
- Cambios en el paisaje.
- Las temperaturas: realización de estimaciones y comparaciones.
- Árboles y frutos en el otoño.
- El vestido y las comidas. Su relación con los cambios estacionales y su adecuación.
- Resolución de algunas situaciones problemáticas sencillas asociadas a vivencias propios del otoño.
- Clasificación de prendas de vestir por el origen de sus materias primas.
- Identificación y reproducción de las gamas cromáticas más características de la estación.
- Análisis de obras artísticas empleando contenidos relacionados con el conocimiento de la estación.
- Sensibilización y admiración por los cambios de la naturaleza.

- Valoración del vestido como protección del ser humano a los diferentes cambios de temperatura.
- Respeto por la naturaleza en las salidas al campo.

Los medios de comunicación

Competencias que se priorizan: lingüística, tratamiento de la información y competencia digital, aprender a aprender, iniciativa y autonomía personal.

- La prensa y sus tipos de prensa.
- El teléfono. El fax. El teléfono móvil. Los mensajes SMS.
- Cine y televisión. El reproductor y los materiales en DVD.
- La radio y la televisión. El teletexto.
- El ordenador. Internet.
- Análisis comparativo entre algunos de los recursos empleados por medios impresos, audiovisuales e informativos.
- Configuración de mensajes apropiados para transmitir para diferentes medios.
- Identificación de algunas ventajas e inconvenientes de los diferentes medios de comunicación.
- Reconocimiento de algunos de los productos más atractivos pertenecientes a distintos medios.
- Adquisición de hábitos relacionados con el uso de los medios audiovisuales.
- Valoración crítica ante algunos contenidos de carácter discriminatorio transmitidos por algunos medios.
- Disposición activa al empleo de los medios de comunicación interpersonal.

Los viajes

Competencias que se priorizan: social y ciudadana, cultural y artística, aprender a aprender, iniciativa y autonomía personal.

- Los lugares a los que viajamos. Los lugares a los que nos gustaría viajar.
- Los viajes y el tiempo. Medios de transporte. Distancias y tiempo empleado. Los viajes en el pasado, y en el presente.
- Otras formas de viajar. Las razones de los viajes.
- Profesiones relacionadas con los viajes.
- Empleo de las TIC para obtener información significativa relacionada con los viajes.
- Elementos que debemos contemplar en la planificación de un viaje.

- Análisis comparativo entre modalidades de viaje.
- Establecimiento de relaciones entre alternativas de viaje y medios que exige su desarrollo.
- Respeto por la naturaleza, los medios de transporte colectivos y los bienes culturales en los viajes.
- Valoración de las diferentes personas y culturas con las que podemos entrar en contacto.
- Resolución de algunas situaciones problemáticas relacionadas con los viajes.

Perspectiva analítica

Los viajes

Competencias que se priorizan: social y ciudadana, cultural y artística, aprender a aprender, iniciativa y autonomía personal.

- El viaje y sus tipos. Descanso, salud, trabajo, relación familiar y amistad. Relaciones entre alternativas.
- Viajes y entornos. El campo, la playa, la ciudad, la montaña. Las distancias y los viajes: pueblos, ciudades, comunidades, países, continentes. Los lugares a los que viajamos. Los lugares a los que nos gustaría viajar.
- Los viajes y el tiempo. Medios de transporte. Cálculos de distancias y tiempo empleado. Los viajes en el pasado, y en el presente.
- Los viajes a lo largo de la vida. Semejanzas y diferencias entre intereses y necesidades en distintas épocas de la vida.
- Otras formas de viajar. Las razones de los viajes.
- Profesiones relacionadas con los viajes.
- Los viajes en el cine y en la literatura. Los documentales.
- Climatología y viajes. Repercusiones y planificación.
- Elaboración de listados de recursos necesarios para planificar viajes (folletos, revistas, mapas, guías, enciclopedias impresas y multimedia, Internet).
- Establecimiento de relaciones entre algunos personajes célebres y sus viajes.
- Empleo de las TIC para obtener información significativa relacionada con los viajes.
- Estudio de los elementos que debemos contemplar en la planificación de un viaje.
- Resolución de algunas situaciones problemáticas relacionadas con los viajes. Análisis comparativo entre modalidades de viaje.

- Narración de situaciones relacionadas con la experiencia de un viaje.
- Establecimiento de relaciones entre alternativas de viaje y medios que exige su desarrollo.
- Elaboración de presupuestos apropiados para distintos tipos de viaje. Valoración de las ofertas. Identificación de los factores a considerar en una oferta. Relaciones en función de las plazas, el momento del año, el lugar de destino.
- Valoración de las diferentes personas y culturas con las que podemos entrar en contacto.
- Respeto por la naturaleza, los medios de transporte colectivos y los bienes culturales en los viajes.
- Identificación de tipos de emociones experimentadas en un viaje e identificación de las situaciones en las que se expresaron.
- Interés y respeto por las manifestaciones culturales y artísticas con las que entramos en contacto en los viajes.
- Esfuerzo y constancia en el desarrollo de las actividades propuestas.

Apreciamos, de esta manera, que los contenidos que se identifican en la programación de aula para el curso muestran una visión de síntesis y que la unidad didáctica hace posible una mirada más analítica, concreta y detallada. Así cumplen con el propósito de complementariedad de las dos perspectivas: mirada a todo el curso buscando un equilibrio entre tipos de contenido, objetivos que persiguen, competencias a cuyo desarrollo contribuyen y propuesta que acompaña y dirige, de manera más detallada, la actividad del aula.

Los objetivos de la programación y de sus unidades

Cuestiones de base: diseño y presentación

En los elementos del diseño de la programación que hemos expuesto van quedando reflejados los fundamentos teóricos que nos han servido de base. Nuestra preocupación por intentar presentar los conocimientos integrados a los alumnos proviene, también, del desencanto con el que hemos vivido algunas experiencias personales de aprendizaje como profesores. En éstas, el saber se presentaba atomizado y nos costaba encontrar sentido a

aquellos elementos que se suponía formaban el entramado que sustentaría nuestras prácticas.

De esta manera, en ocasiones, era frecuente encontrar conocimientos dispersos de didáctica, psicología evolutiva y psicología de la educación, entre otras disciplinas. Al tiempo, esa ausencia de integración (interdisciplinariedad), también encontraba su propio reflejo en cada una de ellas (intradisciplinariedad). No siempre pudimos relacionar tendencias, estrategias y acciones; no siempre llegamos a la evaluación de aportaciones técnicas o de principio de autores y corrientes para poder llegar a síntesis de algún valor.

Afortunadamente, podemos decir que los elementos que sustentan el diseño de la programación, en la actualidad, ya van traduciendo una labor de síntesis entre diversas tendencias respecto a la forma de entender el concepto de *aprendizaje*, sus mecanismos y el papel que diferentes agentes y recursos pueden desempeñar en el proceso. Destacamos que desde el capítulo 1 nos referimos al aprendizaje como un continuo de procesos y que, precisamente en el apartado anterior en el que nos hemos ocupado de los contenidos, hemos dejado patente que las asociaciones elementales sólo pueden explicar algunas formas de asimilación de información simple; entendemos que los supuestos mecanicistas han de dar paso a orientaciones preocupadas por estudiar hacia dónde queremos ir (objetivos) y qué medios (contenidos, recursos de distinto tipo, actividades y tareas) ordenamos para lograrlo.

Desde esta perspectiva, entendemos que los objetivos constituyen el núcleo de las intenciones de cualquier diseño curricular. Nuestra estrategia de planificación los ha dispuesto después de los contenidos porque consideramos que la labor de síntesis que requieren se efectúa de manera más fundamentada si parte del análisis y selección llevados a cabo a través de los contenidos. Debido a ello, podemos distinguir entre estrategia de elaboración y estrategia de presentación. Explicamos nuestra posición al respecto.

Estrategia de elaboración

Los objetivos son el elemento de síntesis. Son el marco de referencia de la programación de aula y de sus unidades didácticas. Su formulación exige perspectiva, selección y priorización respecto a todo aquello que podría ser un objeto más directo de enseñanza-aprendizaje: los contenidos. Así actuamos de forma más fundamentada (identificamos lo esencial), partiendo de una visión de las posibilidades o alternativas que tenemos que abordar para que los alumnos se impliquen gradualmente en las acciones precisas para aprender a aprender.

Por tanto, aunque cada profesor o equipo de profesores puede seguir el orden de acciones y procesos que considere oportuno (en función de su formación, experiencia, práctica y procedimientos de trabajo), nosotros recomendamos partir de la búsqueda y exploración y selección de contenidos potencialmente significativos.

Estrategia de presentación

Las programaciones muestran previsiones de trabajo para ordenar las actuaciones. Son instrumento de comunicación con uno mismo (para tener presente qué debemos hacer y poder evaluar esa programación de forma continua), con otros miembros del equipo docente y con agentes externos. De esta forma, la presentación deductiva, partiendo de los objetivos (por ser más sintéticos que los otros elementos curriculares), se ajusta mejor a formas de análisis lógico (síntesis, análisis y síntesis).

Conceptos. Sentido. Relación con las competencias básicas

Un enorme volumen de estudios en didáctica se ha orientado hacia los objetivos, su relación con los contenidos y su papel en el currículo. Superando alternativas polares, hoy desfasadas, que establecían puntos de desencuentro y competitividad entre objetivos y contenidos, los entendemos como elementos interrelacionados e interdependientes de un sistema. Pero en este sistema, como venimos expresando, los objetivos son los puntos de referencia esencial y los contenidos los medios que se han determinado como indispensables para conseguirlos. Los objetivos mostrarán un objeto no directo (por su carácter de síntesis) y los contenidos (por su carácter de análisis y concreción) el objeto directo de enseñanza-aprendizaje (desde la perspectiva de las actividades y tareas). Objetivos y contenidos configuran dos grados (en lo relativo a generalización-concreción) en la sistematización de los currículos de cualquier nivel.

Pero el valor que se ha concedido a los objetivos tiene repercusión en la forma en que se expresan en los currículos. En momentos en los que la preocupación por los contenidos ha sido predominante y los ha desplazado, su integración en propuestas didácticas ha sido muy general, pero entendiendo esta acepción de *general* en su connotación más peyorativa (vaga, difusa). En momentos en los que han sido objeto central de preocupación, dejando aparte el interés por los contenidos (una posición absolutamente cuestionable), el exceso de interés se ha traducido, en sentido inverso a la posición anterior, en unos enunciados tan definidos y cerrados que venían

a «atar» en exceso el necesario margen que los profesores deben tener respecto a la expresión de prioridades; nos referimos a la «célebre» época tecnológica de finales de los setenta y los ochenta del siglo pasado centrada en los objetivos operativos y los planteamientos y «recetas» cerradas que entonces se dieron para su formulación.

Autores como Araújo y Chadwick (1993) han estudiado las diferentes disyuntivas entre posturas; constatamos una tendencia clara a valorar negativamente las tendencias que han apuntado de forma rotunda hacia la eficacia y los productos: los modelos que han dado en calificarse como tecnológico-conductistas. Desde nuestra perspectiva, de la tecnología didáctica pueden derivarse logros de enorme potencial para ayudarnos en las tareas de planificación. Ahora bien, se trata de entender que esta disciplina nos aporta herramientas de trabajo, no fines. Debemos recordar que el aprendizaje y construcción de conocimientos es enormemente complejo, que se desarrolla a través de procesos y que los enfoques de orientación conductista sólo explican algunas formas de aprender (las de carácter asociativo, mecánico y reproductivo –de interés sólo para algunos contenidos–). Otros enfoques de orientación cognitiva nos van a aportar sugerencias de enorme proyección para organizar secuencias de enseñanza-aprendizaje que guíen procesos más complejos hacia propósitos de mayor entidad.

Todo esto supone que la didáctica ha de apoyarse y ha de integrar conocimientos de otras disciplinas psicológicas y pedagógicas: la filosofía de la educación, la sociología de la educación, la psicología de la educación, la psicología de la instrucción, la psicología evolutiva, la pedagogía y psicología general... entre otras, para determinar las formas de planificación que permitan aunar principios de eficacia y calidad en supuestos fundamentados en conocimientos y valores.

También a esta polémica ya casi superada sobre objetivos, contenidos y estrategias para su formulación se ha venido a sumar la dificultad que conlleva la inserción de otro elemento curricular en las propuestas: las competencias básicas. Son muchos los que entienden que éstas son núcleos de referencia que provienen del mundo de la economía y de la empresa, y que esta procedencia empaña, de manera ya irremediable, su posible relación constructiva con el currículo.

Nuestra posición ha sido ya mostrada abiertamente. La procedencia de las competencias y las posibles suspicacias que de tal procedencia pudieran derivar ha de traducirse en una posición de alerta para guiar nuestro trabajo. Debemos cuidar que se oriente su desarrollo hacia una caracterización y

valores de intención formativa (no sólo instructiva). De esta manera, recordaremos que las competencias básicas, tal y como se han formulado en España y en Europa, son núcleos de referencia abstractos. Por ello, ahora debemos ir determinando la manera en que los vestimos para que lleguen a la práctica de forma efectiva y fundamentada en valores sociales, morales, intelectuales y estéticos.

Queremos hacer una observación acerca de los destinatarios de los objetivos. Encontramos, a veces, listados en los que se entremezclan propuestas para el profesor y el alumno (entre un número determinado que pide a los alumnos señalar, relacionar, explicar... aparece uno que reza *fomentar la cooperación entre alumnos para...*). En principio, cuando no se establece ninguna puntualización sobre destinatarios, los objetivos son para los alumnos. Podemos, si así lo hemos acordado con el grupo de compañeros o así lo hemos determinado nosotros mismos como propósito de mejora, definir una serie de objetivos para el profesor con el fin de mostrar de forma clara las líneas que determinan nuestro trabajo. Pero, en tal caso, deberemos indicarlo y mostrar, de manera diferenciada, en términos de análisis, los que consideramos objetivos propuestos para el alumnado y los que lo son para el profesorado.

Establecidas estas premisas, nosotros entendemos los *objetivos de la programación didáctica de aula* del siguiente modo:

> Enunciados que determinan el tipo de habilidad que han de alcanzar los alumnos como consecuencia de su participación activa en el proceso de enseñanza-aprendizaje planificado desde una perspectiva sintética y para un período de temporalización medio (generalmente, un curso).

Los *objetivos de la unidad didáctica serán*:

> Los enunciados que determinan el tipo de destreza que han de alcanzar los alumnos como consecuencia de su participación activa en el proceso de enseñanza-aprendizaje planificado desde una perspectiva analítica, a corto plazo (entre una y tres semanas) y enmarcado en una programación.

Si estudiamos estas definiciones, podemos extraer los siguientes puntos para la reflexión:

- Los términos «habilidad» y «destreza» como referentes para mostrar campos de desarrollo con diferentes niveles de concreción. Aunque falta mucho por avanzar (y acordar) en este terreno en didáctica, en psicología del desarrollo, en psicología de la educación y en psicología de la instrucción, consideramos que diferenciar entre *capacidad, habilidad* y *destreza* nos puede ayudar a mostrar proyectos de trabajo más ordenados desde el punto de vista de la construcción del conocimiento y desarrollo. Sin atarnos, ni mostrar comportamientos obsesivos.
- Las destrezas las mostramos como la clave de los procesos de desarrollo en propuestas cortas. Ello implica la conjunción de verbos de acción-conductas a alcanzar relacionadas con contenidos concretos en circunstancias muy definidas. Ello no implica, en modo alguno, añoranza de la perspectiva tecnológico-conductista. Ya hemos expresado que, desde nuestra posición, la tecnología didáctica es un medio, nunca un fin. Las destrezas intelectuales, sociales, motrices o psicomotrices van a indicar momentos de un proceso que mira al desarrollo de habilidades y capacidades/competencias. No son fines cerrados, son parte de un proceso de desarrollo complejo que ha de perseguir evolución gradual y búsqueda de equilibrio.
- Las definiciones propuestas aluden a las perspectivas analítica y sintética de acuerdo con nuestra propuesta sobre el significado y papel de la programación a corto y medio plazo. También sugerimos que la unidad didáctica se enmarca de forma sistémica en la programación. Hemos expuesto que la alusión al concepto de *sistema* como conjunto de elementos interrelacionados e interdependientes forma parte de la esencia misma de currículo en cualquier nivel. Hemos destacado esta connotación, a riesgo de resultar redundantes, para abundar en un referente clave para nosotros y que, como en el punto anterior, encuentra una vía de expresión en el cuadro que sigue (cuadro 18). Las destrezas no son fines, las unidades didácticas en las que se enmarcan tampoco, forman parte de lo que debe ser un continuo de procesos que guíen la enseñanza y el aprendizaje.

Tipos de objetivos y tipos de competencias. Relaciones y propuestas

Al presentar los objetivos de la programación y de las unidades didácticas ya queda patente nuestra idea de enmarcarlos en un proceso de generalización-concreción. También debemos tratar, al identificar sugerencias y

Cuadro 18. Alternativas en el desarrollo de una competencia general a habilidades y destrezas

<table>
<tr><th colspan="3">COMPETENCIA GENERAL</th></tr>
<tr><td colspan="3">▪ Exponer oralmente de forma ordenada.</td></tr>
<tr><th colspan="3">HABILIDAD</th></tr>
<tr><td colspan="3">▪ Exponer, oralmente, información ordenada relacionada con temas relativos a su vida familiar.</td></tr>
<tr><th colspan="3">DESTREZA</th></tr>
<tr><td>▪ Exponer oralmente, en la clase, información ordenada y significativa relacionada con las características de su vivienda.</td><td>▪ Exponer oralmente, en la clase, información ordenada y significativa relacionada con las responsabilidades asumidas entre los miembros de su familia respecto al orden y la limpieza de la vivienda.</td><td>▪ Exponer oralmente, en la clase, apoyándose en el lenguaje corporal y en representaciones plásticas, información significativa relacionada con alguna forma de empleo del tiempo libre en su entorno familiar.</td></tr>
</table>

pautas para su formulación, la alusión al ámbito de desarrollo al que se orientan. Al tiempo, mostraremos una propuesta que establecerá los vínculos pertinentes entre los objetivos de la programación, los objetivos de las unidades didácticas y las competencias específicas y operativas.

Existen diferentes vías para la identificación de las modalidades de objetivos educativos. Así, podemos referirnos a ellos atendiendo a su destinatario (o destinatarios), su nivel de generalidad / concreción y el tipo de capacidad o dominio de desarrollo que persiguen. Los recogemos en el cuadro 19.

Respecto al primer criterio de organización de los objetivos –los destinatarios–, ya lo hemos abordado con anterioridad y concluido que el tipo de planificación que nosotros diseñamos –programación didáctica de la áreas (desde la perspectiva de un trabajo persona) y de sus unidades didácticas– sólo contemplará objetivos para el alumno. Advertimos, de esta manera, del error técnico que muestran algunas publicaciones (incluso algunos documentos normativos) al llegar incluso a mostrar, en un mismo y único listado, objetivos para el profesor y para el alumno.

Cuadro 19. Tipología de objetivos

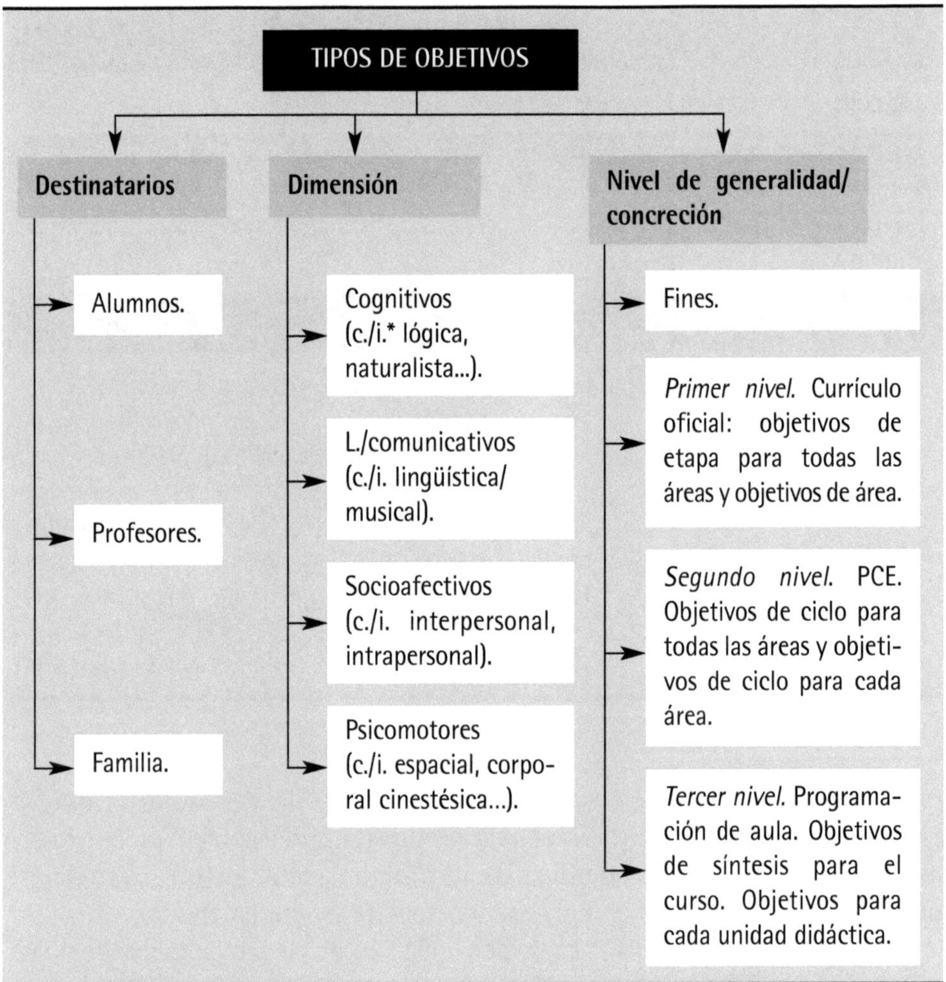

*c./i.: capacidad/inteligencia

Con referencia al segundo criterio –dimensiones de desarrollo–, diremos que se trata de una perspectiva cuya consideración va a otorgar valor y profundidad a nuestras programaciones. Si bien es cierto que hoy la diferenciación no se manifiesta de forma explícita (en los ochenta se formulaban en apartados perfectamente definidos), no es menos claro que atender al desarrollo equilibrado exige considerarlos todos. Es más, si perseguimos ese desarrollo equilibrado, también será de gran valor tener en cuenta las capacidades-inteligencias de Gardner (identificadas en el capítulo 2). De ahí

esa propuesta de relación básica (pueden hacerse otras, estamos hablando de elementos de análisis interrelacionados). Esto no significa que en el listado de los objetivos de una programación tengamos que diferenciar propuestas para las ocho inteligencias; pero, en ocasiones, autoevaluar nuestros objetivos proponiendo esos vínculos y cuidando que hubiese enunciados orientados a potenciar esas ocho capacidades (aunque no tendría que ser en una relación de equilibrio cerrada) otorgaría a nuestra programación un valor añadido.

Respecto al tercer criterio –objetivos educativos atendiendo a su nivel de generalidad/concreción–, recordaremos que la caracterización de la terminología y el sentido de los diferentes tipos y niveles en la formulación de los objetivos constituye un terreno de controversia. La consulta a la bibliografía considerada como «clásica» en este terreno (Landsheere, 1977; Rotger Amengual, 1985; Ferrández, Sarramona y Tarín, 1984, etc.) ha distinguido los objetivos atendiendo a diferentes niveles de abstracción o concreción: algunos autores reconocen cinco, otros cuatro o incluso tres. La clasificación más difundida hasta los años noventa distingue fines, objetivos generales, objetivos específicos y operativos. Vamos a resituar esta propuesta desde una perspectiva actual de niveles de currículo y agentes y órganos responsables:

- *Fines de la educación*. Recogidos, habitualmente en las leyes y redefinidos en los proyectos educativos como marco de referencia para la institución y el conjunto de etapas que ella acoge.
  - Responsables: Administración, consejo escolar, claustro, comisión de coordinación pedagógica, equipos de profesores.
  - Propuestas (LOE, art. 2):
    - El pleno desarrollo de la personalidad y de las capacidades de los alumnos.
    - La educación en el respeto de los derechos y libertades fundamentales, en la igualdad de derechos y oportunidades entre hombres y mujeres y en la igualdad de trato y no discriminación de las personas con discapacidad.
    - La educación en el ejercicio de la tolerancia y de la libertad dentro de los principios democráticos de convivencia, así como en la prevención de conflictos y la resolución pacífica de los mismos.
- *Primer nivel del currículo*:
  - Objetivos generales de etapa para todas las áreas: se presentan en la ley orgánica y en los currículos oficiales.

- Objetivos para cada área: se muestran ya solamente en los currículos oficiales.

Los primeros tienen un carácter globalizador/integrador porque sirven como referente para distintas áreas. Los segundos presentan una aproximación disciplinar (relativa, dado el carácter integrador del currículo en infantil y primaria).

- Responsables: Administración educativa.
- Algunas propuestas (de educación infantil):
  - Conocer su propio cuerpo y el de los otros, sus posibilidades de acción y aprender a respetar las diferencias.
  - Observar y explorar su entorno familiar, natural y social. (Objetivos del currículo oficial para todas las áreas)
  - Conocer y representar su cuerpo, sus elementos y algunas de sus funciones, descubriendo las posibilidades de acción y de expresión, y coordinando y controlando cada vez con mayor precisión gestos y movimientos. (Objetivos del currículo oficial de área)

▪ *Segundo nivel.* Objetivos de ciclo para todas las áreas y objetivos de ciclo para cada área
  - Responsables: claustro (aprueba los documentos de desarrollo del currículo), comisión de coordinación pedagógica, equipos de profesores, profesores. Muestran las coordenadas de desarrollo que implican convergencia entre los supuestos de la psicología evolutiva para un determinado tramo y la «especificidad» (entrecomillamos porque tanto en infantil como en primaria las áreas tienen un carácter globalizador) de los propósitos del área.
  - Algunas propuestas (de educación infantil):
    - Observar y explorar de forma activa su entorno mostrando, a través de diferentes medios expresivos, algunas situaciones y hechos significativos. (Objetivo común para todas las áreas)
    - Participar en la vida familiar y escolar responsabilizándose de tareas sencillas y mostrando actitudes de ayuda, colaboración y respeto hacia los demás.
    - Observar, explorar y utilizar los objetos cotidianos del entorno con actitudes de cuidado, respeto y curiosidad. (Objetivo de área de conocimiento del entorno)

▪ *Tercer nivel.* Objetivos de síntesis para la programación de curso y objetivos de las unidades didácticas.

- Responsable: profesor, previa participación y conocimiento en/de los objetivos de los documentos de centro/etapa y trabajo en equipo de curso.
- Algunas propuestas (educación infantil –cuatro años–):
  - Emplear adecuadamente el vocabulario básico relacionado con su medio natural, social y cultural como medio para relacionarse con las personas que le rodean (familiares, amigos, compañeros).
  - Aplicar contenidos lógico-matemáticos a una variedad cada vez mayor de situaciones, juegos y tareas, determinando, en la medida de lo posible, su utilidad.
  - Indicar los rasgos básicos de los animales y plantas más representativos de su entorno. (Objetivos de la programación de curso)
  - Describir oralmente, de forma expresiva y ordenada, los rasgos más significativos de un animal doméstico.
  - Distinguir, en situaciones concretas, los términos apropiados o inapropiados para referirse a emociones que transmiten algunos personajes de historias presentadas en clase. (Objetivos de unidades didácticas)

Acabamos de presentar alternativas para distinguir objetivos de distinto nivel de generalidad y concreción. Uno de los propósitos de esta publicación es abrir y «actualizar» la programación de aula y sus unidades al enfoque competencial. Ello nos obliga a clarificar, primero, nuestra forma de representar los tipos de competencias y, después, las relaciones o los vínculos entre estos tipos y los objetivos de nuestra programación.

En el cuadro 20 mostramos distintos tipos de competencias cuya caracterización se hará compatible (y necesaria) con su desarrollo y empleo. La tipología relativa a *dimensiones* alude a los campos de conocimiento y desarrollo a los que se vinculan. Corresponde a la propuesta que se ha hecho en España desde la Administración central (y es muy similar a las recomendaciones de la Unión Europea de diciembre de 2006). Algunas comunidades autónomas, en el ejercicio de las atribuciones que les confiere el desarrollo de su autonomía, han reformulado su forma de nombrarlas (por ejemplo, Andalucía y el País Vasco). Otras comunidades, como Castilla la Mancha, han profundizado en el análisis y han incorporado una más: la competencia emocional.

Cuadro 20. Tipos de competencias

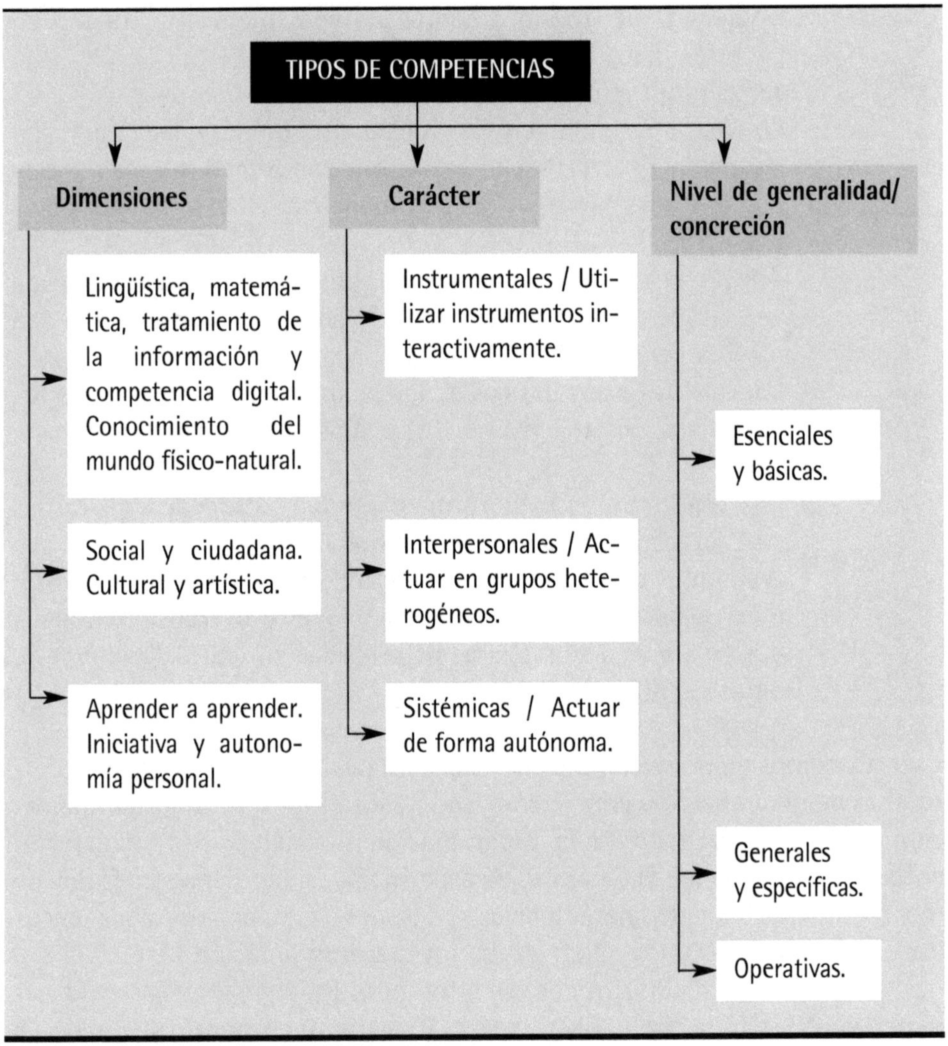

En determinadas circunstancias, podemos necesitar establecer relaciones o vínculos entre competencias. Esta posibilidad nos la va a dar su carácter. En realidad, nos aporta un perfil de identidad; por ello la propuesta del proyecto Tuning nos permite penetrar en esta identidad (podemos decir que nuestra programación en el primer trimestre va a priorizar las competencias instrumentales, en el segundo las interpersonales y en el tercero las sistémicas, por ejemplo). En esta columna, compatible con la primera, entenderemos que existen competencias de carácter más instrumental (lingüística,

matemática, tratamiento de la información y competencia digital, y alguna dimensión del conocimiento e interacción con el mundo físico-natural); de carácter más interpersonal (social y ciudadana, cultural y artística) o de carácter más holístico e integrador (aprender a aprender e iniciativa y autonomía personal). Esta alternativa del proyecto Tuning mantiene una línea de relación clara con la propuesta DeSeCo (Definición y selección de competencias de la OCDE). En el cuadro aparece identificada en cada una de las alternativas de Tuning y separada por una barra.

Pero necesitamos ordenar actuaciones que nos permitan llevar las competencias de su primera referencia (competencias básicas) al aula a través de destrezas funcionales. Las competencias básicas, en definitiva, son núcleos o ámbitos de referencia muy abstractos. Tienen el gran valor de presentar directrices de desarrollo para continentes, estados, regiones y comunidades, centros y, en éstos, etapas, ciclos y cursos. Ahora bien, deberemos reconocer que esos puntos de referencia hay que concretarlos para responder a las necesidades, características y posibilidades de nuestros alumnos. Por ello, las competencias como elemento del currículo, entendido éste como sistema, han de integrarse en los diferentes niveles curriculares y han de entrar en diálogo con ellos. Desde nuestra perspectiva, es esencial que se definan como elemento sustantivo sólo cuando sea estrictamente necesario, y que tomen un carácter específico propio, bajo el mismo principio.

Planificar, programar, significa prever, disponer, ordenar. Cualquier alternativa de programación debe seguir un principio de racionalización del esfuerzo y el trabajo; debe orientar la práctica, no guiar por vericuetos que supongan determinar elementos y elementos que, más que apoyar y encauzar, dispersan.

Por eso, como ha podido apreciarse en el apartado de los contenidos, hemos presentado las competencias como guía, y nos han ayudado a buscar contenidos de alto poder de significación entre los que elegir en un momento y situación dados. Los hemos vinculado de una forma más directa con los contenidos de procedimiento, pero señalando su relación con los conceptos y las actitudes.

Debemos ahora ocuparnos de los niveles de generalidad-concreción respecto a las competencias. Comprobamos en el cuadro 20 la existencia de competencias básicas y esenciales, compatibles con las dos primeras columnas. Evocan, en definitiva, grandes núcleos de referencia abstracta. Posteriormente, apreciamos las restantes alternativas de concreción: competencias generales, específicas y operativas. Vamos a definirlas y ejemplificarlas.

- Las *competencias generales* las entendemos como:

> Enunciados en términos de objetivos que atienden al desarrollo de capacidades relacionadas con el saber hacer. La capacidad es el poder o la potencialidad de llevar a cabo distintos tipos de acciones apropiadas para resolver problemas en diferentes situaciones. Tendrán un marcado carácter transversal, punto de referencia para distintas áreas y materias y en distintos cursos. Por ello se las reconoce, también, como transversales o generativas.

Propuesta: Exponer oralmente información significativa.
La mayor parte de los objetivos del currículo oficial comunes a distintas áreas ya vienen expresados de esta manera (verbos que «traducen» operaciones mentales y/o motrices).

- Las *competencias específicas* son:

> Enunciados que identifican habilidades generales relacionadas con la aplicación del saber y se sitúan en el dominio de referencia de distintas áreas.

Propuesta: Exponer oralmente, de forma clara y ordenada, información significativa relacionada con la familia.
Nosotros hemos destacado en esta definición, junto al componente del hacer, la idea subyacente de relación globalizadora, de integración del conocimiento. Algunos profesores pueden reconocer también una competencia específica en enunciados de un área en particular que traduzcan un deseo y un poder de aplicación para otros contenidos del área (mostraría un tipo de relación intradisciplinaria, también íntimamente vinculada al aprendizaje significativo).

- Las *competencias operativas* constituyen:

> Enunciados que identifican destrezas de aplicación de conocimientos referidas a plazos relativamente próximos y en situaciones de enseñanza-aprendizaje definidas y concretas.

Propuesta:

- Exponer oralmente, de forma clara, ordenada y utilizando diversos recursos comunicativos (voz, el gesto facial, movimiento corporal...), información relacionada con los intereses, aficiones y gustos (deporte, lectura, cine, televisión, gastronomía...) de los distintos miembros de la familia.
- Exponer oralmente, de forma clara, ordenada y utilizando diversos recursos comunicativos, información relacionada con los elementos más significativos de la vivienda familiar.
- Exponer oralmente, de forma clara, ordenada y utilizando diversos recursos comunicativos, información relacionada con los trabajos de los que se hace responsable cada miembro de la familia en su casa.

Dado que nuestro enfoque de programación de aula es globalizador y competencial, todos los objetivos de nuestras unidades didácticas van a identificar destrezas de aplicación, enunciados que muestran conductas relacionadas con la aplicación de contenidos en contextos determinados. Por ello, en nuestro planteamiento convergen los objetivos de las unidades didácticas con competencias operativas.

Sugerencias y elementos de apoyo para definir objetivos de la programación y objetivos de las unidades didácticas / competencias operativas

Si consideramos los matices que acabamos de recoger, para cada enunciado necesitamos:

- Verbos que identifican la habilidad o la destreza que queremos conseguir. En unos casos estarán relacionados con la percepción, el conocimiento, la comprensión, la recepción (en función del tipo de habilidad (intelectual, motriz o psicomotriz, social, comunicativa). En el caso de las habilidades y destrezas competenciales, verbos de conducta que impliquen aplicar, exponer, resolver, elaborar, diseñar, evaluar, revisar...
- Contenidos, que en el caso de los dominios competenciales suponen integración y transferencia.
- Contextos y situaciones más o menos definidas, según que hablemos de objetivos de la programación o de objetivos de la unidad didáctica.

- La alusión a las circunstancias o condiciones que pueden validar la habilidad o destreza que ha de ser demostrada (de forma clara y ordenada, siguiendo normas, con toda la información...).

Algunas puntualizaciones imprescindibles:

- El sistema de concreción de objetivos y competencias que proponemos persigue ayudar a reconocer procesos de desarrollo de habilidades y destrezas, no aportar recetas (todos recordamos aquellas prácticas de enseñanza de «busca un verbo... súmale un contenido, añade...»).
- La tecnología (componentes y normas de formulación) es sólo un medio, aunque muy valioso. Necesitamos otras ciencias: psicología del aprendizaje, psicología evolutiva, psicología de la educación, filosofía de la educación... que nos aportarán información esencial sobre el contexto, la situación, los condicionantes, los propósitos reales.
- No interesa sólo la conducta final. Nos interesa conocer, sobre todo, procesos mentales. El cambio respecto al modelo conductista en la definición de objetivos es el de estudiar para ir reconociendo los factores y estructuras que pueden facilitar un determinado tipo de conducta.

Las taxonomías como elementos de apoyo

Con esta declaración de intenciones (taxonomía-apoyo) explicitamos el sentido y utilidad de este instrumento para ayudarnos a determinar objetivos.

En las décadas de los setenta y los ochenta, las taxonomías fueron utilizadas, en muchas ocasiones, de forma indiscriminada, sin que se intentara difundir siempre con cuidado su valor y su significado. Los distintos autores que han desarrollado modelos taxonómicos proponen una forma de entender la evolución del conocimiento, las actitudes y los comportamientos motores que lleva implícita su manera de concebir los procesos de desarrollo. La taxonomía de Bloom (1956), una de las más conocidas en este terreno, muestra una ordenación de los aprendizajes que sigue la secuencia que presentamos a continuación:

1. Conocimiento.
2. Comprensión.
3. Aplicación.
4. Análisis.
5. Síntesis.
6. Evaluación.

Cada una de estas categorías indica un nivel de complejidad en los procesos intelectuales mayor que el anterior. A pesar de todo, es necesario considerar que la forma de construcción del conocimiento en el ser humano es enormemente compleja. Pretender encasillar y unificar los aprendizajes de todos los individuos bajo una secuencia rígida conlleva muchos peligros. A la taxonomía perfilada por Bloom y colaboradores (como a otras clasificaciones taxonómicas) se le han venido haciendo numerosas críticas considerando argumentos del siguiente tipo:

- Los procesos de aprendizaje y desarrollo son enormemente complejos y no siempre suceden de una forma lineal-acumulativa. En ocasiones, podemos llegar a elaborar síntesis sin haber realizado previamente un análisis (a través de reorganizaciones de datos que se dominaban con anterioridad).
- Las categorías indican un determinado tipo de función psicológica. No podemos olvidar que en los enunciados que conocemos como objetivos aparece también un contenido. Muchos han pasado por alto este aspecto y piensan así que, tomando los listados de verbos sin más, ya se puede programar. La taxonomía no es sino una estructura formal de ordenación, no determina los contenidos que pueden y deben ser enseñados; esta tarea sólo puede llevarla a cabo el profesor, en virtud de las circunstancias concretas que condicionan su labor.

Con estas puntualizaciones, queremos dejar patente que las taxonomías para la formulación de objetivos educativos constituyen un marco, una herramienta de trabajo. Proporcionan, en suma, una muestra de los diferentes tipos de habilidades a partir de la cual debemos estructurar nuestra personal jerarquía de objetivos según los propósitos de nuestro diseño didáctico, las características del grupo de alumnos al que debemos dirigirnos y los medios de que disponemos. El profesor deberá decidir sobre la oportunidad de incluir un determinado nivel de categorización en el listado de objetivos. En determinadas ocasiones, algunas categorías podrían implicar un trabajo demasiado complejo para el que los alumnos no están preparados y, en otras circunstancias, su inclusión podría resultar reiterativa. Las taxonomías son un instrumento, y por ello tendrán valor siempre que se utilicen de forma flexible y con juicio personal.

Considerado su valor instrumental, mostraremos (en los cuadros 21, 22 y 23) una selección de capacidades intelectuales para organizar una se-

cuenciación apropiada. Este trabajo lo hemos centrado en la taxonomía de objetivos educativos de Bloom, probablemente la más conocida y funcional: cualquier área en cualquier nivel exige un dominio y un desarrollo de capacidades relacionadas con la asimilación, aplicación y evaluación de sus contenidos. El listado lo hemos elaborado previa consulta a los trabajos de síntesis realizados por Rotger Amengual (1985); Ferrández, Sarramona y Tarín (1984); Wilson, Robeck y Michael (1978); Hernández (2001) y Estévez (2002). Recordamos, no obstante, que cada profesor deberá organizar y delimitar su personal secuenciación y ordenación de los objetivos en sus programaciones y sus unidades didácticas.

Cuadro 21. Taxonomía de Bloom

Conocimiento	Identificar, determinar, detallar, establecer, indicar, citar, enumerar, reconocer, describir, señalar, nombrar, expresar.
Comprensión	Diferenciar, seleccionar, asociar, relacionar, comparar, distinguir, convertir, considerar.
Aplicación	Explicar, demostrar, exponer, producir, manejar, utilizar, resolver, ejemplificar, aplicar, definir de forma personal, usar, utilizar, calcular, demostrar, diseñar, planificar.
Análisis	Discriminar, resaltar, contrastar, subrayar, destacar, distinguir, clasificar, estructurar, ordenar, organizar, jerarquizar, taxonomizar, deducir.
Síntesis	Exponer, generalizar, inducir, compilar, resumir, esquematizar, elaborar cuadros sinópticos, elaborar mapas de contenido, conformar índices.
Evaluación	Distinguir (lo fundamental de lo accesorio), interpretar, determinar criterios, enjuiciar, estimar, evaluar o valorar el significado o el sentido de.

Cuadro 22. Adaptación de la taxonomía de Kratwohl

CLASIFICACIÓN DE CONDUCTAS AFECTIVAS		
Selección de categorías taxonómicas	**Conductas**	**Objetos de aplicación**
Conciencia y apertura	Reconocer, percatarse, percibir, detectar, sensibilizarse ante, sentir, tomar conciencia de. Abrirse ante, aceptar, interesarse, preocuparse, advertir, despertar ante, dirigirse hacia, pedir, preguntar, prestar atención a.	Mensajes, problemas, situaciones, momentos políticos, constantes, impresiones, ideas, modalidades, estímulos, fuentes, normas, reflexiones.
Atención controlada	Captar, descubrir, diferenciar, incidir sobre, enterarse por, fijar la atención en, fijarse.	Palabras, grados de responsabilidad, puntos principales, móviles de conducta, características, significados.
Aquiescencia en la respuesta	Aceptar, admitir, acceder a, ajustarse a, asentir, conformarse con, consentir, permitir, tolerar.	Normas, aplicación de sistemas, conductas, planes de actuación, directrices, reglas de convivencia, prácticas, opiniones, tareas.
Satisfacción en la respuesta	Apreciar, complacerse en, congratularse con, disfrutar con, recrearse en, satisfacerse en.	Artes, lectura, valores, resultados, éxitos, creaciones.
Aceptación y preferencia por valores	Aceptar, asumir, confiar en, convencerse de, creer en, estar de acuerdo/conforme con, interesarse por, valorar.	Valores, sistemas de trabajo, consecuencias, puntos de vista, enfoques, principios, proyectos, argumentos, amistades, creencias, motivaciones.

Selección de categorías taxonómicas (cont.)	Conductas (cont.)	Objetos de aplicación (cont.)
Entrega	Adaptarse a, aplicarse a, comprometerse, confiarse, entregarse a, estar dispuesto a, estar seguro de, integrarse en, permanecer, sentirse impelido.	Veracidad de estudios, organizaciones, líneas de conducta, importancia, fidelidad, hábitos de trabajo, formas de trabajo.
Conceptualización de valores	Abstraer, analizar, concebir, conceptuar, deducir, elaborar, integrar.	Códigos, normas, leyes, juicios, sistemas, relaciones, métodos.
Organización de un sistema de valores	Armonizar, articular, combinar, compatibilizar, coordinar, estructurar, hacer congruente, integrar, jerarquizar, ordenar, relacionar, sintetizar, taxonomizar.	Gustos, ideas, ideologías, creencias, criterios, actuaciones, realidades, posibilidades, preferencias.
Caracterización	Actuar, ser coherente, ser consecuente, caracterizarse, dar ejemplo, dar testimonio, definirse, distinguirse, especificarse, identificarse, practicar, proyectarse, relevarse, señalarse, servir.	Ideas, creencias, profesión, forma de vida.

Propuestas de objetivos para la programación

Observaciones: los objetivos que hemos identificado muestran todos una orientación hacia el enfoque competencial (son habilidades de ejecución). La relación con varias competencias la planteamos a modo de sugerencia. Con ella se identifica la directriz que podría tomar el desarrollo de las actividades.

- Reconocer y valorar la vuelta al colegio como oportunidad para aprender y relacionarse con los compañeros, los profesores y demás personas que trabajan y conviven el centro (CCBB 5, 6, 7).

Cuadro 23. Adaptación de la taxonomía de Simpson (sintetizada por Rodríguez Diéguez) para el ámbito psicomotriz (en Rodríguez Diéguez, p. 116)

CLASIFICACIÓN DE CONDUCTAS PSICOMOTORAS		
Selección de categorías taxonómicas	**Conductas**	**Objetos de aplicación**
Percepción	Identificar, diferenciar, reconocer, sentir, percatarse, percibir, detectar, sensibilizarse ante, tomar conciencia de, advertir, dirigirse hacia, pedir, preguntar, prestar atención a.	Mensajes, movimientos, señales, problemas, situaciones, momentos, constantes, impresiones, modalidades, estímulos (visuales, auditivos, táctiles), normas, reflexiones.
Disposición o ajuste preparatorio	Captar, descubrir, disponerse a diferenciar, incidir sobre, enterarse por, fijar la atención en, fijarse, explorar.	Pautas, movimientos, palabras, puntos principales, móviles de conducta, características, significados, posibilidades y limitaciones perceptivas, motrices y expresivas, propias y de los demás.
Respuesta guiada	Controlar, imitar, ensayar, ajustarse a, componer, orientarse, rodar, caminar, correr, bailar.	Postura, movimiento, tono, equilibrio, respiración, normas, sistemas, conductas, planes de actuación, prácticas, opiniones, tareas. Nociones espaciales (formas, tamaños, direcciones, ubicación). Nociones temporales (duración, sucesión, simultaneidad).
Mecanismo	Adaptarse a, lanzar, recibir, controlar, mantener equilibrio y ritmo (juegos y bailes).	Cuerpo, movimiento, tono, respiración postura, equilibrio, coordinación.
Respuesta compleja abierta	Resolver, ejecutar, adaptar, integrar, elaborar.	Tono y postura a las características del objeto, del otro, de la acción y de la situación. Reglas, valores, formas y sistemas de trabajo, consecuencias.

- Identificar y apreciar, gradualmente, el sentido y las formas de expresión ajustada y respetuosa de las emociones y sentimientos propios y de los que le rodean (CCBB 5, 7, 8).
- Adquirir hábitos de autonomía, higiene personal y salud, consolidando ritmos apropiados de actividad y descanso (CCBB 2, 3, 7, 8).
- Reconocer las características más significativas en el paisaje en las diferentes estaciones del año identificando la importancia de la presencia humana en el paisaje y las consecuencias que se derivan de ella (CCBB 3, 5, 7).
- Desarrollar las habilidades y estrategias básicas para observar, explorar, experimentar e investigar con los elementos del entorno como medio de acercamiento al conocimiento científico (CCBB 2, 3, 7, 8).
- Establecer semejanzas y diferencias entre tipos de lectura y de texto apropiados para diferentes momentos y necesidades (el colegio, la familia, los amigos, distintas instituciones y servicios) (CCBB 1, 4, 7, 8).
- Exponer de forma clara y fundamentada razones que pueden impulsar a leer y a rechazar algunos contenidos (cuentos, noticias, discriminatorios, información no veraz) transmitidos por medios escritos (CCBB 1, 4, 7, 8).
- Reconocer las características más significativas en el paisaje en las diferentes estaciones del año, identificando la importancia de la presencia humana en él y sus consecuencias (CCBB 2, 3, 7, 8).

Recordamos, a estos efectos de relaciones, que la «convención» sobre competencias en el marco curricular de nuestro Estado es:

1. Lingüística.
2. Matemática.
3. Conocimiento e interacción con el mundo físico.
4. Tratamiento de la información y competencia digital.
5. Social y ciudadana.
6. Cultural y artística.
7. Aprender a aprender.
8. Autonomía e iniciativa personal.

Objetivos/competencias operativas en las unidades didácticas

Observaciones: Los objetivos/competencias operativas que hemos identificado muestran todos una orientación hacia el enfoque competencial (son destrezas de aplicación). La relación con varias competencias la planteamos a modo de sugerencia. Con ella se identifica la directriz que podría tomar el desarrollo de las actividades.

Otra vez juntos

Competencias que se priorizan: social y ciudadana y aprender a aprender.

- Establecer relaciones apropiadas entre acciones específicas desarrolladas en vacaciones, los momentos y los espacios en los que han tenido lugar (CCBB 2, 3, 5, 7, 8).
- Describir por escrito, de forma ajustada, clara y concisa, lugares determinados en los que ha vivido experiencias significativas en el período vacacional (CCBB 1, 2, 3, 5, 7, 8).
- Explicar, oralmente y empleando recursos comunicativos variados (entonación, gestos), las razones que fundamentan la necesidad de alternar períodos de descanso con períodos de trabajo (CCBB 1, 5, 7, 8).
- Determinar, oralmente y con referencia a situaciones variadas, las emociones que se experimentan al volver al colegio y reencontrarse con los compañeros (CCBB 1, 5, 7, 8).

Los cuentos

Competencias que se priorizan: lingüística, tratamiento de la información y digital, cultural y artística, iniciativa y autonomía personal.

Entre los objetivos que conseguir en esta unidad didáctica se encuentran:

- Explicar, por escrito y de forma clara y concisa, las razones por las que cabe recomendar una propuesta de lectura concreta a un compañero (CCBB 1, 2, 5, 6, 7, 8).
- Identificar los distintos tipos de texto escrito con los que se puede encontrar en una visita a un museo (CCBB 1, 4, 5, 6, 7, 8).
- Describir, de forma oral, expresiva y con variedad de matices, los rasgos físicos y de personalidad más significativos que caracterizan a los personajes centrales de sus cuentos preferidos (CCBB 1, 4, 5, 6, 7, 8).
- Establecer semejanzas y diferencias precisas entre las emociones y sentimientos que manifiestan distintos personajes de una historia ante una determinada situación (CCBB 1, 5, 6, 7, 8).

En síntesis

El enfoque competencial potencia las vías de globalización e interdisciplinariedad. Al tiempo, se verá enriquecido en los próximos años, cuando su cultivo permita captar y cultivar las relaciones y los vínculos intercompetenciales. La alternativa de globalización por centros de interés de Decroly nos proporciona una base de orden lógico y psicológico para extraer contenidos potencialmente significativos y funcionales. Esto constituye una base firme sobre la que potenciar trabajos que superen falsas dicotomías en educación: saber-saber hacer; teoría-práctica; saber académico-saber social. Una educación de calidad debe atender a cada una de estos supuestos sin entenderlos como polos opuestos.

Los objetivos son el elemento de síntesis. Aunque cada profesor o equipo de profesores puede seguir el orden de acciones y procesos que considere oportuno, nosotros recomendamos partir de la búsqueda y selección de contenidos potencialmente significativos.

Las competencias básicas, tal y como se han formulado en España y en Europa, son núcleos de referencia abstractos. Por ello, ahora debemos ir determinando la manera en que les damos forma para que lleguen a la práctica de manera efectiva y fundamentada en valores sociales, morales, intelectuales y estéticos.

La complementariedad de las alternativas de planificación (análisis-síntesis) que supone la programación y sus unidades didácticas exige ir trabajando y seleccionando los contenidos y los objetivos desde una perspectiva dinámica. En esas vías de estudio, selección y aplicación, comprobamos la necesidad de integrar lo que ya conocemos y debe ser revisado y validado. Nos referimos a la distinción entre tipos de contenidos y a la consideración del valor instrumental de las taxonomías. La forma de construcción del conocimiento en el ser humano es enormemente compleja. Pretender encasillar y unificar los aprendizajes de todos los individuos bajo una secuencia rígida conlleva muchos peligros. Los procesos de aprendizaje y desarrollo son enormemente complejos y no siempre suceden de una forma lineal-acumulativa. Las categorías indican un determinado tipo de función psicológica. No podemos olvidar que en los enunciados que conocemos como objetivos aparece también un contenido y un contexto que contribuyen a definirlo como más concreto o más abstracto.

4

Los recursos didácticos

Confundimos los medios con los fines... Ahora nos estamos dando cuenta de que nuestra misión no es enseñar sino conseguir que cada uno de nuestros alumnos aprenda mediante el procedimiento que mejor funcione. (Barr y Tagg, 1995)

No existe una metodología propia para la enseñanza de las competencias, pero sí unas condiciones generales sobre cómo deben ser las estrategias metodológicas, entre las que cabe destacar la de que todas deben tener un enfoque globalizador. (Zabala y Arnau, 2007, p. 163)

Introducción

El desarrollo de esta publicación ha ido abordando algunos recursos didácticos. En el capítulo 2, entre los condicionantes de la programación, hemos presentado los recursos personales: las figuras del profesor, de los equipos, de las familias y de los alumnos. Hemos estudiado, en el capítulo 3, aspectos determinantes del enfoque globalizador y competencial. Hemos señalado, asimismo, la relevancia de los ambientes físicos y del clima de relaciones para aprender a aprender y para aprender a convivir. Por tanto, hemos podido apreciar que contamos con abundantes y variados medios para enriquecer nuestro trabajo.

Ahora bien, no siempre las posibilidades de los distintos tipos de medios se convierten en situaciones reales en las que emplearlos y en las que observemos eficacia y calidad. A veces, tanta perspectiva nos confunde. A veces, la variedad muta y se transforma en dispersión. Nuevamente se justi-

fica la necesidad de analizar lo que podemos emplear, de extraer lo que debemos usar y sistematizarlo (en consonancia con los condicionantes del entorno y los elementos de nuestra programación).

Todo ello se hace más necesario en tanto que hablar de enfoque competencial, como hemos venido señalando, supone contemplar siempre como características del trabajo educativo la complejidad, la contextualización, la integración, la creatividad y la responsabilidad. Estas características nos obligan a pensar que tenemos que analizar todos los medios, ponerlos en diálogo y seleccionar los más idóneos para que nuestra propuesta didáctica sea de verdadera calidad.

El cuidado en la selección de los medios repercutirá positivamente en la articulación de las actividades y tareas. Éstas constituyen el elemento específico del currículo en la programación de aula y, en ella, en las unidades didácticas. Hemos puesto especial empeño en la determinación de las tareas de desarrollo competencial para intentar mostrar alternativas puntuales para la concreción del enfoque. En su presentación, mostraremos un instrumento de análisis que nos permitirá, en estos primeros momentos, un trabajo más equilibrado y riguroso.

Los recursos didácticos. Concepto, tipología y relación con las competencias básicas

Entendemos por *recurso didáctico*:

> Todo tipo de medio, soporte o vía que facilita la presentación y tratamiento de los contenidos objeto de enseñanza-aprendizaje.

En tal conjunto de medios, a través del análisis, distinguiremos sus componentes: los recursos personales, ambientales, materiales y metodológicos. El conocimiento de su existencia, de sus posibilidades, de sus limitaciones y de su complementariedad constituye el eje de la acción didáctica, el centro de la labor de mediación del profesor. Mostramos sus líneas esenciales.

Los recursos personales, que desempeñan diferentes papeles, son los sujetos que planifican, coordinan, complementan y confrontan diversos tipos de contenido. Entre ellos podemos señalar el profesor (que ejerce en la educación institucional la función de mediador esencial), los alumnos, los com-

pañeros y la familia. En la sociedad en la que vivimos, los agentes que intervienen en los medios de comunicación (con distintas funciones) constituyen, junto con los anteriores, una notable influencia en el desarrollo de actitudes, intereses y hábitos.

Los recursos ambientales comprenden desde la conformación flexible y funcional del espacio del aula, hasta la utilización de las distintas áreas del centro y los ámbitos que, fuera de él (museos, archivos, bibliotecas, hemerotecas, espacios naturales, etc.), puedan cooperar en el tratamiento de los contenidos. En algunas ocasiones también se emplea la acepción «recurso ambiental» para referirse no sólo a los aspectos físicos, sino también a los aspectos psicológicos, el clima-ambiente de relaciones que se establece en la relación didáctica.

Los recursos materiales son soportes físicos, tangibles o perceptibles con los que abordamos los contenidos y presentamos las actividades y tareas. Comprenden medios impresos, audiovisuales e informáticos. Su selección y utilización pertinente, acorde con una planificación rigurosa, constituye un medio fundamental en el desarrollo didáctico. El trabajo de desarrollo en competencias exige una selección de acuerdo con criterios como variedad, versatilidad y funcionalidad. Enfocar el trabajo educativo hacia la vida requiere buscar materiales a nuestro alrededor. Revistas, periódicos, postales, facturas de distintos tipos, billetes de viajes, billetes de lotería, folletos publicitarios, manuales de instrucciones, entradas de espectáculos, calendarios... componen un universo de alternativas para mostrar de qué manera lo que aprenden en el entorno escolar les permite «leer», comprender y resolver situaciones de la vida cotidiana.

Los recursos metodológicos constituyen el centro, el eje que dispone los restantes una vez que hemos definido nuestro perfil (cómo deseamos y debemos ser), nuestro papel (cómo debemos hacerlo) y algunos de nuestros instrumentos (con qué vamos a trabajar y dónde). Así, los demás medios (materiales o ambientes) los elegimos en función de dónde queremos llegar, quiénes somos y cómo somos.

Articularemos, en suma, nuestro trabajo definiendo principios, estrategias y técnicas, y determinaremos dónde lo hacemos, con qué lo hacemos y a quién implicamos. De todo ello se desprende que los recursos metodológicos constituyen, sin duda, el medio más complejo de la planificación didáctica, tanto es así que resulta frecuente en la bibliografía la confusión e identificación entre recurso didáctico (el todo) y recurso metodológico (su dimensión más compleja y aglutinante).

Los recursos metodológicos. Concepto y tipología

Una vez que hemos mostrado, de forma analítica e integrada, los recursos didácticos y su relación con los recursos metodológicos, desarrollaremos estos últimos.

Los recursos metodológicos van a ser el conjunto de elementos sistematizados que proporcionan una guía de principios, estrategias y técnicas que determinan la mejor forma de obrar o proceder en las distintas situaciones que se van a dar en el proceso de enseñanza-aprendizaje en busca de unos objetivos definidos.

La alusión a la sistematización y ordenación hace que podamos referirnos a un tratamiento o secuencia deductiva que, como hemos señalado, puede comprender principios, estrategias, pautas y técnicas.

Principios y pautas

Los principios son el recurso metodológico de naturaleza más abstracta. Poseen un carácter de norma, fundamento o base que ha de inspirar el proceso de enseñanza-aprendizaje en cualquier situación didáctica. Los principios de intervención aseguran la continuidad y la coherencia vertical (en los diferentes niveles, etapas, ciclos y cursos) y horizontal (en las distintas áreas, materias y módulos [formación profesional]).

Al constituir un referente de base (sintético, abstracto, marco) deben ser comunes para los distintos equipos de profesores; como hemos dicho, ello hace posible la coherencia. Su acuerdo no supone que se tengan que exponer formalmente de la misma manera. Hay centros y equipos que extraen todos los principios (partir del nivel de desarrollo, aprender a aprender) del principio de aprendizaje significativo. Hay profesores y equipos que explicitan los anteriores, sin más, sin establecer esa suerte de «orden jerárquico» entre ellos. Serán otros recursos metodológicos más precisos, fundamentalmente las técnicas, los que muestren la forma peculiar con la que se expresa la actuación de un profesor para conseguir unos propósitos determinados en unas circunstancias concretas.

Así pues, la propuesta metodológica en el marco de la educación infantil y primaria deberá observar unos principios de intervención educativa. Garantizarán, de esta forma, la coherencia en las dos líneas vertebradoras (entre cursos, ciclos y etapas, y entre áreas) que señalamos anteriormente y que son exponente de un trabajo coordinado e integrador.

Los referentes esenciales de estos principios se encuentran en la base normativa (LOE y currículos oficiales). Entre otros, Zabala (1995), Zabala y Arnau (2007), Escribano (2004), Rodríguez Gallego (2007), Pérez Gómez (2007) son autores que los exponen y fundamentan. Todos ellos destacan la trascendencia del principio de aprendizaje significativo y subrayan que el enfoque globalizador aporta, en los primeros tramos educativos, una visión integrada de la realidad. Esa integración va a quedar más perfilada en el análisis de las características y en la vinculación de las áreas curriculares con las competencias básicas.

De esta aproximación al enfoque se desprende el primer principio de intervención educativa: favorecer la construcción de aprendizajes significativos por medio de la transferencia entre los contenidos que promueven el enfoque globalizador y competencial.

En las etapas de infantil y primaria el área es la forma básica de estructuración de los contenidos del currículo (aunque es más integradora en infantil que en primaria). Esta forma de organización curricular facilita el análisis al profesorado. Pero la fragmentación del conocimiento dificulta su comprensión para los alumnos y, por ello, su posterior aplicación. Debido a esto, es conveniente mostrar los contenidos desde una perspectiva y enfoque globalizadores (capítulo 3). Ello puede hacerse tomando como referente el desarrollo de las competencias básicas, las competencias generales implícitas en los objetivos de la etapa y las competencias específicas que suponen un acercamiento a la peculiaridad de cada área, pero trascendiendo siempre a las relaciones con otros referentes curriculares.

A partir del principio que determina el enfoque general, podemos mostrar aquellos que deberán garantizar la coherencia horizontal y vertical a la que aludíamos anteriormente. Estos principios son:

1. Identificar el nivel de capacidad del alumno y estimular nuevos niveles de capacidad.
2. Garantizar la funcionalidad de los aprendizajes y promover el desarrollo de competencias para favorecer la capacidad de aprender a aprender de forma autónoma y responsable.
3. Contribuir al establecimiento de un clima de aceptación mutua y de cooperación.
4. Acercarse a diversas situaciones y contextos por medio del juego.
5. Favorecer el desarrollo de la representación mental por medio de la intuición.
6. Potenciar las relaciones familia-centro.

1. Identificar el nivel de capacidad del alumno y estimular nuevos niveles de capacidad

Este principio exige considerar los rasgos psicológicos generales característicos de un grupo de edad y, también, los conocimientos previos que los alumnos han construido con anterioridad; ambos aspectos condicionan la asimilación de nuevos contenidos. La investigación psicopedagógica desarrollada en este terreno ha demostrado que las capacidades características del pensamiento en este tramo se manifiestan de manera diferente dependiendo de los conocimientos previos de los que parten los alumnos.

2. Garantizar la funcionalidad de los aprendizajes y promover el desarrollo de competencias (básicas, generales y específicas) para favorecer la capacidad de aprender a aprender de forma autónoma y responsable

Vivimos en una sociedad en la que los conocimientos se encuentran en permanente transformación. El mejor legado que podemos dar a los alumnos es el de la transmisión de los recursos necesarios que les permitan integrarse, eficaz y constructivamente, en la sociedad, para que, finalmente, incluso puedan llegar a cooperar, positivamente y de manera personal, a nuevas transformaciones y cambios.

La LOE ya identifica, en los componentes del currículo, las competencias básicas. Los currículos oficiales las han determinado de acuerdo con supuestos educativos impulsados desde la Unión Europea y organismos internacionales. Las competencias van a constituir un referente de capacidad en los alumnos para saber hacer, para obrar; y han de ser concretadas en las distintas áreas. Las capacidades han de tomar cuerpo en forma de habilidades, y éstas en destrezas. Será el desarrollo de destrezas por medio de tareas en el aula, el camino para transferir conocimientos que permitan desenvolverse de forma autónoma y responsable en los contextos familiares, sociales, académicos y profesionales.

3. Contribuir al establecimiento de un clima de aceptación mutua y de cooperación

Los objetivos de la etapa, los objetivos de las áreas y los criterios de evaluación insisten en este aspecto. Será necesario diseñar experiencias de enseñanza-aprendizaje orientadas a crear y mantener un clima de aceptación mutua y de cooperación, promoviendo la organización de situaciones de trabajo que permitan a los alumnos de infantil superar gradualmente el

egocentrismo y pasar de situaciones de juego paralelo a juego asociativo. Poco a poco, al final de esta etapa de infantil y gradualmente, en primaria, incitaremos a buscar reglas, a respetarlas, a formularlas, a ponerse en el lugar del otro, a aceptarlo y a valorarlo.

Ello supone cuidar la distribución de tareas y responsabilidades entre los alumnos y velar por su cumplimiento. Diferentes propuestas de psicología de la educación, entre ellas la de Gardner (2001 y 2004), reconocen el valor del impulso a la inteligencia interpersonal en el desarrollo equilibrado de la personalidad. Distintas competencias abordan contenidos que estimulan esta dimensión del desarrollo; entre ellas la social y ciudadana (Zabala y Arnau, 2007; Marina y Bernabéu, 2007), aprender a aprender e iniciativa y autonomía personal (Martín y Moreno, 2007; Puig y Martín, 2007).

4. Favorecer el desarrollo de la representación mental por medio de la intuición

Ese principio requiere fomentar situaciones que integren la observación (directa e indirecta) y la experimentación. La observación directa, ya que los alumnos necesitan partir de su propia actividad para conocer y representar la realidad que les rodea. La intensa actividad promovida y canalizada por el profesor les ayudará a conocerse a sí mismos, a los demás y a los elementos y grupos de su entorno social y natural. Al mismo tiempo, el profesor orientará a los alumnos para que aprendan a integrar estos elementos en un todo significativo que se enriquezca progresivamente. La observación, manipulación y experimentación con los objetos y la vivencia de situaciones diversas propiciará el conocimiento de sus posibilidades de acción, el despertar y desarrollo de sus sentidos, la evolución e integración de sus percepciones y la elaboración y representación mental, gradualmente más completa y articulada.

El propósito de favorecer nuevos niveles de desarrollo nos llevará a complementar la intuición directa con la *vía indirecta*, mediante el empleo de recursos materiales como fotografías, láminas, dibujos, cuentos, ilustraciones, libros de imágenes, enciclopedias impresas y multimedia y el uso de juguetes y diversos tipos de útiles y diferentes materiales que favorecerán los juegos simbólicos y de reglas. Se potenciará la utilización de materiales que favorezcan el descubrimiento y permitan la observación, la simbolización y la representación. Será conveniente el empleo de juegos que desarrollen contenidos concretos, pero también de materiales de uso cotidiano y con diferente funcionalidad que les acerquen a la vida real.

5. Acercarse a diversas situaciones y contextos por medio del juego

El trabajo que impulsaremos parte de la necesidad de los alumnos, en los tramos que nos ocupan, de aproximarse a situaciones y contextos, de manipular, de explorar y estudiar objetos y situaciones. El medio por excelencia será el *juego*. Éste incrementará los procesos de motivación hacia el objeto del aprendizaje y favorecerá el progreso de actitudes preferentemente receptivas a otras más dinámicas; en éstas, la participación y la acción e implicación pasan a ser piezas clave.

El juego y, en general cualquier actividad, alternativa lúdica o clima estimulante y agradable son motores que dinamizan y canalizan significativamente la mayor parte de los aprendizajes al constituir la actividad natural de nuestros alumnos. Se promoverán juegos de exploración sensorial, de coordinación dinámica general y segmentaria, de investigación y experimentación con la realidad, de expresión corporal, musical, plástica y verbal (oral y escrita), de expresión lógico-matemática, de apertura y práctica de reglas... Los alumnos, en cada uno de ellos, descubrirán el entorno natural, social y cultural que les rodea. De forma gradual iremos pasando de la acción, la expresión y formas iniciales de representación a favorecer representaciones mentales más articuladas, ordenadas y complejas.

6. Potenciar las relaciones familia-centro

La familia y su entorno son un condicionante y un recurso didáctico. Su importancia ya quedó plasmada en el capítulo 2. En él mostramos la relevancia que poseen para el desarrollo equilibrado del alumno. Desde una educación orientada al desarrollo de capacidades, en general, y competencias, en particular, los principios y las pautas de trabajo han de ser compartidos por los dos medios. Recordamos que las competencias nos hablan siempre de enseñanza y aprendizaje en un contexto.

La familia proporciona modelos (leer o no leer, respetar o no, implicarse o inhibirse) y favorece oportunidades (lecturas en casa, relaciones con amigos, tareas bajo criterios de exigencia y tareas compartidas). El tiempo escolar no es suficiente para favorecer el aprender a aprender y la iniciativa y autonomía personal. La coherencia y continuidad entre la acción familiar y escolar es un supuesto necesario para cualquier etapa educativa pero, sin duda, debe expresarse de manera más intensa en la infantil y primaria. Autoras como Oller (2007, p. 35) señalan que: «los contenidos de aprendizaje son prácticamente los mismos en los dos contextos: socialización, autonomía, comunicación y relación».

Desde nuestro punto de vista, esa idea se extiende a primaria, aunque en esta etapa subrayamos que habrá contenidos académicos de complejidad y construcción gradual en sus tres ciclos cuya responsabilidad básica puede corresponder a la escuela. Pero no olvidaremos que el entorno sociofamiliar es caldo de cultivo privilegiado para el desarrollo de actitudes. Si estas actitudes no predisponen a los alumnos a valorar el saber y el esfuerzo, entonces entorpecerán, dificultarán y, en casos extremos, incluso impedirán que podamos llevar a cabo y conseguir los propósitos de nuestro trabajo.

Hemos destacado también el concepto metodológico de pauta: las entenderemos como una guía directa para orientar las actuaciones. Pueden ser más abstractas o concretas. Lejos de constituir «otra» pesada referencia metodológica carente de utilidad, pueden ser una fórmula eficaz para determinar acuerdos de comportamiento entre profesores y familias (véase el cuadro 24), de gran utilidad por su valor de síntesis; pueden tomar, como señalamos en el capítulo 2 un carácter de decálogo (lo que marca su carácter de señal, de llamada de atención).

Cuadro 24. Ejemplos de pautas para profesores y familias

PAUTAS PARA LOS PROFESORES
▪ *Pautas generales*: – Orientación del trabajo escolar que integre aportaciones de los distintos ámbitos de conocimiento y experiencia. ▪ *Pautas específicas*: – Empleo de técnicas globalizadoras para tratar contenidos en distintos cursos y áreas. – Búsqueda de materiales extraídos de la vida sociofamiliar que permitan mostrar la aplicación de contenidos de varias áreas. – Planteamiento y resolución de problemas propios del entorno sociofamiliar que suponen aplicación integrada de contenidos.
PAUTAS PARA LAS FAMILIAS
▪ *Pautas generales*: – Proporcionar estímulos que potencien la mejora de la comunicación y la relación de sus hijos. ▪ *Pautas específicas* – Seleccionar los programas de los medios de comunicación que se sigan en el entorno familiar. – Mostrar interés por las relaciones escolares y sociales de sus hijos. – Intercambiar con los hijos información sobre cómo han pasado la jornada laboral-escolar.

Estrategias

El concepto *estrategia* lo vamos a emplear como:

> Plan de trabajo que conjuga y armoniza conjuntos de referencias específicas para la acción.

De esta manera, la estrategia va a suponer la integración de técnicas, materiales, ambientes y personas buscando propósitos concretos. Por ello nos va a permitir su valoración conjunta y determinar su grado de complementariedad. Las estrategias facilitan una línea de actuación estructurada con el fin de conseguir el mayor grado de eficacia en lo que hemos emprendido. Puede haber técnicas que posean un carácter más vinculado al desarrollo socioafectivo, otras al cognitivo, aunque en conjunto puedan contribuir al desarrollo personal. Es el caso de técnicas que analizaremos con mayor profundidad en el apartado siguiente, como las ruedas lógicas, el análisis asociativo y el estudio de las emociones. Todas ellas permiten analizar y buscar causas y consecuencias; algunas lo hacen de manera puntual con un contenido (ruedas lógicas), otras lo sitúan en coordenadas más amplias (análisis asociativo) y otras inciden en mayor medida en los aspectos situacionales de clima afectivo como objeto de reflexión. Todo ello puede ser de enorme valor para ayudar a los alumnos a plantearse interrogantes y resolverlos.

Así pues, la estrategia es un tipo de recurso metodológico que determina un plan de actuación respecto a la posición y los medios que pueden emplear el profesor y el alumno en el proceso de enseñanza-aprendizaje. Los dos grandes tipos de alternativas estratégicas son: exposición e indagación; identifican al protagonista de la transmisión de conocimientos en un momento (exposición del profesor o del alumno) y el grado de autonomía en la construcción de los conocimientos (estrategias indagatorias mediante aprendizaje dirigido, semidirigido o «libre»). También mostraremos, al término de este capítulo, el empleo (o la «supeditación») de algunas técnicas (como el análisis asociativo, C y R y las ruedas lógicas) para configurar una propuesta integrada que hace más atractivo y dinámico el libro fórum. De esta forma, pasaría de ser técnica a ser una estrategia de fomento de la lectura, a cuyo servicio se disponen otras técnicas.

La alternancia de estrategias expositivas e indagatorias permite optimizar los resultados de los procesos de E/A gracias a la confluencia de técnicas complementarias que cada uno de los dos tipos señalados puede

ayudar a disponer. La complementariedad de las técnicas favorece el desarrollo de diferentes tipos de procesos: observar, representar, discriminar, analizar, relacionar, aplicar, transferir... De esta manera proseguimos en la línea de sistema (conjunto de elementos interrelacionados e interdependientes) por la que hemos apostado desde el principio de esta publicación. La complementariedad de las técnicas a la que hemos aludido coopera en el desarrollo de distintos tipos de aprendizajes, como destacamos ya en el capítulo 3 al abordar los objetivos y los contenidos.

Las estrategias didácticas expositivas

La importancia de la aplicación de este tipo de estrategias viene avalada por autores como Ausubel (1983 y 2000), quien, frente a otros autores de orientación también constructivista, ha defendido la importancia del aprendizaje verbal significativo o aprendizaje «receptivo significativo». El profesor, como agente mediador, debe conseguir que los aprendizajes receptivos sean significativos. Ello dependerá de las condiciones en las cuales se produzcan. Las estrategias expositivas promoverán la construcción de aprendizajes significativos siempre que:

- Partan del nivel de desarrollo del alumno, considerando que este nivel aparece conformado por sus capacidades y sus conocimientos previos, cuenten con el interés de los mismos o se dirijan a promoverlo.
- Presenten con claridad los nuevos contenidos.

Su utilización deberá restringirse a momentos clave del tratamiento de las unidades didácticas. Destacamos los siguientes:

- Planteamientos panorámicos o introductorios.
- Síntesis o recapitulaciones periódicas.
- Síntesis o recapitulaciones finales.

También subrayaremos que en la aplicación de las técnicas que presentaremos siempre hay una fase en la que el profesor (en algunas circunstancias, incluso podría ser un alumno) dispone información esencial acerca de qué se va a tratar y cómo: el objetivo y el procedimiento que la técnica permite.

Las estrategias didácticas de indagación

Su valor ha sido destacado por diferentes autores. Entre ellos podemos subrayar el papel de Bruner (1984). La configuración de estrategias didácticas de indagación permitirá que los alumnos, siguiendo unas pautas más o

menos definidas (la intervención del profesor deberá ajustarse a las necesidades de los alumnos), puedan trabajar contenidos de distinto tipo (conceptos, actitudes y procedimientos). Se encontrarán en situaciones de acción y reflexión. Así, podrán:

- Identificar problemas.
- Intentar determinar algunas de sus causas.
- Obtener datos.
- Clasificarlos.
- Analizarlos y compararlos.
- Establecer conclusiones y generalizarlas.

Técnicas. Concepto y tipología

Entendemos por *técnica*:

> El recurso metodológico concreto que identifica una serie de elementos o pasos puntuales para orientar la acción. Sirve de guía para sistematizar la forma en que se desarrollarán las actividades del proceso de enseñanza-aprendizaje.

Vamos a presentar algunas técnicas de gran significado. Las hemos seleccionado por su potencial valor globalizador y teniendo en cuenta la posibilidad de generar diferentes tipos de situación del profesor y del alumno, distintos principios (aprendizaje significativo, aprender a aprender) y su virtual relación con las competencias básicas. Respecto a ellas, constituyen el instrumento para impulsar la construcción de diversos tipos de destrezas y habilidades; desarrollaremos: la exposición oral, AECCO, la comparación o símil, el coloquio y el debate, el Phillips 6/6, la entrevista colectiva, la sinestesia, la antonomasia, el reconocimiento, estudio y valoración de las emociones (REVE), la descripción, el análisis asociativo, C y R (de De Bono, 2004), las ruedas lógicas (de Hernández y García, 1997) y el libro fórum como estrategia para el desarrollo de un programa que desarrolle las competencias.

Técnicas. Identificación, fases en su aplicación y aportaciones al desarrollo del enfoque competencial

La exposición oral

En la selección de las técnicas para estimular el desarrollo de las competencias básicas hemos querido partir con ésta en particular, debido a su enorme valor instrumental y social. Son muy frecuentes las valoraciones

sobre el empobrecimiento de la habilidad para comunicar de manera precisa, ordenada, clara y adecuada al contexto comunicativo. Aunque depende mucho del modelado desde el entorno familiar y social, podemos estimular su desarrollo transmitiendo al alumno los requerimientos de su aplicación:

- Qué es lo que se desea transmitir.
- A quién. Los destinatarios, sus conocimientos previos y su interés.
- Cómo, con qué recursos podemos captar y mantener la atención: la voz (entonación, altura y pausas), el gesto, materiales impresos o tecnológicos, metodología de apoyo para la elaboración y presentación del contenido (los interrogantes, la síntesis inicial, el análisis, las recapitulaciones parciales y las síntesis finales).
- Cuándo y dónde. El tiempo y el lugar como condicionantes. La necesidad de adaptar los recursos empleados a estas variables.

Así pues, los elementos que requiere la transmisión de ideas a través de la palabra son:

- El conocimiento exacto de lo que se quiere comunicar: la preparación del discurso, la determinación del qué. Para ello es preciso que el profesor oriente sobre los pasos o fases esenciales: la recogida, selección y organización de la información, la elaboración del discurso y las prácticas en voz alta.
- El cuidado de los diferentes elementos de la articulación de la voz: claridad, flexibilidad e intensidad.
- La selección y el uso correcto de diferentes elementos de expresión corporal que aporten más riqueza a las exposiciones.
- La adecuación de los aspectos señalados a las características de los oyentes y del escenario en que se va a producir la actuación.

El trabajo con esta técnica estimula la competencia lingüística, en general, pues como puede apreciarse en la identificación de sus fases de aplicación necesita de la lectura y la escucha atentas. Si conseguimos que su cultivo se extienda a las diferentes áreas, vamos a potenciar las restantes competencias (conocimiento e interacción con el mundo físico, cultural y artística...). Destacaremos, entre todas ellas, muy especialmente, la social y ciudadana e iniciativa y autonomía personal: pensar a quién o a quiénes vas a transmitir información y cómo la vas a transmitir, favorece la empatía y la asertividad. Recordaremos, además, que en el capítulo 2 mostramos nuestra preocupación por fundamentar el trabajo en la base que constitu-

yen las capacidades o inteligencias múltiples. Desde esta perspectiva, cabe destacar que la técnica incide de forma nítida en el desarrollo de la inteligencia interpersonal; al mismo tiempo, también va a promover las inteligencias lógica e intrapersonal porque promueve el autodominio y la autoconfianza, la capacidad de razonamiento; además, ayuda a la disciplina del pensamiento.

El esfuerzo y la perseverancia en mejorar las habilidades comunicativas con los interrogantes señalados hay que cultivarlo desde la educación infantil, ayudando a los niños a dirigirse al grupo aula ordenando relatos que identifiquen experiencias vividas, observadas, escuchadas o inventadas.

El análisis de los elementos que complementan la comunicación oral (AECCO)

La integración de los elementos del lenguaje corporal en la comunicación verbal es esencial para desarrollar plenamente la competencia lingüística. Por ello, es necesario sensibilizar y ejercitar de manera sistemática esta alternativa o complemento al lenguaje verbal oral. También va a potenciar el desarrollo psicomotor y, en consecuencia, la inteligencia corporal-cinestésica, base de un gran número de aprendizajes en las etapas que nos ocupan. Proponemos una secuencia ordenada para garantizar tal sistematización.

1. *Fase de preparación.* El profesor buscará y seleccionará, con la colaboración de los alumnos, una serie de representaciones plásticas variadas para analizar: dibujos y fotografías de deportistas, actores representando obras, personas de distinta edad en situaciones variadas (familiares, profesionales y lúdicas). Una vez seleccionadas, las clasificará para mostrarlas de manera ordenada en el desarrollo de la técnica.
2. *Fase de exposición.* El profesor explicará:
   - Su funcionalidad/empleo en distintos contextos: la vida social, familiar y profesional, en el arte (pintura, dibujo, escultura, teatro, mimo y danza).
   - La importancia de la comunicación no verbal en la vida cotidiana: transmisión de conocimientos, sentimientos, emociones, estados de ánimo e informaciones puntuales.
   - Los componentes de esas formas de comunicación que podemos emplear y que debemos descifrar/interpretar en las situaciones que observemos o participemos. La identificación de estos ele-

mentos (los movimientos, las posturas, la distancia entre interlocutores) se hará de forma global (algunos apuntes verbales), y pueden quedar identificados también en un documento escrito o en la pizarra.

3. *Fase de indagación y aplicación*
   - El profesor irá mostrando al grupo aula esas representaciones plástico-visuales e irá destacando los elementos de la comunicación no verbal que intervienen en ella y la interpretación que, a su juicio, merecen los elementos de comportamiento cinésico.
     - Los movimientos corporales que se aprecian: tronco, brazos, piernas, cabeza.
     - Las posturas que muestran.
     - Gestos faciales: boca, nariz, cejas.
     - Mirada.
   - Gradualmente completará el análisis incorporando comentarios acerca de la importancia de otros elementos en la comunicación y cómo estos elementos apoyan o alteran los mensajes verbales y corporales. En este momento, hará referencia tanto a elementos representados (plásticamente) como sugeridos o imaginados (por ejemplo, escenas, encuentros, sensaciones olfativas y su significado). Algunos de los que pueden ser analizados son:
     - Las características físicas de las personas (altura, peso, rasgos, olor...).
     - Los artefactos que emplean (perfume, ropa, complementos, maquillaje, peinado, etc.).
     - La influencia de los factores del entorno (decorado, luz, olores, temperatura, ruidos, etc.).
     - La distancia que se mantiene con los otros al comunicar (proxemia).
     - Las acciones que se desarrollan.
     - El tono, acento, la pronunciación, velocidad, pausas que empleamos en el lenguaje verbal y no verbal.

     Con estos elementos se construirá una guía de análisis.
   - El profesor pedirá a los alumnos que, para la próxima sesión, busquen información en distintas fuentes: anuncios publicitarios, una serie de televisión, una película, un programa de humor, etc., donde se emplee sólo, o preferentemente, el lenguaje corporal. Aplicarán la guía para el análisis.

4. *Síntesis y valoración.* Los alumnos explicarán de forma oral/escrita.
   - La importancia de los elementos que acompañan la comunicación oral: cómo la enriquecen-acompañan, cómo pueden contradecirla.
   - Identificarán los que consideran más representativos y los que emplean ellos habitualmente.

El ejercicio de esta técnica va a potenciar las competencias lingüística, tratamiento de la información y digital, social y ciudadana, aprender a aprender e iniciativa y autonomía personal. Su funcionalidad es extraordinaria para favorecer la comprensión y valoración de mensajes transmitidos por los medios.

Comparación o símil

Es una técnica de gran valor para el desarrollo de la competencia para aprender a aprender, pues permite determinar semejanzas, regularidades o diferencias (habilidades esenciales para llevar a cabo el análisis lógico). Puede aplicarse a distintos tipos de contenido y en distintas áreas. Al materializarse en diversas situaciones y contextos (vida familiar, social, académica y laboral) favorece el poner en juego todas las competencias (matemática, lingüística, conocimiento e interacción con el mundo físico natural, cultural y artística, etc.).

Los pasos para poner en práctica esta técnica son:

1. El profesor expone el concepto, identifica su valor y lo ejemplifica.
   El símil establece un vínculo entre dos clases de ideas u objetos, a través de la conjunción comparativa como, por ejemplo: «es alto como un pino»; «es fuerte como su padre»; «es frío como el mármol»; «es dulce como el azúcar».
   También empleamos *cual*, y fórmulas afines como *tal*, *semejante*, *así*; flexiones del verbo *parecer*, *semejar* o *figurar*. Asimismo, deben tenerse en cuenta aquellos términos que indican parentesco o imitación.
2. Los alumnos, con ayuda del profesor, mediante una tormenta de ideas identifican cualidades pertenecientes a distintos canales sensoriales (vista, oído, tacto, gusto y olfato) que puedan aplicarse a objetos del entorno, a conceptos construidos (grande-pequeño; suave-áspero; dulce-amargo; caliente-frío; agradable-desagradable).
3. El profesor y los alumnos proponen la búsqueda de relaciones entre imágenes sensoriales para enriquecer comentarios de gastronomía,

animales, plantas, música, dibujos, cuentos, sentimientos, ambientes, instituciones...

- Es tan blanco como...
- Es tan pequeño/grande que parece un...
- Es tan dulce como... /menos dulce que...
- Es un ruido más/menos fuerte que...
- Es una melodía más alegre/triste que...
- Hace tanto frío aquí como en...
- Es un dibujo que semeja/se diferencia de...
- Hace más/menos frío aquí que en...
- Es tan oscuro/claro como... /no es tan oscuro como...
- Es tan bueno como... /no está tan bueno como...
- Me siento tan alegre/triste como...
- Me siento tan cansado como...

El coloquio y el debate

Se trata de técnicas de enorme riqueza y proyección educativa. Gracias a ellas se impulsa a los alumnos a planificar tareas, a buscar información, a formar su propia opinión, a exponerla de forma ordenada, a respetar tanto el turno de palabra como el contenido de la exposición de los otros, a contrastar puntos de vista, a sintetizar ideas y a modificar o reafirmar sus posiciones en función del desarrollo del debate o del coloquio en cuestión. Pueden aplicarse a contenidos de cualquier área y en cualquier contexto. Destacamos su potencial para el desarrollo de las competencias para aprender a aprender y autonomía e iniciativa personal.

1. El profesor expone el concepto, identifica su valor y lo ejemplifica.
   - El coloquio permite poner en contacto los conocimientos y actitudes de distintas personas o equipos para hablar de un tema realizando aportaciones complementarias. Supone cooperación intelectual-emocional. Las personas que intervienen en él exponen sus puntos de vista, sus opiniones, la información de la que disponen, etc. Las distintas informaciones presentadas van ayudando a una mejor comprensión del problema. A diferencia del debate, el coloquio implica cooperación intelectual.
   - El debate identifica alternativas polares respecto a un tema. Supone competición intelectual-emocional. Obliga a fundamentar, a tener que desarrollar la iniciativa para modificar la estrategia de defensa en función de los argumentos que den los otros. Utiliza-

mos el debate cuando pueden presentarse posiciones contrarias alrededor de un tema y debe defenderse una postura o su contraria. Las aportaciones de cada persona o equipo se dirigen a rebatir la exposiciones del otro.

2. El profesor o los alumnos proponen temas para tratar en forma de coloquio o debate.
   - Coloquio. ¿Por qué nos gusta el campo? ¿Por qué nos gusta la película *La bella y la bestia*?
   - Debate. El campo frente a la playa (razones). El zoo frente al parque de atracciones. El helado de chocolate frente al de fresa. *La bella y la bestia* frente a *101 dálmatas*.

   Se inicia una fase de busca de información dentro o fuera del aula, a continuación reflexión o análisis.

   En los primeros momentos de la escolaridad o del desarrollo de un tema, los alumnos pueden elegir entre adjetivos, expresiones o enunciados sugeridos por el profesor.
3. El profesor y los alumnos participan en una situación comunicativa en la que todos pueden verse y todos deberían estar obligados a hacer, al menos una aportación complementaria o de contraste.

   En forma de juego, estas técnicas de complementariedad y contraste podrían ponerse en práctica para estimular la creatividad:
   - Con colores, formas, sonidos.
   - Con historias personales (buscando semejanzas o diferencias).
   - Con relatos que pueden ir construyendo alternativamente (coloquio) o planteando situaciones diametralmente opuestas (debate).
   - Con descripciones de personas, personajes y animales en situaciones fantásticas, a las que hay que buscar situaciones opuestas en circunstancias reales.

Phillips 6/6

Se trata de una técnica de dinámica de grupos (Donald Phillips, en Cirigliano y Villaverde, 1982) que permite desarrollar tanto habilidades intelectuales (capacidad de reacción, profundización en problemas de manera muy directa, etc.), como habilidades sociales (cooperación, diálogo, etc.). Promueve, especialmente, las competencias aprender a aprender y social y ciudadana; también todas las restantes en virtud de los contendidos a los que la apliquemos.

Las fases que puede seguir la aplicación de la técnica son:

- El profesor, un alumno o un equipo de trabajo presenta un caso de forma oral o escrita al grupo-aula (las tres alternativas pueden ser complementarias).
- El grupo aula se divide en equipos de trabajo que discuten independientemente y por espacio de seis minutos unos puntos delimitados por la persona o equipo que expuso el caso.
- Transcurrido el tiempo, un miembro de cada grupo expone las conclusiones que van siendo recogidas en la pizarra.
- El ponente y algunos voluntarios de cada grupo analizan los aspectos que entre todos han extraído.
- Cada alumno realiza una síntesis por escrito en la que exprese sus propias conclusiones.

Esta técnica puede ser aplicada de forma flexible (en tiempo, en demandas específicas) para dinamizar grupos; por ejemplo, todos, en tres minutos, tienen que pensar tres alternativas para ahorrar electricidad en casa.

La entrevista colectiva

Con esta técnica, además de desarrollar la competencia lingüística, fomentamos también aprender a aprender e iniciativa personal; asimismo, va a permitir generar muchas situaciones para materializar la competencia en tratamiento de la información y digital. Como las restantes, aplicada a diversos contenidos de diferentes áreas, potenciará también otras competencias, como la competencia cultural y artística (entrevista a un pintor, a un músico...), el conocimiento e interacción con el mundo físico (entrevista a un político relacionado con el medio ambiente), etc.

Permite ejercitar tanto la habilidad de planificación (cuestiones que ya se llevan preparadas), como la capacidad para adaptar dichas cuestiones al curso de la entrevista, las preguntas que planteen los otros y las respuestas de los entrevistados.

Para desarrollar entrevistas colectivas podemos seguir las siguientes fases:

1. El profesor transmite a los alumnos la necesidad de estar informado, de haber estudiado los elementos de información fundamental sobre un tema. Selecciona un conjunto de interrogantes básicos de carácter lógico para extraer información significativa que luego puedan adaptarse a personajes e informaciones específicas:

- ¿Quién?
- ¿Dónde?
- ¿Cuándo?
- ¿Cómo?
- ¿Por qué?
- ¿Para qué?
- ¿Y si...?

Conviene presentar y analizar algunas entrevistas llevadas a cabo de esta forma en los medios de comunicación (prensa escrita, Internet, televisión y DVD) para dialogar sobre los planteamientos y los resultados que se dan.

2. El profesor y los alumnos:
   - Seleccionan un tema: deporte, música, pintura, moda, fiestas locales, literatura, poesía, etc.
   - Estudian el tema y determinan un aspecto puntual del mismo.
   - Efectúan un análisis personal de las cuestiones que pueden plantearse en torno a él. Determinar interrogantes para formular.
   - Identifican algunas pautas de acuerdo (no pretender «protagonizar» la situación, respetar el turno de los demás, no derivar las preguntas hacia campos no acordados y personales, etc.).
   - Definen el procedimiento. Como habitualmente las entrevistas serán simuladas, un equipo asume el papel del protagonista (buscan información, la seleccionan, la estudian y nombran al que asumirá el papel de entrevistado).
3. Desarrollo de la entrevista y resultados:
   - Uno de los alumnos actúa de moderador (con la ayuda del profesor) y vela porque las normas se cumplan.
   - Se analizan los resultados, se elabora un informe y se configura la entrevista como para ser publicada: se lleva a cabo la selección de un titular y se buscan imágenes (fotografías del entrevistado en el curso de la entrevista o en determinados momentos de su actividad y otras fotografías ilustrativas del tema).
   - Se identifican las conclusiones.
   - Se elabora personalmente o en equipo un informe final.

Las entrevistas pueden ser planteadas (por simulación) a un determinado deportista, un músico, un actor, un escritor (su trayectoria, sus expectativas), a un político (asuntos de la vida local, autonómica, estatal). También

pueden proyectarse para cubrir los objetivos propuestos (aprender a recoger, seleccionar, organizar y presentar información), pero estimulando, al tiempo, la imaginación. De esta manera pueden plantearse respecto a un personaje histórico; incluso a un personaje de ficción, a un animal, a un objeto, etc. En este último caso, por ejemplo, podríamos sugerir y plantear preguntas como:

- ¿Quién te creó? ¿Por qué?
- ¿Quién te compró y dónde?
- ¿Fuiste bien recibido por todos?
- ¿Cómo sientes que te tratan?
- ¿Para qué sirves? ¿Podrías hacer otras cosas?
- ¿Te hubiera gustado hacer otras cosas?

El desarrollo de técnicas como la entrevista puede tener un gran valor para reforzar los aprendizajes que los alumnos desarrollan en los centros. Puede dar lugar, en el momento en que los alumnos las encuentren (en televisión, en radio, en una revista o periódico) a «presumir» afirmando: «nosotros también hacemos entrevistas en clase». En su puesta en práctica también pueden intervenir propuestas de marco más amplio como el configurar algunos elementos de escenografía y vestuario o disfraces. Con ello estamos potenciando, más aún, la competencia en iniciativa y autonomía personal y cultural y artística.

En educación infantil, el profesor puede adaptar la técnica transmitiendo a los alumnos el interés que tiene, mostrando los interrogantes básicos y ejercitándola (por ejemplo, sobre los personajes de los cuentos, sobre su autor, sobre objetos, mascotas, etc.).

Sinestesia

Constituye una técnica que pertenece al campo de las figuras retóricas que estamos trabajando didácticamente con el objeto de que los alumnos las incorporen a su forma de pensar y actuar de manera natural.

Potencia, de manera muy especial, las competencias lingüística, cultural y artística y aprender a aprender. Enriquece cualquiera de las restantes cuando la concretamos en contenidos específicos (por ejemplo, «el olor de esta planta es dulzón» [conocimiento e interacción con el mundo físico]).

Destacamos, además, su gran valor para estimular la atención, la imaginación y el recuerdo, debido al potencial evocador que tienen las imágenes sensibles.

Los pasos para poner en práctica esta técnica son:

1. El profesor expone el concepto, identifica su valor y lo ejemplifica. La sinestesia consiste en la unión de dos imágenes que pertenecen a diferentes mundos sensoriales, como «verde chillón», donde lo visual se une con lo auditivo. Otros ejemplos son: «azul frío», «rosa dulzón».
2. Los alumnos, con ayuda del profesor, mediante una tormenta de ideas identifican cualidades pertenecientes a distintos canales sensoriales: vista, oído, tacto, gusto, olfato y las contraponen. Podemos pedirles, también, que enumeren situaciones en las que podrían emplearlas, o las han visto u oído.
3. El profesor y los alumnos proponen la búsqueda de relaciones entre imágenes sensoriales para enriquecer comentarios de gastronomía, ambientes de la naturaleza (meteorología –frío punzante–, animales, plantas, paisajes, etc.), situaciones familiares o sociales (para describir estados de ánimo: áspera sorpresa).

Antonomasia

El tratamiento de esta figura retórica puede cobrar una dimensión sociofamiliar de relieve. La encontramos en multitud de expresiones recogidas de los medios de comunicación social. Tiene un gran poder evocador y estimula el aprendizaje significativo al referir y personalizar cualidades y atributos. Esto viene a incitar la curiosidad. Si llamamos a un alumno «Pitagorín», «Cervantes», «007» o «Supermán», lo natural es que quieran saber algo sobre esos apelativos. Así pues, potencia el aprendizaje significativo, la atención, la exploración de uno mismo, el análisis, la capacidad de síntesis y el recuerdo significativo. Se vincula a competencias básicas como aprender a aprender y cultural y artística.

Éstos son los pasos que podemos seguir para practicar la antonomasia:

1. El profesor expone el concepto, identifica su valor y lo ejemplifica. Esta figura consiste en servirse de un adjetivo –que funciona como apelativo– o de una perífrasis que sustituye a un nombre propio, partiendo de la idea de que le corresponde de manera incuestionable. Implica una relación en la que lo específico (el individuo) es identificado mediante una fórmula genérica.
   Así, por ejemplo, Simón Bolívar es «el libertador»; Alfred Hitchcock, «el maestro del suspense»; Frank Sinatra, «la voz»; Antonio Nadal, «el valiente».

También se emplea para evocar ciudades: «la ciudad eterna», Roma; «la ciudad del amor», París; «la ciudad que nunca duerme», Nueva York.

La antonomasia también incluye el procedimiento contrario: muchos nombres propios se han convertido en representación de los atributos del personaje originario y se utilizan como sustantivos comunes. En esta alternativa, lo genérico es sustituido por lo individual. Así ocurre con «Donjuán», «Quijote», «Hércules», «Tarzán». Esta fórmula es la que podemos emplear para estimular la curiosidad de los alumnos por la cultura.

Puede ser aplicado al conocimiento de animales, personas cercanas, personajes históricos, políticos, al reconocimiento e identificación de científicos, etc.

2. Los alumnos, con ayuda del profesor, configuran listados de atributos personales (emprendedor, voluntarioso, valiente...) mediante tormentas de ideas.
3. El profesor y los alumnos (individualmente y en equipo) estudian personas del entorno y personajes del deporte, la música, la política, la literatura, el cine, la televisión (pueden ser protagonistas de películas o de cuentos), la pintura y la ciencia para adjudicarles los apelativos seleccionados. Después pueden establecer relaciones entre ellos mismos y los personajes y sus cualidades.

En el diseño de tareas encontraremos una propuesta de desarrollo de esta técnica.

Reconocimiento, estudio y valoración de las emociones (REVE)

Es una técnica que puede aplicarse a todas las áreas. Posee un gran potencial para utilizarla en contenidos literarios y artísticos (música, plástica o dramatización). Además, el profesor puede estudiar los estados de ánimo que son consecuencia de situaciones vividas en el proceso de enseñaza-aprendizaje y en distintos ámbitos de conocimiento (curiosidad, interés, apatía...); esto va a ser clave para poder planificar situaciones que potencien el desarrollo de actitudes positivas para trabajar contenidos de concepto y procedimiento de diversos campos del conocimiento y la experiencia.

La identificación de las emociones, el establecimiento de relaciones entre ellas y la búsqueda de los factores que las causan constituyen elementos de trabajo de un señalado valor formativo y, además, funcional.

Las actividades de enseñanza-aprendizaje y las tareas concretas de desarrollo competencial para el estudio de las emociones van a favorecer el conocimiento de uno mismo (necesario para el autodominio). También, gracias a las actividades de equipo y grupo, facilitarán el conocimiento de los otros. Esto será clave para que los alumnos entiendan, desde las primeras etapas de la escolaridad, con ejemplos muy directos, las consecuencias que tienen sus actos en las emociones de los demás y la necesidad de empatizar y ser asertivo.

Planificar y desarrollar contenidos de este tipo es de señalado valor competencial. Continuamente necesitamos expresar emociones en el entorno familiar, social y académico (la comida, los viajes, las distancias, las visitas, las celebraciones, el cansancio, el esfuerzo, etc.) y es vital reconocer las de los otros para relacionarnos adecuadamente. Estos argumentos nos llevan a vincular directamente la técnica con la competencia en iniciativa y autonomía personal y social y ciudadana.

También, por su incidencia en el análisis de factores que se encuentran en la base de una situación, potencia el desarrollo del pensamiento causal (competencia para aprender a aprender y razonamiento lógico-matemático). Su importancia es tan vital que puede reconocerse como una competencia básica; esta opción ha sido desarrollada en España en la comunidad autónoma de Castilla la Mancha y en muchos centros de otras comunidades, haciendo uso del principio de autonomía pedagógica.

Para utilizar esta técnica podemos seguir estos pasos:

1. El profesor expone el concepto, identifica su valor y lo ejemplifica. En la explicación presenta la emoción como la reacción que sentimos ante ciertas situaciones en las que participamos directamente (hemos terminado una tarea) o que sentimos a través de la observación de otras personas (un compañero que se ha caído), de la naturaleza (paso de las estaciones), de las plantas (cuidadas o no) o de los animales (conocidos/desconocidos; domésticos/salvajes). Ponemos algunos ejemplos:
   - Alegría.
   - Tristeza.
   - Enfado.
   - Miedo.
   - Afecto.
   - Orgullo.
   - Sorpresa.

- Envidia.
- Celos.
- Simpatía.
- Confianza/seguridad en uno mismo.
- Confianza en otros.
- Vergüenza.
- Culpa.

Establecemos relaciones (similitudes o diferencias) entre ellas y las causas que las provocan en nosotros.

2. Los alumnos, con ayuda del profesor:
   - Reconocen ante la contemplación de cuadros, melodías (escucha activa), poesías, fotografías... las emociones que experimentan.
   - Identifican en fotografías, películas, cómics o cualquier tipo de obra plástica, las emociones que parecen sentir algunos personajes representados.
   - Determinan ante enunciados verbales (orales o escritos) la emoción que sienten:
     «No quiero que los demás se enteren de lo que he hecho.»
     «Estoy...»
     «Deseo acercarme y tocar lo que veo.»
     «Siento...»
     «Si estoy con mis amigos.»
     «Siento...»
   - La contrastan con sus compañeros.
3. Buscamos diferentes causas de las emociones. Gradualmente se puede ampliar el número de situaciones demandadas para favorecer el autonocimiento. También, de forma gradual, podemos diferenciar entre tipos de causas que generan una emoción.
   - «Siento miedo ante/cuando...»
   - «Siento alegría ante/cuando...»
4. Identificamos causas de las emociones en los otros. Su estudio se expone como una exigencia de la vida en común (qué hace sentir alegres, irritados, inquietos, esperanzados... a tus profesores, a tus padres, a un amigo, etc.).
5. Dialogamos sobre aquellas situaciones en las que hemos llegado a experimentar emociones convergentes (alegría, esperanza, amor) y emociones polares (nos entristece o nos tranquiliza al mismo tiempo; nos da miedo, pero sentimos curiosidad y nos acercamos...).

Los profesores de infantil pueden recoger las emociones fundamentales que deseen trabajar y emplear fotografías, ilustraciones o iconos para sustituir el lenguaje verbal. También pueden organizar juegos para adivinar, por medio del lenguaje corporal, algunas de las emociones tratadas.

Las publicaciones de Ibarrola (2000-2009) son un medio excelente para ir «desgranando» distintas emociones, su significado y sus repercusiones. Las propuestas muestran sugerencias para el tratamiento didáctico en el entorno familiar, esta cualidad permite desarrollar un trabajo convergente entre este medio y el escolar, de gran interés para favorecer las inteligencias lingüística, inter e intrapersonal y, en consecuencia, la competencia social y ciudadana, emocional e iniciativa y autonomía personal. Reconocimiento especial merece la profundidad (y la valentía) con la que autora y editorial han emprendido un trabajo formativo sobre el que hay todavía una gran carencia (y hasta un incomprensible e inaceptable rechazo). Son historias en las que se nos presentan relatos relacionados con la muerte, la enfermedad, el deterioro y el abandono. Recogen orientaciones formativas para ayudar a afrontar las pérdidas, para comunicarlas, compartirlas y convertirlas en medio de aprendizaje y desarrollo. Los *Cuentos para el adiós* constituyen un recurso inestimable para poder trabajar de forma equilibrada una enorme gama de emociones y sentimientos.

La descripción

El empleo de esta técnica va a ser de una enorme proyección para potenciar la competencia lingüística y aprender a aprender. También desarrollaremos las restantes al aplicarlas a contenidos concretos (descripción de situaciones, competencia social y ciudadana; descripción de obras, cultural y artística; descripción de paisajes, conocimiento e interacción con el mundo físico). Su impulso permite, además, profundizar en el empleo de otras técnicas que hemos estudiado anteriormente, como el símil o comparación, la sinestesia y la antonomasia (al describir algo o a alguien vamos a emplear comparaciones diversas). Su valor lo transmitiremos a los alumnos al mostrarles (y pedirles a ellos mismos que señalen) la enorme variedad de situaciones en las que necesitamos describir algo o a alguien. Como por ejemplo:

- Nuestros profesores y profesoras a los miembros de nuestra familia.
- Nuestros amigos a otros amigos, a nuestros padres y a nuestros profesores.

- Los miembros de nuestra familia, nuestra casa, elementos y objetos de nuestra casa y de la de otros.
- Paisajes, medios de transporte, instituciones y servicios (la playa donde se pasaron las vacaciones, el autobús en el que viajamos, el parque al que fuimos, el museo en el que hemos estado, etc.).

Las fases para potenciar su empleo pueden ser:

1. El profesor explicará sus elementos esenciales, los irá ejemplificando y solicitará la participación de los alumnos para comprobar la comprensión y las primeras aplicaciones. Los aspectos esenciales serán:
   - Su concepto. Es una forma de retrato o dibujo con palabras de los aspectos más significativos de personas, lugares, objetos y situaciones.
   - El propósito. Que el destinatario o destinatarios del mensaje puedan elaborar una imagen mental clara sobre el objeto de la descripción.
   - Sus elementos más significativos. Las características: cualidades, defectos y utilidad.
   - Su funcionalidad en la vida social, familiar y académica. En ellas encontraremos descripciones científicas o afectivas (animales, plantas...), descripciones publicitarias e informativas (folletos turísticos que describen hoteles, manuales de uso de un determinado producto), y descripciones literarias que potencian el lenguaje y la emotividad.
   - Sus componentes:
     - Tema, qué es lo que se describe.
     - Características más destacadas que lo definen (forma, tamaño, color), rasgos físicos o psíquicos (intereses, capacidades, etc.).
     - Recursos expresivos que se pueden emplear prestando especial atención a los sustantivos y adjetivos, a los símiles o comparaciones (alto, fuerte, sencillo... como) y a las imágenes sensoriales (azul frío), a las metáforas...
     - Sus reglas. La concisión y la claridad. El lenguaje verbal puede ser completado con gráficos o imágenes; en los propagandísticos y literarios la descripción es más subjetiva, pues es habitual que influyan emociones o valoraciones personales.
2. El profesor mostrará sus pasos ordenados, los ejemplificará e irá conduciendo la participación de los alumnos para garantizar el conocimiento, la comprensión y la aplicación:

- Recordar los interrogantes básicos para guiar el estudio: qué, cómo, dónde...
- Observar y analizar atenta y detenidamente aquello que queremos describir; emplear los cinco sentidos para anotar todos los detalles, las características, las cualidades...
- Seleccionar sólo aquello que sea significativo para el tipo de texto descriptivo que queramos hacer: familiar, social, técnico, científico, literario...
- Clasificar y ordenar los datos elegidos de forma coherente.
- Recoger y utilizar los recursos más significativos (adjetivos, comparaciones...).

3. Organizaremos una tormenta de ideas para recoger situaciones en las que los alumnos identifiquen la necesidad de describir.
4. Los alumnos individualmente y en equipo desarrollarán descripciones de los elementos seleccionados en la tormenta. Algunas descripciones serán libres y otras serán elegidas por ellos de entre diferentes propuestas.
5. Se desarrollarán periódicamente algunas puestas en común. Con ellas se favorecerá el contraste (similitudes y diferencias entre las distintas descripciones) y además su enriquecimiento cuantitativo y cualitativo (podríamos configurar baterías de adjetivos para describir objetos, personas que además de la extensión favorezcan el poder matizar o profundizar más en la esencia de lo descrito).

Análisis asociativo

La idea de esta técnica la hemos definido a partir de la metodología de globalización por centros de interés de Decroly, también conocido como *programa de ideas asociadas*. Su aplicación y versatilidad para extraer y organizar contenidos significativos de distintas unidades didácticas ha quedado patente en el capítulo anterior. No obstante, la dificultad para organizar programas de enseñanza-aprendizaje globalizados, cuando los contenidos, los materiales de apoyo y los profesores se multiplican, nos llevan a trazar esta propuesta que hace posible abordar puntualmente contenidos nacidos en situaciones concretas de aprendizaje y relación.

Esta alternativa, lejos de fragmentar información, permite captarla a la luz del principio de aprendizaje significativo. Hace posible, por medio de un sistema lógico de asociaciones, recuperar información o construir nuevas in-

formaciones que pueden ser retenidas de una manera organizada. Sus dimensiones de valor son:

- Formativo para los profesores, pues desarrolla una estrategia de enseñanza eficaz y cooperativa.
- Instructivo para el alumno, porque sistematiza contenidos en cualquier campo disciplinar.
- Formativo para el alumno, ya que es un medio eficaz para ordenar el pensamiento y los conocimientos puntuales.

Impulsa el desarrollo cognitivo. En el capítulo 2 ya explicamos la necesidad de fundamentar nuestro trabajo en el conocimiento de las bases evolutivas. Si queremos estimular nuevos procesos de pensamiento, debemos estudiar el nivel de partida. Tenemos que considerar que los alumnos de infantil y primaria muestran rasgos propios del pensamiento prelógico y lógico concreto; trabajaremos con contenidos que puedan ser estudiados, analizados y comprendidos a través de procesos de identificación, análisis, establecimiento de relaciones, síntesis y conceptualización, primero de objetos de conocimiento directos y concretos y, gradualmente, de objetos más generales, complejos y elaborados.

De esta manera, con niños de tres a seis años (aproximadamente) impulsaremos fórmulas que faciliten la superación del sincretismo, haciendo un trabajo continuado y sistemático de desglose de componentes de contenido. Con alumnos de seis a doce años, siguiendo la misma línea de análisis, podemos profundizar en él, a veces sobre los mismos o similares contenidos (enfoque cíclico). De esta manera se desarrolla y consolida el análisis e incidimos en síntesis finales que, gradualmente dispuestas, abonan el terreno del pensamiento formal. Estimulamos, así, la competencia matemática (clasificaciones; comparaciones; inferencias: razonamiento lógico), la competencia para aprender a aprender, iniciativa y autonomía personal, etc.

Los contenidos que pueden ser abordados por medio del análisis asociativo resultan de una naturaleza muy variada. Entre ellos:

- Personas.
- Animales.
- Plantas.
- Instrumentos, materiales y objetos.
- Acciones y conjuntos de acciones: juegos, deportes...
- Situaciones, escenas familiares y sociales.
- Instituciones.

Así pues, la técnica puede ser empleada, en función de la concreción o abstracción del objeto de aprendizaje en distintos tramos educativos y para contenidos de diversa índole: musicales, deportivos, lúdicos, sociales, artísticos, literarios, etc.

La técnica de análisis asociativo y la ejemplificación consta de varias fases. Nieto Gil (2004, p. 71), en un manual verdaderamente útil sobre estrategias de actuación eficaz nos explica que:

> *Durante muchos siglos, la enseñanza parecía una actividad que se reducía a la técnica (o arte) de exponer, de explicar. Pero, y desde Sócrates, el intercambio de preguntas y respuestas parece ser una técnica didáctica tan valiosa y eficaz como la técnica (o arte) de exponer, cuando no más... Siempre se ha dicho que a través de las preguntas uno puede conocer los elementos constituyentes de un objeto, evento, proceso, concepto... En el mundo angloparlante, se habla de los ocho caminos del saber: Who? (¿Quién?); What? (¿Qué?); Which? (¿Cuál?); Where? (¿Dónde?); When? (¿Cuándo?); Why? (¿Por qué?); What's... like? (¿A qué se parece...? ¿Cómo es...?); How is... doing? (¿Cómo se hace?).*
>
> *El alumno que sabe usar estos ocho caminos del saber, estos ocho tipos de interrogar, puede definir, describir y situar cualquier entidad cognoscible. Se trata de configurar una serie de interrogantes tipo.*

La respuesta puede ser articulada y sistematizada a partir del sistema de análisis de Decroly. Como hemos mostrado en el capítulo 3, él empleaba como guía la identificación de las siguientes:

- Asociaciones espaciales.
- Asociaciones temporales.
- Asociaciones causales.
- Asociaciones de utilidad y trabajo.
- Asociaciones de origen y procedencia.
- Asociaciones éticas, morales y sociales.

Para cada una de estas vías de relación-asociación podemos sugerir o encajar los interrogantes que nos van a permitir sistematizar nuestro trabajo de enseñanza y, al tiempo, van a permitir a los alumnos aprender más y desarrollar (en función de su momento madurativo) sus capacidades lógicas de manera gradual. El lector podrá completarlas con su propia experiencia.

En los cuadros que siguen a continuación (cuadros 25 y 26) mostramos dos tipos de propuestas para la sistematización del conocimiento: objetos y

personas. Hemos identificado interrogantes claves: ¿cómo?, ¿dónde?, ¿cuándo?, ¿por qué?, ¿para qué?, ¿qué pasaría si....? y, apoyándonos en la propuesta de Decroly (espacio, tiempo, causa, efecto, utilidad y normas), las hemos vinculado a elementos de contenido que, de esta manera, dejan los temas perfilados.

Consideramos que este tipo de técnicas, empleadas por conjuntos de profesores, tienen una enorme ventaja: proporcionan al alumno unas regularidades en la sistematización de los aprendizajes que pueden ayudarles en su propio proceso de construcción de un conocimiento autónomo, porque favorecen la organización mental de la información.

De esta manera, además, con una forma de tratamiento educativo integrador estamos construyendo la base del aprendizaje competencial. Por ello, entre paréntesis mostramos algunas de las alternativas de relación con competencias básicas que pueden ayudar a buscar más relaciones en las aulas con esa finalidad. No obstante, como los vínculos son abiertos y las relaciones intercompetenciales claras, cada profesor puede proyectar distintos tipos de vinculación contenido-competencias en función de la orientación que desee dar a dichos contenidos en la situación específica de su aula.

Los gráficos que presentamos a continuación ejemplifican la técnica aplicada a contenidos concretos.

C y R (de De Bono)

Consecuencias y resultados es una técnica muy sencilla en su aplicación y de un enorme potencial en su funcionalización. El sistematizar un trabajo de reflexión sobre las consecuencias de nuestros actos y sus repercusiones en los otros y en el medio (o los actos de otros y sus consecuencias), puede permitir a los alumnos conocerse mejor a sí mismos, controlar mejor sus actos y determinar sus responsabilidades. El tratamiento sistemático de la toma de decisiones va a cooperar de forma inestimable en el desarrollo de la competencia en iniciativa y autonomía personal, aprender a aprender, competencia social y ciudadana y conocimiento e interacción con el mundo físico natural.

Propuesta por De Bono, esta técnica puede aplicarse desde la educación infantil: de forma guiada, pidiendo al niño que piense en situaciones que ha experimentado o que ha observado en otros y sus consecuencias a corto plazo (comer demasiados dulces, acostarse tarde, no abrigarse, etc.). De manera gradual, podemos ir extendiendo las reflexiones a plazos temporales

Cuadro 25. Técnica del análisis asociativo aplicada al estudio de objetos

ANÁLISIS ASOCIATIVO

ESTUDIO DE OBJETOS (un juguete, un libro, un medio de transporte, un electrodoméstico)

¿Cómo es?

- **Asociaciones espaciales**: formas, tamaños: grande, pequeño..., comparaciones.
- **Asociaciones temporales**: antiguo, nuevo.
- **Asociaciones de origen y procedencia**: es de madera, metal, barro, papel, plástico, etc.

¿Es diferente a...?
¿Se parece a...?
(CCBB 1, 2, 5, 7, 8)

¿Por qué lo estudiamos?
Asociaciones causales: es útil, necesario, diferente, interesante.
(CCBB 5, 6, 7, 8)

¿Dónde está?
Asociaciones espaciales: cerca, lejos, arriba, abajo, dentro, fuera; en lugares/ámbitos puntuales (casa, calle, tiendas, colegio, museos...).
(CCBB 1, 2, 4, 5, 6)

¿Quiénes lo fabrican?
¿Cómo lo hacen?
¿Quiénes lo utilizan? ¿Cómo lo hacen?
¿Para qué sirve exactamente?

- **Asociaciones de utilidad y trabajo**: profesiones y tareas concretas: quiénes lo inventaron, quiénes lo fabrican, quiénes lo venden, quiénes lo usan.
- **Asociaciones éticas, morales y sociales**: valoración, estimación de los trabajos, valoración de su utilidad, lo que resuelve.

(CCBB 1, 3, 5, 6, 7, 8)

¿Qué pasaría si no lo tuviésemos?
Asociaciones de utilidad y trabajo y sociales: problemas/ventajas personales, sociales, familiares o profesionales consecuencia de poseerlo o no, de poder/no poder contar o no con él.
(CCBB 1, 5, 7, 8)

Cuadro 26. Técnica del análisis asociativo aplicada al estudio de personas

ANÁLISIS ASOCIATIVO

ESTUDIO DE PERSONAS (un familiar, un amigo, un actor, un político, un músico, un deportista)

¿Cómo es? ¿Cómo soy?

- **Asociaciones espaciales**: rasgos físicos: formas, tamaños, tonalidades de piel, pelo, ojos. Comparaciones: semejanzas y diferencias...
- **Asociaciones temporales**: edad, biografía...
- **Asociaciones de origen y procedencia**: lugar, país donde nace, donde vive, evoluciona, donde trabaja... (CCBB 2, 3, 5, 7, 8)

¿Se parece a...?
¿Es diferente a...?

¿Dónde trabaja?
¿Cómo lo hace?

- **Asociaciones de utilidad y trabajo**: profesión y tareas específicas.
- **Asociaciones éticas, morales y sociales**: valoración, estimación de los trabajos, características de un buen desempeño, de la eficacia en el trabajo.

(CCBB 5, 6,7, 8)

¿Dónde está?
¿Dónde vive?
Asociaciones espaciales: cerca, lejos, arriba, abajo, dentro fuera: dirección, teléfono, lugares/ámbitos puntuales (casa, calle, colegio, ayuntamiento, Consejería, Parlamento...).
(CCBB 1,2, 5, 7,8)

¿Por qué nos interesa?
¿Por qué lo estudiamos?
Asociaciones causales: es familiar, es vecino, es amigo, queremos conocerlo, es famoso...; cómo y por qué es...; lenguaje: calificativos, descripciones puntuales, características personalidad. Cualidades esenciales.
(CCBB 1, 2, 4,5, 7, 8)

¿Qué pasaría si no pudiésemos contar con él?
Asociaciones éticas, morales y sociales: valoración, estimación de sus trabajos, de sus cualidades...
(CCBB 5, 6, 8)

más amplios y a núcleos de contenido más generales y más abstractos relacionados con aspectos de la vida escolar, familiar, social (la elección de unas normas u otras, de un tipo de vida, de una manera de comportarse con los otros y con el entorno). De esta forma favoreceremos el acceso a la lógica concreta, su asentamiento y el impulso progresivo a la construcción del pensamiento formal: indagación de alternativas, posibles consecuencias de un mismo fenómeno, etc.

De acuerdo con las orientaciones de De Bono (2004), sus elementos son:

- Definición de la situación (la casa, el colegio, las instituciones sociales, etc.) y del tipo de problema.
- Determinación de la escala de tiempo, los plazos. Son relativos dependiendo de la situación: inmediato, corto, medio o largo plazo. De esta manera pedimos ir estudiando las consecuencias tras la acción o cuando los hechos se hayan asentado.
- Estudio de riesgos. ¿Va a ocurrir lo que esperamos?, ¿qué puede ir mal?, ¿qué peligros hay?, ¿qué es lo mejor o lo peor que podría pasar?
- Certidumbre. ¿Estás seguro de que va a suceder de esta forma? Al alumno hay que explicarle que a veces hay que actuar con niveles bajos de certidumbre. No siempre podemos esperar la plena certeza. Lo importante es ser consciente del nivel de certeza. Si hacemos suposiciones, hemos de saber que son sólo suposiciones.

Cuadro 27. Técnica C y R de De Bono aplicada a distintos tipos de contenido

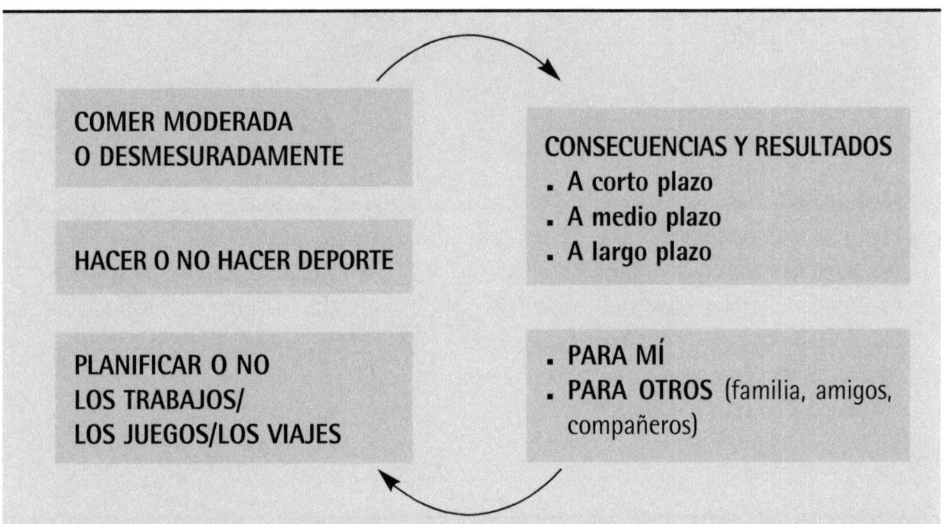

Ruedas lógicas (de Hernández y García)

En la selección de técnicas valiosas para generar prácticas que nos permitan transmitir información y potenciar el desarrollo de competencias, ésta es una de las que pueden tener más valor. Extraída del programa *Notice* (Normas para un trabajo integrado en el currículo escolar, García y Hernández, 1997) constituye una propuesta de enorme valor formativo para estimular el desarrollo de la competencia para aprender a aprender y, desde ésta, las restantes, al materializarse en cualquier contexto de conocimiento. Podemos abordar con ella géneros literarios, sistemas sociales, medios de comunicación o de transporte, profesiones, objetos, etc.

Por ello, tratando contenidos muy cercanos, podemos comenzar a emplearla en infantil. Se trata de enseñarles a describir-identificar, a cotejar-comparar, a pensar en más de una razón/causa y en sus consecuencias, y a estimular finalmente la síntesis-valoración-evaluación. Si seguimos potenciando el empleo de la técnica en primaria puede convertirse en un instrumento valiosísimo para saber más, retener y recuperar más información y pensar mejor, más ágil y ordenadamente.

Será al final de primaria y, especialmente, en secundaria cuando las fases causa-efecto adquieran más consistencia. El pensamiento formal significa precisamente esto: poder determinar aspectos de causalidad múltiple y poder forjar hipótesis respecto a contenidos más alejados y abstractos. Pero a este tipo de acciones mentales sólo se accede preparando el camino, construyendo conocimientos y estimulando capacidades en las etapas anteriores.

La técnica parte de la interrogación y pretende generar ideas empleando un sistema de cuestiones claves: identificar, comparar, determinar relaciones causa-efecto, argumentar. García y Hernández sugieren algunos interrogantes para cada cuestión que el profesor puede adaptar al contenido, como puede apreciarse en la propuesta que mostramos a continuación (véase el cuadro 28).

- Identificar
  -¿Qué es?
  -¿Cómo es?
- Comparar
  -¿A qué es igual?
  -¿A qué es distinto?
  -¿En qué sentido?

Cuadro 28. Técnica de las ruedas lógicas de García y Hernández aplicada a contenidos concretos

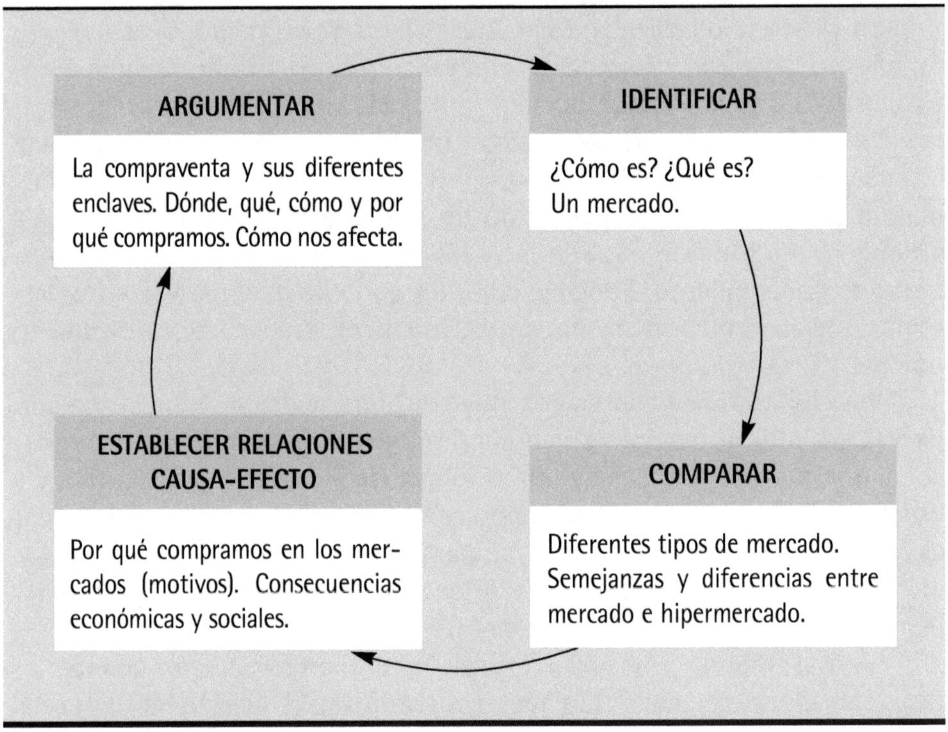

- Causa-efecto
  -¿Cuáles son sus antecedentes?
  -¿Y sus efectos?
- Argumentar
  -¿Qué explicación se da?
  -¿Qué valoración se hace?
  -¿Qué solución se presenta?

El libro fórum

El libro fórum se utiliza como estrategia –entendida como conjunto de técnicas integradas– para el diseño de un programa para el desarrollo de las competencias lingüísticas, aprender a aprender e iniciativa y autonomía personal.

Explicamos anteriormente el concepto *estrategia* como plan de actuación que integra distintos tipos de recursos. Supone, en términos generales, delimitar el papel del profesor y del alumno, los materiales de apoyo y con-

juntos de técnicas para desarrollarlos (por ejemplo, cuando nos referimos a estrategias expositivas e indagatorias). Pero también podemos emplear esta acepción como plan que reúne técnicas en una situación precisa y con un propósito determinado.

Esta alternativa ya la mostramos en nuestra publicación precedente sobre competencias básicas (Escamilla, 2008). En ella aludíamos al *libro fórum* (que habitualmente se presenta como técnica) como una estrategia para fomentar la lectura. Supone recoger la idea de foralidad como escenario que permite el encuentro y el intercambio. Facilita la organización de situaciones de comunicación y reflexión muy variadas (exposición, descripción, diálogo, coloquio, debate, análisis...).

Su valor se extiende incluso al trabajo con niños de educación infantil que no saben leer. Estamos de acuerdo con Osoro (2002, p. 318) cuando afirma que:

> *Se aprende a leer por el oído: escuchando la narración de cuentos, la palabra pronunciada es la mejor llave/bagaje para iniciar en el hábito lector... es importante crear un clima, una atmósfera que demuestre a los niños que somos los primeros entusiastas de la lectura... a los clásicos no se llega sólo por la lectura curricular sino a través de recursos creativos como el cine, las artes escénicas y la lectura en voz alta y apasionada y a la vez serena, dramatizada y sencilla de un profesor.*

En efecto, consideramos que escuchar historias de forma expresiva, apreciando en esa lectura emoción, dispone al que escucha a imitar esa conducta porque advierte la recompensa que en esa lectura puede hallar.

Así pues, recogemos, como ya hicimos en nuestra anterior publicación, esta propuesta que puede ser desarrollada y personalizada por cada profesor. Permite, además, ser aplicada conjuntamente por los profesores que trabajan con un grupo; libros o audiolibros que traten historias sobre juegos, deportes y música o sobre biografías de deportistas, músicos, autores literarios, libros con textos en lengua extranjera, etc. Ello viene a desarrollar una labor convergente que comporta:

- Un propósito común: desarrollo de la competencia lingüística, aprender a aprender e iniciativa y autonomía personal de forma prioritaria a través de la lectura, la escucha activa, la expresión oral y escrita.
- Unos medios integrados, en este caso las técnicas de análisis asociativo, C y R y ruedas lógicas.

- Unos acuerdos respecto a los plazos temporales en los que todos insistirán en la misma técnica para favorecer su comprensión y aplicación en profundidad, al captar que se puede transferir a distintas situaciones didácticas y a diferentes contenidos.

Insistimos en que la aplicación del libro fórum tiene un valor inestimable para potenciar todas las habilidades lingüísticas: leer, escribir, hablar y escuchar. Recordamos que diversas investigaciones y evaluaciones educativas, sociológicas y laborales revelan la influencia de la lectura en el proceso formativo (potencia la representación y la comunicación). También posee un valor funcional y propedéutico. Los niveles de lectura apropiados permiten una mejor adaptación a las distintas etapas educativas. La comprensión lectora es la base del estudio y la asimilación de los contenidos de todas las áreas; además, desde una perspectiva competencial, tiene consecuencias significativas respecto al ajuste y la adaptación social y familiar. Destacamos también la importancia de dedicar atención rigurosa a la expresión oral. Aún siendo la principal vía de comunicación en diferentes entornos, ha sido, en ocasiones, relegada en el trabajo sistemático en los centros. En estos momentos en los que los niveles de lectura no son todo lo altos que cabría desear, los niveles adecuados de expresión, también descienden. Por todo ello, es necesario fomentar su proyección e impulsar el interés de los alumnos respecto a su dominio: les permitirá conocer más, representar mejor, disfrutar individualmente y con otros y relacionarse de manera más activa y fecunda, integrándose en diversos medios: escolar, familiar y social.

Nuestra propuesta, como hemos destacado quiere incidir también en la capacidad para tomar decisiones y en la competencia social y ciudadana. Por ello trabajamos con dos alternativas de selección de lecturas:

1. Comunes para todos (análisis que puede ser completado con las aportaciones de los participantes).
2. Elegidas entre un listado dispuesto por el profesor. Viene a corresponder a unos primeros niveles de optatividad que, gradualmente, podrían dar lugar a situaciones de entera libertad en las que ellos mismos harían sus propias propuestas.

La iniciativa y autonomía personal y la capacidad de tomar decisiones se verá potenciada, además, por la dinámica de aplicación de la técnica de C y R, trabajando de forma sistemática y esforzada las consecuencias de los actos de los personajes que participan en las historias.

Subrayamos, asimismo, que con esta estrategia pretendemos profundizar en la identificación y descripción de los personajes: sus intereses, sus formas de actuar, las razones que les impulsan a ello. También queremos resaltar la importancia que puede tener, en la potenciación de intereses hacia la lectura, el trabajar sobre los autores: ¿quién lo escribió?, ¿cuándo lo hizo?, ¿por qué?, ¿qué otras obras pueden interesarnos?, etc.

El análisis asociativo y las ruedas lógicas estimulan la competencia para aprender a aprender, fomentan el desarrollo de procesos psicológicos (identificar, enumerar, clasificar, describir, comparar, analizar causas y efectos), que tratados de forma continua (comprobemos lo positivo que resultaría una propuesta entre etapas, ciclos y cursos en el centro) van a generar una dinámica real de aprendizaje y pensamiento, un hábito que lleve a desarrollar una estrategia de indagación permanente: preguntarse, buscar información, ordenar y relacionar la información.

La aplicación de la estrategia en sus fases queda recogida en el cuadro 29. Los profesores de infantil y primaria pueden adaptarla y personalizarla seleccionando fases, aplicándolas con otro orden, trabajando con todas las técnicas, optando por alguna de ellas o bien incorporando otras de las estudiadas anteriormente (la sinestesia, la descripción y la antonomasia).

Actividades y tareas

Concepto. Relaciones con la programación y contribución al desarrollo de competencias básicas

Como hemos venido defendiendo hasta ahora, consideramos que el enfoque competencial supone una forma de retomar planteamientos educativos que destacaban el valor de alternativas determinadas en el proceso de enseñanza-aprendizaje. Tales alternativas implican:

- La superación del énfasis en la actividad del profesor y su protagonismo. Nuestra actividad se considera un medio que intenta promover la propia actividad constructiva del alumno, ingrediente esencial de una formación equilibrada.
- Considerar que los contenidos no son el eje exclusivo de las tareas de planificación. Son un elemento más del proceso, se contemplan desde sus diferentes dimensiones y se vinculan en términos de interrelación e interdependencia con los restantes elementos de la programación. Su finalidad es promover el desarrollo de capacidades.

Cuadro 29. Estrategia para impulsar la lectura. El libro fórum y su relación con otras técnicas

LIBRO FÓRUM

- **Libro/cuento común para toda la clase**
- **Libro/cuento elegido entre una propuesta de 2 o 3 títulos**

Temporalización

- Inicio curso. Explicación del propósito. Exposición de alternativas.
- 2.º trimestre: cuento/libro común para todos. Dos sesiones.
- 3.er trimestre: cuento/ libro optativo. Tres o cuatro sesiones.

Desarrollo libro fórum Participación

- El profesor explica qué hay que hacer (fases 1, 2, 3, 4, 5). Lo ejemplifica respecto a un libro/cuento.
- En el desarrollo de las sesiones, uno de los alumnos expone un elemento de análisis. El resto del grupo completa o amplía la información/valoraciones con la ayuda del profesor.

Guía de análisis

1. Argumento
- → Qué o quienes intervienen.
- → Qué hacían, dónde estaban.
- → Qué les ocurrió, cómo actuaron.
- → Qué pasó finalmente.

2. Personajes
- → Protagonistas:
  - Cómo son (rasgos físicos, personalidad).
  - Qué dicen.
  - Por qué
  - Qué opinamos de ellos
- → Secundarios.

3. Autor
- → Quién es. Elementos biográficos.
- → Cuándo / Cómo lo escribió.
- → Características de la obra (género, tema, valores...).
- → Cuándo / Cómo lo escribió.

4. Ilustraciones Presentación
- → Colores, ambientes, detalles de los personajes, atractivo, papel (tacto), detalles de las escenas.

5. (Audio)
- → Voces: altura, claridad, entonación apropiada.
- → Música: instrumentos/voz.
- → Sonidos ambientales, claridad, identificación.

Cuadro 30. Técnicas al servicio de la estrategia del libro fórum

TÉCNICAS ASOCIADAS HISTORIA/PERSONAJES

C y R

De Bono:

- Qué pasaría si el protagonista hubiera actuado de otra manera.
- Qué habría hecho.
- Qué consecuencias tendría.
  - Para él. – A corto plazo.
  - Para otros. – A largo plazo.

ANÁLISIS ASOCIATIVO

Escamilla:

- Quién es, cómo es.
- Dónde está.
- Qué hace / cuándo lo hace / cómo lo hace / por qué lo hace.
- Qué otras personas trabajan / intervienen.
- ¿Cumplen las normas?

RUEDAS LÓGICAS

García y Hernández:

- Quién y cómo era...
- A quién se parecía / diferenciaba.
- Por qué hizo...
- Qué consecuencias tuvo.
- Qué pensamos.

Ahora, desde el enfoque competencial se subraya que esas capacidades deben suponer y (deben constatar) la preparación eficaz del alumno para vivir en distintas situaciones y desenvolverse en diferentes contextos.

- Reconocer que la selección de técnicas y actividades de enseñanza no se puede hacer exclusivamente desde la perspectiva de la transmisión de conocimientos. Ahora buscamos técnicas y actividades que nos ayuden a construir conocimientos. Debemos, pues, diversificarlas y adaptarlas para ayudar a los alumnos a construir y re-

construir conocimientos impulsando el desarrollo de nuevos desarrollos en capacidad.

- Buscar situaciones de actividades de enseñanza-aprendizaje y tareas específicas que provoquen respuestas de desempeño eficaz, reconociendo y buscando el diálogo entre principios de eficacia, calidad, equidad y atención a la diversidad. Propondremos y estimularemos situaciones de aprendizaje que permitan fomentar y dar respuestas a los distintos tipos de intereses, necesidades y capacidades de los alumnos.

Así pues, considerando estos supuestos, se explica nuestra alusión a este elemento de las unidades didácticas como de enseñanza-aprendizaje (que canalizan las dos perspectivas). Entendemos, en suma, las actividades, como:

> El elemento del currículo que se formula, exclusivamente, en el nivel de la programación de aula y, más concretamente, en sus unidades didácticas. Expresa la síntesis integradora y aplicada de todas las opciones recogidas en los restantes elementos de este tercer nivel de desarrollo curricular determinando ya, de forma puntual qué hacemos, dónde, cuándo y cómo. Sirve de guía inmediata para la acción.

Las actividades se ordenan atendiendo a una variada tipología en la que cabe distinguir, entre otros, aspectos como: los agentes que intervienen y su forma o grado de participación o colaboración, la posición que manifiestan respecto a la elaboración de los contenidos y el carácter que poseen con referencia al lenguaje que empleamos o el tipo de dominio de aprendizaje. Alternativas de materialización de esta tipología son las siguientes:

- Actividades desarrolladas por distintos agentes o que señalan el grado de participación/colaboración de éstos en el proceso:
  - El profesor o profesores.
  - Las familias.
  - Los alumnos (individuales, equipo o gran grupo).
- Actividades que señalan o destacan el objeto prioritario respecto a la elaboración de los contenidos, inciden especialmente en:
  - Identificación de conocimientos previos.
  - Presentación.
  - Desarrollo.
  - Profundización.
  - Síntesis.

- Actividades que muestran el carácter respecto al ámbito, dominio de aprendizaje y el lenguaje empleado:
  - Numéricas.
  - Plásticas.
  - Dinámicas.
  - Verbales.
  - Espaciales.
  - Musicales.
  - Etc.
- Actividades que, explícita o implícitamente, señalan un vínculo respecto al desarrollo de competencias básicas:
  - Lingüística.
  - Matemática.
  - Conocimiento e interacción con el mundo físico.
  - Tratamiento de la información y digital.
  - Social y ciudadana.
  - Cultural y artística.
  - Aprender a aprender.
  - Iniciativa y autonomía personal.

Deberemos entender que estos tipos no son sino una vía de análisis; permiten a un profesor identificar los componentes del trabajo para estructurarlo mejor y proporcionar referentes para un desarrollo más equilibrado. En el diseño y en la puesta en práctica de estas actividades muchos de estos componentes se van a entrecruzar. Veamos algunos ejemplos:

1. Propondremos, de forma oral o escrita, un cuestionario para identificar conocimientos y actitudes previas relacionadas con el agua, el aire y el sol. Las preguntas serán del siguiente tipo:
   - ¿Qué te sugiere la palabra sol/aire/agua/?
   - ¿Con qué otras palabras la relacionarías?
   - ¿Qué crees que le ocurriría a un animal sin agua?
   - ¿Qué crees que le ocurriría a una planta sin sol?
   - ¿Os ha faltado alguna vez en casa agua? ¿Qué ocurrió?
   - ¿Qué debemos hacer para protegernos del sol, de las rachas de viento o del granizo y las tormentas?

   En este tipo de actividad encontramos una propuesta del profesor, de identificación de conocimientos y actitudes previas. Es verbal. Se relaciona, fundamentalmente, con el desarrollo de la competencia

en conocimiento e interacción con el mundo físico natural, lingüística, aprender a aprender e iniciativa y autonomía personal.

2. Mostraremos, sucesivamente, tres representaciones plásticas que recojan imágenes de los fenómenos objeto de estudio: una playa, un jardín, una población que ha sufrido inundaciones y un campo asolado por la sequía. Describiremos los objetos, las personas, las escenas y comportamientos que se pueden observar. Abriremos una fase de intercambio sobre las experiencias personales y las emociones sentidas en este tipo de situaciones (observadas o vividas).

   Es una propuesta que alterna la actividad del profesor y del alumno. Es una actividad de desarrollo de contenidos, integra expresión verbal y plástica. Está orientada, fundamentalmente, a potenciar las competencias en conocimiento e interacción con el mundo físico natural, social y ciudadana, lingüística y aprender a aprender.

3. Relataremos una historia (personal o imaginada) relacionada con el sol, la luna o el agua. Les recordaremos que tienen que prestar atención a los elementos esenciales del proceso de la narración:
   - Cuándo ocurrió.
   - Qué ocurrió.
   - Quiénes fueron los implicados.
   - Cuál fue el problema.
   - Qué solución se dio.
   - Cuánto tiempo tardó en remitir.
   - Qué ocurrió finalmente.

   Es una propuesta del profesor, de carácter expositivo, de desarrollo de contenidos, verbal. Orientada fundamentalmente a desarrollar la competencia en conocimiento e interacción con el mundo físico natural, lingüística y aprender a aprender.

4. Escribirán los momentos clave que permiten estructurar una narración en su cuaderno para luego, en casa, con algún familiar, construir el relato de una situación emocional similar vivida por ellos mismos o por miembros de su familia. El relato irá acompañado de un dibujo y en su exposición a la clase se incorporarán, con ayuda del profesor, elementos de lenguaje corporal que enriquezcan la presentación.

   Es una propuesta para el alumno (con alusiones al papel del profesor y de la familia), que exige indagación y aplicación. De desarrollo de

contenidos. Emplea expresión verbal, plástica y dramática. Orientada, fundamentalmente, a desarrollar la competencia en conocimiento e interacción con el mundo físico natural, lingüística y aprender a aprender.

Las tareas como vía imprescindible para la adquisición de competencias básicas

En las actividades que acabamos de proponer, podemos hallar vínculos claros con la orientación para el desarrollo del enfoque competencial.

En efecto, a la aplicación sólo se puede llegar tras el conocimiento y la compresión. Por este motivo, las propuestas de actividad de identificación de conocimientos previos, de puesta en práctica de mecanismos que capten la atención, de desglose de contenidos son ya actividades que nos sitúan en la línea de trabajo necesaria para desarrollar competencias.

Llegados a este punto vamos a delimitar un tipo singular de actividad, la tarea (de desarrollo competencial). La entendemos como:

> Una propuesta de actividad del alumno que identifica situaciones concretas en las que se materializa la aplicación de destrezas (intelectuales, sociales, manipulativas o dinámicas) en contextos y situaciones puntuales. Persigue la adquisición de competencias desde una estrategia de enseñanza orientada hacia la construcción de aprendizajes significativos.

Características esenciales y finalidad

- Es un tipo de actividad que se encuentra específicamente orientada al desarrollo de competencias.
- Permite su concreción, garantiza su puesta en práctica.
- Desarrolla destrezas de aplicación.
- El cuidado en su definición persigue la eficacia en el desempeño del trabajo en situaciones y ámbitos muy definidos.
- Favorece la evaluación objetiva del desarrollo de competencias. Muestra la evolución en el proceso de aprendizaje desde el conocimiento y la comprensión a una aplicación que, lejos de ser mecánica, simple y reiterativa, puede suponer la puesta en práctica de acciones y procesos mentales gradualmente complejos: analizar, relacionar, comparar, inferir, sintetizar, evaluar...

Como venimos defendiendo, para nosotros es esencial subrayar que el enfoque competencial no puede limitarse a trabajos y evaluaciones operativos desde un enfoque tecnológico entendido como eje de atención. La tecnología es sólo un medio supeditado a un fin y las tareas concretas deben tener, y para ello es esencial el juicio crítico del profesor, su proyección de mirada «hacia arriba», hacia la competencia.

Las tareas persiguen:

- Materializar la asimilación funcional del contenido.
- Flexibilizar su proyección a la resolución de nuevos problemas en contextos y situaciones diversas. Favorecer la transferencia.

Los componentes en la definición de tareas. Identificación y valoración

La determinación de los elementos que deben formar parte de las tareas de aprendizaje y evaluación están siendo una de las preocupaciones esenciales en este proceso de búsqueda de alternativas para el desarrollo de competencias. Obligado es resaltar la gran labor de exploración y difusión que ha realizado en este terreno el grupo Atlántida y que se está difundiendo a través de medios impresos, electrónicos y diversos tipos de actividades formativas (2007-2009). En línea con el trabajo expuesto por este grupo entendemos que los componentes necesarios para el diseño de tareas son los siguientes: contexto, referente competencial, contenido y recursos. El gráfico los muestra.

Sobre el contexto queremos destacar que si queremos potenciar el desarrollo de competencias holísticas (como aprender a aprender e iniciativa y autonomía personal), no podemos limitarnos a «repetir» hasta la saciedad situaciones estereotipadas como las que a veces nos muestran algunos materiales y se reproducen en las aulas. Muchos de nosotros recordamos (con horror) aquel tipo de problema que aparecía siempre en los libros de texto de nuestra infancia: el del «grifo loco», que unas veces vertía líquidos y otras hectolitros. De ahí la importancia que tiene el que les mostremos a los alumnos materializaciones reales de los contenidos con los que trabajamos (etiquetas, anuncios publicitarios, informes de gastos y reportajes informativos, titulares, facturas...). En ocasiones también podemos evocar tales situaciones por medio de la descripción verbal. Ello es necesario para potenciar elementos de proceso de aprendizaje indispensables como la atención y la retención.

Cuadro 31. Identificación de los componentes de la tarea

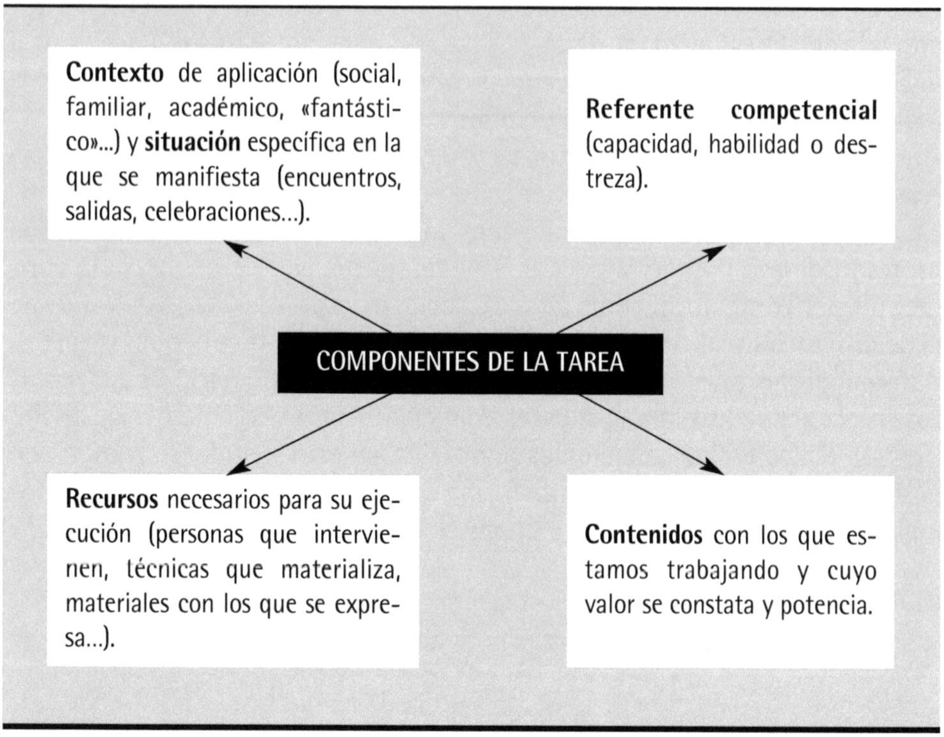

Así pues, los tipos de contexto a los que podemos y debemos acudir son:

- Familiar.
- Social.
- Laboral (real, que aquí, por el carácter de nuestras etapas, sería una derivación del social-familiar, simulado).
- Académico.
- Fantástico/imaginativo/creativo.

Hemos incluido aquí también un «contexto» que a muchos sorprenderá: el fantástico- imaginativo. Podemos preguntarnos: ¿es verdaderamente un contexto? Desde nuestra perspectiva, rotundamente sí. Los relatos fantásticos hacen posible aplicar los conocimientos adquiridos y relacionarlos con experiencias vividas por personajes en cómics, cuentos, fábulas, películas. Estimulan el lenguaje, el intercambio. Hayan sido creados por autores, profesores, familias o por los propios alumnos en el contexto de la clase, nos

van a proporcionar situaciones estimulantes. Nos permiten crear y mantener mejor una línea de comunicación en las situaciones de enseñanza-aprendizaje. El esfuerzo, el rigor y el trabajo constante no son contrarios a una enseñanza que emplee recursos diferentes para favorecer un clima agradable que favorezca el ejercicio mental y la intuición.

En cada uno de los contextos de referencia debemos ir proponiendo tareas que supongan variar, alternar tales contextos con situaciones específicas. La exploración de estas situaciones va a ser un reto estimulante para el profesor; en esa búsqueda pueden y deben participar los alumnos; la concreción del contexto general a las situaciones específicas de cada uno de ellos proporciona el componente verdaderamente significativo a las tareas. Determinar la situación y el ambiente supone una combinación de elementos físicos (contexto familiar, en el domicilio), con psicológico-relacionales (fiestas, visitas). Algunos ejemplos puntuales, en este sentido, se recogen en el siguiente cuadro. Entre ellos, de forma natural se producen relaciones (familiar-escolar y familiar-social). Como en otras alternativas propuestas an-

Cuadro 32. Contextos y situaciones de utilidad para el diseño de tareas

Familiar	El propio domicilio, el de otros familiares. Situaciones y problemas propios de la relación habitual (la comida, las tareas domésticas, los intercambios comunicativos sobre el trabajo). Distintos tipos de celebraciones (cumpleaños, aniversarios, éxitos). Proyectos y planes familiares (viajes, excursiones, compras, visitas a instituciones, museos...).
Social y cultural	La vida con los amigos (en el propio domicilio, en el de ellos, en el entorno: ferias, parques de distinto tipo). Juegos y actividades de ocio y formación (en el parque, en la calle, en el domicilio, desplazamientos, compra-venta de productos).
Académico	Relaciones con los compañeros, con los profesores, con las áreas de trabajo (el aula, secciones del aula, la biblioteca de centro, el patio, espacios comunes).
Fantástico	Los espacios y momentos (oeste, desiertos; ciencia ficción, las naves y los planetas; la Edad Media, los castillos, los caballeros y los dragones; la prehistoria, la vida en cavernas y los dinosaurios) evocados a partir de cuentos, fábulas, leyendas, cómics y películas (encuentros, enfrentamientos, problemas y alternativas de solución).

teriormente, sólo se trata de elementos de análisis que persiguen proporcionar una guía más completa para estimular situaciones variadas que pongan a los alumnos en circunstancias alternativas de campos de problemas que, finalmente, faciliten su resolución.

Así pues, en el diseño de tareas hablaremos de una destreza orientada a una o varias competencias, de un contenido de un recurso o material y de un contexto. En los primeros momentos del trabajo en este campo proponemos llevar a cabo un análisis exhaustivo que nos permita constatar y sistematizar el trabajo que estamos llevando a cabo y la dirección que se desea. En las propuestas de tarea que mostramos a continuación recogemos cuadros de análisis que nos muestran el propósito que persiguen, el contexto en el que se desarrollan y las competencias que impulsan en diferentes grados. Esta inmersión esforzada nos permitirá llegar a un grado de conciencia mayor que, poco a poco, podrá dejar de lado este recurso, porque nos encontraríamos en una situación en que lo tendríamos plenamente asimilado y sería entonces un esfuerzo reiterativo y carente de sentido.

En las tareas que identificamos ahora (y en las que incorporamos en el anexo), hemos optado por una vía que muestra situaciones de trabajo y profundización práctica que cabe denominar *en cascada* o *subtareas*. De esta manera, el proceso de enseñanza-aprendizaje queda más abierto y flexible a las necesidades reales de los alumnos. Podríamos optar, constatando los diferentes componentes de significación (lógico, psicológico y social) en la ejecución de los alumnos, por prolongar o suspender un determinado tipo de situaciones.

Propuesta de tarea (I)

Lee (o escucha) atentamente:

> Daniel y su amigo Carlos están jugando en el patio de la casa de Daniel. Un vecino, Jorge, llega alterado y les explica que no encuentra a su perrita Banda. Daniel recuerda esta perrita y la describe:
>
> «Claro que recuerdo a Banda: es pequeñita, de pelo suave, blanco y rizado, sus ojos son marrones. Además es algo glotona, come como si fuera más grande; claro, no para un minuto, es juguetona e inquieta, y también muy, muy cariñosa.»
>
> Daniel propone una solución para facilitar la búsqueda: hacer un cartel con una llamada para encontrar a la perrita.

Ahora tú

- Imagina que tienes que buscar a un animal que puede estar perdido. Descríbelo para que alguien lo reconozca y te ayude a buscarlo.
- Incorpora en la descripción, además de los rasgos físicos (tamaño, color....), algún rasgo de carácter o personalidad (nervioso, simpático...).

Vamos más allá

Ayuda a Jorge, Carlos y Daniel.

- Elabora un cartel para buscar a Banda. Explica qué elementos has incluido en él y por qué.

Inventa

- Aporta una sugerencia, además de la elaboración del cartel que pueda ayudar a buscar a la perrita. ¿Crees que tu idea es buena? ¿Por qué?

<table>
<tr><th colspan="2">ANÁLISIS DE LA TAREA (I)</th></tr>
<tr><th>Destinatarios y propósitos</th><th>Competencias que aborda</th></tr>
<tr><td>Puede adaptarse a alumnos de infantil y primaria.
▪ Reconocer la necesidad de describir, de estar atento para recoger en las descripciones los elementos más significativos del objeto de conocimiento.
▪ Elaborar planes para resolver problemas, explicar sus características y fundamentarlos.

Componentes

Habilidades:
▪ Analizar.
▪ Extraer.
▪ Comparar.</td><td>Competencia lingüística:
▪ La descripción.
Conocimiento e interacción con el mundo físico natural:
▪ Los animales, sus características y sus cualidades físicas; el carácter de los animales domésticos.
Competencia para aprender a aprender:
▪ Análisis de la situación.
▪ Análisis implícito en la descripción.
▪ Razonamiento de los elementos seleccionados.
Autonomía e iniciativa personal:
▪ Toma de decisiones sobre los rasgos más significativos del animal para la descripción, sobre los elementos que intervendrán en el cartel y su disposición.
▪ Creatividad para responder a la demanda de configuración de un cartel.</td></tr>
</table>

- Valorar planes. - Elaborar nuevos planes y fundamentarlos. *Contenidos*: - La descripción de animales. - Elementos de la descripción. - Los elementos de un plan. - Razones que fundamentan las decisiones. *Recursos*: - Verbales (escritos y orales). - Gráfico-plásticos/digitales (el diseño de carteles). *Contexto*: - Sociofamiliar.	*Social y ciudadana*: - El desarrollo de actitudes de ayuda y colaboración. *Competencia matemática*: - Análisis. - Clasificación. - Analogías. - Pasos en la resolución de problemas. *Tratamiento de la información y digital*: - Configuración de los carteles para emplear un programa de fotografía, de dibujo, diapositivas de PowerPoint, etc. *Cultural y artística*: - Diseño del cartel en el que se valorarán cualidades estéticas.
Nota (para todos los cuadros de análisis de tareas): las tareas abordan, en un enfoque competencial integrador, siempre contenidos de varias áreas o varias competencias. Destacar o profundizar en alguna de ellas responderá al criterio del profesor que, desde una perspectiva más completa de las capacidades y necesidades de los alumnos, debe ubicar las propuestas de tarea en un contexto de temporalización más amplio (quincena, mes, trimestre, curso).	

Propuesta de tarea (II)

Periódico *El Mundo*, núm. 790, 5 de febrero de 2009, p. 52
Suplemento de salud. Sección psiquiatría.

Lee atentamente

Los niños que ven mucho la «tele» tendrán más riesgo de depresión.

Un estudio ha constatado que los menores enganchados a la «caja tonta» corren un mayor peligro de sufrir el trastorno por los contenidos a los que se exponen y al dedicar menos tiempo a salir con sus amigos.

Patricia Matey

Los distintos estudios científicos que evalúan el impacto en los niños de la caja tonta determinan que es una de las principales responsables de la obesidad, el seden-

tarismo, el comportamiento agresivo, la anorexia y la falta de horas de sueño. También es culpable de los síntomas depresivos que padecen muchos chicos y chicas cuando llegan a la juventud, tal y como refleja una nueva investigación.

«Existen muchos mecanismos diferentes por los que la exposición a los medios electrónicos (televisión, radio, videos o juegos de ordenador) pueden influir en el desarrollo de la depresión. Por ejemplo, los adolescentes que dedican un tiempo excesivo a ellos pierden la oportunidad que tienen sus semejantes de dedicar tiempo a actividades sociales, intelectuales o deportivas, que ejercen un papel protector frente a la enfermedad», reza el estudio, publicado en el ultimo Archives of General Psychiatry.

Otras vías por las que atontarse ante la pequeña pantalla se pueden vincular a un mayor riesgo de depresión «porque altera el sueño, necesario para el desarrollo emocional y cognitivo; porque muchos de los contenidos de la programación pueden causar ansiedad o, simplemente, porque exhiben mensajes que pueden engendrar una visión negativa y temerosa del mundo», recalcan los investigadores.

«El mensaje de este trabajo es importante por varias razones. Constata que, en los niños con cierta predisposición a sufrir depresión, ver mucho la tele eleva su riesgo de desarrollarla y este hecho obedece, en parte, a que no hacen otras cosas, como salir con los amigos, que son comportamientos protectores. También porque ver la tele es una actividad pasiva. Lo máximo que se puede hacer es zapear y no hay decisión sobre sus contenidos. Los adolescentes observan imágenes de cosas inalcanzables o se comparan con estereotipos, que les puede provocar ansiedad y frustración», destaca Celso Arango, jefe de la Unidad de Adolescentes del Hospital Gregorio Marañón de Madrid.

1. Qué pretende el texto. Elige la mejor respuesta:
   A. Demostrar que pasamos mucho tiempo viendo la televisión.
   B. Exponer que la «tele» nos deprime porque hay muchos contenidos que pueden ser dramáticos y duros.
   C. Argumentar que nuestro equilibrio personal exige seleccionar y alternar entre propuestas en el empleo del tiempo libre.
   D. Defender que tenemos que cuidarnos si queremos encontrarnos bien.
2. Explica, de manera personal, pero apoyándote en la información del texto, por qué se llama «caja tonta» a la televisión.
3. Identifica una serie de actividades para el fin de semana que puedan «ayudar a prevenir depresiones».

   La propuesta debe incluir el seguimiento de algún programa de televisión que no contribuya a «atontarse» como señala el texto.

<table>
<tr><th colspan="2">ANÁLISIS DE LA TAREA (II)</th></tr>
<tr><th>Destinatarios y propósitos</th><th>Competencias que aborda</th></tr>
<tr><td>Alumnos de tercer ciclo de primaria.
- Determinar relaciones entre la forma de empleo del tiempo libre y sus consecuencias sobre el equilibrio y desarrollo personal.</td><td rowspan="3">Competencia lingüística:
- Los textos periodísticos, sus características.
- Los medios de comunicación.
Conocimiento e interacción con el mundo físico:
- La salud.
- El componente psicológico.
- La relación entre aspectos físicos (falta de ejercicio con la sobreexposición a la televisión) y psicológicos.
Competencia para aprender a aprender:
- Análisis del texto.
- Causalidad múltiple en los problemas de salud.
Social y ciudadana:
- Las relaciones constructivas con los otros y sus repercusiones en el desarrollo personal.
- Iniciativa y autonomía personal.
- Autoconocimiento y autoestima, valoración de las consecuencias de algunas formas de empleo del tiempo libre, toma de decisiones responsables y fundamentadas sobre el empleo del tiempo libre).
Competencia matemática:
- Razonamiento inductivo, análisis multicausal.
- Los estudios y datos estadísticos (su funcionalidad y su interpretación).
Tratamiento de la información y digital:
- Los titulares y la síntesis.
- Búsqueda de información en Internet de estudios sobre la influencia de la televisión.
Social y ciudadana:
- Hábitos.
- Los beneficios de la relación con los otros para el desarrollo personal.
Cultural y artística:
- Alternativas para el tiempo de ocio.</td></tr>
<tr><th>Componentes</th></tr>
<tr><td>Habilidades:
- Identificar.
- Analizar.
- Extraer.
- Cotejar.
- Evaluar.
Contenidos:
- Textos periodísticos. Tipos y elementos.
- El autoconocimiento y la autoestima.
- La salud y sus componentes.
Recursos:
- Verbales (escritos y orales).
- Gráfico-plásticos/digitales (el diseño de carteles).
Contexto:
- Socio-familiar.</td></tr>
</table>

Propuesta de tarea (III)

Lee (o escucha) atentamente

> En nuestra clase hemos desarrollado una prueba de series numéricas. Ha ganado María. Llamamos a María «pitagorina». Nos deja perplejos con su facilidad para resolver problemas de matemáticas. Esta forma de nombrarla la inventó nuestro profesor; nos explicó que Pitágoras fue un gran matemático. A ella le gusta mucho, lo considera un gran honor.

Piensa y resuelve

- Escribe un tipo de actividad que te guste.
- ¿Cómo podrían llamarte a ti para que, como María, pudieras considerarlo «un gran honor»?
- María resuelve muy bien problemas de matemáticas en clase ¿Te gustan a ti las matemáticas? ¿Por qué?
- ¿Qué tipo de problemas resuelves tú en clase de matemáticas?
- ¿Qué operaciones necesitas emplear para resolverlos?
- Enumera tres situaciones concretas fuera del colegio (en tu casa, en compras, en salidas con tus amigos) en los que te planteen problemas que tengas que resolver con esas operaciones.

Investiga

Busca (en prensa, en televisión, en una enciclopedia multimedia infantil, en Internet) y escribe el nombre de personas que hayan destacado de una manera muy especial en los siguientes campos.

- Pintura.
- Cine.
- Novela, cuentos.
- Gastronomía.
- Deportes.
- Música.

Inventa

Inspirándote en figuras conocidas, inventa y escribe formas de llamar a amigos y familiares que creas que les gustarían. Anota su nombre e indica como llamarías tú a alguien que:

- Dibuja estupendamente...
- Canta muy bien...
- Te divierte con sus chistes...

- Baila maravillosamente...
- Le encanta montar en bicicleta...

Pregunta a esos amigos y familiares si considerarían o no este vínculo como un honor y por qué.

<table>
<tr><th colspan="2">ANÁLISIS DE LA TAREA (III)</th></tr>
<tr><th>Destinatarios y propósitos</th><th>Competencias que aborda</th></tr>
<tr><td>Alumnos de primaria. Puede adaptarse a alumnos de infantil.
▪ Reconocer cualidades en sus compañeros y relacionarlas con figuras destacadas en el entorno social, cultural y deportivo.
▪ Conocerse, identificar intereses y cualidades propios.
▪ Determinar el valor de aplicación de contenidos escolares a situaciones de la vida cotidiana.</td>
<td rowspan="3">Competencia lingüística:
▪ Lectura comprensiva.
▪ Cualidades y atributos.
Competencia para aprender a aprender:
▪ Análisis.
▪ Comparación.
▪ Inferencias.
▪ Transferencias.
Autonomía e iniciativa personal:
▪ Autoconocimiento y autoestima.
Social y ciudadana:
▪ Autoconocimiento y autoestima.
▪ Conocimiento y valoración de las características de los otros.
▪ Asertividad.
Competencia matemática:
▪ Análisis.
▪ Comparación y clasificación.
▪ Resolución de problemas.
▪ Transferencia de los contenidos.
Tratamiento de la información y digital:
▪ Búsqueda y contraste de información en fuentes diversas.
Cultural y artística:
▪ Identificación y valoración de figuras destacadas de diferentes ámbitos de la cultura (deporte, cine, gastronomía, música).</td></tr>
<tr><th>Componentes</th></tr>
<tr><td>Habilidades:
▪ Analizar.
▪ Comparar.
▪ Inducir.
▪ Transferir.
▪ Valorar.
Contenidos:
▪ Autoconocimiento y autoestima.
▪ Intereses propios y de los otros.
▪ La resolución de problemas.
▪ Operaciones matemáticas.
Recursos:
▪ Verbales (escritos y orales).
▪ TIC.
Contexto:
▪ Académico.
▪ Socio-familiar.</td></tr>
</table>

Propuesta de tarea (IV)

Lee (o escucha) atentamente

> Hora de ir a la cama. Juan y Javier se retiran a su cuarto. Juan busca un libro y se pone a leer:
>
> «De repente, se escuchaban crujidos, lamentos y ruidos, no menos de trescientos sesenta. El lento arrastrar de las cadenas de los cinco fantasmas por el desvencijado suelo, el horripilante aullido de los cuarenta y ocho lobos...»
>
> JUAN: ¡Ah, ah, ahhhhh!, exclama Juan. Javier, por favor, escucha, ¿no oyes unos extraños ruidos en el tejado?
>
> JAVIER: Siempre igual, lees historias horripilantes y luego ¡hala, a darme a mí la tabarra! Esos que llamas extraños ruidos no son más que unas palomas.

Piensa y resuelve

- Trescientos lamentos y ruidos parecen muchos. Pero tengamos en cuenta que los producen seis fantasmas. ¿Cuántos ruidos y lamentos podrían corresponder a cada fantasma si todos se comportaran igual?
- Vaya, parece que nos quedan algunos ruidos por adjudicar. Escribe tú el nombre del monstruo que pudiera ser el responsable de ellos.

Sigamos investigando estas enigmáticas (¡y monstruosas!) situaciones

- Fíjate en esta descripción:

  «Frankenstein. Hombre; algo vejestorio y muy, muy alto; de cabeza cuadradísima, ¡con tornillos en la frente!; cicatrices espantosas en la cara y tez amarillenta; forma de desplazarse lenta; torpe manera de hablar».

  Ahora, describe tú al monstruo culpable de los ruidos; haz una descripción con palabras que sea detallada y divertida. Recuerda o inspírate en personajes que hayas visto en películas, videojuegos... Después dibuja al monstruo.

Pero el problema tiene más «caras»... Veamos

- ¡Mucha atención, no nos olvidemos de los lobos! También son responsables de tanto alboroto. Vamos a suponer que hay 13 en los alrededores del castillo y que cada uno produce 14 aullidos, ¿cuántos aullidos tendrían que soportar los desdichados inquilinos del castillo?

- Los aullidos, los lamentos y los ruidos son fatales, pues producen un tremendo dolor de cabeza. Los moradores del castillo han comprado cajas de aspirinas, con una aspirina curan un dolor de cabeza. Si cada caja contiene 10 aspirinas, ¿cuántas cajas harán falta para curar 140 dolores de cabeza?
- ¿Qué operaciones has utilizado? Inventa y resuelve tú ahora un problema que necesite las mismas operaciones y que esté relacionado con alguna experiencia vivida en tu familia.
- Hay otras soluciones para curar los dolores de cabeza, además de la aspirina; indica alguno y explica cómo lo has aprendido.
- Juan ha buscado un libro de terror para dormir. Indica dos emociones que sean consecuencia de la lectura de un cuento de terror.
- Aconseja a Juan. Proponle dos títulos que sean apropiados para no pasar miedo y dormir bien. Convéncelo añadiendo a cada título dos emociones que pueden estimular.

<table>
<tr><th colspan="2">ANÁLISIS DE LA TAREA (IV)</th></tr>
<tr><th>Destinatarios y propósitos</th><th>Competencias que aborda</th></tr>
<tr><td>Alumnos de primaria. Puede adaptarse a alumnos de infantil.
- Estimular la atención sobre algunos tipos de tarea a través de situaciones lúdicas.
- Resolver problemas.
- Conocerse, identificar intereses y cualidades propios.

Componentes

Habilidades:
- Analizar.
- Plantear y resolver operaciones.
- Describir.
- Tomar decisiones.
Contenidos:
- La resolución de problemas.
- Operaciones matemáticas.</td><td>Competencia lingüística:
- Lectura comprensiva.
- La descripción.
- Cualidades y atributos.
Competencia para aprender a aprender:
- Análisis.
- Comparación.
- Inferencias.
- Transferencias.
Autonomía e iniciativa personal:
- Emociones propias.
- Autoconocimiento y autoestima.
- Toma de decisiones (lectura, cuidado de la salud...).
Social y ciudadana:
- El conocimiento de los otros; emociones propias y de los otros, semejanzas y diferencias.
Conocimiento e interacción con el mundo físico natural:
- Las emociones y su repercusión en el descanso.</td></tr>
</table>

Destinatarios y propósito	Competencias que aborda
▪ La descripción. *Recursos*: ▪ Verbales. ▪ Numéricos. ▪ Plástico-visuales. *Contexto*: ▪ Fantástico. ▪ Académico. ▪ Sociofamiliar.	▪ Sonidos, ruidos y salud. ▪ Soluciones a estados de dolor. *Tratamiento de la información y digital*: ▪ Búsqueda y contraste de información en fuentes diversas. ▪ Personajes de ficción que generen distintas emociones en diversos medios. *Cultural y artística*: ▪ Expresión plástica. ▪ Los cuentos, las historias, sus personajes.

Propuesta de tarea (V)

Lee (o escucha) atentamente

«Soy Pablo. He cogido del buzón un folleto de viajes, soy un soñador ¡qué fotografías! ¡Qué lugares tan extraordinarios!

A mí, sin duda, lo que me atrae más y me causa más perplejidad, sorpresa y curiosidad son los desiertos, con sus dunas, sus oasis, sus palmeras, sus puestas de sol...

A mi madre también le gustan, pero dice que a ella le producen calma y sosiego. A mi amiga Julia, en cambio, no le gustan tanto; ella prefiere ir a playas con mucha animación, mucha gente, muchos juegos...»

Cómo somos, cómo nos sentimos

Carlos se describe como un soñador y nos cuenta que hay un tipo de imágenes que le atraen y le hacen sentirse perplejo, sorprendido, curioso.

- Explica qué entiendes tú por soñador. Cuéntanos si lo eres y por qué.
- La madre de Carlos siente otras emociones ante este tipo de paisajes. Indica qué sientes tú y por qué.

Los lugares que evocamos

- Identifica dos países en los que podamos encontrar el tipo de lugar al que se refiere Carlos.

- En función de la distancia, indica cuál sería el medio mejor para desplazarse hasta allí. Indica el nombre de dos países cercanos a cada uno de éstos.
- Nombra ahora dos países y dos lugares en esos países en los que el tipo de paisaje sea completamente distinto. Imagínalos y enumera tres emociones que sientas al pensar en ellos.
- Piensa en algún amigo tuyo que sintiese lo contrario.

¿Es posible?

- ¿Puede que una fiesta, celebrada en un lugar maravilloso, ocasione alegría y tristeza al tiempo? Explica por qué.
- ¿Puede un regalo estupendo provocar alborozo y temor? ¿Por qué?
- ¿Has sentido alguna vez miedo y curiosidad a un tiempo? ¿Cuándo y por qué?

Planifica bien

- Carlos ha recogido información sobre viajes en el buzón de su casa: un folleto de una agencia. ¿Es suficiente para hacer un buen proyecto para un buen viaje? ¿Por qué?
- Si tú quieres ayudar a tus padres a planificar un viaje, ¿dónde sería conveniente buscar para poder contrastar distintas opciones? ¿Qué significa contrastar ofertas? ¿Por qué debemos contrastar ofertas?

ANÁLISIS DE LA TAREA (IV)	
Destinatarios y propósitos	**Competencias que aborda**
Alumnos de primaria. Puede adaptarse a alumnos de infantil. . Reconocer, en sí mismo y en los otros, emociones y sentimientos. . Conocerse, identificar intereses y cualidades propios. . Interpretar el sentido de situaciones en la que se viven emociones polares.	*Competencia lingüística:* . Lectura comprensiva/escucha atenta. . Cualidades y atributos. *Competencia para aprender a aprender:* . Análisis. . Comparación. . Inferencias. . Transferencias.

Componentes	Competencias que aborda
Habilidades: ▪ Analizar. ▪ Seleccionar. ▪ Comparar. ▪ Inducir. ▪ Transferir. ▪ Valorar. *Contenidos*: ▪ Autoconocimiento. ▪ Toma de decisiones. *Recursos*: ▪ Verbales (escritos y orales). ▪ TIC. *Contexto*: ▪ Sociofamiliar.	*Autonomía e iniciativa personal*: ▪ Autoconocimiento y autoestima. ▪ Toma de decisiones. *Social y ciudadana*: ▪ Autoconocimiento y autoestima. ▪ Conocimiento y respeto por las características de los otros. *Competencia matemática*: ▪ Análisis, comparación y clasificación. ▪ Resolución de problemas. ▪ Operaciones. ▪ Transferencia de los contenidos. *Tratamiento de la información y digital*: ▪ Búsqueda y contraste de información sobre viajes en fuentes diversas. *Cultural y artística*: ▪ Identificación y valoración de diferentes destinos de viaje.

En síntesis

En este capítulo hemos desarrollado el concepto de *recurso didáctico* y hemos profundizado en los de mayor alcance, los metodológicos. Hemos partido de los principios por su carácter de norma, fundamento o base que ha de inspirar el proceso de enseñanza-aprendizaje en cualquier situación didáctica, porque aseguran la continuidad y la coherencia.

A partir de los principios, hemos accedido al concepto *estrategia* como plan de trabajo que conjuga y armoniza conjuntos de referencias específicas para la acción. De esta manera, nuestra estrategia supone la integración de técnicas, materiales, ambientes y personas buscando propósitos concretos. Facilitan una línea de actuación estructurada con el fin de conseguir el mayor grado de eficacia en lo que hemos emprendido.

Hemos prestado especial interés a las técnicas y en ellas, a aquellas que, por su gran valor para integrar contenidos de distintas áreas y por su versatilidad para acompañar también elementos propios de distintos cursos y etapas, pueden convertirse en un instrumento eficaz de desarrollo de

destrezas, éstas en habilidades y éstas, en competencias. Puede haber técnicas que posean un carácter más vinculado al desarrollo socioafectivo y otras al cognitivo, pero las que hemos presentado y de la forma en que lo hemos hecho, contribuyen, en conjunto, al desarrollo personal.

En las actividades y tareas hemos determinado su concepto, semejanzas y diferencias, sus relaciones con la programación y su contribución al desarrollo de competencias básicas. De la tipología de actividades hemos buscado una mayor línea de ejemplificación con las tareas. Desde nuestra perspectiva, su cultivo puede cooperar de manera muy clara al principio de aprendizaje significativo. Al proponer a los alumnos situaciones de aplicación vinculadas a elementos relacionados con su vida familiar, afectiva y con sus intereses, su ejercicio va a constatar el valor de los contenidos académicos. Si, además les exigimos (como se aprecia en algunas de ellas) que propongan ellos mismos otras situaciones de funcionalización, si les exigimos que piensen en otras alternativas en las que pueden necesitar ese aprendizaje, estaremos labrando el camino hacia la siempre difícil labor de transferencia.

5

La evaluación en la programación de aula y sus unidades

La evaluación debe estar, como primer axioma, al servicio de quien aprende, sin ninguna duda. Y su corolario: debe ser fuente de aprendizaje primordialmente. En consecuencia, y como principio que se deriva lógicamente del propio discurso, en el enfoque por competencias la evaluación debe desempeñar funciones esencialmente formativas. Por tanto, y paradójicamente, la evaluación que pretenda formar a quienes son evaluados debe ir más allá de la acumulación de evidencias... En su función formativa la evaluación debe dar información útil y necesaria para asegurar el progreso en la adquisición y comprensión de quien aprende. (Álvarez Méndez, 2008, p. 221)

Introducción

El estudio de los aspectos referidos a la evaluación de la programación y las unidades didácticas exige delimitar una serie de principios, referentes, responsables, técnicas e instrumentos.

De entrada, reafirmaremos nuestros principios básicos a partir de la naturaleza de la evaluación. Subrayaremos su carácter de proceso y su propósito: calidad y mejora de tales procesos. Será esencial que reconozcamos que la integración de las competencias en nuestra programación y sus unidades no puede traicionar estos principios básicos. Hemos subrayado, en los capítulos anteriores, que las competencias se integran en los elementos de la planificación, dialogando con el sentido de cada uno de estos elementos (recordemos que en los contenidos ya hemos destacado

la necesidad de fundamentar el desarrollo de destrezas de aplicación en contenidos básicos).

Esta integración debe ser observada con rigor en la relación competencias-evaluación y proceso de evaluación. Aunque se destaque tanto la idea de competencia vinculada a saber hacer eficaz (a veces, a producto), ya hemos destacado que los productos son parte de un proceso y que, además, en educación, nunca van a constituir el fin de nada, sino nuevas incorporaciones, en el mejor caso, sustantivas, a los conocimientos (declarativos o procedimentales).

Debido a ello, comprobaremos que para nosotros, la evaluación de competencias de los alumnos que se concretan, en nuestro nivel de desarrollo curricular, en habilidades y destrezas, constituye un aspecto que debemos integrar en el proceso evaluador, que define matices respecto al qué evaluar y al cómo evaluar, pero que requiere que seamos consecuentes y no olvidemos evaluar los restantes elementos de trabajo.

En el capítulo que presentamos, delimitaremos, casi a modo de corolario, nuestra forma de entender las relaciones que a veces llegan con el aspecto de dicotomías: enseñanza y aprendizaje; conocimiento (atención, memorización y recuerdo) y comprensión; comprensión y aplicación; evaluación y pruebas. Estudiaremos allí las pruebas como condicionante de los procesos de aprendizaje de los alumnos, la necesidad que plantean de integrar distintos tipos de técnicas y, por ello, diferentes tipos de pruebas para evaluar procesos y resultados.

Evaluación. Aspectos de base

Concepto, principios y tipos de evaluación. Falsas dicotomías

De todos los elementos de la planificación didáctica, la evaluación es el que posee más «trascendencia» para el alumno, las familias, la sociedad y el propio sistema educativo. Hemos destacado trascendencia entre comillas porque empleamos el vocablo, no en el sentido de importancia y fundamentación en principios, sino en el sentido de eco, de difusión. Tal difusión se centra, casi exclusivamente, en resultados; resultados que se expresan en términos comparativos y que se prestan fácilmente a la simplificación (sin el análisis de la multiplicidad de factores que los originan), cuando no a la pura demagogia, a la especulación y a la formulación de hipótesis que, como no podría ser de otra forma, tampoco se construyen de forma rigurosa.

En síntesis, parece que preocupan menos los objetivos, los métodos y la selección de contenidos que la evaluación (casi siempre de productos) del aprendizaje de los alumnos, cuyos resultados se emplean para comparar grupos de población, centros, comunidades y países.

La trayectoria que ha seguido la delimitación del concepto de evaluación nos muestra que la forma de considerar esta actividad educativa cambia en distintas épocas, perspectivas y autores reflejando, como todos los elementos del sistema educativo, las tendencias y propósitos que la sociedad y la política educativa determinan para dicho sistema.

Es por ello que, en el estudio de los diferentes apartados de este capítulo, vamos a abordar la repercusión que puede tener el enfoque competencial en la evaluación. Dado que este enfoque apenas está comenzando a tomar cuerpo, es preciso estar alerta a las implicaciones de esta perspectiva; es necesario hacerse eco de algunas de las posiciones de reflexión y crítica; entre ellas, a nuestro juicio muy clarificadora, la de Álvarez Méndez. Por ello quiero recordar que en los diferentes capítulos de esta publicación (objetivos, contenidos, técnicas) hemos hablado del desarrollo de competencias como un proceso. Así pues, la evaluación no podría quedarse en resultados. Si la metodología de enseñanza-aprendizaje habla de trabajos cíclicos, la metodología y los instrumentos de registro de la evaluación tendrán que determinarse en consonancia.

Entendemos la *evaluación* como:

> Un proceso de trabajo continuo, sistemático, flexible y participativo orientado a valorar la evolución de los aprendizajes de los alumnos, y a tomar las decisiones necesarias para mejorar el diseño y desarrollo de la acción educadora de acuerdo con las necesidades y logros detectados en los procesos de aprendizaje de los alumnos.

En este concepto destacamos la aportación de autores como Stuffebeam y Shinkfield (1993). Ellos han subrayado el valor de la evaluación para identificar información útil sobre los planes y, en ellos, las metas, los medios..., los procesos, los productos. Lo sintetizaron en su acrónimo CIPP (evaluación de contexto, del *input*, del proceso y del producto). También hay que señalar su defensa del valor de la «metaevaluación»; la propia actividad evaluadora ha de formar parte de esa continua reflexión crítica: evaluar los objetivos, los medios, y el trabajo de los agentes de la evaluación como vía indispensable para comprobar y afirmar la calidad de las evaluaciones.

En el concepto que hemos presentado quedan integrados los principios de la evaluación:

- Continuidad, o necesidad de entender la evaluación como un proceso en el que podremos distinguir diferentes momentos: inicio, proceso-desarrollo y fin.
- Sistematicidad, que requiere plantear la forma de seguimiento de acuerdo con un plan previamente trazado y que deberá ser llevado a cabo con rigor.
- Flexibilidad, que demanda utilizar en el proceso evaluador, y siempre en función de los objetivos trazados, diversidad de técnicas e instrumentos de registro.
- Participación, que determina la exigencia de integrar las valoraciones de los distintos sectores implicados en el proceso (alumnos, familia, profesores, agentes sociales).

Este último principio, controvertido para muchos, debería dejar de serlo. Sí queremos destacar que su desarrollo exige formación, responsabilidad, autorregulación, empatía y asertividad. No podemos seguir confundiendo el incuestionable derecho de todos a expresar opiniones en una sociedad, en un funcionamiento de centros y de acciones educativas desde planteamientos democráticos, con la exigencia rigurosa a estar informados, a haber contrastado opiniones, a haber reflexionado y a emitir el contenido de nuestros juicios con las formas apropiadas.

La complejidad de los principios de la evaluación nos lleva a entender que su desarrollo se va plasmar de acuerdo con una tipología diversa que concretará después distintas actuaciones, técnicas, instrumentos y agentes. Exponemos esta tipología apoyándonos en Casanova (1992 y 1997) y en Rodríguez Neira (coord., 2000): finalidad, tiempos y momentos, relación del evaluador con el sistema y distintos agentes evaluadores.

Tipos de evaluación atendiendo a su finalidad

Desde esta perspectiva atendemos a los propósitos de la evaluación, el para qué del estudio, que condicionará la clase de decisiones que se tomen. Hablamos de:

- *Evaluación diagnóstica.* Tiene como finalidad determinar el punto de partida (capacidades-competencias, su materialización en habilidades y destrezas, el dominio de conceptos y procedimientos, actitudes o disposiciones) para programar y realizar la intervención adecuada.

- *Evaluación sumativa.* Se centra en los resultados, no en los procesos. Debe considerarse un medio al servicio de la evaluación formativa.
- *Evaluación formativa.* Pretende orientar, regular y corregir el desarrollo formativo al buscar información constante en sus fases; permitirá mejorar tanto los resultados como los procesos de la intervención educativa. Es, por tanto, la más apropiada para la evaluación de procesos.

En estos momentos, en que muchos vinculan el desarrollo de competencias casi exclusivamente a eficacia y resultados, habrá que prestar especial atención al cuidado en el seguimiento de los procesos que mejoren los resultados para no desvirtuar este principio, que ha de coincidir con la verdadera esencia de la evaluación.

Tipos de evaluación atendiendo al momento de su aplicación

Convergente con la clasificación anterior. Puede decirse que la evaluación inicial tiene un carácter diagnóstico, la final tiene un carácter sumativo y la procesual tiene un carácter formativo. Sus notas esenciales son:

- *Evaluación inicial.* Coincide con el inicio de un proceso. Supone recogida de información sobre la situación de partida (capacidades-competencias, actitudes...). Esencial para decidir qué se pretende conseguir y, también, para establecer comparaciones al final del proceso, para determinar si los resultados son, o no, satisfactorios.
- *Evaluación final.* Vinculada a la recogida y valoración de información significativa al finalizar el período previsto para lograr unos propósitos.
- *Evaluación procesual.* Exige la valoración (que requiere análisis y síntesis gracias a la recogida continua y sistemática de información) del funcionamiento, de la marcha del objeto a evaluar a lo largo de un período previamente fijado.

Como hemos señalado, este tipo de evaluación (procesual) es imprescindible en el marco de una concepción formativa de la evaluación porque permite tomar decisiones adecuadas a la mejora del proceso en función de los datos detectados.

Tipos de evaluación según su ámbito de extensión

Desde esta perspectiva podemos contemplar dos alternativas:

- *Evaluación parcial.* Se orienta al estudio de determinados elementos, componentes o dimensiones de la totalidad (un tipo o varios

tipos de capacidad o competencia, un elemento de currículo en particular, etc.). Proporciona elementos clave para el análisis.

- *Evaluación global.* Se dirige a determinar aspectos clave de un conjunto. Depende del objeto de evaluación: curso, etapa, desarrollo global del alumno, proceso de enseñanza, las distintas dimensiones del desarrollo personal del alumno, etc.

Estas dos alternativas deben entenderse como complementarias (el análisis de las partes ha de estar supeditado a la comprensión del todo). Esta perspectiva sistémica, integradora u holística se representa en el enfoque competencial por dos competencias que traducen precisamente estos principios. Se trata de las competencias aprender a aprender e iniciativa y autonomía personal. Las dos van a requerir, para llegar a una más justa evaluación, la aportación de los estudios de las restantes.

Tipos de evaluación según el grado de relación del evaluador con el sistema y los distintos agentes evaluadores

Desde esta posición distinguiremos una evaluación interna y otra externa. Aludimos a la externa si los agentes evaluadores no han participado estrictamente en el proceso (servicios de inspección, pruebas autonómicas, estatales o internacionales, consultorías o empresas de evaluación...).

Nos referimos a evaluación interna cuando se lleva a cabo por los participantes en el proceso que se evalúa. Muestra diversas alternativas:

- *Autoevaluación.* En ella coinciden los papeles del evaluador y el evaluado en la misma persona. En el desarrollo de un proceso evaluador que integre el enfoque competencial, es esencial destacar este papel desde la perspectiva del alumno, porque recordaremos que, en el conjunto de las competencias básicas, destacan, por su carácter integrador, algunas como aprender a aprender e iniciativa y autonomía personal. El profesor, en los primeros momentos de trabajo en cada dominio de desarrollo, deberá proporcionar al alumno criterios e indicadores para orientar esa autoevaluación.
- *Heteroevaluación.* El evaluador y el evaluado no coinciden. Alguien evalúa el trabajo de otro (profesor a alumno, inspector a un centro, etc.).
- *Coevaluación.* Es aquélla en la que unos sujetos o grupos se evalúan mutuamente e intercambian su papel alternativamente (alumno/alumno, equipo/equipo, profesor/alumno-alumno/profesor, profesor o profesores/profesor o profesores, etc.).

Tipos de evaluación según el criterio de comparación

En esta tipología podemos aludir, esencialmente, a una modalidad de evaluación criterial y a una evaluación normativa. Su significado es el siguiente:

- *Evaluación criterial.* Aquella en la que se comparan los resultados de un proceso educativo cualquiera con unos propósitos previamente fijados, o bien con unos estándares o patrones de realización concretos (situaciones deseables y previamente establecidas).
- *Evaluación normativa.* El punto de referencia de comparación es el nivel general de un grupo, centro, programas o profesores que actúa como media o patrón respecto a otro determinado (otros alumnos, centros, programas o profesores).

Como en los casos anteriores, estas alternativas en la evaluación pueden ser complementarias aunque, como veremos, se prioriza la primera. La evaluación normativa puede aportarnos, convenientemente entendido su valor de medio, alguna información que pueda añadir elementos de valor para equilibrar las apreciaciones y hacer ganar cotas de objetividad.

La confluencia de estas dos opciones puede, además, favorecer el desarrollo de una evaluación que a su vez favorezca el desarrollo de los principios de calidad y equidad. De manera afortunada se habla cada vez más de evaluación inclusiva como aquella que «integra la noción de ajuste de la ayuda pedagógica a la diversidad de capacidades, intereses y motivaciones del alumnado» (Colomina y Rochera, 2002, p. 57).

Evaluación de la enseñanza y el aprendizaje en la programación de aula. Su relación con el desarrollo de las competencias básicas

Evaluación de la enseñanza y evaluación del profesor

La evaluación de la enseñanza y la evaluación de la docencia están íntimamente relacionados pero no significan lo mismo. La primera, evaluación de la enseñanza, comprende aspectos como la evaluación de los recursos económicos, de la actitudes y actuaciones de los sectores implicados (administración, familias, docentes...), de los medios económicos y materiales disponibles, etc.

Los profesores deben participar en la evaluación de los procesos de enseñanza, y asumir un papel protagonista en la relativa a los procesos de aprendizaje de los alumnos y a su propia acción planificadora y práctica docente. Estas alternativas de la evaluación tendrán también un carácter continuo y formativo. Las características de esta publicación nos llevan a centrarnos, en esta fase, a proporcionar algunas orientaciones sobre la evaluación de la planificación y de la práctica docente.

Los aspectos más significativos para evaluar la planificación son:

- La adecuación de los objetivos, contenidos, criterios de evaluación e indicadores de desempeño a las características de los alumnos, del centro y del entorno.
- La fundamentación de decisiones sobre la selección de los principios, estrategias y técnicas.
- La selección de los materiales de acuerdo con criterios como variedad, funcionalidad, sistematicidad y rigor.
- La organización de los espacios y el tiempo.
- La previsión de medidas para atender a la diversidad.
- Las actuaciones de coordinación y coherencia entre el profesorado.
- Las actuaciones de coordinación y coherencia con las familias de los alumnos.
- Las medidas para una adecuada tutorización y orientación a los alumnos.
- Las medidas para evaluar el propio sistema de evaluación (principios, momentos, agentes, técnicas e instrumentos).

Entre los aspectos fundamentales a evaluar en la práctica docente se encuentran:

- La manifestación de habilidades interpersonales; por ejemplo, la sensibilidad para interpretar reacciones y necesidades, el ejercicio de la autoridad poniendo límites y normas, las valoraciones constructivas para favorecer la autoestima, la disponibilidad física y afectiva, dedicación y afecto, las valoraciones constructivas para favorecer la autoestima, el ejercicio de la autoridad poniendo límites y normas, la ecuanimidad, trato justo y equilibrado, etc.
- La manifestación de habilidades técnico-profesionales; por ejemplo, la planificación sistemática y flexible, la organización de recursos materiales, personales y metodológicos, el empleo de técnicas para trabajar en equipo, etc.

- La manifestación de habilidades comunicativas. Por ejemplo, la sensibilidad para interpretar reacciones y necesidades, el estilo comunicativo-expresivo, empleando reguladores de conducta directos (consignas) o indirectos (descripciones, preguntas, etc.) dependiendo del momento de desarrollo, los objetivos, el contexto y la situación.

Esta evaluación de la práctica docente tendrá hoy como marco las competencias profesionales, concretadas en términos de habilidades (de ahí nuestra propuesta).

Pautas y medidas para favorecer el proceso de enseñanza-aprendizaje-evaluación y evaluación de competencias

Las competencias como elemento del currículo constituyen una clave de trabajo que puede enriquecer significativamente el proceso de enseñanza-aprendizaje (integración del conocimiento, contextualización, metas compartidas, entre otras ventajas). Pero, como hemos señalado a lo largo de los diferentes capítulos, su relación con los restantes elementos requiere una labor de reflexión y toma de decisiones en el centro y en el equipo de trabajo que atiende a los alumnos; es preciso hallar puntos de encuentro entre lo que han sido siempre nuestras mejores prácticas y las nuevas orientaciones al desarrollo que muestran. Enseñarlas nos preocupa pero, además, tenemos que constatar que se construyen. Más aún, al suponer aprendizajes integradores, deberemos llegar a acuerdos sobre los medios para evaluarlas con el fin de favorecer la comunicación entre el equipo de profesores y determinar qué logros son esenciales.

Trabajar con una base de indicadores de desempeño comunes para distintas áreas y profesores favorece la percepción de la integración de logros que debe caracterizar la evaluación de competencias. La funcionalidad es mayor en tanto que en el modelo se puede definir, en los centros de infantil y primaria, una propuesta para los distintos ciclos que las componen. En ella pueden presentarse los contenidos graduados; con ello, la diferenciación es cualitativa. Pero a lo largo de la etapa se irán incorporando nuevos enunciados para que la diferenciación sea también cuantitativa (Escamilla, González y Pacheco, 2009).

Propuestas para sistematizar el proceso de evaluación de competencias

Las orientaciones que recogemos a continuación se refieren principalmente a la necesidad de concretar y de llegar a acuerdos de equipo sobre

aspectos relativos al por qué, al qué y al cómo evaluar competencias para hacer más sistemático su seguimiento en términos de proceso.

A. Las competencias, al constituir un elemento del currículo de carácter nuclear, abstracto, deben concretarse en competencias-objetivos (generales de la programación y de las unidades didácticas: capacidades, habilidades y destrezas) para poder ser evaluadas.

Los enunciados deben describir los resultados del aprendizaje de forma explícita y observable (Tenbrink, 2006). Esos resultados del aprendizaje, para poseer ese carácter competencial deben quedar relacionados con una o varias competencias, y considerar en su delimitación las dimensiones de cada una de ellas para poder vislumbrar referentes más concretos para su enseñanza-aprendizaje y su evaluación. Ejemplos de desarrollo de las dimensiones competenciales pueden encontrarse en Sarramona (2004), Escamilla (2008) y Escamilla, González y Pacheco (2009). Entre ellas destacamos las siguientes:

- Competencia lingüística:
  - Escuchar.
  - Hablar.
  - Leer.
  - Escribir.
- Competencia matemática:
  - Números y cálculo.
  - Resolución de problemas.
  - Medida.
  - Geometría.
  - Tratamiento de la información.
  - Azar.
- Competencia en conocimiento e interacción con el mundo físico:
  - Los objetos cotidianos.
  - Procesos tecnológicos.
  - Consumo.
  - Medio ambiente.
  - Salud.
- Competencia en tratamiento de la información y competencia digital:
  - Tecnologías de información y comunicación. Posibilidades y limitaciones. Recursos y técnicas.
  - Los sistemas informáticos (*hardware*, redes, *software*).

  - El sistema operativo.
  - Uso de Internet.
  - Uso de programas básicos.
  - Actitudes necesarias con las TIC.
- Competencia social y ciudadana:
  - Habilidades sociales y de autonomía.
  - Sociedad y ciudadanía.
  - Pensamiento social.
  - Espacio y tiempo.
- Competencia cultural y artística:
  - Comprensión artística y cultural.
  - Expresión artística.
  - Actitud ante el hecho cultural, en general, y artístico, en particular.
- Competencia para aprender a aprender:
  - Habilidades cognitivas.
  - Habilidades de conducta.
  - Componentes de dinámica personal.
- Competencia en autonomía e iniciativa personal:
  - Conocimiento y dominio de sí.
  - Conocimiento y relaciones con los otros.
  - Conocimiento del contexto. Principios, valores y normas.
  - Búsqueda de información y trazado de planes.
  - Preparación para la toma de decisiones fundamentadas.
  - Disposición abierta al cambio y la innovación.

B. Todas las competencias básicas son evaluables cumpliendo los requisitos de concreción en capacidades, habilidades y destrezas.

Las competencias más holísticas e integradoras (aprender a aprender, iniciativa y autonomía personal requieren para su aprendizaje y su evaluación el ejercicio previo de las instrumentales (lingüística, matemática, conocimiento e interacción con el mundo físico natural) y las interpersonales (social y ciudadana y cultural y artística).

C. Es preciso materializar los principios de evaluación (continuidad, integración, sistematicidad, flexibilidad y participación) en la evaluación de competencias.

Para ello deberemos emplear técnicas variadas, planteadas sobre una variedad de situaciones, empleando diversos tipos de materiales y con unos

elementos de referencia precisos. Los elementos de referencia de base serán los objetivos y criterios; los elementos de referencia precisos serán los indicadores de desempeño.

Un buen número de decisiones relativas al qué, cómo y cuándo enseñar y evaluar han de ser tomadas en equipo. Ello se hace más patente en la evaluación de competencias por su carácter integrador. Será conveniente acordar elementos clave en indicadores que vayan mostrando una guía para el desarrollo en términos de proceso (con evolución en la complejidad de los contenidos y en los procesos y conductas con las que se expresan). Mostraremos, más adelante, algunos ejemplos de este tipo de indicadores.

¿Qué evaluamos? Los referentes de la evaluación

Objetivos, competencias y criterios de evaluación

En el desarrollo de la actividad evaluadora, los referentes de nuestra programación deben respetar el marco determinado por la normativa (ley, currículos y disposiciones sobre evaluación) y los acuerdos adoptados en el centro, en la etapa, en el ciclo y en el curso por parte del equipo. Las disposiciones sobre evaluación señalan como referentes básicos los objetivos, las competencias y los criterios de evaluación. Estas alusiones abiertas habrán de ser interpretadas y desarrolladas en el contexto del aula.

La idea de tomar como referente los objetivos y las competencias nos lleva a la convicción de que efectivamente ambos elementos señalan el horizonte (educación orientada al desarrollo de capacidades, señalando la necesidad de atender a las capacidades relacionadas con el saber hacer, sin que ello conduzca a desequilibrar los programas).

Los criterios son puntos de referencia más delimitados (qué evaluar) que, además, habitualmente se presentan acompañados de textos con orientaciones alusivas a las circunstancias que cabe tener en cuenta en esos enunciados, con explicación complementaria.

Señala el currículo oficial que los criterios de evaluación establecen, el tipo y el grado de aprendizaje que se espera que los alumnos vayan alcanzando con respecto a las competencias básicas y a las capacidades indicadas en los objetivos generales. El nivel de cumplimiento de estos objetivos en relación con los criterios de evaluación fijados no ha de ser medido de forma mecánica, sino con flexibilidad, y teniendo en cuenta la situación del alumno, el curso en que se encuentra, además de sus propias características y posibilidades. A su vez, la evaluación cumple, fundamentalmente, una función formativa, porque ofrece al profesorado unos indicadores de la evolución de los sucesivos ni-

veles de aprendizaje de sus alumnos, con la consiguiente posibilidad de aplicar mecanismos correctores de las insuficiencias advertidas. Por otra parte, esos indicadores constituyen una fuente de información sobre el mismo proceso de enseñanza. Por ello, los criterios de evaluación vienen a ser un referente fundamental de todo el proceso interactivo de enseñanza y aprendizaje.

Para que los criterios de evaluación puedan realmente cumplir esta función formativa es preciso que se utilicen desde el comienzo del proceso de aprendizaje; por tanto, es fundamental contar con los criterios para cada curso y, en él para las unidades didácticas, ya que cuanto antes se identifiquen las posibles dificultades de aprendizaje, antes se podrá reajustar la intervención pedagógica. Así, ya desde nuestra perspectiva definimos los *criterios de evaluación* como:

> Enunciados que identifican el tipo de aprendizaje que deseamos que los alumnos construyan como consecuencia del desarrollo de un determinado programa. Cumplen, esencialmente, una función formativa o de mejora y optimización del proceso. Integran, además, otras funciones: orientadora para la adecuación de las actividades de enseñanza y aprendizaje; homogeneizadora, porque constituyen referentes de los aprendizajes significativos para todos los alumnos; sumativa, porque nos muestran el resultado, la conducta que habrán de mostrar.

En el desarrollo de la actividad educativa en nuestro centro, estos criterios se contextualizarán y desarrollarán en las programaciones didácticas y, en el desarrollo de esta labor, mostraremos la forma en que estos referentes permiten evaluar las competencias básicas. En las programaciones de área que incluyamos en el proyecto curricular, los criterios de evaluación se relacionarán con las competencias específicas.

Respecto a la forma que adoptan estos enunciados podemos decir, de acuerdo con Tenbrink (2006, pp. 106-109) que deben cumplir los siguientes requisitos:

1. Estar orientados hacia el aprendizaje.
2. Describir los resultados del aprendizaje.
3. Ser explícitos (expresión clara, sin ambigüedades).
4. Ser observables (verbos de acción [pueden ser operaciones mentales]).

Para la formulación de estos enunciados podemos apoyarnos en los listados taxonómicos que hemos integrado en el capítulo de los objetivos.

Algunos ejemplos de criterios de evaluación de una programación, desde una perspectiva sintética (relacionados con las competencias básicas [CCBB]) son:

- Ejemplificar algunos hábitos apropiados relacionados con el aseo, la alimentación, el descanso y el ejercicio físico (CCBB 1, 3, 5, 8).
- Describir los rasgos y cualidades esenciales que conforman su identidad (aspectos físicos, de personalidad) indicando algunas acciones que puedan contribuir a su mejora (CCBB 1, 5, 7, 8).
- Exponer oralmente la importancia de la adquisición de hábitos de autonomía, higiene personal y salud relacionándolos con el bienestar y desarrollo personal y colectivo (CCBB 1, 3, 5, 8).

Algunos criterios de evaluación propios de una unidad didáctica y relacionados con las competencias básicas son:

- Explicar, oralmente y de forma clara, coherente y expresiva, qué es un museo y cuáles son principales tipos (CCBB 1, 4, 6, 7, 8).
- Identificar los museos más representativos de la localidad y del entorno próximo reconociendo sus principales características: ubicación, finalidad, contenidos (CCBB 1, 4, 5, 6, 7, 8).
- Describir con orden, claridad y riqueza de matices (elementos formales y de contenido) un cuadro seleccionado entre las obras trabajadas en el desarrollo de la unidad (CCBB 1, 2, 4, 6, 7, 8).
- Manifestar actitudes de respeto y consideración hacia la expresión personal de emociones y sentimientos de los demás ante obras artísticas (CCBB 1, 5, 6, 7, 8).
- Reconocer diferentes tipos de profesionales cuya actividad se desarrolle en un museo identificando las principales tareas que desempeñan (CCBB 1, 4, 5, 6, 7, 8).

Los indicadores de desempeño

En los momentos actuales, en los que tanto nos preocupa clarificar la evaluación de competencias y determinarla en el marco de acuerdo y proceso que venimos defendiendo, los indicadores se identifican como elemento clave. Constituyen un elemento que muestra, que indica, señala, desvela una evolución (CIDE, 05). A estos indicadores se les asignan distintos papeles:

- Indicador como concreción de un criterio.
- Indicador como categoría representativa, como representaciones de la realidad que se va a evaluar, su importancia reside en la repre-

sentatividad de la categoría con respecto a la realidad que se va a evaluar (OCDE-CERI, 89).

Los criterios de evaluación vinculados al desarrollo de competencias en las programaciones de aula y unidades didácticas se materializarán en indicadores de desempeño.

Los indicadores de desempeño son, por tanto, un referente específico y propio de la evaluación de competencias. Los definimos del siguiente modo:

> Enunciados que, respecto a una o varias competencias dadas, identifican un tipo de guía o patrón de conducta adecuado, eficaz, positivo (suponen siempre evolución y desarrollo). Proporcionan, al tiempo, una vía directa para determinar, de manera objetivable, el grado (cuantitativo o cualitativo) en que se manifiestan.

Escamilla (2008*a*, 156) propone los siguientes referentes:

- Referentes cualitativos: siempre, frecuentemente, a veces, nunca // mucho, bastante, poco, nada.
- Referentes cuantitativos: 1, 2, 3, 4, 5 // 1-10.

El diseño de los referentes de evaluación con los que se valoran las competencias en el marco de la programación supone el desarrollo de un proceso en el que cabe distinguir las siguientes acciones:

- Análisis de la presencia de las competencias básicas en la formulación de los criterios de evaluación del DCP estableciendo una correspondencia numérica entre ambos.
- Diseño de un conjunto de criterios de evaluación que contextualicen y concreten dichos criterios, e integren el desarrollo de tales competencias básicas.
- Establecimiento de relaciones entre los criterios de evaluación y las competencias básicas (o las específicas diseñadas en el centro, la etapa y el curso).
- Elaboración y selección de un conjunto de indicadores de desempeño en los que se concreta la evaluación de las competencias específicas de la programación.

La formulación de indicadores de desempeño supone una respuesta de calidad al diseño de la evaluación de competencias. Se justifica por la natu-

raleza de las competencias básicas. Recordemos que una misma capacidad o competencia puede desarrollarse o adquirirse a menudo a partir de saberes complementarios.

La formulación de indicadores debe tener en cuenta las siguientes consideraciones:

- Incorporan un verbo de ejecución-acción en 3.ª persona del singular, para expresar en términos de realización la habilidad o destreza en la que se objetiva esa competencia.
- Se acompañan de los contenidos en los que se expresa el desarrollo de esa acción.
- Debe identificarse el contexto general (académico, social y familiar) y, en ocasiones, la situación o situaciones (relación, diálogos, debates, celebraciones...) en las que esperamos que esa habilidad/destreza se aplique o se transfiera.

Algunos ejemplos de indicadores de desempeño para distintas competencias son (a partir de Escamilla, González y Pacheco, 2009):

Competencia en comunicación lingüística

- Expresa opiniones sobre algunas de las actuaciones de las personas de su entorno (compañeros, familiares, vecinos, etc.) que contribuyen a dañar el medio ambiente (sus paisajes, su fauna, su vegetación, etc.), mostrando recursos adecuados a la situación de comunicación oral.
- Lee comprensivamente textos (narrativos, descriptivos, argumentativos...) relacionados con el entorno y su conservación, la salud, los animales, las plantas y la localidad.

Competencia matemática

- Utiliza de forma adecuada nociones espaciales básicas para orientarse en las actividades relacionadas con el paisaje (descripción, observación, recorrido).
- Sigue procesos de razonamiento ordenados para explicar las repercusiones que pueden tener algunos malos hábitos de alimentación, higiene, etc., en la aparición de enfermedades.
- Emplea espontáneamente (en los ámbitos personal y social) elementos y razonamientos matemáticos para interpretar y producir información.

Competencia en conocimiento e interacción con el mundo físico

- Explica la relación que existe entre algunos sucesos de la vida cotidiana y algunos fenómenos culturales (por ejemplo, deterioro de algunos monumentos de la comunidad: paso del tiempo).
- Sintetiza algunos sucesos que tienen lugar en el entorno natural (proceso de alimentación de las plantas, proceso de reflexión y refracción de la luz, etc.), en el entorno social (fases de un proceso de elaboración de productos, el proceso electoral, etc.) y en el entorno cultural (proceso de conservación de obras de arte en los museos, etc.).

Competencia en el tratamiento de la información y competencia digital

- Busca información en soporte impreso (enciclopedias, prensa, bibliografía), audiovisual (enciclopedias multimedia, radio, televisión) e informático (webs infantiles, de instituciones de la comunidad) sobre localidades, entornos naturales, patrimonio cultural, etc., para elaborar trabajos en el ámbito académico.
- Procesa y comunica información sobre el medio natural, social, y cultural en soporte impreso utilizando los datos recogidos de los medios de comunicación audiovisual (televisión) y de fuentes informáticas (enciclopedias multimedia e Internet).

Competencia social y ciudadana

- Coopera con sus compañeros en la búsqueda de información sobre aspectos significativos del medio natural, social y cultural para la elaboración de trabajos escolares colectivos.
- Analiza y distingue la multiplicidad de causas que están en la base de un determinado hecho o situación. (conflicto/logro/fracaso).

Competencia cultural y artística

- Disfruta con la escucha de obras musicales del patrimonio artístico y cultural de la comunidad.
- Estimula, con su aprecio y valoración, los resultados o el esfuerzo de otros por conseguir que sus trabajos manifiesten valores estéticos.
- Respeta las normas de conocimiento y uso tanto de las instituciones como de los enclaves en los que se preservan y exponen bienes culturales.

Competencia para aprender a aprender

- Reconoce sus posibilidades y sus limitaciones de acción en la conservación y mejora del entorno (paisajes, seres vivos, monumentos, etc.).
- Evalúa sus conocimientos respecto a los hábitos más adecuados para el cuidado de la salud.
- Ejercita la atención y concentración en situaciones de búsqueda de información sobre el entorno y su conservación, la salud, los seres vivos, la localidad y el paso del tiempo.

Competencia en autonomía e iniciativa personal

- Se esfuerza y persevera en conseguir información relevante relacionada con el entorno y su conservación, la salud, los animales, las plantas, la localidad y su organización y el paso del tiempo para construir conocimientos.
- Distingue posibilidades y limitaciones respecto al valor de recursos disponibles para la conservación y mejora del paisaje de España y de la comunidad.

Este conjunto de ejemplos muestra el sentido y la utilidad de los indicadores de desempeño y esto nos ha de llevar a reflexionar sobre sus características, que, lejos de situarse en contextos de trabajo mecánicos y rígidos, se distinguen por las siguientes notas:

- Implican evolución y desarrollo.
- Muestran un grado de progreso objetivable.
- Son consensuados.
- Se vinculan a diferentes competencias básicas.
- Pueden estimular la transferencia. Las actividades de aprendizaje y propiamente evaluadoras dispuestas para su desarrollo favorecen la transferencia (habilidades y contenidos de construcción gradual).

¿Cómo evaluamos y registramos la información? Estrategia, técnicas e instrumentos

El sistema de evaluación del aprendizaje y sus componentes debe ser planificado conforme a estrategias que nos permitan obtener información significativa y continuada para formular juicios sobre el aprendizaje del alumno y tomar decisiones que favorezcan a contribuir a su desarrollo y a la mejora de la calidad de la enseñanza. Entendemos el concepto estrategia

(como expusimos en los recursos didácticos) en el sentido de plan que dispone y articula un conjunto de medios.

Estas estrategias deben permitir responder a todos los interrogantes evaluadores en el desarrollo de la actividad educativa en el centro y en el aula. Su determinación parte, sin duda, del análisis de las prescripciones y orientaciones establecidas por la administración en materia evaluadora y del marco teórico en el que se inscribe nuestro planteamiento evaluador, descrito anteriormente.

Para llevar a cabo el modelo de evaluación propuesto, es necesario prestar atención a la forma en que se realizará la selección, recogida y análisis de la información relevante para la misma, pues este factor puede condicionar y desvirtuar todo el proceso. En definitiva, si debemos evaluar elementos tan complejos como las competencias, necesitaremos utilizar técnicas diversas, instrumentos de registro variados e, incluso, la aportación de diferentes agentes evaluadores.

Con el objetivo de garantizar la objetividad de la evaluación, nuestros profesores seleccionarán los procedimientos, técnicas e instrumentos de acuerdo con los siguientes requisitos:

- Variedad, de modo que permitan evaluar los distintos tipos de capacidades y de contenidos curriculares, y contrastar datos de evaluación referidos a los mismos aprendizajes o similares obtenidos a través de distintos instrumentos.
- Concreción sobre lo que se pretende, sin introducir variables que distorsionen los datos que se obtengan con su aplicación.
- Flexibilidad:
  - Utilizarán distintos códigos (verbales, orales o escritos, icónicos, gráficos, etc.) de modo que se adecuen a las distintas aptitudes, necesidades y estilos de aprendizaje de los alumnos sin que el código dificulte el contenido que se pretende evaluar.
  - Serán aplicables en distintas situaciones.
  - Permitirán evaluar la transferencia de los aprendizajes a contextos distintos de aquellos en los que se ha adquirido, comprobando así su funcionalidad.
- Participación, es decir, el consenso en todos estos aspectos básicos marcará la estrategia evaluadora del equipo docente.

Técnicas para la evaluación de los aprendizajes

Recordaremos que la evaluación de la programación y de las unidades didácticas bajo un enfoque competencial exige integrar la evaluación de las

habilidades y destrezas competenciales en el proceso. No significa, de ninguna manera, que tengamos que proceder a evaluar sólo ese elemento del currículo. Emplearemos técnicas y diseñaremos actividades de seguimiento de la retención de datos y de la construcción de conceptos, antes de intentar evaluar el desarrollo de habilidades y destrezas de aplicación de los contenidos en distintos contextos.

Analizaremos las técnicas a partir de Rodríguez Neira (coord., 2000), Pozo Llorente y Salmerón (1999), Casanova (1997) y Escamilla y Llanos (1993) atendiendo a los siguientes referentes: técnicas de observación, de encuesta y pruebas y técnicas que desencadenen procesos comunicativos y de discusión grupal. Pasamos a desarrollarlas.

Técnicas de observación

Destacamos la observación directa e indirecta realizadas de forma sistemática. Suponen la búsqueda de niveles significativos de objetividad en la evaluación, pues nos permiten el seguimiento de los procesos de aprendizaje en los alumnos.

La observación puede llevarse a efecto a través del seguimiento de las actividades estructuradas en un plan de trabajo dentro o fuera del aula: trabajos de los alumnos, producciones plásticas y musicales, juegos lógicos, juegos dramáticos etc.

Tenbrink señala a este respecto (2006, p. 297) que no hay fuente más importante de información sobre el aprendizaje que las mismas actividades de aprendizaje. El trabajo diario que hacen los alumnos al aprender nos puede proporcionar una información inestimable sobre cómo están aprendiendo, con qué rapidez, cómo recuerdan lo que aprenden, a qué ritmo se hacen, etc.

Técnicas de encuesta y pruebas

Entre ellas cabe destacar las entrevistas, las pruebas y los cuestionarios. Casanova (1997) entiende la entrevista como una conversación intencional. Subraya su gran valor para obtener información sobre la opinión, actitudes, problemas, motivaciones, etc., de los alumnos y de sus familias. Su empleo adecuado exige sistematización: definición de sus objetivos, la delimitación de la información que se piensa obtener y el registro de los datos esenciales que se han obtenido. Puede ser de dos tipos:

- Formal o previamente preparada por el entrevistador.
- Informal o sin preparación previa (el entrevistador, en una situación de encuentro espontáneo recoge información relevante).

Las pruebas y cuestionarios diremos que complementan la información obtenida a través de la observación sistemática y entrevistas periódicas. Sirven para estudiar el grado de asimilación y relación que los alumnos han establecido entre determinados aprendizajes. Se debe huir del tradicional examen, y ello exige que las pruebas que hay que utilizar sean variadas, en línea con las experiencias de enseñanza-aprendizaje.

Destacamos nuevamente que el proceso de evaluación, en la actualidad, no puede circunscribirse exclusivamente al saber competencial, al saber aplicado. El proceso de enseñanza-aprendizaje contempla conocimiento y comprensión. En consonancia, deberemos diseñar actividades de evaluación (en sintonía con las actividades de enseñaza-aprendizaje) para constatar el progreso en la retención y construcción de datos, conceptos y principios. Presentamos algunos ejemplos significativos (a partir de Escamilla y Llanos, 1993).

Actividades y tareas para llevar a cabo la evaluación del aprendizaje de datos y conceptos

El seguimiento del aprendizaje de hechos o datos es más sencillo que el de conceptos. Es tradicional su evaluación mediante el planteamiento de un interrogante (¿cuál es?) al que el alumno contesta de forma oral o escrita.

Esto nos lleva a afirmar que, para facilitar el seguimiento del aprendizaje de datos, la situación de evaluación debe ser bastante similar a la del aprendizaje. No obstante, si queremos enriquecer el proceso educativo que llevamos a cabo en el aula, es conveniente que el alumno se enfrente con situaciones de aprendizaje variadas (esto nos lleva, en un contexto de aprendizaje global, a la enseñanza y al aprendizaje de procedimientos).

El enfrentamiento del alumno con situaciones diversas en las que tiene que aprender hechos y datos le permitirá agilizar esa información. Ello hará factible recuperarla y, por tanto, utilizarla en contextos diferentes.

La evaluación de hechos y datos puede llevarse a cabo con diferentes técnicas: observación de conductas en clase y planteamiento de actividades especificas (que pueden tomar distintas formas: oral y escrita, individuales y de grupo).

A continuación destacamos y ejemplificamos algunas de estas actividades seleccionadas como las más representativas:

1. *Actividades de evocación*: en ellas se le pide al alumno que recupere una información sin proporcionarle indicios que faciliten el recuerdo. Pueden adoptar diversas modalidades:

- Interrogativas: preguntas sencillas que exigen una respuesta simple.
  - ¿Cuál es tu medio de transporte favorito?
- Frases o textos incompletos: el alumno debe incluir la información que falta en ellos.
  - El avión es un medio de transporte... El aeropuerto de... se denomina...
- Gráficos o dibujos incompletos: el alumno debe concluir alguna parte que ha sido suprimida de un gráfico o dibujo.
  - Un avión, un helicóptero... un plano (según el nivel) en el que falta algún elemento.

2. *Actividades de reconocimiento*: en ellas se proporcionan indicios con la finalidad, unas veces, de facilitar el recuerdo, y otras, de exigir un tratamiento del contenido más complejo, pues requieren discriminaciones sutiles. De esta manera vamos impulsando el aprender a aprender, el trabajo mental para que las respuestas no exijan sólo evocación.
   - Discriminación entre verdadero y falso: el alumno ha de determinar en frases o palabras su veracidad o falsedad.
     - En nuestra localidad tenemos representación de todos los medios de transporte... V/F
     - Entre las ventajas del autobús urbano frente al coche particular se encuentra:
       * Los trayectos adaptados a las necesidades de cada usuario... V/F
       * El coste para el usuario... V/F
   - Actividades de asociación: el alumno debe relacionar correctamente datos de dos columnas.
   - Actividades de ordenación: ante una serie de datos, y siguiendo un criterio preestablecido, el alumnado debe situarlos ordenadamente, por ejemplo: Ordena estos medios de transporte de más antiguo a más nuevo (o a la inversa, para constituir ejercicios de atención).
     - Tren.
     - Coche de caballos.
     - Autobús.

Hay que considerar la relevancia que tiene determinar qué datos deben ser trabajados sistemáticamente y cuáles conviene que sean memorizados y, en consecuencia, los que deben ser objeto de evaluación. Los datos y los he-

chos deberán ser memorizados si constituyen la base imprescindible para el tratamiento de otros contenidos y el desarrollo de otras actividades.

Presentamos ahora una selección de tipos de actividades de evaluación del aprendizaje de conceptos que pueden ir más allá del conocimiento y la comprensión; van a permitirnos valorar la aplicación en diferentes grados de elaboración mental. Destacamos:

- *Actividades de asociación entre conceptos.* Pueden presentarse de forma dirigida (dos o tres columnas, entre las que el alumno debe establecer una relación) o de forma libre (el alumno debe buscar ideas relacionadas con un concepto).
- *Actividades de elección de la mejor respuesta.* El alumno, ante varias alternativas para definir un concepto, debe elegir la que considere más apropiada. Esta modalidad se puede llevar a cabo con distintos grados de dificultad: alternativas sin relación autentica con el concepto y alternativas correctas, pero con diferentes niveles de adecuación.
- *Actividades de definición del significado.* El alumno ha de elaborar una definición del significado de un concepto. La facilidad de este tipo de actividades para el profesor (apreciemos que en los ejemplos anteriores el docente debía producir las actividades) encuentra, como contrapartida, la dificultad que conlleva el asegurarse de que la definición no refleja, sin más, un aprendizaje memorístico de carácter repetitivo; aceptaremos una respuesta en la que el alumno recuerde la definición, pero que sea capaz de darle un significado personal.
- *Actividades de exposición temática.* En ellas, el alumno debe realizar una composición o exposición organizada, oral o escrita, sobre un determinado tema. Puede tratarse de una petición de carácter general o de una solicitud de carácter más concreto o específico en la que el alumno debe relacionar dos o más conceptos, estableciendo semejanzas y diferencias entre ellos.

  Ya Pozo (1992) señalaba las ventajas y los inconvenientes de esta técnica:

  Fomenta el uso de procedimientos de expresión oral y escrita esenciales en el aprendizaje escolar... Este tipo de problema lleva un fuerte componente procedimental. Ello, aunque educativamente es ventajoso, puede plantear problemas en la evaluación de la adquisición de conceptos y en la interpretación de resultados con alumnos pequeños o que no dominen

suficientemente los procedimientos expositivos. Puede que en ese caso estemos atribuyendo a una dificultad conceptual lo que es carencia procedimental. (Pozo, 1992, p. 74)

- *Actividades de identificación y categorización de ejemplos.* El alumno, mediante la evocación o el reconocimiento, ha de establecer relaciones entre conceptos. Pueden plantearse de diferentes formas: en situaciones abiertas (el alumno busca ejemplos), o más cerradas (se le exponen los ejemplos que ha de elegir o las categorías que ha de utilizar).
- *Actividades de resolución de problemas.* El alumno debe hallar la solución a problemas que exigen hacer funcionales los conceptos aprendidos. Aunque, como las anteriores conllevan cierto trabajo para el profesor (su diseño exige poner en juego las habilidades creativas), requieren del alumno claridad de ideas e inventiva. Facilitarán la asimilación de procedimientos como el de resolución de problemas, porque el alumno, al trabajar en estas situaciones, no sólo pone en juego los conceptos tratados, sino que gradualmente adquiere esa herramienta para ponerla después en práctica en situaciones de su vida cotidiana, por ejemplo: determina el transporte adecuado para hacer un viaje (justifica tu elección).
  - A una isla.
  - A la montaña.
  - Por una senda.
  - A un país lejano.
  - Por un río.

Como síntesis de las consideraciones precedentes, queremos destacar lo siguiente:

- Las actividades de evaluación de los aprendizajes integrarán la evaluación de competencias, pues éstas se materializan en habilidades y destrezas.
- En la evaluación de conceptos, las técnicas y propuestas de actividades y tareas proporcionan un tipo de información diferente sobre la forma en que los alumnos han adquirido los conceptos. La fórmula más completa será la que los integre, la que los entienda como complementarios.
- El conocimiento conceptual debe evaluarse en el curso de las diferentes actividades de aprendizaje que pueden englobar todas las técnicas mencionadas.

- El proceso de evaluación debe comenzar por un análisis de los conocimientos previos de los alumnos para activar sus ideas, trabajar sobre ellas y perseguir durante todo el proceso de enseñanza-aprendizaje.
- Es necesario valorar de forma explícita y estimular las ideas personales de los alumnos, pidiéndoles que expresen con sus propias palabras conceptos ya tratados o que determinen los aspectos positivos o las cualidades de las definiciones dadas por otras personas. Con ello huimos de los peligros de un enfoque mecánico-funcionalista.
- Las actividades de aprendizaje deben incluir contextos de aplicación diferentes que requieran clasificaciones, generalizaciones y aplicaciones a situaciones nuevas. De esta manera, las situaciones de evaluación evitarán las respuestas que reproducen literalmente los materiales de aprendizaje. Con ello, estamos cooperando al desarrollo del enfoque competencial.

Técnicas que desencadenen procesos comunicativos y de discusión grupal

Entre ellas destacaremos sesiones con grupos de alumnos y sesiones de intercambio de información significativa sobre los alumnos. Éstas últimas se llevarán a cabo entre el profesor tutor y los restantes miembros del equipo de profesores que atiende al grupo. La información reunida de todas estas fuentes hará posible la profundización en el conocimiento del alumno: su nivel de partida, sus procesos de cambio, sus necesidades, sus capacidades, intereses y dificultades.

Instrumentos para la evaluación

Las técnicas y procedimientos para la evaluación necesitan instrumentos específicos que garanticen la sistematicidad y el rigor necesarios en el proceso de evaluación. Algunos de ellos poseen el carácter de documentos oficiales que facilitan el registro de datos y el intercambio de información entre profesores (de distintos ciclos en el centro, de distintos centros) y padres. Otros instrumentos, los seleccionados por cada profesor o por equipos de profesores hacen posible el registro de los datos de la evaluación continua y sistemática y se convierten, así, en el instrumento preciso y ágil que garantiza la viabilidad de los principios de la evaluación a los que hemos aludido.

La aplicación de las técnicas que hacen posible el sistema de evaluación continua requiere instrumentos que permitan el registro de los datos de forma sistemática y la adaptación del proceso de enseñanza-aprendizaje en

función de las necesidades y logros detectados. Los instrumentos de registro, en esta ocasión, corresponderán a la selección personal del profesor (aquellos con los que se encuentra más cómodo, le son más familiares, le parecen más ilustrativos, etc.).

Naturalmente, la decisión de adoptar unos u otros también puede ser resultado de un trabajo de estudio del equipo de profesores. Entre la diversidad de instrumentos existentes hemos seleccionado cuatro porque consideramos que cubren los aspectos básicos a evaluar.

Lista de control

Componen un instrumento de registro de datos del grupo que permite observar el nivel de construcción de los aprendizajes. En ellas aparecerá el reflejo de todos los alumnos, indicando para cada uno de ellos si ha alcanzado o no cada uno de los aspectos evaluados. Son muy adecuadas para valorar tanto los procesos de enseñanza (si el grupo se aparta o construye significativamente contenidos) como los de aprendizaje.

Escalas de estimación

Constituyen un instrumento de registro individual que se adapta bien al seguimiento de la asimilación de contenidos. Las más utilizadas son las tablas de doble entrada que recogen los aspectos que se van a evaluar y una escala para valorar el logro de cada uno de ellos. Esta escala puede ser: siempre, frecuentemente, a veces, nunca, o una escala numérica. En estos momentos en los que nos planteamos cómo plasmar el proceso de construcción de las competencias básicas, son de gran utilidad escalas que reflejen consenso entre profesores respecto a cada competencia plasmada en indicadores. A cada indicador se le puede, como señalamos anteriormente, adjudicar unos grados de consecución (cualitativos o cuantitativos).

Diarios de clase

Permiten recoger información sobre la actividad cotidiana. Permiten el seguimiento de la dinámica del aula sobre todo en el ámbito relacionado con las interacciones personales y con las dificultades y progresos que se detecten en el desarrollo de determinados aprendizajes.

Portafolios

Constituirán la historia de cada alumno. En ellos recogeremos no solamente las valoraciones de su trabajo, sino una selección de las tareas más

significativas. Van a adquirir una importancia capital en todo el proceso de evaluación de competencias básicas.

¿Cuándo evaluamos? Los momentos en la evaluación

Desde que hemos presentado el concepto y los tipos de evaluación, hemos señalado que debe ser entendida como un proceso continuo y ello exige un desarrollo a través de distintos momentos para conseguir la coherencia y sistematicidad que precisa. Al referirnos a los distintos momentos de este proceso, distinguiremos entre evaluación inicial, evaluación procesual y evaluación final.

La evaluación inicial se efectúa al comienzo de un proceso de aprendizaje (una etapa, un ciclo, un curso [con carácter relativo también puede hablarse de evaluación inicial en procesos menores, como una unidad didáctica]). Permitirá realizar un trazado de los procedimientos de trabajo en función de la situación real de nuestros alumnos. La evaluación inicial permitirá detectar el nivel o grado de desarrollo alcanzado por el alumno en aspectos básicos de aprendizaje. En la programación de aula significa: estudiar el desarrollo curricular de nuestro centro, etapa, llegar a acuerdos con el equipo de profesores, estudiar los expedientes de los alumnos (sus portafolios si ya los estamos empleando), intercambiar información con las familias, seguir atentamente sus comportamientos en los comienzos del curso, etc. En cada unidad didáctica deberemos estudiar los conocimientos y actitudes previas hacia los contenidos del centro de interés.

La evaluación procesual facilita la valoración del desarrollo de los aprendizajes de nuestros alumnos a través de la recogida de datos continua y sistemática en guías de observación, diarios de clase, etc. Esta evaluación procesual posee un carácter formativo, dado que hace posible el seguimiento del proceso y, en consecuencia, la toma de decisiones de mejora más adecuadas en función de los aspectos observados. A través de este tipo de evaluación será posible ajustar algunos elementos del proceso de enseñanza-aprendizaje inicialmente planificadas: en algunos casos porque, si se ha comprobado su dominio por parte del alumno, podría resultar reiterativo el modelo de trabajo propuesto; en otros casos, el ajuste de las experiencias consistirá en la vuelta sobre el mismo contenido a través de otros recursos metodológicos, otros agrupamientos u otros recursos materiales si se ha detectado que encierran alguna dificultad para los alumnos.

Para cada grupo de alumnos se realizarán, al menos, tres sesiones de evaluación. Las sesiones de evaluación son las reuniones que celebra el con-

junto de profesores del respectivo grupo de alumnos, coordinados por el profesor-tutor, para valorar tanto el aprendizaje de los alumnos en relación con los objetivos del currículo, como la práctica docente. El profesor tutor de cada grupo levantará acta del desarrollo de las sesiones de evaluación, en la que se harán constar los acuerdos adoptados. La valoración de los resultados derivados de dichos acuerdos constituirá el punto de partida de la siguiente sesión de evaluación.

La gran ventaja de la evaluación procesual es que, al mostrar las diferencias en el ritmo de aprendizaje de los alumnos, permite llevar a cabo una enseñanza personalizada. En función de estas diferencias será posible emprender acciones:

- De apoyo a los alumnos en los que se observen dificultades. Este tipo de experiencias tratará los mismos contenidos pero variando los recursos materiales, utilizando diferentes procedimientos intuitivos, sirviéndose de otros recursos personales, otros estímulos emocionales (como el refuerzo de los logros), apoyándose en la visión funcional de los contenidos, etc.
- De desarrollo, para aquellos alumnos cuya mayor capacidad o interés en el trabajo haya ocasionado una evolución más rápida que el resto de sus compañeros. En este caso, podríamos sugerirles algunas actividades para profundizar en los conceptos, procedimientos o actitudes. En otras ocasiones ellos mismos, libremente, podrían determinar el camino que les gustaría seguir.

La evaluación final posee un carácter sumativo y, en ocasiones, de pronóstico. Se llevaría a cabo al término de cada uno de los ciclos y también al término de cada una de las etapas. Con carácter relativo, la materializamos al finalizar el curso extrayendo algunas conclusiones sobre la evolución de los alumnos en capacidades-competencias. Al término de cada unidad didáctica, podemos también plantearnos situaciones específicas de valoración y reflexión que nos permitan mejorar también la siguiente.

En síntesis

En el capítulo hemos vuelto a afirmar nuestros principios relacionados con la enseñanza-aprendizaje y la evaluación a través del estudio de algunos aspectos relativos a la evaluación de competencias. Aunque se destaque

tanto la idea de competencia vinculada a saber hacer eficaz (a veces a producto), hemos señalado que los productos son parte de un proceso y que, además, en educación, nunca van a constituir el fin de nada, sino nuevas incorporaciones a los conocimientos (declarativos o procedimentales).

El estudio de los aspectos relativos a quién, cuándo, cómo y qué evaluar nos ha permitido ir concluyendo que debemos romper falsas dicotomías: enseñanza y aprendizaje; conocimiento (atención, memorización y recuerdo) y comprensión; comprensión y aplicación; evaluación y pruebas. Hemos mostrado que las pruebas de evaluación deben recoger lo más significativo de las actividades y tareas de aprendizaje. Consideramos que el proceso de evaluación debe comenzar por un análisis de los conocimientos previos de los alumnos para activar sus ideas, trabajar sobre ellas y perseguir su evolución durante todo el proceso de enseñanza-aprendizaje. Finalmente, recordamos la importancia de diseñar tareas que supongan trabajar pensando en contextos de aplicación diferentes, que requieran clasificaciones, generalizaciones y aplicaciones a situaciones nuevas. De esta manera, las propuestas de evaluación evitarán las respuestas que reproducen, literalmente, los materiales de aprendizaje. Con ello estamos cooperando al desarrollo del enfoque competencial.

Referencias bibliográficas

ALEXANDER, A.; ROODIN, P.; GORMAN, B. (1998): *Psicología Evolutiva*. Madrid. Pirámide.

ÁLVAREZ MÉNDEZ, J.M. (2008): «Evaluar el aprendizaje en una enseñanza basada en competencias», en AA.VV.: *Educar por competencias: ¿qué hay de nuevo?* Madrid. Morata.

ANTÓN, M. (coord.) (2007): *Planificar la etapa 0-6. Compromiso de sus agentes y práctica cotidiana*. Barcelona. Graó.

ARAUJO, J.B.; CHADWICK, C.B. (1993): *Tecnología educacional. Teorías de instrucción*. Barcelona. Paidós.

AUSUBEL, D.P.; SULLIVAN, E. (1983): *El desarrollo infantil*. Barcelona. Paidós.

AUSUBEL, D.P.; NOVAK, J.; HANESIAN, H. (2000): *Psicología educativa: un punto de vista cognoscitivo*. México. Trillas.

BANDURA, A.; WALTERS, R. (1974): *Aprendizaje social y desarrollo de la personalidad*. Madrid. Alianza Universitaria.

BARR, ROBERT B.; TAGG, J. (1995): «From teaching to learning. A new paradigm for undergraduate education», en *Change*, vol. 27(6).

BASSEDAS, E.; HUGUET, T.; SOLÉ, I. (2006): *Aprender y enseñar en educación infantil*. Barcelona. Graó.

BERK, L. (2001): *El desarrollo del niño y del adolescente*. Madrid. Prentice Hall.

– (2006): *Desarrollo del niño y la adolescencia*. Madrid. Pearson Prentice Hall.

BLOOM, B. S. (1956): *Taxonomy of educational objectives; the classification of educational goals*. New York. Longmans, Green.

BRUNER, J. S. (1984): *Acción, pensamiento y lenguaje*. Madrid. Alianza.

CASANOVA, M. A. (1992): *La evaluación, garantía de calidad para el centro educativo*. Zaragoza. Edelvives.

– (1997): *Manual de evaluación educativa*. Madrid. La muralla.

CIRIGLIANO, G.; VILLAVERDE, A. (1982): *Dinámica de grupos y educación*. Buenos Aires. Humanitas.

COLL, C. y otros (1992): *Los contenidos en la reforma: enseñanza y aprendizaje de conceptos, procedimientos y actitudes*. Buenos Aires. Santillana.

COLOMINA, R.; ROCHERA, M. J. (2002): *Evaluar para ajustar la ayuda educativa*. Barcelona. Cuaderno de Pedagogía, 318.

CÓRDOBA, A.I.; DESCALS, A.; GIL, M.ªD. (2006): *Psicología del desarrollo en la edad escolar*. Madrid. Pirámide.

DE BONO, E. (2004): *Cómo enseñar a pensar a tu hijo*. Barcelona. Paidós.

DE PUIG, I.; SÁTIRO, A. (2006): *Jugar a pensar. Recursos para aprender a pensar en educación infantil*. Barcelona. Octaedro/Eumo.

DECROLY, O.; BOON, G. (1965): *Iniciación general al método Decroly*. Buenos aires. Losada.

ESCAMILLA, A. (2008*a*): *Competencias básicas: claves y propuestas para su desarrollo en los centros*. Barcelona. Graó.

— (2008*b*): «Contribución de las competencias básicas al desarrollo del enfoque globalizador». Congreso de la asociación mundial de la educación infantil.

ESCAMILLA, A.; GONZÁLEZ, M.J.; PACHECO, M. (2009): *Cuadernos para la evaluación de competencias*. Madrid. SM.

ESCAMILLA, A.; LAGARES, A.R.; GARCÍA FRAILE, J.A. (2006): *La LOE, perspectiva pedagógica e histórica*. Barcelona. Graó.

ESCAMILLA, A.; LLANOS, E. (1993): *La evaluación del aprendizaje y de la enseñanza en el aula*. Zaragoza. Edelvives.

ESCRIBANO GONZÁLEZ, A. (2004): *Aprender a enseñar: fundamentos de didáctica general*. Cuenca. Servicio de Publicaciones de la Universidad de Castilla-La Mancha.

ESTÉVEZ NÉNNINGER, E.H. (2002): *Enseñar a aprender: estrategias cognitivas*. Barcelona. Paidós.

FERRÁNDEZ, A.; SARRAMONA, J.; TARÍN, L. (1984): *Tecnología didáctica. Teoría y práctica de la programación escolar*. Barcelona. CEAC.

FISHER, R. (2003): *Cómo desarrollar la mente de su hijo*. Barcelona. Obelisco.

GARCÍA, L.A.; HERNÁNDEZ, P. (1997): *Enseñar a pensar, un reto para los profesores NOTICE* (*Normas orientativas para el trabajo intelectual dentro del currículum escolar*). Canarias. Universidad de la laguna.

GARDNER, H. (2001): *La inteligencia reformulada*. Barcelona. Paidós.

— (2004): *Mentes flexibles*. Barcelona. Paidós.

GASSIER, J. (1983): *Manual del desarrollo psicomotor*. Barcelona. Toray - Masson.

GIMENO SACRISTÁN, J.; CARBONELL SEBARROJA, J. (coords.) (2004): *El sistema educativo: una mirada crítica*. Barcelona. Praxis.

HERNÁNDEZ, P. (2001): *Diseñar y enseñar: teoría y técnicas de la programación y el proyecto docente*. Madrid. Narcea.

HIDALGO, V.; PALACIOS, J. (2008): «Desarrollo de la personalidad entre los dos y los seis años», en AA. VV.: *Desarrollo psicológico y evolución*, vol. I. Madrid. Alianza.

IBARROLA, B. (2000-2009): *Cuentos para sentir*. Madrid. SM.

LANDSHEERE, G. (1977): *Cómo enseñan los profesores. Análisis de las interacciones verbales en clase*. Madrid. Santillana.

LAPIERRE, A. (1977): *Los contrastes y el descubrimiento de las nociones fundamentales*. Madrid. Editorial Científico-Médica.

LE BOULCH, J. (2001): *El cuerpo en la escuela del siglo XXI*. Zaragoza. Inde.

MARCHESI, A. (2007): *Sobre el bienestar de los alumnos*. Madrid. Alianza.

– (1991): «El pensamiento preoperatorio», en AA.VV.: *Psicología evolutiva*. Vol. II. Desarrollo cognitivo y social del niño. Madrid. Alianza.

MARINA, J.A.; BERNABEU, R. (2007): *Competencia social y ciudadana*. Madrid. Alianza.

MARTÍN, E.; MORENO, A. (2007): *Competencia para aprender a aprender*. Madrid. Alianza.

MAYER, R.E. (2000): «Diseño educativo para un aprendizaje constructivista», en REIGELUTH, CH. (ed.): *Diseño de instrucción, teorías y modelos*. Madrid. Santillana.

MEC (1989): *Diseño Curricular Base de Educación Primaria*. Madrid. MEC.

– (1991): *Diseño Curricular Base para la Educación Secundaria*. Madrid. MEC.

MONEREO, C. (2007): «Hacia un nuevo paradigma del aprendizaje estratégico: el papel de la mediación social, del self y de las emociones». *Revista de investigación educativa*, 5(3), pp. 239-265.

MORA, J.; PALACIOS, J. (2008): «Crecimiento físico y desarrollo psicomotor hasta los dos años», en AA. VV.: *Desarrollo psicológico y evolución*, vol. I. Madrid. Alianza.

MORENO MARIMÓN, M. (1998): «Sobre el pensamiento y otros sentimientos». *Cuadernos de Pedagogía*, 271, pp. 12-20 .

MOYA, J. (2007): «Estrategia para el asesoramiento de un currículo centrado en las competencias básicas», en AA.VV: *Competencias básicas, cultura imprescindible de la ciudadanía*. Madrid. Wolters Kluwer.

NAVARRO HINOJOSA, R. (coord.) (2008): *Didáctica y currículum para el desarrollo de competencias*. Madrid. Dykinson.

NIETO GIL, M.J. (2004): *Estrategias para mejorar la práctica docente*. Madrid. CCS.

NISBET, J.; SHUCKSMITH, J. (1990): *Estrategias de aprendizaje*. Madrid. Santillana.

OLLER, M. (2007): «Las familias también cuentan», en ANTÓN, M. (coord.): *Planificar la etapa 0-6. Compromiso de sus agentes y práctica cotidiana*. Barcelona. Graó.

OSORO ITURBE, K. (2002): *Lectura de cercanía: didáctica del sentimiento*. Barcelona. CLIJ.

OSTERRIETH, P. (1982): *Psicología infantil: introducción a la psicología del niño*. Madrid. Morata.

PALACIOS, J. y otros: «Desarrollo físico y psicomotor después de los dos años», en AA.VV.: *Desarrollo psicológico y evolución*, vol. I. Madrid. Alianza.

PALACIOS, J.; PANIAGUA, G. (2007): *Educación Infantil. Respuesta educativa a la diversidad*. Madrid. Alianza Editorial.

PÉREZ GÓMEZ, A. (2007): *Las competencias básicas y el currículo*. Gobierno de Cantabria. Consejería de Educación.

— (2008): «¿Competencias o pensamiento práctico? La construcción de los significados de representación y de acción», en AA.VV.: *Educar por competencias ¿qué hay de nuevo?* Madrid. Morata.

PERRENOUD, P. (2004): *Diez nuevas competencias para enseñar*. Barcelona. Graó.

PIAGET, T.J.; INHELDER, R.B. (1975): *Psicología del niño*. Madrid. Morata.

POZO, J.I. y otros (1992): «Las ideas de los alumnos sobre la ciencia como teorías implícitas». *Infancia y Aprendizaje*. Madrid, 57, pp. 3-21.

POZO LLORENTE, M. T.; SALMERÓN, H. (1999): «Tendencias conceptuales y metodológicas en la evaluación de necesidades». *Revista de investigación educativa*, 2, pp. 349-357.

PULASKI, M.A. (1975): *Para comprender a Piaget*. Barcelona. Península.

PUIG, J.M.; MARTIN, X. (2007): *Competencia en autonomía e iniciativa personal*. Madrid. Alianza.

RIU ROVIRA, F. (2006): *La LOE, desafío y oportunidad*. Barcelona. Edebé.

RODRÍGUEZ DIÉGUEZ, J.L. (1980): *Didáctica General*. Madrid. Cincel.

RODRÍGUEZ GALLEGO, M. (2007): «La programación didáctica en educación primaria y secundaria», en AA.VV.: *Didáctica y currículum para el desarrollo de competencias*. Madrid. Dykinson.

RODRÍGUEZ NEIRA, R. (coord.) (2000): *La evaluación en el aula*. Oviedo. Nobel.

ROTGER AMENGUAL, B. (1985): *El proceso programador en la escuela*. Madrid. Escuela Española.

SÁNCHEZ, P.; GAIRÍN, J. (2008): *Planificar la formación en el Espacio Europeo de Educación Superior*. Madrid. ICE de la Universidad Complutense.

SARRAMONA, J. (2004): *Las competencias básicas en la educación obligatoria.* Barcelona. CEAC.

STUFFLEBEAM, D.L.; SHINKFIELD, A.J. (1993): *Evaluación sistemática.* Barcelona. Paidós.

TÉBAR BELMONTE, L. (2007): *El profesor mediador del aprendizaje.* Santiago de Chile. Arrayán.

TENBRINK, T.D. (2006): *Evaluación: guía práctica para profesores.* Madrid. Narcea.

VAYER, P. (1977): *El diálogo corporal: (acción educativa en el niño de 2 a 5 años).* Barcelona. Editorial Científico-Médica.

– (1982): *El equilibrio corporal: aproximación dinámica a los problemas de actitud y comportamiento.* Barcelona. Editorial Científico-Médica.

VILA, I. (2008): «Los inicios de la comunicación, la representación y el lenguaje», en AA.VV.: *Desarrollo psicológico y evolución,* vol. I. Madrid. Alianza.

WEST, C.; FARMER, J.; WOLFF, P. (1991): *Instructional design implication from cognitive science. Illinois.* University of Illinois at Urbana-Champaing.

WILSON, J., ROBECK, M. y MICHAEL, W. (1978): *Fundamentos psicológicos del aprendizaje y de la enseñanza.* Madrid. Anaya.

YUS RAMOS, R. (2001): *Educación integral.* Bilbao. Desclée Brouwer.

ZABALA, A. (1995): *La práctica educativa: cómo enseñar.* Barcelona. Graó.

– (1999): *Enfoque globalizador y pensamiento complejo: una respuesta para la comprensión e intervención en la realidad.* Barcelona. Graó.

ZABALA A.; ARNAU, L. (2007): *Cómo aprender y enseñar competencias: 11 ideas clave.* Barcelona. Graó.

Glosario

Actitud (en la planificación didáctica): una de las dimensiones del contenido, un tipo de contenido (junto a procedimientos y conceptos). Se relaciona con una forma singular de disposición o intención relativamente estable en las acciones físicas e intelectuales. Posee un destacado componente emocional y se orienta hacia objetivos o metas de diferente carácter: de conocimiento o de relación interpersonal que deben ser objeto directo de enseñanza-aprendizaje.

Actividades: elemento del currículo que se formula, exclusivamente, en el nivel de la programación de aula y, más concretamente, en sus unidades didácticas. Expresa la síntesis integradora y aplicada de todas las opciones recogidas en los restantes elementos de este tercer nivel de desarrollo curricular, determinando de forma puntual qué hacemos, dónde, cuándo y cómo. Sirve de guía inmediata para la acción. Se ordena atendiendo a una variada tipología en la que cabe distinguir, entre otros, aspectos como:

- Agentes y grado de participación y colaboración.
- Objeto prioritario respecto a la elaboración de los contenidos.
- Carácter respecto al ámbito, dominio de aprendizaje y lenguaje empleado.

Área: forma básica de estructuración de los contenidos del currículo en las etapas de infantil y primaria. Posee un marcado carácter integrador del conocimiento, más acentuado en infantil, de acuerdo a los supuestos de la psicología evolutiva.

Competencia: saber orientado a la acción eficaz, fundamentado en una integración dinámica de conocimientos y valores y desarrollado mediante tipos de tareas que permiten una adaptación ajustada y constructiva a diferentes situaciones en distintos contextos.

Competencias específicas: enunciados que identifican habilidades generales relacionadas con la aplicación del saber (intelectual, social, motriz y psicomotriz) y se sitúan en el dominio de referencia de distintas áreas. Constituyen, habitualmente, puntos de referencia para programaciones de un curso.

Competencias generales: enunciados en términos de objetivos que atienden al desarrollo de capacidades relacionadas con el saber hacer. La

capacidad es el poder o potencialidad de llevar a cabo distintos tipos de acciones apropiadas para resolver problemas en diferentes situaciones. Tendrán un marcado carácter transversal, punto de referencia para distintas áreas y materias y en distintos cursos.

Competencias operativas: enunciados que identifican destrezas de aplicación de conocimientos de distinto tipo (intelectual, social, motriz y psicomotriz) referidas a plazos relativamente próximos y en situaciones de enseñanza-aprendizaje definidas y concretas.

Concepto: una de las dimensiones del contenido, un tipo de contenido (junto a procedimientos y actitudes). Se refiere a la idea o representación mental que supone un conjunto de rasgos que definen a un objeto de conocimiento y que permiten nombrarlo, relacionarlo o distinguirlo de otros según sus atributos.

Contenido: elemento de la planificación curricular que desarrolla y concreta los objetivos. Respecto a ellos supone un objeto de aprendizaje más directo. Medio imprescindible para conseguir, según el grado de abstracción/concreción del programa, el desarrollo de capacidades, habilidades y destrezas.

Criterio de evaluación: enunciado que identifica el tipo de aprendizaje que se desea que los alumnos construyan como consecuencia del desarrollo de un determinado programa. Cumplen, esencialmente, una función formativa o de mejora y optimización del proceso. Integran, además, otras funciones: orientadora para la adecuación de las actividades de enseñanza y aprendizaje; homogeneizadora, porque constituyen referentes de los aprendizajes significativos para todos los alumnos; sumativa, porque nos muestran el resultado, la conducta que se desea promover.

Currículo: conjunto ordenado de los elementos del proceso de enseñanza-aprendizaje que se encuentran vinculados entre sí en términos de interrelación e interdependencia. Resulta equiparable a plan o programa, destacando el significativo carácter técnico-pedagógico.: Los elementos del currículo, de acuerdo con la LOE, son los objetivos, competencias básicas, métodos pedagógicos y criterios de evaluación.

Desarrollo psicológico: proceso de cambios y transformaciones que se producen a lo largo de toda nuestra existencia, resultado de la relación dinámica entre herencia y ambiente y susceptible de ser estudiado analíticamente por medio de etapas o estadios y de dimensiones o componentes de la personalidad. Estos aspectos nos proporcionan un perfil general que ha de ser interpretado de manera flexible e integradora.

Enfoque competencial: perspectiva que orienta los distintos elementos del currículo hacia la articulación de propuestas didácticas en las que se presta atención destacada a contenidos extraídos de la vida que, tratados sistemáticamente en entornos académicos, han de volver a la vida.

Enfoque globalizador: perspectiva que defiende la necesidad de organizar y concretar los procesos de enseñanza-aprendizaje en las primeras etapas del desarrollo. Constituye una orientación que busca integrar los distintos conocimientos como vía para materializar el principio del aprendizaje significativo. Parte del estudio de las capacidades e intereses de los alumnos que se encuentran en unas fases de desarrollo evolutivo caracterizadas por la dificultad de analizar sistemáticamente de forma espontánea. Guía, empleando diferentes técnicas, el análisis y las relaciones para favorecer, finalmente, la comprensión y reconstrucción personal de los contenidos por medio de una síntesis final integradora.

Estrategia: tipo de recurso metodológico que determina un plan de actuación respecto a la posición y los medios que se pueden emplear en el proceso de enseñanza-aprendizaje.

Evaluación: proceso de trabajo continuo, sistemático, flexible y participativo orientado a valorar la evolución de los aprendizajes de los alumnos y a tomar las decisiones necesarias para mejorar el diseño y desarrollo de la acción educadora de acuerdo con las necesidades y logros detectados en los procesos de aprendizaje de los alumnos.

Indicador de desempeño: enunciado que, respecto a una o varias competencias dadas, identifica un tipo de guía o patrón de conducta adecuado, eficaz y positivo (suponen siempre evolución y desarrollo). Proporciona, al tiempo, una vía directa para determinar, de manera objetivable, el grado (cuantitativo o cualitativo) en que se manifiestan.

Objetivos de la programación didáctica de aula: enunciados que determinan el tipo de habilidad que han de alcanzar los alumnos como consecuencia de su participación activa en el proceso de enseñanza-aprendizaje planificado desde una perspectiva sintética, y para un período de temporalización medio (generalmente, un curso).

Objetivos de la unidad didáctica: enunciados que determinan el tipo de destreza que han de alcanzar los alumnos como consecuencia de su participación activa en el proceso de enseñanza-aprendizaje planificado desde una perspectiva analítica, a corto plazo (entre una y tres semanas) y enmarcado en una programación de aula.

Pauta: recurso metodológico que constituye como una guía directa para orientar las actuaciones.

Perspectivas en la programación de aula: son dos (sintética y analítica) y resultan complementarias. La primera presenta un marco de actuaciones general, para todo el curso. La segunda desarrolla y define, con un mayor grado de precisión y detalle, actuaciones específicas en un marco temporal concreto: habitualmente una quincena.

Programación de aula. Perspectiva analítica: en ella se recogen, desarrolladas y perfiladas, las unidades didácticas cuyo bosquejo se ha trazado en la dimensión de síntesis. Estas unidades didácticas constituyen la guía para el trabajo directo y orientado a canalizar con precisión el proceso de enseñanza-aprendizaje. Configura un recurso de programación adecuado para guiar períodos de trabajo en marcos de una temporalización muy definida y precisa: habitualmente dos semanas; en otras ocasiones, una o tres; excepcionalmente, un número determinado de sesiones.

Programación de aula. Perspectiva sintética: en ella se presentan los objetivos del curso (destacando aquellos de señalado valor competencial), los contenidos más significativos, ordenados en términos de unidades didácticas y que contemplarán conceptos, procedimientos y actitudes (de manera explícita o implícita), los recursos personales y organizativos, los metodológicos, los materiales didácticos que se emplearán y los medios ambientales previstos que puedan intervenir en el desarrollo del proceso de enseñanza-aprendizaje.: En esta perspectiva sintética deben constar, asimismo, los criterios de evaluación para el curso, relacionados con las competencias específicas. Para mostrar la coherencia de la propuesta, recogerá, además, la selección y adaptación de los principales indicadores de desempeño que facilitarán el seguimiento del proceso de construcción de las competencias básicas.

Programación didáctica de aula: planificación sistematizada del proceso de enseñanza-aprendizaje referida a un grupo de alumnos específico para un curso determinado. Constituye el tercer nivel de concreción curricular.

Recursos ambientales: tipo de recurso didáctico. Comprenden desde la conformación flexible y funcional del espacio del aula, hasta la utilización de las distintas áreas del centro y los ámbitos que, fuera de él (museos, archivos, bibliotecas, hemerotecas, espacios naturales, etc.) favorecen el desarrollo y la construcción de contenidos.

Recurso didáctico: todo tipo de medio, soporte o vía que facilita la presentación y tratamiento de los contenidos objeto de enseñanza-aprendizaje.

Recursos materiales: tipo de recurso didáctico. Son soportes físicos, tangibles o perceptibles con los que abordamos los contenidos y presentamos las actividades y tareas. Comprenden medios impresos, audiovisuales e informáticos.

Recursos metodológicos: tipo de recurso didáctico. Son el conjunto de elementos sistematizados que proporcionan una guía de principios, estrategias y técnicas que determinan la mejor forma de obrar o proceder en las distintas situaciones que se van a dar en el proceso de enseñanza-aprendizaje en busca de unos objetivos definidos.

Recursos personales: tipo de recurso didáctico. Desempeñan diferentes papeles, son los sujetos que planifican, coordinan, complementan y confrontan diversos tipos de contenido.

Tarea: propuesta de actividad del alumno que identifica situaciones concretas en las que se materializa la aplicación de destrezas (intelectuales, sociales, manipulativas o dinámicas) en contextos y situaciones puntuales. Persigue la adquisición de competencias desde una estrategia de enseñanza orientada hacia la construcción de aprendizajes significativos.

Técnica: recurso metodológico concreto que identifica una serie de elementos o pasos puntuales para orientar la acción. Sirve de guía para sistematizar la forma en que se desarrollarán las actividades del proceso de enseñanza-aprendizaje.

Anexo

Propuestas de tareas

Propuesta A

Susana Martínez Fernández

En esta primera alternativa mostramos un proyecto en el que quedan dibujadas tareas «en cascada».

Identificamos la vía generadora del contexto de resolución de problemas y el papel del profesor. Ejerce constantemente de mediador en la relación entre los propios alumnos, entre alumnos y contenidos, entre alumnos y el entorno escolar y familiar.

Conversación en asamblea

Nerea ha estado este fin de semana en la parcela de su abuelo...

NEREA: Yo he ido a la parcela del abuelo a coger patatas. Mi abuelo tiene muchas plantas que dan comida: patatas, lechugas, tomates, peras, uvas... y también tiene rosales con espinas que no se pueden tocar.

CARLOS: Yo el año pasado metí una lenteja en algodones y me salió una planta...

JAIME: Mi mamá es jardinera y cuida las plantas.

MÓNICA: En mi casa tenemos un limonero... y muchas plantas más que no sé cómo se llaman.

* Dadas las características psicoevolutivas de los alumnos (educación infantil) y el nivel de desarrollo en que se expresan (autonomía, psicomotricidad fina y lectoescritura), el profesor actuará de guía conjugando las aportaciones o soluciones de los alumnos. Ellos realizarán las tareas en la medida de sus posibilidades de acción y representación.

¿Quién ha visto una planta que se coma?

- ¿Qué plantas comemos habitualmente? Vamos a hacer (profesor) un listado de alimentos que ingerimos de origen vegetal. Iremos nombrando plantas para comer (o copiarán el nombre de cada uno en una tarjeta para su posterior clasificación).

- Nerea ha traído fotos de su fin de semana en el huerto y el profesor imágenes de verduras y hortalizas que encontramos en el mercado y de plantas que los producen.
  Describiremos oralmente lo que se ve en las imágenes y emparejaremos cada imagen de alimento con la imagen de la planta que lo produce.
- ¿Qué frutos vemos en los árboles? ¿Qué otras plantas vemos en el suelo? ¿Conoces algún otro sitio donde encontremos alimentos de origen vegetal? (tubérculos debajo de la tierra...).
  Elaboraremos un mural que represente un huerto y pegaremos las tarjetas con los nombres de los alimentos que salen de él, según el lugar que ocupe la planta que los produce.

Auténticos agricultores

Llamamos al abuelo de Nerea para invitarle a venir al aula a contarnos como «hacer» patatas, lechugas, tomates... Lo presentamos como un agricultor, la persona que cultiva las plantas... Nosotros también lo seremos...

> Lo primero que necesitamos es un espacio con una buena tierra en la que podamos sembrar, sin piedras, ni rastrojos y bien mullidita para que las plantas no tengan que hacer mucha fuerza al crecer y salir de la tierra... Y ¿qué es lo que vamos a sembrar? Pequeñas semillas de las cuales, al germinar, sale una planta que es la que nos da esas ricas verduras y hortalizas que nos comemos. Pero para llegar a eso, tenemos que cuidarlas y mimarlas con un poco de agua y mucho sol. Si queréis os puedo traer algunas semillas para que las plantéis.

El terreno: en busca de un huerto

Ahora nos toca a nosotros poner en práctica lo aprendido.

- ¿Dónde tenemos tierra para plantar semillas en el cole?
  Proponed lugares del centro con tierra (salimos al patio en busca del terreno más adecuado para la siembra).

Jaime dice: «Al final del patio hay tierra oscura como la de las macetas. ¡Vamos a verlo!»

Pero el abuelo de Nerea nos indicó las características de una buena tierra para el cultivo y ésta no las cumple: está llena de rastrojos y piedras:

- ¿Qué podemos hacer?

Necesitamos propuestas y planificaremos, de acuerdo con el resto de compañeros del aula, los pasos para llevarlas a cabo y el reparto de responsabilidades entre todos los implicados (retirar hierbajos y piedras y remover la tierra para ahuecarla, ayudándonos con nuestras herramientas del huerto: cubos, palas y rastrillos del patio, imitando el trabajo de un jardinero o agricultor).

La materia prima: las semillas

El abuelo de Nerea nos ha traído las semillas en paquetes separados y nos ha explicado de qué planta es cada semilla y qué alimento produce cada una de ellas.

- ¿Qué hacemos para no mezclarlas?
- ¿Cómo sabemos qué produce cada semilla? Volcamos el contenido de cada paquete en un recipiente y lo etiquetamos con el nombre de la planta y un dibujo del alimento que produce.

Tenemos el terreno y las semillas preparadas pero éstas son tan pequeñas que, seguramente, si las sembramos se perderán en la tierra. Necesitamos que echen raíces con las que «agarrarse».

- ¿Cómo lo conseguimos?

Introducimos las semillas de cada envase en algodones húmedos, y las mantenemos así durante unos días. Se recuerda humedecer los algodones a diario con la finalidad de que la semilla tenga «alimento» para poder crecer (agua).

¡¡¡Ahora nos toca sembrar!!!

La tierra está preparada para acoger las semillas que tenemos, pero es necesario que lo organicemos para que cada planta tenga espacio suficiente para crecer. El abuelo de Nerea nos dijo que teníamos que cavar surcos y una vez sembradas las semillas, utilizarlos para el riego. Dibujaremos en papel continuo (el profesor, a partir de las indicaciones de los niños) un plano real del terreno del huerto y su organización en surcos según la planta a cultivar.

- ¿Cuántos surcos caben?
- ¿Cómo de próximos o separados van a estar?
- ¿Los surcos se cruzan?
- ¿Cuánto espacio dejaremos entre semilla y semilla?

Nuestras semillas han crecido y tienen fuerza suficiente para ser plantadas en la tierra.

- ¿Las plantamos todas juntas o separadas?
- ¿Cómo vamos a saber reconocer cada planta y los cuidados que necesita?

Confeccionaremos carteles con una imagen y el nombre de cada planta, y las colocaremos en los surcos trazados en el huerto.

También hay semillas que se siembran directamente en la tierra sin ningún cuidado previo.

- ¿De qué plantas se trata?
- ¿Qué alimentos producen?
- ¿Emplean algún tipo de maquinaria? (Cultivos a gran escala).

Comentaremos el siguiente vídeo: documental sobre cultivos de regadío y de secano en mute.

Cuidamos nuestras plantas

El abuelo de Nerea nos dijo que las plantas necesitan un poco de agua y mucho sol para crecer.

- ¿Quién quiere regar las plantas del huerto?
- ¿Cómo nos organizamos para que no se queden sin regar o, por el contrario, se ahoguen?

Elaboraremos un cuadro de doble entrada indicando los días de la semana y el alumno o alumna responsable del riego, y en el además se mostrará el modo en que se registra que la tarea está realizada (por ejemplo, con un adhesivo).

No olvidamos establecer un momento dentro de las rutinas diarias del aula para realizar este cometido.

El huerto en casa

- ¿Qué plantas comestibles puedes tener en casa?
- ¿Cuáles ocupan poco espacio?
- ¿Cuándo tienes que sembrarlas (en qué época del año)?
- ¿Cuánto tiempo tardarás en recoger los frutos?
- ¿Cómo tienes que cuidarla (asiduidad de riego)?

Con ayuda del profesor, construye un calendario indicando verdura/hortaliza (imagen/nombre) y tiempo de siembra/recolección (meses del año).

¿Conoces algún texto que hable de huertos? Busca, empleando las TIC cuentos, adivinanzas, descripciones, canciones, rimas, etc. que hablen del huerto y construye con ellos un «Libro de la huerta» para la biblioteca del aula.

<table>
<tr><th colspan="2">ANÁLISIS</th></tr>
<tr><th>Destinatarios y propósitos</th><th>Competencias que aborda</th></tr>
<tr><td>Alumnos de infantil. Puede adaptarse a alumnos de primaria.
▪ Buscar información en distintas fuentes y soportes. Planificar y ejecutar actuaciones para construir un huerto. Detectar problemas y resolverlos. Conocer elementos del huerto: plantas, instrumentos, tareas...
▪ Identificar alimentos de origen vegetal.

Componentes

Habilidades:
▪ Buscar.
▪ Analizar.
▪ Comparar.
▪ Asociar.
▪ Planificar.
▪ Ejecutar.
▪ Revisar.
▪ Tomar decisiones.
▪ Llegar a acuerdos.
▪ Repartir tareas y responsabilizarse de ellas.
▪ Transferir.</td><td>Conocimiento e interacción con el mundo físico natural:
▪ Plantas del huerto y alimentos que nos dan.
▪ Tipos de cultivos e instrumentos empleados para ello.
Competencia matemática:
▪ Organización del espacio huerto.
▪ Calendario de siembra y recogida.
▪ Clasificación según la especie.
Competencia lingüística:
▪ La descripción de plantas. Cualidades y atributos.
▪ Listados de verduras y hortalizas a plantar.
Competencia para aprender a aprender:
▪ Análisis.
▪ Comparación.
▪ Transferencias.
▪ Planificación, ejecución y seguimiento de una actividad.
▪ Pasos para construir un huerto.
Autonomía e iniciativa personal:
▪ Autonomía en el sembrado y cuidado de una planta.
▪ Realización responsable de las tareas encomendadas.</td></tr>
</table>

ANÁLISIS (CONT.)	
Componentes (cont.)	**Competencias que aborda (cont.)**
Contenidos: ▪ El huerto: plantas, árboles, flores y arbustos. Alimentos de origen vegetal. ▪ Herramientas y maquinaria. Tipos de cultivo y calendario. Sembrado y recolección. *Recursos*: ▪ Verbales (orales y escritos). ▪ Plástico-visuales (imágenes de huertos). ▪ Espaciales (organización del terreno). ▪ Temporales (sembrado, riego y recolección). ▪ Materiales (herramientas y productos). ▪ Metodológicos (técnicas como la exposición oral, la comparación, análisis asociativo, C y R, ruedas lógicas). ▪ Ambientales (parque del barrio, jardín botánico, la huerta de la granja escuela). *Contexto*: ▪ Académico (el huerto del cole). ▪ Familiar (plantas de casa). ▪ Social (parques del barrio, jardín botánico). ▪ Laboral (familiares jardineros o agricultores). ▪ Fantástico (cuentos de la huerta).	*Social y ciudadana*: ▪ Toma de decisiones conjuntas, acuerdos. ▪ Reparto equitativo de las tareas. ▪ Comportamiento cívico y respetuoso hacia el medio. *Tratamiento de la información y digital*: ▪ Búsqueda y contraste de información en fuentes diversas. ▪ Personajes de ficción y reales relacionados con la jardinería. *Cultural y artística*: ▪ Expresión plástica. ▪ Los colores y formas de flores, verduras, hortalizas y otras plantas.

Propuesta B

María Pacheco Ruiz
María José González Rodríguez

Escucha atentamente

> El sábado es el día de la semana en que los papás de Pablo y Ana aprovechan para ir al mercado a hacer la compra. A Pablo le encanta ese acontecimiento. Habitualmente él es el único que les acompaña puesto que, hasta ahora, su hermana aún era demasiado pequeña y se quedaba al cuidado de los abuelos.
>
> Hoy Pablo está especialmente contento porque, por fin, su hermana Ana les va a acompañar. Él es el encargado de decírselo: ¡Ana, esta mañana nos vamos al mercado! Su hermana lo mira extrañada porque no sabe lo que es...

Piensa y resuelve

- ¿Cómo explicarías a Ana qué es un mercado? Para que nos resulte más fácil vamos a buscar fotografías de distintos mercados, información en páginas web que nos ayuden a explicar a Ana cómo son.
- Describe cómo es uno de los mercados de las fotografías, prestando atención a las distintas partes y objetos que aparecen en la misma.

Pablo ha observado que antes de ir al mercado sus papás elaboran siempre una lista donde apuntan lo que van a comprar.

- ¿Por qué crees que lo hacen?
- ¿Has ayudado alguna vez a tus papás a elaborar la lista de la compra?
- Nombra tres productos que se puedan comprar en el mercado y podamos incluir en la lista.
- Nombra tres productos que nunca añadiríamos en la lista porque no se venden en el mercado.
- Realiza un dibujo de alguno de esos productos.
- ¿Crees que existen otras situaciones en las que puede ser útil elaborar una lista? Identifica alguna...

Se está haciendo tarde, papá llama a Pablo y Ana. Rápidamente se meten en el coche. ¿Cómo se colocan? Ana protesta porque no quiere ir en su silla, dice que ya es mayor.

- ¿Cómo convencerías a Ana para que se siente en su silla? ¿Qué argumentos le darías?

Durante el viaje al mercado, para que resulte más divertido, irán cantando una canción... Inventemos una canción para Pablo y Ana que contenga elementos relacionados con el mercado (frutas, hortalizas, verduras, pescado...).

Ya estamos llegando al mercado. Mientras buscan aparcamiento, papá y mamá recuerdan que, para que la visita sea un éxito, es importante no separarse unos de otros:

- ¿Qué crees que podría ocurrir si Pablo y Ana no hacen caso y se separan de sus papás? ¿Qué consecuencias tendría para ellos? ¿Y para sus papás?
- ¿Cómo se sentirían Pablo y Ana? ¿Cómo crees que se sentirían sus papás?
- ¿Te ha ocurrido alguna vez? Cuenta lo que sucedió.

Al cabo de un rato, Pablo exclama: ¡Ya hemos llegado! Papá y mamá sacan la lista de la compra y con ella en la mano se dirigen hacia el primer puesto: la pescadería.

- ¿Qué producto podrán comprar en ella? ¿Sabéis de dónde se obtiene o saca el pescado? ¿Cuál es la profesión de la persona que se lo vende?

La mamá dice que lo siguiente que aparece escrito en la lista es «cuatro filetes» (uno para cada miembro de la familia).

- ¿Podrá comprar la mamá los filetes que necesita en la pescadería? ¿Cómo se llama el puesto donde se compra la carne? ¿Cuál es la profesión de la persona que la vende?

Ahora nosotros...

Si nos fijamos bien, nosotros también tenemos un mercado en el aula. ¡Vamos a comprobar en él todo lo que hemos aprendido!

Convertimos el aula en un mercado en el que todos participamos (unos serán los vendedores y otros los compradores).

ANÁLISIS

Destinatarios y propósitos

Alumnos de infantil. Puede adaptarse a alumnos de primaria.

- Observar y explorar de forma activa su entorno, elaborando interpretaciones sobre situaciones y hechos significativos.
- Ajustar su conducta a pautas de convención social.
- Determinar el valor de aplicación de contenidos escolares a situaciones de la vida cotidiana.

Componentes

Habilidades:

- Analizar.
- Describir.
- Comparar.
- Inducir.
- Transferir.
- Valorar.

Contenidos:

- Observación de necesidades, ocupaciones y servicios en la vida de la comunidad.
- Reconocimiento de algunas señas de identidad cultural del entorno e interés por participar en actividades sociales y culturales.
- Resolución de problemas.

Recursos:

- Verbales (escritos y orales); plástico-visuales.

Contexto:

- Sociofamiliar. Académico.

Competencias que aborda

Competencia lingüística:

- Escucha activa.
- Vocabulario.
- Expresión oral.

Competencia para aprender a aprender:

- Análisis.
- Comparación.
- Inferencias.
- Transferencias.
- Observación, manipulación y exploración para conocer mejor el mundo que le rodea.

Autonomía e iniciativa personal:

- Determinación de consecuencias de sus actuaciones.
- Toma de decisiones.

Social y ciudadana:

- Observación de reglas y pautas de comportamiento.
- Análisis de situaciones de riesgo.

Conocimiento e interacción con el mundo físico:

- Identificación y denominación de las cualidades de los objetos y espacios del entorno.

Competencia matemática:

- Análisis, comparación y clasificación.
- Resolución de problemas. Transferencia de los contenidos.

Tratamiento de la información y digital:

- Búsqueda y contraste de información en fuentes diversas.

Cultural y artística:

- Expresión plástica: el dibujo.
- La fotografía.
- Canciones.

Propuesta C

María José Muñoz Gutiérrez

Escribimos la historia que nos cuenta un compañero de clase

> «Ayer fue el cumpleaños de Clara y hoy lo celebra con su familia y amigos. Le han traído un montón de regalos: una bicicleta, porque su viejo triciclo ya resulta pequeño, una muñeca llamada *Tecla*, un álbum de cromos, un vestido con muchas cremalleras, una pecera de cristal con peces de colores, un ramo de flores con claveles y crisantemos, un ajedrez y un plato de crujientes y cremosas croquetas. Pero lo que más le ha gustado ha sido una tarjeta que le han escrito sus amigos.»

Lo hemos escuchado y lo hemos escrito...

- Busca en el texto las palabras que llevan *cl* o *cr* y subraya esas sílabas.
- ¿Te gustan los regalos de Clara? ¿Cuál le ha gustado más a ella? ¿Cuál te gusta más a ti?
- Piensa otras flores que podría llevar el ramo de Clara, además de los claveles y los crisantemos.
- ¡A Clara le encantan las croquetas!, por eso su tía ha hecho un montón de ellas para su fiesta de cumpleaños. ¿Qué otras comidas suelen estar presentes en las fiestas de cumpleaños? ¿Hay alguna que no suele faltar en ningún cumpleaños? Escríbelas en orden, de la que más te gusta a la que menos.
- Con las palabras que llevan *cr* y *cl* que ya has subrayado en el texto, escribe una historia que no sea sobre un cumpleaños.

Cuenta y resuelve:

- ¿Cuántos regalos tiene Clara en total?
- Si el plato de croquetas lo ha traído su tía y la tarjeta es de todos, ¿cuántos amigos hay en la fiesta, si cada uno le ha hecho un regalo?
- ¿Cuántas croquetas contendrá el plato para que cada niño coma dos?

¡A dibujar y a pensar!

- Dibuja cada uno de los regalos y escribe al lado de qué está hecho (de metal, de tela, de papel...).
- ¿Cuál te parece el más frágil?... ¿De qué está hecho?...

Ahora imagina que tú eres uno de los invitados a la fiesta:

- Ayuda a Clara a buscar nombre para sus peces de colores, pero ¡atención!, no vale cualquier nombre, tienen que llevar las letras *cr* o *cl* (Crispín, Clotilde, Cloe, Ciclón...).
- Propón juegos en los que podamos participar todos, teniendo en cuenta si se podrían jugar en casa o sería mejor en el parque.
- Escribe una cariñosa felicitación que se pudiese incluir en la tarjeta para Clara.

ANÁLISIS	
Destinatarios y propósitos	**Competencias que aborda**
Alumnos de 2.º y 3.er ciclo de EP. (Adaptable a alumnos de EI). - Acercar al alumno a una situación de relaciones personales y de aprendizaje, que aborda: la correspondencia entre el lenguaje escrito y oral (grafema y fonema; comprensión verbal y lectora; vocabulario; cálculo mental; autoconocimiento (gustos, intereses propios) y sociabilidad o capacidad para relacionarse en y con el entorno. **Componentes** *Habilidades*: - Analizar: observar y percibir. - Extraer: discriminar grafemas y fonemas. - Plantear y resolver operaciones de cálculo. - Valorar. - Decidir preferencias propias. - Expresar. - Imaginar o crear.	*Competencia lingüística*: - Sílabas trabadas. - Comprensión verbal (oral y escrita). - Vocabulario. - Expresión escrita. *Competencia matemática*: - Enumeración. - Suma y resta. - Multiplicación y división. - Planteamiento de problemas. *Conocimiento e interacción con el mundo físico*: - Composición de los objetos. - Materiales y sus cualidades. *Competencia social y ciudadana*: - Celebración de ocasiones. - Roles: homenajeado, invitado... - Conocimiento de los demás. - Compartir, agasajar, mostrar afecto, agradecimiento. *Competencia cultural y artística*: - Tradiciones y comidas. - Expresión plástica.

ANÁLISIS (CONT.)	
Componentes (cont.)	**Competencias que aborda (cont.)**
Contenidos: ▪ Sílabas trabadas cl y cr. Resolución de problemas. Operaciones matemáticas. Vocabulario de flores, de comidas... Autoconocimiento. Habilidades y valores sociales. *Recursos*: ▪ Verbales (escritos y orales), gráfico-plásticos, numéricos, juegos colectivos. *Contexto*: ▪ Sociofamiliar.	*Competencia para aprender a aprender*: ▪ Análisis. ▪ Inferencias. ▪ Comparación. ▪ Atributos. ▪ Adaptación a situaciones y contextos. *Autonomía e iniciativa personal*: ▪ Autoconocimiento y autoestima. ▪ Propuesta y participación en juegos. ▪ Expresión de sentimientos y emociones.

Propuesta D

Lourdes García Rodríguez

Lee o escucha esta historia

«Estas navidades nos reunimos en Madrid toda la familia. Mis abuelos vinieron de Colombia y mis tíos y primos de Estados Unidos. Por las mañanas salíamos a visitar algún museo y por las tardes paseábamos por las calles, observando los edificios y monumentos de la ciudad. Mis abuelos querían saber cosas sobre la historia de Madrid, así que compramos un libro y una guía turística de la ciudad. Siempre comíamos en algún restaurante diferente... a mí me encanta la pizza, pero mi familia quería probar la comida típica madrileña: el cocido, por ejemplo. Un fin de semana mis tíos dijeron que estaban hartos de tanto asfalto y que querían conocer la sierra de Madrid y ver los paisajes del entorno. ¡Fue genial! Estuvimos en la montaña, jugando con la nieve y observando la naturaleza... ¡Hacía mucho frío, pero a mis primos y a mí nos encantó! ¡Han sido las mejores navidades de mi vida!»

Lo hemos escuchado o leído... Ahora tú

1. Identifica las ideas principales de la historia. ¿A qué diferentes lugares de procedencia hace referencia? ¿Cuáles son los parentescos relacionados? Haz tu propio árbol genealógico con los nombres de cada uno de los miembros de tu familia.
2. Recuerda cómo y con quién has pasado las últimas navidades. Escribe una redacción describiendo tus vacaciones, señalando cómo lo pasaste y por qué. Haz uso de adjetivos y de adverbios. ¡Ojo! Utiliza correctamente el tiempo de las formas verbales. Léesela después a un compañero o compañera y viceversa.
3. Ordena los acontecimientos que se suceden en tu historia. Elabora una línea del tiempo con ellos.
4. ¿Sabes lo que son los gentilicios? ¿Cuál es el gentilicio de las personas que son de Colombia? ¿Y de las que han nacido en Estados Unidos?

   Identifica los gentilicios de estos lugares:

   - Madrid.
   - Cuenca.
   - Guadalajara.
   - Barcelona.
   - La Coruña.
   - Álava.

Aplica tu experiencia

1. ¿Has ido alguna vez a un museo? ¿Cuál? ¿Qué fue lo que más te gustó? ¿Por qué? ¿Para qué crees que sirven los museos? ¿Sabes que hay diferentes tipos de museos? Identifícalos. ¿Puedes señalar alguno de los museos que hay en tu ciudad?
2. ¿Conoces los paisajes naturales de tu entorno? ¿Qué características tienen: ríos, especies vegetales, animales? Relaciona el clima con las características del paisaje propio de tu comunidad.

¡Investiga!

Busca (en libros, en una enciclopedia multimedia infantil, en Internet, etc.) y escribe algunas características sobre los siguientes aspectos de tu comunidad autónoma:

- Fiestas y conmemoraciones históricas.
- Tradiciones populares.
- Gastronomía.
- Monumentos y edificios significativos.
- Instituciones.
- Personajes destacados.

Conviértete en artista

Dibuja alguno de los monumentos característicos de tu ciudad.

- ¿Qué formas (líneas, curvas, etc.) o figuras geométricas tiene?
- ¿De qué materiales está hecho?
- ¿A qué época histórica pertenece?

ANÁLISIS	
Destinatarios y propósitos	**Competencias que aborda**
Alumnos de 3.er ciclo de EP. • Acercar al alumno a situaciones de relaciones personales y de aprendizaje, que aborda: reflexión y usos de la lengua (Formas verbales, adjetivos y adverbios; comprensión verbal y lectora; vocabula-	*Competencia lingüística*: Formas verbales: pasado. Uso de adjetivos y de adverbios. Vocabulario: gentilicios. Comprensión verbal (oral y escrita). Expresión escrita. Textos descriptivos y argumentativos.

rio; tipos textuales). Medidas del tiempo y formas geométricas. Autoconocimiento (gustos, intereses propios) y sociabilidad. Relación con el entorno natural próximo. Manifestaciones culturales y artísticas.

Componentes

Habilidades:

- Analizar, observar y percibir; describir; argumentar; medir el tiempo; enumerar; valorar; decidir preferencias propias; expresar; dibujar; investigar; tratamiento de la información.

Contenidos:

- Formas verbales: pasado.
- Adjetivos.
- Adverbios.
- Vocabulario: parentescos, gentilicios, plantas, comidas.
- Tipos textuales.
- Medidas del tiempo.
- Formas geométricas.
- Autoconocimiento.
- Habilidades y valores sociales.
- Relaciones con el entorno.
- Manifestaciones culturales y artísticas.

Recursos:

- Verbales (escritos y orales).
- Gráfico-plásticos.
- Numéricos.
- Audiovisuales.
- Digitales.

Contexto:

- Sociofamiliar.

Competencia matemática:

Medidas del tiempo. Formas. Figuras. Cuerpos geométricos.

Conocimiento e interacción con el mundo físico:

Paisajes. Plantas y animales. Clima.

Tratamiento de la información y competencia digital:

- Búsqueda, selección y elaboración de textos sencillos de información.
- Uso de ordenadores: procesadores de texto (Word), periféricos e Internet.

Competencia social y ciudadana:

- Celebración de festividades. Roles: anfitrión, invitado...
- Conocimiento de los demás.
- Compartir, agasajar, mostrar afecto, agradecimiento.
- Respeto y conservación del entorno natural.

Competencia cultural y artística:

- Tradiciones y comidas.
- Expresión plástica.
- Comprensión y valoración artística.

Competencia para aprender a aprender:

- Análisis.
- Inferencias.
- Comparación.
- Atributos.
- Adaptación a situaciones y contextos.

Autonomía e iniciativa personal:

- Autoconocimiento y autoestima.
- Expresión de sentimientos y emociones.

Propuesta E

Jesús Parra Montero

Situación de la tarea

- *Objetivo de la tarea.* Esta actividad es una propuesta de enseñanza-aprendizaje que pretende fomentar y dar respuesta a algunos intereses y necesidades puntuales y a capacidades concretas de los alumnos, y que les pueden ayudar a construir conocimientos, todos ellos relacionados con el área de educación artística.
- *Descripción de la actividad.* Se va a celebrar la fiesta anual del colegio y nos han pedido que colaboremos en ella, dentro del programa que se va a realizar en el salón de actos del centro, representando una serie de anuncios publicitarios sobre los siguientes temas: la convivencia en el colegio; el consumismo excesivo; el cuidado de la naturaleza; una campaña contra el ruido. Todos los anuncios deben ser representados incluyendo distintos lenguajes y técnicas artísticas: lenguaje plástico, visual, musical y corporal y algún eslogan publicitario...
- *Observaciones previas*:
  - Es una tarea en la que va a participar todo el grupo de alumnos de la clase.
  - Se divide al alumnado en cuatro equipos, uno por cada anuncio.

En posición de arranque y ¡acción!

¡A pensaaarr...!

Investiga[1] detenidamente:

- ¿Cuáles son los problemas de convivencia que consideras que existen en el colegio que más afectan a la buena armonía entre todos? Anotadlos en la libreta del grupo.
- ¿Cuáles son las señales que indican que se da un consumismo excesivo en el centro? Anotadlos en la libreta del grupo.
- ¿Qué serie de acciones se pueden realizar para ayudar en nuestro entorno a cuidar más la naturaleza? Anotadlas en la libreta del grupo.

1. Esta tarea la realiza cada grupo en función del anuncio que debe representar.

- ¿Cuáles son los ruidos más molestos que perturban la tranquilidad, la atención y la concentración en el ambiente de estudio del centro? Anotadlos en la libreta del grupo.

Entre todo lo anotado en las libretas (problemas de convivencia, señales de un consumismo excesivo, acciones para cuidar la naturaleza y los ruidos más molestos):

- ¿Cuáles les han gustado más al grupo?
- ¿Cuáles te gustan más a ti?
- ¿Cuáles serían los más fáciles de representar utilizando distintos lenguajes y técnicas artísticas, ya sea mediante el lenguaje plástico, visual, musical o corporal?

¡A escribiiirr...!

- Una vez elegido el que más ha gustado al grupo y el más fácil de representar, escribid el argumento del anuncio correspondiente en apenas unas líneas (es lo que se llama *idea* o *concepto*).
- Desarrollad brevemente y por escrito los pasos de ese argumento (es lo que se llama *sinopsis*).
- Basándoos en vuestra sinopsis, desarrolladlo, teniendo en cuenta el personaje principal y los secundarios, los detalles correspondientes: edad, vestidos, lenguaje a utilizar (plástico, visual, musical, corporal)... Es lo que se conoce como *tratamiento*.
- Fijándoos en vuestro tratamiento, construid ya las escenas en detalle: tiempo, escenario, decorados, luces, en el que se va a representar... Es decir, si es en un interior o en un exterior, dónde ocurre la acción, y en qué momento del día ocurre...

¡A creaaarr...!

- ¿Con qué recursos técnicos, materiales, etc. debes contar para que la tarea elegida (el anuncio publicitario correspondiente) tenga un desarrollo satisfactorio? Anótalos.
- ¿Cómo se podrían conseguir dichos recursos y materiales?
- ¿Qué técnicas o lenguajes artísticos serían los más adecuados para poder representar el anuncio elegido? Canciones, danza, mimo, instrumentos, voz, sonidos, etc.

¡A dibujaaarr...!

- Dibuja cada una de las escenas en las que se va a desarrollar la acción del anuncio elegido.
- ¿Qué lenguaje artístico de los que emplearán los personajes te parece el más apropiado para el desarrollo de cada una de las escenas?
- Explica la técnica o lenguaje artístico que se va a utilizar.

¡A realizaaarr...!

Conclusión: imagina ahora que tú eres el director del anuncio elegido por el grupo:

- Ayuda a cada uno de tus compañeros a buscar el nombre y a describir las características de su personaje.
- Organiza cómo debe cada uno de ellos desarrollar su personaje (vestido, movimiento, caracterización, lugar, situación, momento de intervención, palabras o gestos que realizar...), teniendo en cuenta las cualidades, posibilidades y características de cada uno de los compañeros.

ANÁLISIS	
Destinatarios y propósitos	**Competencias que aborda**
Tarea para realizar con alumnos de educación primaria (ciclos 2.º o 3.º) y 1.º y 2.º cursos de ESO. ▪ Estimular la atención sobre algunos tipos de tarea a través de situaciones lúdicas y creativas, como son: - Resolver problemas de convivencia y de conflictos. - Contribuir a la convivencia entre los compañeros del centro. - Representar escenas y personajes con diferentes recursos y lenguajes: danza, mímica, ritmo y canto. - Conocer algunos de los problemas medioambientales y de consumo excesivo y contribuir a ponerles solución. - Reconocer los recursos expresivos del cuerpo (movimientos, sonidos, gestos) apropiados para resolver situaciones comunicativas habi-	*Competencia lingüística*: ▪ Comprensión verbal (oral y escrita). ▪ Vocabulario artístico. ▪ Expresión escrita. *Competencia matemática*: ▪ Planteamiento y resolución de problemas. ▪ Cuantificación de valor y precio en compras y consumo. *Conocimiento e interacción con el mundo físico*: ▪ Materiales y sus cualidades. ▪ Valor y precio de las cosas. ▪ Problemas medioambientales. ▪ Técnicas publicitarias. ▪ Contaminación acústica.

tuales, combinando las modalidades expresivas (sonido, dramatización y movimiento, lenguaje corporal emocional, y nociones espaciales y temporales) para responder a las expresión de deseos, sentimientos y necesidades de la vida diaria.

- Emplear técnicas para aprender, organizar, memorizar y recuperar información relacionada con contenidos artísticos.
- Aplicar el vocabulario relacionado con los contenidos de la educación musical para mejorar el intercambio comunicativo y expresar emociones y opiniones personales.
- Plantear preguntas coherentes sobre los elementos que caracterizan el lenguaje artístico y manejar diversidad de respuestas.
- Autoconocimiento (cualidades, gustos e intereses propios) y sociabilidad o capacidad para relacionarse con el entorno y conocer, identificar intereses y cualidades de los compañeros.

Componentes

Habilidades:

- Analizar y solucionar conflictos de convivencia.
- Trabajar valores sociales.
- Observar y percibir problemas medioambientales.
- Valorar distintas propuestas y decidir la elección de la más adecuada.
- Expresar situaciones con distintos lenguajes.
- Imaginar o crear.

Contenidos:

- Lenguajes artísticos: danza, mímica, ritmo y canto, expresión plástica.
- Selección de sonidos vocales, objetos e instrumentos para la sonorización de situaciones y relatos breves.

Competencia social y ciudadana:

- Roles: personajes, características y cualidades.
- Conocimiento de los demás.
- Problemas de convivencia y solución de conflictos.
- Trabajo compartido y colaborativo.

Competencia cultural y artística:

- Lenguajes artísticos: plástico y musical.

Competencia para aprender a aprender:

- Análisis.
- Organización.
- Inferencias.
- Comparación.
- Adaptación a situaciones y contextos.

Autonomía e iniciativa personal:

- Creatividad.
- Autoconocimiento y autoestima.
- Propuesta y participación en juegos.
- Expresión de sentimientos y emociones.

ANÁLISIS (CONT.)	
Componentes (cont.)	**Competencias que aborda (cont.)**
▪ Improvisación de movimientos como respuesta a diferentes estímulos sonoros. ▪ Identificación y representación corporal de los sonidos de la naturaleza como valor evocativo en la música. ▪ Análisis y resolución de problemas. ▪ Identificación del ruido como sonido molesto y contribución para evitar los ruidos que producen la contaminación y la agresión sonora. ▪ Vocabulario artístico. ▪ Autoconocimiento. ▪ Habilidades y valores sociales. *Recursos*: ▪ Recursos expresivos del cuerpo (movimientos, sonidos, gestos). ▪ Verbales (escritos y orales) y plásticos. ▪ Juegos colectivos. *Contexto*: ▪ Socioescolar.	

Propuesta F

Olga Martín Carrasquilla

Lee o escucha atentamente

Mañana es el cumpleaños de Claudia y quiere invitar a tres amigas a comer. Ha decidido ayudar a su madre en la preparación de la comida y, para ello, lo primero que debe elegir es el menú. Silvia, una de sus amigas, es celíaca y, por tanto, deberá poner atención en la selección de los alimentos.

Ahora tú:

1. Ayuda a Claudia a elaborar un sencillo menú (algo diferente, ya que es de cumpleaños) de dos platos y postre teniendo en cuenta:
   a) Los gustos y preferencias de sus amigas.
   b) Las indicaciones para una alimentación equilibrada de la pirámide de los alimentos.
   c) El hecho de que Silvia no puede tomar alimentos con gluten.
2. Redacta la lista de la compra con los productos que debe adquirir Claudia.
3. Realiza una estimación del precio de los productos que Claudia quiere adquirir. Para ello, busca en una lista web o en un folleto publicitario los precios.
4. Claudia tiene ahorrados 45 euros.
   a) Si le falta algo de dinero, ¿cómo podría solucionarlo?
   b) ¿Y si le sobra? ¿Cómo podría invertirlo en la fiesta?
5. Claudia está ayudando a su mamá en la elaboración de los alimentos preparando unas natillas. Su madre necesita mover los ingredientes que están dentro de la cazuela y muy calientes y le pide una cuchara. Claudia abre el cajón de los cubiertos y ve que hay tres cucharas diferentes, una de plástico, otra de metal y una tercera de madera.
   a) Indica qué cuchara le aconsejarías a Claudia elegir como mejor opción de las tres y por qué.
   b) La elaboración de las natillas ha acabado felizmente. Claudia quiere que se enfríen rápido y tiene que decidir si las vierte en un recipiente de cristal o en otro metálico. Explica cuál le aconsejarías y por qué.

ANÁLISIS	
Destinatarios y propósitos	**Competencias que aborda**
Alumnos de primaria. ▪ Elaborar planes para resolver problemas, explicar sus características y fundamentarlos. **Componentes** *Habilidades*: ▪ Analizar. ▪ Identificar. ▪ Comparar. ▪ Valorar planes. ▪ Plantear operaciones. ▪ Tomar decisiones. *Contenidos*: ▪ Alimentación equilibrada. ▪ Elaboración de menús. ▪ Nutrientes de los alimentos. ▪ Enfermedad celíaca. ▪ Razones que fundamentan las decisiones. ▪ Propiedades de los materiales. ▪ Usos de los materiales. *Recursos*: ▪ Verbales (escritos y orales); uso de fuentes de consulta (TIC, folletos publicitarios...). *Contexto*: ▪ Sociofamiliar	*Competencia lingüística*: ▪ Lectura comprensiva, vocabulario específico. *Conocimiento e interacción con el mundo físico natural*: ▪ Los alimentos. ▪ Interpretación de la información de pirámides de alimentación. ▪ Exploración de materiales y comprobación de algunas de sus propiedades. *Competencia para aprender a aprender*: ▪ Análisis de la situación planteada. ▪ Comparación. ▪ Clasificación. *Autonomía e iniciativa personal*: ▪ Toma de decisiones sobre el menú: selección de alimentos para una dieta equilibrada y carente de gluten. *Social y ciudadana*: ▪ El desarrollo de actitudes de ayuda y colaboración. *Competencia matemática*: ▪ Análisis. ▪ Clasificación. ▪ Aplicación de los pasos de la resolución de problemas. *Tratamiento de la información y digital*: ▪ Empleo de las TIC para la búsqueda de información. *Cultural y artística*: ▪ Dimensión social y cultural de los alimentos.

Printed in Poland
by Amazon Fulfillment
Poland Sp. z o.o., Wrocław

10522861R00148